행복은 전염된다

Connected
by Nicholas A. Christakis and James H. Fowler

This Korean edition is published by arrangement with
Nicholas A. Christakis and James H. Fowler through Brockman, Inc.

CONNECTED

행복은 전염된다

/

니컬러스 크리스태키스
제임스 파울러

/

이충호 옮김

김영사

행복은 전염된다

저자_ 니컬러스 크리스태키스 · 제임스 파울러
역자_ 이충호

1판 1쇄 발행_ 2010. 11. 16.
1판 13쇄 발행_ 2023. 6. 20.

발행처_ 김영사
발행인_ 고세규

등록번호_ 제406-2003-036호
등록일자_ 1979. 5. 17.

경기도 파주시 문발로 197(문발동) 우편번호 10881
마케팅부 031)955-3100, 편집부 031)955-3200, 팩시밀리 031)955-3111

값은 뒤표지에 있습니다.
ISBN 978-89-349-4193-4 03180

홈페이지_ www.gimmyoung.com
블로그_ blog.naver.com/gybook
인스타그램_ instagram.com/gimmyoung
이메일_ bestbook@gimmyoung.com

좋은 독자가 좋은 책을 만듭니다.
김영사는 독자 여러분의 의견에 항상 귀 기울이고 있습니다.

| 머리말 |

소셜 네트워크social network(사회 연결망)는 아름답고 미묘하다. 도처에 존재하는 이 우아하고 복잡한 소셜 네트워크는 도대체 무슨 일을 할까? 우리는 왜 그 속에서 거기에 얽매여 살아갈까? 소셜 네트워크는 어떻게 생겨나며, 어떻게 작용하고, 어떤 영향을 우리에게 미치는가?

나는 지난 10년 동안 이러한 질문들에 큰 흥미를 느끼고 연구해왔다. 나는 소셜 네트워크 중 가장 단순한 형태인 양자 관계dyad부터 조사하기 시작했다. 내가 맨 처음 연구한 양자 관계는 부부 관계였다. 나는 의사로서 말기 환자들과 그 가족들을 돌보면서 사랑하는 사람의 죽음이 배우자에게 얼마나 큰 타격을 주는지 보아왔다. 그리고 한 사람이 병에 걸리면 다른 사람 역시 병에 걸리는 현상에 큰 흥미를 느꼈다. 두 사람의 관계가 상호 연결돼 있을 경우, 그들의 건강 역시 상호 연결돼 있는 것처럼 보였기 때문이다. 아내가 병에 걸리거나 죽으면, 남편도 곧 죽음을 맞이할 위험이 상당히 높아진다. 이뿐 아니라 나는 형제나 친구 사이, 또는 울타리로 분리되어 있는 것처럼 보여도 사실은 서로 연결돼 있는 이웃 관계 등 연구해야 할 양자 관계의 종류가 아주 많다는 사실을 알게 되었다.

그러나 문제의 핵심은 이렇게 단순한 양자 관계가 아니다. 정말로 중요한 것은 이러한 양자 관계들이 합쳐져 아주 멀리까지 거대한 연결망을 만들어낸다는 사실이다. 어떤 사람의 아내에게 아주 친한 친구가 있고, 그 친구에게는 남편이, 그 남편에겐 직장 동료가, 직장 동료에겐 형제가, 형제에겐 친구가…… 이런 식으로 연결망은 계속 가지를 치며 뻗어 나간다. 이러한 사슬고리들은 갈라지는 번개처럼 가지를 쳐 나가면서 인간 사회 전체에 복잡한 패턴들을 만들어낸다. 실제 상황은 훨씬 더 복잡하다. 어떤 소셜 네트워크에서 한 개인에게서 한 단계씩 멀리 나아갈 때마다 다른 사람과 연결된 유대tie*의 수와 가지의 복잡성은 아주 빠르게 증가한다. 나는 이 문제를 검토하면서 다른 사회과학자들의 연구서를 읽기 시작했다. 거기에는 20세기 초에 독자적으로 연구했던 독일 학자에서부터 1970년대의 공상적 사회학자에 이르기까지 많은 사람들이 포함되어 있었는데, 그들이 연구한 소셜 네트워크의 크기는 3명에서 30명 사이였다. 그러나 내가 관심을 가진 소셜 네트워크는 3000명, 3만 명, 심지어 300만 명에 이르는 거대한 규모였다.

결국 나는 이렇게 복잡한 주제를 연구하려면 다른 연구자들과 협

*소셜 네트워크는 개인 또는 집단이 하나의 노드node가 되어 각 노드들 간의 상호 의존적 타이tie에 의해 만들어지는 사회적 관계 구조를 말한다. 각각의 노드는 네트워크 내에 존재하는 개별적인 주체들이고, 타이는 각 노드 간의 관계를 뜻한다. tie는 타이 또는 관계로 번역하는 경우가 많지만, 양자 사이를 연결하는 끈 또는 관계란 뜻을 지니고 있으므로 '유대'란 용어가 더 적절하다고 본다.

력하는 게 좋겠다고 생각했다. 때마침 나처럼 하버드 대학에서 네트워크를 연구하고 있던 제임스 파울러James Fowler를 알게 되었다. 그는 나와는 아주 다른 관점에서 네트워크를 연구하고 있었는데, 우리는 같은 캠퍼스에서, 그것도 서로 붙어 있는 건물에서 몇 년 동안 지냈지만 전혀 모르는 사이였다. 그러다가 2002년에 게리 킹Gary King이란 정치학자가 우리를 소개해 주었다. 즉, 우리는 친구의 친구 사이로 이 여행을 시작했다. 게리는 우리의 지적 관심에 공통분모가 있으리라고 짐작했는데, 그의 판단은 정확했다. 사실, 나와 제임스 파울러가 공통의 주제 덕분에 만났다는 이 사실이야말로 소셜 네트워크가 어떻게, 그리고 왜 작용하며, 우리에게 어떤 혜택을 주는지를 생생하게 보여 준다.

제임스는 사람들이 가진 정치적 신념의 기원을 비롯해 사회적 혹은 정치적 문제를 해결하려는 한 사람의 시도가 다른 사람에게 어떤 영향을 미치는지 연구하는 데 많은 시간을 쏟아부었다. 사람들은 혼자 힘만으로는 이룰 수 없는 일들을 어떻게 협력을 통해 이루어내게 되었을까? 제임스는 이 이야기에서 핵심을 이루는 다른 주제들, 그러니까 소셜 네트워크가 성장하고 지속하는데 필요한 이타심과 선의에 대해서도 나와 같은 관심을 가지고 있었다.

우리는 사람들이 광대한 소셜 네트워크를 통해 서로 연결돼 있다는 개념을 공유하면서 사회적 영향이 우리가 아는 사람한테만 미치고 끝나는 게 아니란 사실을 깨달았다. 즉, 우리가 친구들에게 영향을 주면, 그들은 다시 다른 친구들에게 영향을 주기 때문에 결국 우리의 행동은 우리가 전혀 만난 적도 없는 사람들에게까지 영향을 미칠 수 있다. 우리는 건강과 관련된 여러 가지 효과부터 조사하기 시작했다. 그 결과, 친구의 친구의 친구가 금연을 할 경우 나도 금연을 할 확률이 높아진다는 사실을 발견했다. 또한 친구의 친구의 친구가 행복할 경우, 나도 행복해질 확률이 높아진다는 사실도 발견했다.

그리고 마침내 소셜 네트워크의 생성과 작용을 지배하는 기본 법칙이 있다는 사실을 알게 되었다. 또 만약 소셜 네트워크의 작용 방식을 연구하고자 한다면, 그것이 어떻게 생성되었는지 알 필요가 있다는 결론을 얻었다. 예를 들면, 우리는 아무하고나 무조건적으로 친구가 되진 않는다. 사람들은 어떤 사회적 관계를 맺을 때 지리나 사회경제적 지위, 기술, 심지어 유전자 같은 요소에 제약을 받으며, 그런 관계를 얼마나 많이 맺느냐 하는 것도 그런 요소들에 제약을 받는다. 사람들을 이해하는 열쇠는 그들 사이의 유대를 이해하는 데 있다. 그래서 우리는 바로 그러한 유대에 초점을 맞추었다.

우리의 연구는 지난 10년 동안 네트워크의 수학과 과학을 발전시킨 많은 학자들의 관심과 맞아떨어졌다. 사람들의 연결 관계를 연구하기 시작하면서 우리는 발전소의 송전 네트워크(전력망)를 연구하는 공학자들, 뉴런의 네트워크(신경망)를 연구하는 신경과학자들, 유전자의 네트워크를 연구하는 유전학자들, 그리고 거의 모든 분야들의 네트워크를 연구하는 물리학자들을 알게 되었다. 이들이 연구하는 네트워크 역시 아름답겠지만, 우리는 우리가 연구하는 분야가 훨씬 흥미롭다고 생각했다. 왜냐하면 우리의 연구 분야가 훨씬 더 복잡하고 중요하기 때문이다. 우리의 네트워크에서 노드node는 생각하는 사람들에 해당한다. 그들은 결정을 내릴 수 있고, 네트워크에 영향을 받으면서도 네트워크를 변화시킬 잠재력을 지니고 있다. 사람들의 네트워크는 특별한 종류의 자체 생명력을 지니고 있다.

과학자들이 네트워크 이면에 숨어 있는 아름다움과 설명력에 흥미를 느끼게 된 것처럼 보통 사람들 역시 이에 대해 큰 관심을 보인다. 이런 관심은 각 가정에 인터넷이 널리 보급된 탓이 큰데, 인터넷은 많은 요소들이 어떻게 상호 연결될 수 있는지 이해할 수 있게 해주었다. 사람들은 '넷'과 '월드 와이드 웹'을 일상 대화 속에서 흔히 이야기하기 시작했다. 그리고 컴퓨터와 마찬가지로 사람들도 상호 연결돼 있다고 느끼기 시작했다. 이런 연결들은 사회적인 형태로 발전하여, 페이스북Facebook이나 마이스페이스MySpace 같은 소셜 네트워크 웹사이트는 이제 누구나 익히 알게 되었다.

소셜 네트워크를 깊이 연구하면서 우리는 그것이 일종의 인간 '초생물체'라는 느낌이 들었다. 소셜 네트워크는 성장하고 진화한다. 그리고 그 속에서 온갖 종류의 것들이 흐르고 움직인다. 이 초생물체는 나름의 구조와 기능을 갖고 있는데, 우리는 그것들을 이해하려고 노력했다.

우리 자신을 초생물체의 일부로 간주하면, 우리의 행동과 선택과 경험을 새로운 각도에서 바라보고 이해할 수 있다. 만약 우리가 소셜 네트워크에 속해 있다는 사실 때문에 영향을 받고, 우리와 가깝거나 먼 관계에 있는 사람들에게도 영향을 받는다면, 자신의 결정에 대한 지배력을 그만큼 잃는다는 이야기가 된다. 이러한 지배력 상실에 대해 강한 거부 반응을 보일 수도 있는데, 특히 도덕적 의미를 지녔거나 사회적 반향이 큰 행동과 결과에 이웃이나 낯선 사람이 영향을 미칠 수 있다는 사실을 알았을 때 그럴 수 있다. 그렇지만 한편으로는 스스로를 극복하고 자신의 한계를 초월할 수 있다는 장점도 있다. 이 책에서 우리는 상호 연결이 우리 삶의 자연적이고 필연적인 일부일 뿐만 아니라, 선을 위한 힘이라고 주장한다. 하나의 뉴런으로는 도저히 할 수 없는 일들을 뇌가 해내는 것처럼 한 개인이 도저히 할 수 없는 일들을 소셜 네트워크가 할 수 있기 때문이다.

지난 수십 년 혹은 수백 년 동안, 삶과 죽음, 부자와 빈자, 정의와 불의 같은 인간 세상의 진지한 관심사는 개인의 책임 대 집단의 책임에 관한 논쟁으로 축소돼 왔다. 과학자와 철학자, 그리고 사회를 연구하는 그 밖의 사람들은 일반적으로 두 진영으로 양분되었다. 한쪽은 개인이 자신의 운명을 결정한다고 생각하며, 다른 쪽은 우리에게 일어나는 일들은 사회적 힘(우수한 공공 교육의 부재에서부터 부패 정부의 존재에 이르기까지 다양한 힘들)의 책임이 더 크다고 생각한다.

그러나 우리는 이 논쟁에 세 번째 요소가 빠져 있다고 생각한다. 우리의 연구와 우리 자신의 다양한 인생 경험에 비추어 볼 때, 우리 자신과 다른 사람들과의 연결이야말로 가장 중요한 요소로 보인다. 우리는 소셜 네트워크 과학이 개인에 대한 연구와 집단에 대한 연구를 결합함으로써 우리가 살아가면서 경험하는 것들 중 많은 것을 명쾌하게 설명해줄 수 있다고 믿는다. 이 책은 우리와 다른 사람과의 관계, 그리고 그런 관계가 감정과 섹스, 건강, 정치, 돈, 진화, 기술에 어떤 영향을 미치는지에 대해 살펴볼 것이다. 그렇지만 무엇보다도 사람을 독특한 존재로 만드는 요소가 무엇인지를 다룰 것이다. 우리가 누구인지 알려면, 우리가 서로 어떻게 연결돼 있는지 제대로 이해하는 것이 필요하다.

| 차례 |

CONNECTED

CONNECTED

CONNECTED

CONNECTED

CHAPTER 1

우리의 행동을 지배하는 네트워크

IN THE THICK OF IT

1968년 겨울 오후, 심리학자 스탠리 밀그램은 1~15명의 '자극 군중'을 미리 인도에 배치해두고, 15m의 거리를 걸어가는 보행자 1424명의 행동을 관찰했다. 신호를 보내면 자극 군중은 가던 길을 멈추고 근처 건물의 6층 창문을 정확하게 1분 동안 올려다보았다. 그 결과 보행자 중 4%는 자극 군중이 1명일 때 함께 멈춰 섰으며, 보행자의 40%는 자극 군중이 15명일 때 멈춰 섰다. 보행자가 어떤 행동을 모방하는 결정은 그 행동을 하는 군중의 크기에 영향을 받는다.

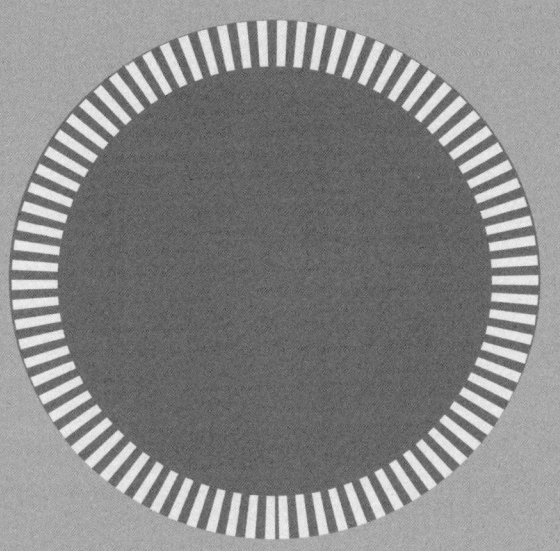

CONNECTED

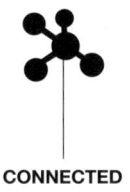

1840년대에 코르시카 섬의 산골 마을 레비에 살던 안톤 클라우디오 페레티Anton Claudio Peretti는 아내인 마리아 안젤리나Maria Angelina가 딴 남자와 바람을 피우고 있으며, 심지어 딸도 자기 핏줄이 아니란 사실을 알아챘다. 그러자 마리아는 결별을 선언하고, 오빠인 코르토Corto와 이혼 준비를 상의했다. 그날 저녁, 안톤은 아내와 딸을 총으로 쏴 죽이고 산으로 도망쳤다. 슬픔에 빠진 코르토는 안톤을 죽이고 싶었지만, 그를 찾을 수 없었다. 그곳 주민들 사이에서는 당연하게 받아들여지는 복수심에 사로잡힌 코르토는 안톤 대신에 안톤의 형제인 프란체스코Francesco와 조카 아리스토텔로Aristotelo를 죽였다.

이야기는 거기서 끝나지 않았다. 5년 뒤, 아리스토텔로의 형제인 자코모Giacomo는 코르토의 형제를 죽임으로써 아버지와 형제의 복수를 했다. 자코모는 코르토의 아버지도 죽이려고 했으나, 그는 이미 자연사해 뜻을 이룰 수 없었다.[1] 이 연쇄 복수극에서 자코모와 코르토 형제의 연결 관계는 비교적 먼 편이었다. 자코모는 프란체스코의

아들이었고, 프란체스코는 안톤의 형제였다. 안톤이 마리아와 결혼했고, 마리아는 코르토의 누이였는데, 자코모는 코르토의 형제를 복수의 표적으로 삼은 것이다.

이러한 행동은 역사적으로 혹은 지리적으로 멀리 떨어진 곳에서만 볼 수 있는 게 아니다. 미국에서도 비슷한 사례를 찾아볼 수 있다.

2002년 여름, 미주리 주의 세인트루이스에서 스트리퍼로 일하던 키미Kimmy는 일하느라 경황이 없어 900달러가 든 지갑을 친구에게 맡겼다. 잠시 후 지갑을 찾으러 돌아왔더니 지갑은 친구와 함께 사라지고 없었다. 1주일 후, 키미의 사촌이 지갑을 훔쳐 달아난 친구의 룸메이트를 술집에서 보고 키미에게 전화를 걸었다. 키미는 즉각 쇠막대기를 들고 달려가 옛 친구의 친구를 미친 듯이 마구 두들겨 팼다. 나중에 키미는 의기양양한 태도로 "내 친구의 친구 엉덩이를 마구 두들겨 팼어요. 그게 심한 짓이었다는 건 알아요. 하지만 그건 앙갚음을 하기 위해 내가 할 수 있는 최선의 행동이었어요."라고 말했다.[2]

이런 사건들을 대하면 의문이 떠오르는 게 당연하다. 안톤의 형제와 조카, 그리고 키미의 친구의 친구는 도대체 무슨 잘못을 저질렀단 말인가? 도대체 무슨 이유로 무고한 사람을 공격하거나 죽이는 것일까? 이해하기 힘든 살인 폭력의 기준에 비춰 보더라도, 1주일 뒤 혹은 5년 뒤에 이런 행동을 하는 이유가 무엇일까? 이들의 행동을 어떻게 설명할 수 있을까?

우리는 이런 사건들을 애팔래치아 분쟁(애팔래치아 산맥에 살던 두 일가인 햇필드 가家와 매코이 가 사이에 벌어진 분쟁. 1880~1890년대에 양가 사이에 큰 분쟁이 일어나 수십 명이 사망했다)처럼 특이한 사건이나, 시아파와 수니파 사이의 서로 죽고 죽이는 폭력, 북아일랜드에서 벌어진 살인의 악순환, 미국 도시들에서 벌어진 갱단 간의 복수전처럼 시대에 뒤떨어진 관행으로 여기는 경향이 있다. 그렇지만 이런 잔인한 논리의 뿌리는 아주 먼 옛날로 거슬러 올라간다. 단지 복수 충동이 먼 옛날부터 우리의 본능으로 전해 내려왔다거나, 그러한 폭력이 집단의 결속력을 나타내는 것("우리는 햇필드 가 사람들이고 그러므로 매코이 가 사람들을 증오한다!")이어서가 아니다. 가볍든 심하든, 폭력은 사회적 유대를 통해 퍼져나갈 수 있으며, 인류가 아프리카 사바나에서 사방으로 퍼져나가기 시작한 이래로 줄곧 그래 왔다. 그것은 직접적 형태(잘못을 저지른 당사자에게 직접 보복하는 것)나 일반적 형태(그 사람과 가깝지만 아무 관련이 없는 사람에게 해를 입히는 것)로 퍼져나갈 수 있다. 아무튼 어느 쪽이건 간에 하나의 살인 사건은 살인 연쇄로 이어질 수 있다. 공격 행위는 출발점에서 바깥쪽으로 확산돼 가는 게 일반적이다. 마치, 술집에서 한 사람이 다른 사람에게 주먹을 날렸는데, 그 사람이 고개를 숙이는 바람에 다른 사람이 맞게 되고, 얼마 후 사방에서 난투극이 벌어지는 것처럼. 지중해의 어느 마을에서 일어난 사건이건 도시의 갱단들 사이에서 일어난 사건이건 간에 이런 폭력의 전염은 가끔 수십 년 동안 계속되기도 한다.[3]

책임을 개인적 문제로 국한해 바라볼 때에는 연쇄 폭력의 이면에 숨어 있는 집단 범죄와 집단 보복이란 개념은 이상하게만 보인다. 그렇지만 많은 상황에서 도덕성은 개인보다는 집단의 문제이다. 폭력이 은밀하게 자행되는 게 아니라, 공공장소에서 벌어지는 경향이 있다는 사실은 폭력이 지닌 집단적 성격을 추가로 뒷받침해 준다. 미국에서 벌어지는 대인 폭력 사건 중 3분의 2는 제3자가 목격하는 가운데 일어나며, 젊은이들 사이에서는 이 비율이 4분의 3에 가깝다.[4]

이런 사실들을 감안하면, 사람들 간에 폭력이 전파되는 현상은 그다지 놀라운 일이 아닐 수 있다. '친구의 친구는 친구'라거나 '적의 적은 친구'라는 말처럼 적의 친구도 적이다. 이러한 경구들은 원한과 호감에 대한 진리를 일부 담고 있지만 인간성의 기본적 측면인 연결 관계도 담고 있다. 자코모와 키미는 단독으로 행동했지만, 그들의 행동은 책임감과 보복이 사회적 유대를 통해 사람들 사이에 얼마나 쉽게 확산되는지 보여준다.

사실, 폭력이 확산돼가는 복잡한 경로를 일일이 추적할 필요도 없다. 첫 번째 사람에게서 그 다음 사람에게로 전달되는 최초의 단계가 우리 사회에서 일어나는 폭력을 대부분 설명해주기 때문이다. 폭력을 설명하려고 할 때 폭력을 저지른 사람에게만 초점을 맞추는 것은 근시안적이다. 왜냐하면, 살인은 낯선 사람들 사이에 임의로 일어나는 경우가 드물기 때문이다. 미국에서 발생하는 전체 살인 사건 중 75%는 서로 아는 사람들 사이에 일어난다. 그러니 여러분의 목숨을 앗아갈 가능성이 있는 사람을 찾고 싶거든 주변을 잘 살펴보라.

그렇지만 여러분의 소셜 네트워크에는 목숨을 구해줄 사람들도 포함돼 있다.

"2002년 3월 14일, 나는 가장 친한 친구의 남편에게 내 오른쪽 신장을 주었습니다."

캐시Cathy는 훗날 장기를 기증한 사람들의 경험담을 이야기하는 온라인 포럼에서 이렇게 말했다. 2001년 여름, 캐시는 친구와 깊은 대화를 나누다가 친구 남편의 상태가 악화돼 신장 이식을 받아야 살 수 있다는 사실을 알게 되었다. 도움을 주고 싶은 열망에 사로잡힌 캐시는 일련의 신체 검사와 심리 검사를 거쳤는데, 이런 검사를 하나씩 통과하면서 신장을 기증한다는 목표에 한 발 한 발 다가갈 때마다 점점 흥분이 고조되었다.

"그 경험은 내 인생에서 가장 보람 있는 일이었어요. 친구 남편을 도울 수 있어 얼마나 감사했는지 몰라요. 그 덕분에 친구는 남편을 되찾았고, 아들들은 아빠를 되찾았지요. 우리 모두가 승자였어요. 나는 그들에게 생명이란 선물을 주었습니다."[5]

비슷한 이야기는 얼마든지 찾을 수 있다. 그러한 장기 '지정 기증' 사례는 그다지 관계가 깊지 않은 사람들 사이에서, 예를 들면 스타벅스의 점원과 단골손님 사이에서도 일어날 수 있다. 페레티의 살인 연쇄처럼 장기 기증 연쇄도 얼마든지 일어날 수 있다. 캐나다 온타리오주 미시사가에 살던 62세의 존 래비스John Lavis는 1995년에 심장마비로 죽음의 고비를 맞이했다. 그는 수술을 받던 도중에 심장 기능이 멈춰 임시로 인공 심장을 단 채 연명했다. 그런 상태로 8일이 지나 이제 죽음을 앞두고 있을 때, 기적적으로 심장을 기증받아 생명을 건졌다. 그의 딸은 나중에 그때를 이렇게 회상했다.

"우리 가족은 한없는 고마움을 느꼈어요. 아버지는 세상에서 가장 큰 선물을 받았어요. 생명을 되찾았으니까요."

이 일에 감명을 받은 래비스의 자녀들은 그에 상응하는 행동을 하는 것이 그들이 할 수 있는 최소한의 일이라고 생각하여 모두 장기 기증 카드에 서명했다. 2007년에 래비스의 아들 댄이 사고로 사망한 뒤, 댄이 기증한 장기 덕분에 8명이 혜택을 받았다. 그의 심장을 기증받은 여성은 나중에 "자신에게 새 생명을 주어 고맙다"는 편지를 래비스 가족에게 보냈다.[6] 같은 해에 미국에서는 서로 아무 관계가 없는 신장 기증자들 사이에 10단계에 이르는 장기 기증 연쇄가 일어나 많은 인명을 구하는 일도 일어났다.[7]

소셜 네트워크 유대는 폭력과는 정반대편에 있는 혜택들도 전달할 수 있다. 또한 소셜 네트워크는 이타적 행위의 전달 통로가 될 수 있다. 사회적 연결이 좋은 행위나 나쁜 행위의 전파에 기여하는 역할은 사회적 문제에 대처하는 새로운 전략의 탄생을 촉진하기도 했다. 예를 들면, 미국의 몇몇 대도시에서는 폭력 추방 단체들을 운영하고 있는데, 전직 폭력배 출신도 포함된 이들 단체는 전염의 순환 고리를 끊음으로써 살인을 막으려고 노력한다. 이들은 희생자 가족이나 친구의 집으로 달려가 복수를 하지 말라고 설득한다. 한 사람만 제대로 설득하더라도 복수의 연쇄 고리를 끊음으로써 상당히 많은 인명을 구할 수 있다.

우리 사이의 연결은 일상생활의 모든 측면에 영향을 미친다. 살인이나 장기 기증처럼 드물게 일어나는 사건은 빙산의 일각에 지나지 않는다. 우리가 무엇을 느낄지, 무엇을 알지, 누구와 결혼할지, 병에 걸릴지 아닐지, 돈을 얼마나 벌지, 투표를 할지 말지 등은 모두 우리를 묶고 있는 관계들에 좌우된다. 소셜 네트워크는 행복과 관대함, 사랑을 전파한다. 그것은 늘 존재하면서 우리의 선택과 행동, 생각, 감정, 심지어 욕망에까지 미묘하고도 극적인 영향력을 행사한다. 그리고 우리의 연결은 우리가 아는 사람에게서 끝나는 게 아니다. 우리의 사회적 지평선 너머에서 친구의 친구의 친구가 일으킨 연쇄 반응이 결국 우리에게까지 미칠 수 있다. 먼 나라에서 출발한 파도가 우리가 사는 해변에 도착하는 것처럼.

물통 릴레이 소방대와 비상 연락망

집에 불이 났다고 상상해보자. 다행히도 집 근처에 강이 흐르고 있다. 그렇지만 지금 불을 끌 수 있는 사람은 나 혼자뿐이다. 물통을 들고 강까지 왔다 갔다 하면서 열심히 물을 길어 불이 타고 있는 집에다 끼얹어보지만, 한 사람의 노력만으로는 아무 소용이 없다. 다른 사람들의 도움 없이 혼자 힘만으로는 활활 타오르는 불길을 멈출 만큼 물을 나르기가 불가능하다.

이번에는 혼자가 아니라고 가정해보자. 이웃이 100명쯤 있고, 운 좋게도 모든 사람이 기꺼이 도와줄 마음이 있으며, 게다가 모두가 물통을 하나씩 갖고 있다. 만약 이웃들이 모두 강으로 달려가 물을 길어온다면 불을 끌 수 있을 것이다. 혼자서 불을 끄는 것보다는 100명이 함께 물을 뿌리면 분명히 큰 도움이 된다. 문제는 시간이 조금 지나면 강까지 왔다 갔다 하는 데 처음보다 시간이 많이 걸린다는 사실이다. 어떤 사람은 금방 지쳐버릴 수도 있고, 어떤 사람은 균형을 잃어 도중에 물을 쏟아버릴 수도 있으며, 심지어 장소를 제대로 찾지 못해 다른 집으로 가는 사람이 나올 수도 있다. 각자가 독자적으로 행동한다면 여러분의 집은 그냥 다 타버릴 가능성이 높다.

그러나 '물통 릴레이 소방대bucket brigade'라는 특별한 형태의 사회 조직이 가동되면 불을 효율적으로 끌 수 있다. 100명의 이웃이 집에서 강까지 일렬로 죽 늘어선 뒤, 물이 가득 든 물통을 릴레이식으로 집으로 나르고, 빈 물통은 강으로 보낸다. 물통 릴레이 방식은 강까지 직접 오고가는데 드는 힘과 시간의 낭비를 줄여줄 뿐만 아니라, 몸이 약해서 걷기 힘들거나 무거운 물통을 멀리 나를 수 없는 사람도 얼마든지 힘을 보탤 수 있다. 100명이 물통 릴레이 방식으로 물을 나르면 200명이 각자 물을 나르는 것보다 더 많은 일을 할 수 있다.

그런데 똑같은 수의 사람인데도 이런 방식의 배열이 더 효율적인 이유는 도대체 무엇일까? 만약 전체가 부분의 합보다 더 크다면, 어떻게 해서 그런 것일까? 그리고 '더 큰' 부분은 도대체 어디서 나오는 것일까? 단지 사람들의 배열을 다르게 하는 것만으로 효율성을 최대 10배나 높일 수 있다는 사실은 정말로 놀랍다. 사람들을 '특정 배열' 방식의 집단으로 만드는데 도대체 어떤 비밀이 있기에 각자 따로 행동할 때보다 더 많은 일이나 다른 일을 할 수 있을까?

이러한 질문들에 대한 답을 얻으려면, 본격적으로 재미있는 이야기에 들어가기에 앞서 네트워크 이론의 기본 용어와 개념 몇 가지를 설명할 필요가 있다. 이러한 기본 개념들을 알아두면, 인간 경험의 전 영역에 영향을 미치는 소셜 네트워크의 놀라운 힘들을 살펴볼 때 마주치게 될 더 복잡한 개념들과 개별적인 이야기들을 이해하는 데 큰 도움이 된다.

맨 먼저, 사람들의 집단이란 도대체 무엇을 의미하는지부터 분명히 짚고 넘어갈 필요가 있다. '집단'은 어떤 속성(예컨대, 여성, 민주주의자, 변호사, 장거리 달리기 선수 등)으로 정의할 수도 있고, 구체적으로 가리킬 수 있는 특정 개인들의 모임(예컨대, 연주회장에 들어가기 위해 기다리고 있는 사람들)으로 정의할 수도 있다. 그러나 소셜 네트워크는 집단과는 완전히 다른 개념이다. 네트워크는 집단과 마찬가지로 사람들의 모임이긴 하지만, 거기에 추가된 속성을 갖고 있다. 그것은 바로 집단 내의 사람들 사이에 존재하는 특별한 '연결들'이다. 이러한 유대와 특별한 유대 패턴이 집단을 이루는 개인들보다 훨씬 중요할 때가 많다. 바로 이 때문에 집단은 서로 따로 분리된 개인들이 할 수 없는 일을 할 수 있다. 유대는 전체가 왜 부분들의 합보다 더 큰지 설명해준다. 그리고 특별한 유대 패턴은 네트워크의 작용 방식을 이해하는 데 중요하다.

불난 집의 불을 끄는 물통 릴레이 소방대는 아주 단순한 소셜 네트워크이다. 그것은 직선형이고 가지가 전혀 없다. 각 사람(맨 처음 사람과 마지막 사람만 제외하고)은 자기 앞과 뒤에 있는 두 사람하고만 연결돼 있다. 이런 연결은 물과 같은 것을 멀리 운반하는 데에는 매우 효과적인 조직이다. 그러나 100명을 네트워크로 조직하는 최선의 방법은 해결해야 할 과제에 따라 다르다. 불을 끄기 위해 100명을 연결하는 최선의 패턴은 군사적 목표를 달성하기 위한 최선의 패턴과는 다르다. 100명으로 이루어진 소대는 대개 서로 긴밀하게 연결된 10명 단위의 분대들로 조직한다. 그러면 각 병사는 앞뒤에 있는 병사들뿐만 아니라 자기 분대원들을 모두 다 안다. 군대는 같은 분대원을 위해서라면 자신의 목숨까지 기꺼이 바칠 정도로 깊은 동료애를 심어주려고 많은 노력을 기울인다.

또 다른 소셜 네트워크인 비상 연락망을 생각해보자. 오늘은 학교를 쉰다는 소식을 100명의 사람에게 빨리 전해야 한다고 하자. 현대적인 통신 수단과 인터넷이 발달하기 전에는 이런 연락을 전하는 게 상당히 어려운 일이었다. 모든 사람이 각자 자기 집에서 즉각 접속할 수 있는 공개적인 정보 전달 수단이 없었기 때문이다. 대신에 모든 사람을 일일이 만나 접촉하는 방식으로 연락을 취해야 했다. 전화는 이 일을 훨씬 간편하게 해주었지만, 그래도 한 사람이 100명에게 일일이 전화를 거는 건 상당히 번거로운 일이다. 설령 한 사람이 그 일을 하는 데 착수한다 하더라도, 명단 맨 끝에 있는 사람까지 모두 연락하는 데에는 시간이 한참 걸리며, 그러는 동안에 이미 집을 떠나 학교로 출발한 사람도 있을 것이다. 그러니 한 사람에게 이 모든 일을 맡기는 것은 비효율적이고 부담스러운 일이다.

그것보다는 한 사람에게서 시작된 연쇄 반응을 통해 모든 사람에게 재빨리 정보를 전달하면서 한 개인에게 가는 부담을 덜어주는 방식이 이상적이다. 한 가지 방법은 평소에 명단을 작성한 뒤, 명단에서 맨 위에 있는 사람이 그 다음 사람에게 전화를 걸고, 두 번째 사람은 세 번째 사람에게 전화를 걸고, 물통 릴레이 소방대 방식으로 맨 끝 사람에게까지 차례로 전화를 거는 것이다. 이렇게 하면 부담을 공평하게 나눌 수 있지만, 100번째 사람이 연락을 받기까지는 역시 시간이 많이 걸리는 문제가 남는다. 게다가 중간에 한 명이라도 집에 없으면 그 뒤에 있는 사람들은 연락을 받을 수 없다.

이런 문제들을 해결할 수 있는 대안이 비상 연락망이다. 첫 번째 사람이 먼저 두 사람에게 전화를 걸면, 두 사람은 다시 각자 다른 두 사람에게 전화를 거는 방식이다. 비상 연락망은 물통 릴레이 소방대 방식과는 달리 연쇄 반응을 일으키면서 정보를 동시에 많은 사람에게 전파하는 방식으로 설계된다. 작업량은 모든 구성원에게 균등하게 배분되며, 한 사람이 집에 없을 때 생기는 문제도 최소화할 수 있다. 게다가 단 한 번의 전화만으로 한 사람이 수백 명 혹은 수천 명에게 영향을 미칠 수 있는 연쇄적인 사건을 촉발시킬 수 있다(존 래비스에게 심장을 기증한 사람이 또 다른 장기 기증을 이끌어내어 8명의 인명을 더 구한 것처럼). 또한, 전화 비상 연락망은 정보가 집단 내의 구성원들 사이에 전달되는 단계를 크게 줄임으로써 메시지가 변질될 확률을 최소화할 수 있다. 따라서 이 특별한 네트워크 구조는 메시지를 증폭시키고 보존하는 데 도움을 준다. 사실, 미국에서 가정용 전화가 널리 보급되고 나서 수십 년 안에 전화 비상 연락망은 온갖 종류의 목적에 사용되었다. 예를 들면, 1957년에 〈로스앤젤레스 타임스〉에 실린 한 기사는 스미스소니언 천체물리학 천문대가 미국과 러시아의 인공위

성들을 추적하기 위한 '문워치 시스템Moonwatch System'의 일환으로 아마추어 천문학자들을 동원하는 데 전화 비상 연락망을 사용한 사례를 소개하고 있다.[8]

그런데 사기꾼이 수천 명을 속이는 데에도 이와 똑같은 네트워크 구조가 사용되고 있다. 피라미드 사기는 전화 비상 연락망과 같은 구조를 이용해 돈이 '위로' 흘러가게 한다. 이 네트워크에 새로 가입하는 사람들이 내는 돈은 그 '위'에 있는 사람들에게 흘러가고, 그 '아래'에 새로운 사람들을 가입시킴으로써 더 많은 돈을 끌어들인다. 그러면 시간이 지날수록 점점 더 많은 사람들이 돈을 내게 된다. 2008년, 연방 수사관들은 역사상 최대 규모의 피라미드 사기를 포착했는데, 버니 메이도프Bernie Madoff란 사람이 30년 동안 수천 명의 투자자들을 속여 무려 500억 달러의 피해를 입힌 것으로 드러났다. 메이도프의 투자 네트워크는 코르시카 섬의 복수 네트워크처럼 보통 사람들은 피하고 싶어 하는 종류의 네트워크이다.

지금까지 살펴본 네 종류의 네트워크를 그림으로 나타내보자. 각 개인은 원, 즉 노드node로 표시했다. 첫 번째는 100명으로 이루어진 집단인데, 각 개인 사이에 유대가 전혀 없다. 두 번째는 물통 릴레이 소방대이다. 여기서는 100명의 사람에 더하여 구성원들 사이에 99개의 유대가 존재한다. 맨 첫 번째 사람과 맨 마지막 사람을 제외한 모든 구성원은 상호 유대(가득 찬 물통과 빈 물통이 양 방향으로 전달된다는 뜻)를 통해 다른 두 사람과 연결돼 있다. 세 번째인 전화 비상 연락망의 경우도 100명의 구성원과 99개의 유대가 있다. 그렇지만 여기서는 첫 번째 사람과 맨 마지막 사람을 제외한 모든 구성원이 다른 세 사람과 연결돼 있는데, 들어오는 유대(걸려오는 전화)가 하나, 나가는 유대(거는 전화)가 둘이다. 상호 유대는 없다. 정보의 흐름은 한쪽 방향으로만 흐르며, 사람들 사이의 유대 또한 그렇다. 네 번째는 군대 조직으로, 100명의 병사로 이루어진 중대는 각 병사가 자기 분대의

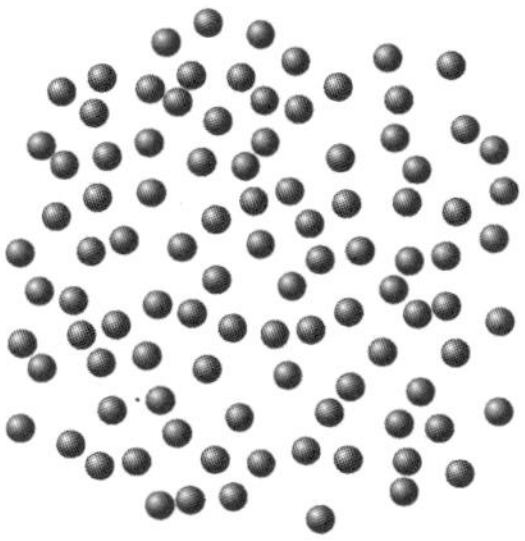

아무 연결이 없는 집단

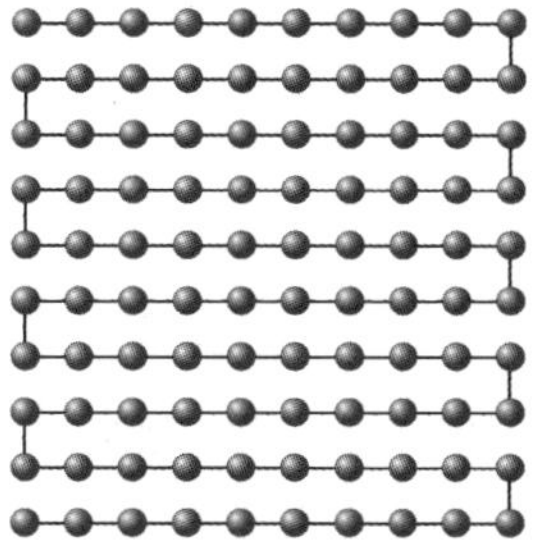

물통 릴레이 소방대

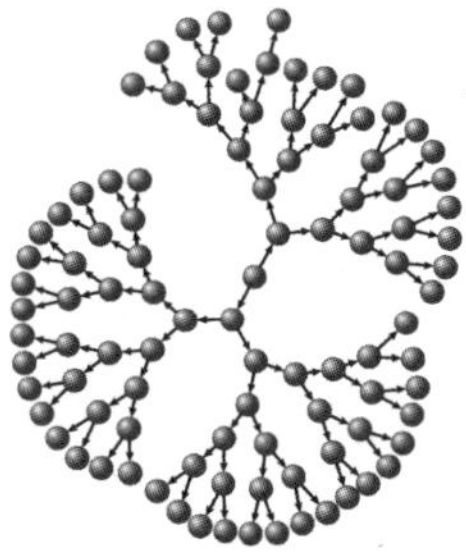

전화 비상 연락망

분대를 기본 단위로 한 군대

100명의 사람을 연결하는 네 가지 방법. 각각의 원(노드)은 한 사람을 나타내고, 각각의 선(유대)은 두 사람 사이의 연결 관계를 나타낸다. 화살표가 있는 선은 한쪽 방향으로만 흐르는 관계를 가리킨다. 예컨대 전화 비상 연락망에서는 한 사람이 다른 사람에게 전화를 거는 방향을 나타낸다. 나머지 경우들에서 유대는 상호적이다. 물통 릴레이 소방대에서는 물이 가득 든 물통과 텅 빈 물통이 양 방향으로 이동한다. 군대 조직 역시 병사들 사이의 연결이 양 방향으로 일어난다.

구성원들을 아주 잘 알며, 각자는 모두 9개의 유대를 가지고 있다. 이 경우에는 100명의 구성원과 그들을 연결하는 450개의 유대가 있다.(유대가 900개가 아닌 이유는 두 사람을 연결하는 유대를 하나로 셌기 때문이다.) 그림만으로 보면, 분대들 사이에는 유대가 전혀 존재하지 않거나 분대 내부의 유대가 분대들 사이의 유대보다 훨씬 긴밀한 것으로 보인다. 이것은 지나치게 단순화한 모형이긴 하지만 소셜 네트워크 내의 공동체들에 대해 또 한 가지 사실을 분명하게 보여준다. '네트워크 공동체'는 그 집단의 구성원들이 네트워크 내에서 다른 곳에 존재하는 집단들과 연결된 것보다 서로 간에 훨씬 더 긴밀하게 연결된 집단으로 정의할 수 있다. 네트워크 공동체는 어떤 공통의 특징이 반드시 있어야 하는 것은 아니며, 구성원들 사이에 존재하는 구조적 연결로 정의된다.

따라서 소셜 네트워크는 기본적으로 두 종류의 요소(구성원들과 그들을 잇는 연결)로 이루어진 조직적인 집단이다. 그렇지만 자연적인 소셜 네트워크 조직은 물통 릴레이 소방대, 전화 비상 연락망, 군대와는 달리 위에서 아래로 하달되는 방식으로 생기지 않는 것이 보통이다. 일상생활에서 흔히 보는 현실 세계의 소셜 네트워크 조직은 우리가 다수 혹은 소수의 친구들을 사귀려는 경향, 많거나 적은 가족을 이루려는 경향, 서로 간에 친밀하거나 소원한 관계인 일터에서 일하려는 경향에서 자연적이고 유기적으로 발달한다.

예를 들면, 다음 그림은 미국이 한 대학 기숙사에서 생활하는 학생 105명 사이의 친구 관계를 나타낸 네트워크이다. 평균적으로 각 학생

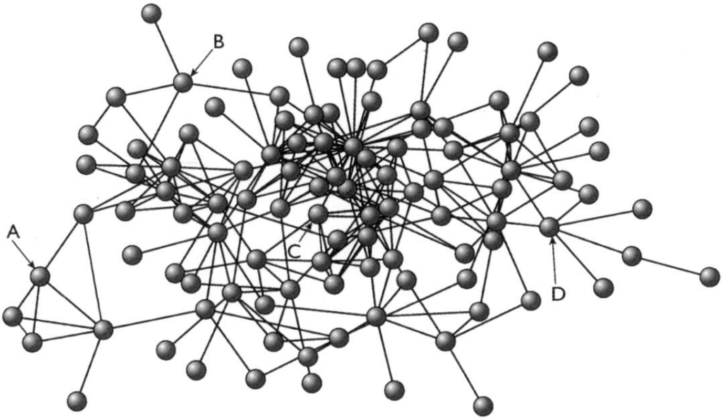

같은 기숙사에 사는 대학생 105명 사이의 친구 관계를 나타낸 이 자연적 네트워크에서 각각의 원은 학생을 나타내고, 각각의 선은 상호 친구 관계를 나타낸다. A와 B는 둘 다 친구가 4명씩 있지만, A의 네 친구는 서로 잘 아는 반면(그들 사이에 연결이 있다), B의 친구들은 아무도 서로를 모른다. 그래서 A는 B보다 이행성이 더 크다. 그리고 C와 D는 둘 다 친구가 6명씩 있지만, 소셜 네트워크 내에서 각자의 위치는 아주 다르다. C는 중심에 가까운 반면, D는 주변에 가깝다. C의 친구들은 각자 친구들이 많은 반면, D의 친구들은 친구가 전혀 없거나 얼마 없기 때문이다.

은 6명의 가까운 친구와 연결돼 있지만, 어떤 학생은 친구가 1명뿐이고, 어떤 학생은 친구가 많다. 게다가 일부 학생들은 더 깊은 곳에 자리 잡고 있다. 즉, 친구나 친구의 친구들을 통해 네트워크에서 다른 사람들과 더 많이 연결돼 있다. 네트워크 시각화 소프트웨어는 연결이 많은 사람을 가운데에 두고, 연결이 적은 사람을 주변에 두도록 설계돼 있어 각자가 네트워크에서 어떤 위치에 있는지 쉽게 파악할 수 있게 해준다. 여러분의 친구나 가족이 다른 사람들과 연결이 많을수록 여러분과 전체 소셜 네트워크의 연결이 많아진다. 그러면 여러분은 더 '중심적' 위치로 옮겨가게 되는데, 연결이 많은 친구를 가지면 문자 그대로 여러분은 소셜 네트워크의 가장자리에서 중심으로 이동하기 때문이다. 각자의 중심성은 친구들 및 다른 접촉 대상뿐만 아니라, 친구들의 친구들과 그들의 친구들을 헤아려 측정할 수 있다. 모든 사람이 자신의 위치가 동일하다고 느끼는 물통 릴레이 소방대(내 왼쪽에 있는 사람은 내게 물통을 건네고, 나는 오른쪽에 있는 사람에게 물통을 건넨다. 내가 전체 줄에서 어디에 서 있는지는 문제가 되지 않는다)와는 달리, 여기서는 분명히 종류가 서로 다른 곳에 위치하게 된다.

네트워크의 '구조' 또는 '토폴로지topology'라고도 부르는 네트워크의 '형태'는 네트워크의 기본 성질이다. 그 형태는 여러 가지 방법으로 시각화하여 나타낼 수 있지만, 형태를 결정하는 연결들의 실제 패턴은 네트워크를 시각화하는 방법에 상관없이 동일하다. 바닥 위에 흩어놓은 단추 500개의 집단을 상상해보자. 그리고 그 중에서 무작위로 2개를 골라 실로 연결한다고(각각의 단추 끝에 매듭을 만들면서) 상상해보자. 그러고 나서 이 과정을 반복하면서 실이 바닥날 때까지 단추들을 무작위로 한 쌍씩 연결해간다. 결국에는 어떤 단추들은 실이 많이 연결돼 있는 반면, 어떤 단추들은 선택을 받지 못해 다른 단추들과 전혀 연결돼 있지 않을 것이다. 어떤 단추 집단들은 그 속의 단추들끼리는 서로 연결돼 있지만, 다른 집단들과는 분리돼 있다. 이런 독립적인 집단들(심지어 연결이 하나도 없는 하나의 단추만으로 이루어진 것도 포함해)을 그 네트워크의 구성 요소라 부른다. 우리가 네트워크를 그릴 때에는 가장 큰 구성 요소(이 경우에는 단추를 가장 많이 포함한 집단)만 나타내는 경우가 많다.

하나의 구성 요소에서 단추 하나를 선택해 바닥에서 들어올리면, 직접적이건 간접적이건 거기에 연결된 다른 단추들도 모두 공중으로 따라 올라올 것이다. 그것을 다시 바닥 위의 다른 지점에 내려놓으면, 그것은 처음에 들어 올리던 때와는 다르게 보일 것이다. 그러나 그 토폴로지(단추들의 네트워크가 지닌 고유한 기본 성질 중 하나인)는 연결된 단추 집단들을 몇 번이고 들어올렸다 내려놓는다 하더라도 변함이 없다. 다른 단추들에 대한 각 단추의 관계적 위치는 이전과 변함이 없다. 즉, 네트워크 내에서 그 단추의 '위치'는 변하지 않았다. 네트워크 시각화 소프트웨어는 연결이 가장 많은 단추들을 중앙에 배치하고 연결이 가장 적은 단추들을 가장자리에 배치하는 방법을 통해 이것을 2차원으로 보여줌으로써 거기에 숨어 있는 토폴로지를 드러낸다. 그것은 마치 복잡하게 뒤엉킨 크리스마스트리 전구들을 풀려고 하는 노력과도 비슷하다. 그 중에는 쉽게 풀어낼 수 있는 덩어리들도 있고, 얽힌 것들을 풀어 바닥으로 떨어뜨려도 단단하게 얽힌 채 가운데에 남아 있는 덩어리도 있다.

앞으로 살펴볼 여러 가지 이유 때문에 사람들은 우리 주변에서 자연적으로 나타나 계속 진화하는 소셜 네트워크 내에서 특정 장소들을 차지하고 살아간다. 유기적 네트워크는 조직된 네트워크에서 볼 수 없는 구조와 복잡성, 기능, 자발성, 아름다움을 갖고 있는데, 그런 네트워크가 존재한다는 사실은 네트워크가 어떻게 생겨나고, 어떤 규칙을 따르며, 어떤 목적을 수행하는가 하는 질문들을 낳는다.

소셜 네트워크를 지배하는 규칙

물통 릴레이 소방대처럼 단순한 형태이건, 여러 세대에 걸친 대가족이나 대학 기숙사, 공동체 전체, 우리 모두를 연결하는 세계적인 네트워크처럼 복잡한 형태이건 간에, 모든 소셜 네트워크가 기본적으로 지닌 두 가지 측면이 있다. 첫째는 어떤 구성원을 다른 구성원과 이어주는 '연결'이다. 어떤 집단이 네트워크가 될 경우, 구성원들을 연결하는 유대들은 특별한 패턴(토폴로지)을 이룬다. 게다가 유대들은 복잡하다. 그것은 일시적일 수도 있고, 평생 동안 유지될 수도 있다. 개인적으로 잘 아는 사이일 수도 있고, 서로 잘 모르는 사이일 수도 있다. 네트워크를 그리거나 시각화하는 방식은 해당 유대들을 어떻게 정의하느냐에 따라 달라진다. 대부분의 분석에서는 가족, 친구, 직장 동료, 이웃과의 유대를 강조한다. 그러나 사회적 유대는 온갖 종류가 다 있으며, 따라서 소셜 네트워크도 온갖 종류가 다 있다. 실제로 성병이나 지폐 같은 것이 네트워크를 통해 흘러갈 때, 그 흐름 자체가 유대들을 정의할 수 있고, 따라서 특정 네트워크 연결 집단의 구조를 정의할 수 있다.

둘째는 '전염'이다. 이것은 유대를 통해 흘러가는 것이 무엇인가 하는 문제이다. 그것은 물이 담긴 물통이 될 수도 있지만, 병균이나 돈, 폭력, 패션, 신장, 행복, 비만이 될 수도 있다. 이러한 각각의 흐름은 각자 나름의 규칙에 따라 행동한다. 예를 들면, 물통에 불을 담아 강으로 전달할 수는 없고, 병균은 면역력을 가진 사람에게는 아무 영향을 미치지 않으며, 4장에서 자세히 다룰 비만은 동성同性 사이에서 더 빨리 퍼져나가는 경향이 있다.

소셜 네트워크가 왜 존재하고 어떻게 작용하는지 이해하려면, 소셜 네트워크의 연결과 전염(구조와 기능)에 관한 일부 규칙들을 이해하는 게 필요하다. 이 원리들은 유대가 어떻게 전체를 부분들의 합보다 더 크게 만들 수 있는지 설명해준다.

규칙 1: 우리의 네트워크는 우리 자신이 만들어낸다

사람들은 늘 자신의 소셜 네트워크를 의도적으로 만들어내고 개조한다. 대표적인 예로는 자신과 닮은 사람에게 의식적으로나 무의식적으로 호감을 느끼는 동류 선호homophily를 들 수 있다. 상대가 헬스 엔젤스Hell's Angels나 여호와의 증인이건, 마약 중독자나 커피 애호가이건, 민주당원이나 공화당원이건, 우표 수집가나 번지 점프를 즐기는 사람이건 간에, 사람들은 관심사와 살아온 역사와 꿈이 자신과 같은 사람에게 동질감과 애착을 느낀다. 그래서 유유상종이란 말도 있지 않은가!

한편, 우리가 네트워크 구조를 선택할 때 사용하는 중요한 방식이 세 가지 있다. 첫째, 자신이 얼마나 많은 사람과 연결을 맺을 것인지 결정한다. 체스를 둘 상대 한 명을 구할 것인가, 아니면 함께 숨바꼭질을 할 사람 여러 명을 구할 것인가? 결혼을 할 것인가, 아니면 여러 이성과 교제를 하며 살아갈 것인가? 둘째, 우리는 친구들과 가족들의 상호 연결에 영향을 미친다. 결혼식에서 남편의 대학 시절 룸메이트를 신부 들러리 옆에 앉게 할 것인가? 내 친구들이 모두 만날 수 있도록 파티를 열 것인가? 동업자들을 서로 소개할 것인가? 셋째, 우리는 소셜 네트워크에서 자신의 중심성을 조절한다. 여러분은 방 가운데서 모든 사람과 어울리면서 모임의 꽃이 되길 좋아하는가, 아니면 구석진 자리로 물러나길 좋아하는가?

이러한 선택의 다양성 때문에 우리가 속한 전체 네트워크의 구조도 놀라울 정도로 다양하다. 우리가 각자 자신의 소셜 네트워크에서 독특한 위치를 차지할 수 있는 원인은 바로 이러한 선택의 다양성 때문이다. 7장에서 보게 되겠지만, 이 다양성의 뿌리는 사회적인 것과 유전적인 것에서 찾을 수 있다. 물론 이러한 구조적 특징이 선택의 문제가 아닌 경우도 가끔 있다. 우리는 주변 사람들과 사귀기 쉬운 장소에 살 수도 있고 그렇지 않을 수도 있다. 대가족 가정에 태어날 수도 있고 소가족 가정에 태어날 수도 있다. 그러나 우리에게 강요된 경우에도 소셜 네트워크 구조는 우리의 삶을 지배한다.

우리는 사람마다 친구 수와 사회적 접촉의 수, 그리고 그들 간의 상호 연결 방식이 얼마나 다양한지 잘 알고 있다. 그렇지만 어떤 사람의 사회적 접촉 대상이 누구인지 확인하는 것은 쉽지 않을 수 있는데, 각자 온갖 종류의 사람들과 많은 상호 작용을 하기 때문이다. 설령 얼굴과 이름을 아는 사람이 수백 명 있다 하더라도, 정말로 가까운 사람은 손가락으로 꼽을 수 있다. 사회과학자들이 가까운 개인들을 확인할 때 쓰는 한 가지 방법은, 중요한 문제를 상의하는 사람이나 여가 시간을 함께 보내는 사람이 누구냐는 질문을 던지는 것이다. 이런 질문들에 대한 답을 통해 각자 이질적인 성격의 친구와 친지, 직장 동료, 이웃, 그 밖의 사람들을 확인할 수 있다.

최근에 우리는 무작위로 뽑은 미국인 3000명 이상에게 이 질문들을 해보았다. 조사 결과, 평균적인 미국인은 가까운 사회적 접촉을 하는 사람의 수가 4명이었으며, 2~6명인 사람인 가장 많았다. 안타깝게도 미국인 중 12%는 중요한 문제를 상의하거나 여가 시간을 함께 보내는 사람을 단 한 명도 대지 못했다. 반대로 5%는 그런 사람이 8명이나 있었다. 미국인이 가까운 집단 구성원으로 꼽은 사람들 중 약 절반은 친구였지만, 나머지 절반은 배우자, 애인, 부모, 형제, 자녀, 직장 동료, 같은 클럽 회원, 이웃, 전문적인 조언자나 고문 등 상당히 다양한 종류의 관계로 이루어져 있었다. 사회학자 피터 마스던 Peter Marsden은 우리 모두가 가지고 있는 이 집단을 '핵심 논의 네트워크 core discussion network'라고 부른다. 1980년대에 미국인 1,531명을 대상으로 한 조사에서 마스던은 나이가 많아질수록 핵심 논의 네트워크의 크기가 줄어들고, 전체적으로는 그 크기에 남녀 차이가 없으며, 대학을 졸업한 사람은 고등학교를 마치지 않은 사람에 비해 그 크기가 거의 두 배에 이른다는 결과를 얻었다.[9]

우리는 그 다음에 응답자들에게 그들의 사회적 접촉 대상들이 서로 얼마나 긴밀히 연결돼 있는지 말해달라고 했다. 즉, 만약 어떤 사람이 톰과 딕, 해리, 수가 자신의 친구라고 말하면, 톰이 딕을 아는지, 톰이 해리를 아는지, 톰이 수를 아는지, 딕이 해리를 아는지 등을 물었다. 그리고 그 대답을 바탕으로 어떤 사람의 두 친구가 서로 간에도 친구일 확률을 계산했다. 이 확률은 어떤 네트워크가 얼마나 긴밀하게 얽혀 있는지 측정할 때 써먹을 수 있는 아주 중요한 성질이다.

만약 여러분이 알렉시를 알고, 알렉시가 루카스를 알고, 루카스가 여러분을 알 경우, 이 관계를 '이행적' 관계라고 하며, 관련된 세 사람은 삼각형을 이룬다. 어떤 사람은 이행적 관계의 중심에 있는 반면(35쪽 그림에서 A처럼), 어떤 사람은 그 친구들끼리 서로를 잘 모른다(35쪽 그림에서 B처럼). 이행성이 높은 사람은 대개 한 집단에 깊이 뿌리를 두고 있는 반면, 이행성이 낮은 사람은 서로를 잘 모르는 여러 집단의 사람들과 접촉하는 경향이 있어 그들을 연결하는 가교 역할을 할 수 있다. 전형적인 미국인은 사회적 접촉 대상 중 어떤 두 사람이 서로를 알 확률이 약 52%로 나왔다.

이러한 측정 결과들은 우리가 볼 수 있는 네트워크의 특징을 말해주지만, 우리가 볼 수 없는 네트워크에 대해서도 말해주는 게 있다. 거대한 인류 조직에서 각자는 친구와 가족과 동료와 이웃과 연결돼 있지만, 그 사람들 역시 자신의 친구와 가족과 동료와 이웃과 연결돼 있으며, 그런 관계는 끝없이 뻗어나가 마침내 지구상의 모든 사람이 나머지 모든 사람과 어떤 방식으로든 연결돼 있다. 따라서 우리는 자신의 네트워크가 사회적으로나 지리적으로 상당히 제한돼 있다고 생각하지만, 우리 각자를 둘러싸고 있는 네트워크들은 실제로는 매우 넓은 세상에서 서로 연결돼 있다.

'세상 참 좁다'라는 표현의 이면에는 바로 네트워크가 지닌 이러한 구조적 특징이 있다. 사람과 사람 사이의 연결을 몇 단계 추적해보면, 자신이 어떤 사람과 연결돼 있음을 발견할 수 있다. 소셜 네트워크를 초기에 연구한 이디엘 데 솔라 풀Ithiel de Sola Pool과 만프레트 코헨

Manfred Kochen은 1950년대에 쓴 논문에서 유명한 사례를 들었다. 두 저자 중 한 사람은 일리노이 주의 소도시에 있는 한 병원에서 한 환자가 옆에 누워 있는 중국인 환자에게 이렇게 말하는 것을 들었다. "내가 알고 있는 중국인이라곤 지금까지 딱 한 명뿐인데, 그는 상하이에서 왔다고 했어요." 그러자 약간의 대화를 나눈 뒤에 그 중국인 환자는 "그 사람은 바로 내 숙부입니다."라고 말했다.[10] 두 저자는 그 사람의 이름을 밝히지 않았는데, 아마도 독자들이 좁은 세계 효과 때문에 현실 세계에서 그가 누구인지 알아볼까 봐 염려해서였을 것이다.

규칙 2: 네트워크가 우리를 빚어낸다

네트워크에서 우리가 차지하는 위치는 우리 자신에게 영향을 미친다. 친구가 한 명도 없는 사람의 삶은 친구가 많은 사람의 삶과는 아주 다르다. 예를 들면, 4장에는 친구가 한 명 더 있으면, 그 친구가 실제로 여러분을 위해 특별히 해주는 일이 없더라도, 여러분의 건강에 여러 모로 도움이 된다는 이야기가 나온다.

노르웨이에서 징집 군인 수십만 명을 대상으로 한 연구 결과는 사회적 접촉(이 경우에는 형제)의 수가 우리에게 어떤 영향을 미치는지 간단한 사례를 보여준다.[11] 같은 형제 중에서는 첫째가 둘째보다 IQ가 좀 더 높고, 둘째는 셋째보다 좀 더 높다는 연구 결과들이 있다. 이 연구 결과에 대해 제기되는 주요 질문 중 하나는 그 차이가 출생과 동시에 고정되는 생물학적 요인 때문이냐 아니면 그 뒤에 나타나는 사회적 요인 때문이냐 하는 것이다. 노르웨이 군인들을 대상으로 조사한 결과에 따르면, 가족의 크기와 구조 같은 단순한 소셜 네트워크의 특징이 그런 차이를 빚어내는 것으로 나타났다. 둘째로 태어났더라도 어린 시절에 첫째가 죽으면 둘째의 IQ가 높아져 첫째와 비슷해진다. 셋째로 태어났을 때에도 앞서 태어난 형제 중 하나가 죽을 경우에는 셋째의 IQ가 둘째와 비슷해지고, 형제가 둘 다 죽을 경우에는 첫째와 비슷해진다.

친구들과 그 밖의 사회적 접촉 대상이 서로 친구냐 아니냐 하는 것도 여러분이 인생을 살아가는 데 중요하다. 이행성은 섹스 파트너를 찾는 행동에서부터 자살 가능성에 이르기까지 모든 것에 영향을 미친다. 이행성의 효과는 이혼이 어린이에게 미치는 영향에 관한 사례에서 쉽게 알 수 있다. 만약 부모가 함께 살고 있다면(연결돼 있다면) 두 사람은 서로 대화를 나눌 테지만, 이혼을 하면(연결이 끊어지면) 서로 대화를 나누지 않을 것이다. 이혼을 하면 종종 아이를 통해 커뮤니케이션이 일어날 수 있고("아빠한테 다음 주 토요일엔 널 데리러 오지 않아도 된다고 해!"), 양육 방식에 대한 문제를 조율하기 힘들 수도 있다("엄마가 네게 아이스크림도 사주었단 말이야?"). 놀라운 사실은 아이가 여전히 양쪽 부모와 잘 연결돼 있더라도, 이혼의 결과로 그 관계가 변한다는 점이다. 그러한 변화는 부모 사이의 연결이 끊어지는 데서 비롯되지만, 아이는 그 연결과 아무 관계가 없다. 아이에게는 여전히 양 부모가 있지만, 그들이 서로 연결돼 있느냐 없느냐에 따라 아이의 삶은 크게 달라진다.

또 여러분의 친구와 가족이 접촉 대상을 얼마나 많이 갖고 있느냐

하는 것도 중요하다. 여러분과 연결된 사람이 많은 사람과 연결돼 있으면, 네트워크 내의 모든 사람에게 도달하는 데 걸리는 단계를 크게 줄일 수 있다. 여러분의 위치가 중심에 더 가까워지는 것이다. 중심에 가까워지면 네트워크 내에서 흘러 다니는 것에 영향을 받기가 그만큼 더 쉽다. 예를 들어 35쪽 그림에서 C는 D보다 중심에 더 가깝다. 만약 흥미로운 소문이 퍼지고 있다면 여러분은 어느 쪽이 되고 싶은가? 아마도 C를 원할 것이다. 그렇지만 만약 네트워크 내에서 치명적인 전염병이 번지고 있다면 어느 쪽이 되고 싶은가? 틀림없이 D를 원할 것이다. C와 D는 둘 다 똑같은 수의 사회적 유대(각각 6명과 직접 연결돼 있음)를 갖고 있는데도 불구하고 이런 차이가 난다. 나중에 우리는 돈을 얼마나 버는가에서부터 행복을 얼마나 많이 느끼느냐에 이르기까지 모든 경우에 각자의 중심성이 어떤 영향을 미치는지 보게 될 것이다.

규칙 3: 친구들은 우리에게 영향을 미친다

물론 중요한 것은 우리 주변의 네트워크 형태뿐만이 아니다. 연결들을 통해 실제로 흘러 다니는 것도 중요하다. 물통 릴레이 소방대는 여러분의 집이 불타는 동안 그저 보기 좋은 행렬을 만들려고 생겨난 것이 아니라, 물통을 전달함으로써 불을 끄기 위해 생겨난 것이다. 그리고 소셜 네트워크는 단지 물만 전달하는 게 아니다. 온갖 종류의 것들을 한 사람에게서 다른 사람에게로 전달할 수 있다.

2장에서 자세히 이야기하겠지만, 흐름의 기본적인 결정 요소 한 가지는 사람들이 서로에게 영향을 주고 모방하는 경향이다. 사람들은 보통 부모와 자식, 형제자매, 배우자, 직장 상사와 동료, 이웃과 친구를 포함해 매우 다양한 사람들과 직접적으로 많은 유대를 맺고 있다. 그리고 이 모든 유대들은 서로 영향을 주고받는 기회를 제공한다. 공부를 열심히 하는 룸메이트를 만난 학생은 자기도 더 열심히 공부하게 된다. 음식을 많이 먹는 사람 옆에 앉아 있으면, 자기도 더 많이 먹게 된다. 정원을 열심히 가꾸는 이웃을 만나면, 자신도 잔디를 매끈하게 손질하게 된다. 이렇게 서로 영향을 받는 경향은 바로 우리 옆에 있는 연결들을 뛰어넘어 좀 더 넓게 볼 때 엄청난 결과를 낳게 된다.

규칙 4: 친구의 친구의 친구도 우리에게 영향을 미친다

사람들은 단지 친구만 따라하는 게 아니다. 친구의 친구 그리고 친구의 친구의 친구도 따라한다. 어린이들이 하는 전화놀이에서는 각 아이가 다음 아이의 귀에다 대고 속삭이는 방법으로 메시지를 전달한다. 각 아이가 받는 메시지에는 그것을 전해준 아이가 저지른 실수뿐만 아니라, 직접 연결되지 않은 그 전전 아이가 저지른 실수까지도 포함돼 있다. 이런 방식으로 아이들은 자신과 직접 연결되지 않은 다른 아이를 따라하게 된다. 부모가 아이들에게 돈을 입에 넣지 말라고 하는 경고도 이것과 같은 이유에서이다. 돈에는 바로 전에 그것을 만졌던 사람뿐만 아니라, 이전에 그 돈이 거쳐온 수많은 사람들의 몸에서 나온 병균이 묻어 있을 거라고 생각하기 때문이다. 이와 비슷하게 친구와 가족도 우리에게 체중을 늘게 하거나 투표를 하게 하는 것처럼 여러 가지 일에 영향을 미칠 수 있다. 이는 직접적인 사회적 유대를 뛰어넘어 어떤 효과가 한 사람에게서 다른 사람을 통해 다시 또 다른 사람에게로 멀리 퍼져나가는 경향인 '양자 관계를 넘어선 확산'의 예이다. 코르토의 형제는 바로 그러한 확산 때문에 목숨을 잃었다.

네트워크가 직선일 때에는 양자 관계를 넘어선 확산을 쉽게 파악할 수 있다.("직선으로 세 번째 거리에 있는 저 사람이 물통을 좀 더 잘 전달하지 않으면, 우린 어려운 상황에 처하게 될 거야.") 그렇지만 35쪽의 그림으로 표현된 대학생들과 같은 자연적인 소셜 네트워크나, 수천 명으로 이루어지고 서로를 지나가는 온갖 종류의 길들이 사회적 지평선을 넘어서 뻗어 있는 복잡한 네트워크에서는 어떻게 확산을 파악할 수 있을까? 어떤 일이 일어나는지 해독하려면 두 종류의 정보가 필요하다.

첫째, 단순한 양자 관계를 뛰어넘어서 바라볼 필요가 있다. 즉, 개인과 그 친구뿐만 아니라, 친구의 친구, 친구의 친구의 친구도 살펴보아야 한다. 이 정보는 전체 네트워크를 한꺼번에 보아야만 얻을 수 있다. 큰 규모에서 그렇게 할 수 있는 방법은 최근에 와서야 가능해졌다.

둘째, 어떤 것이 한 사람에게서 다른 사람들에게로 어떻게 계속 흘러가는지 보려면, 유대들과 그것에 연결된 사람들에 대한 정보가 한 시점이 아니라 많은 시점에 대한 것이 필요하다. 그러지 않으면 그 네트워크의 동역학적 성질을 이해한다는 것은 아예 기대할 수 없다. 그것은 경기 장면을 찍은 한 장의 스냅 사진만 가지고 잘 알지 못하는 스포츠의 규칙을 이해하려고 노력하는 것과 비슷하다.

양자 관계를 넘어선 확산의 많은 사례와 종류는 나중에 살펴보겠지만, 우선 단순한 것부터 살펴보면서 감을 잡는 게 좋겠다. 우리는 전염을, 어떤 사람이 뭔가를 가지고 다른 사람과 접촉하면 그 접촉만으로 두 번째 사람도 병균을 가지게 되는 것으로 흔히 이해한다. 전달되는 것은 병균이 될 수도 있고(가장 분명한 예), 소문이나 정보가 될 수도 있다(다소 불분명한 예). 일단 한 사람이 전염이 되고 나면, 다른 사람과의 추가 접촉은 일반적으로 불필요한 중복이다. 예를 들어 XYZ라는 주식이 50달러로 장을 마감했다는 정보를 정확하게 들었다면, 다른 사람에게서 같은 정보를 듣더라도 그것은 별로 가치가 없다. 그리고 여러분 혼자만의 힘으로 이 정보를 다른 사람에게 얼마든지 전달할 수 있다.

그러나 어떤 것은 규범이나 행동과 같은 방식으로 전파되지 않는다. 많은 사회적 접촉을 통한 보강을 포함해 더 복잡한 과정이 필요한 것도 있다. 그럴 경우, 물통 릴레이 소방대처럼 단순한 직선으로 배열된 네트워크는 더 복잡한 현상을 전달하는 데 적절하지 않을 수 있다. 사람들에게 담배를 끊게 하고 싶다면, 사람들을 일렬로 죽 늘어세우고 첫 번째 사람에게 담배를 끊게 한 뒤 그것을 다음 사람에게 전달하라는 식으로 해서는 안 된다. 차라리 군대의 분대 단위 조직처럼 흡연자 주위를 비흡연자 여러 명으로 둘러싸는 편이 나을 것이다.

심리학자 스탠리 밀그램Stanley Milgram이 실시한 유명한 보행자 실험은 다수의 사람들에게서 받는 보강의 중요성을 잘 보여준다.[12] 1968년, 밀그램은 추운 겨울 오후에 뉴욕 시에서 조수들로 이루어진 1~15명의 '자극 군중'을 미리 인도에 배치해두고, 길이 15m의 거리를 걸어가는 보행자 1424명의 행동을 관찰했다. 신호를 보내면 자극 군중은 가던 길을 멈추고 근처 건물의 6층 창문을 정확하게 1분 동안 올려다보았다. 창문에는 밀그램이 세워놓은 한 남자 외에는 흥미로운 거라곤 아무것도 없었다. 실험 과정은 필름으로 기록했고, 나중에 조수들은 필름을 보면서 가던 길을 멈추거나 자극 군중이 쳐다보는 쪽을 함께 쳐다본 사람의 수를 세었다. 보행자 중 4%는 자극 군중이 1명일 때에도 함께 따라 멈춰 섰지만, 40%는 자극 군중이 15명일 때 멈춰 섰다. 보행자가 어떤 행동을 따라하는 결정은 그 행동을 하는 군중의 크기에 영향을 받는다는 게 분명했다.

그리고 더 많은 비율의 보행자들은 자극 군중의 행동을 불완전하게 따라했는데, 자극 군중이 쳐다보는 쪽을 함께 바라보긴 했지만 걸음을 멈추진 않았다. 1명의 자극 군중은 보행자 42%에게 자기가 보는 쪽으로 보도록 영향을 준 반면, 15명의 자극 군중은 보행자 86%에게 영향을 주었다. 이것보다 더 흥미로운 사실은, 5명의 자극 군중으로도 15명이 내는 것과 거의 비슷한 효과를 얻었다는 사실이다. 다시 말해서, 이 상황에서 보행자의 행동에 미치는 효과 면에서 5명보다 더 많은 자극 군중은 불필요했다.

규칙 5: 네트워크는 자체 생명력이 있다

소셜 네트워크는 그 안에 있는 사람들이 제어하거나 심지어 지각하지 못하는 성질과 기능을 가질 수도 있다. 이러한 성질들은 분리된 개인들을 연구해서는 이해할 수 없고, 전체 집단과 그 구조를 연구해야만 이해할 수 있다. 간단한 예로는 교통 체증과 스탬피드stampede(동물 떼가 앞 다투어 달아난다는 뜻으로, 무리 중 한두 마리가 뛰기 시작하면 나머지도 덩달아 뛰면서 통제할 수 없는 폭주 사태가 벌어지는 현상) 행동을 들 수 있다. 움직이지 않는 자신의 자동차 바퀴를 보고 씩씩대는 한 개인에게 질문을 하는 것만으로는 교통 체증을 제대로 이해할 수 없다(비록 그의 고장난 자동차가 교통 체증에 약간 기여하긴 하지만). 복잡한 예로는 문화라는 개념이나, 나중에 보게 되겠지만 상호 연결된 사람들로 이루어진 집단이 명시적인 통합 조정이 없이도 공통적으로 복잡한 행동을 나타내는 현상을 들 수 있다.

간단한 예들 중 대부분은 거기에 속한 개인들의 의지와 인식을 완전히 무시하고, 사람들을 '지능이 0인 행위자'인 것처럼 볼 때 가장 잘 이해할 수 있다. 1986년 멕시코 월드컵 때 처음으로 세계적인 이목을 끈 파도타기 응원을 생각해보자. '파도'란 뜻의 에스파냐어로 '라 올라La Ola'라고 부르는 이 현상은 세로로 늘어선 한 줄의 관중들이 팔을 쳐들면서 일어선 뒤에 금방 자리에 앉으면, 그 옆줄의 관중들이 같은 동작을 하고, 다시 그 옆줄의 관중들이 차례로 같은 동작을 한다. 그 효과는 아주 극적이다. 평소에 액체 표면에 생기는 파동을 연구하던 물리학자들은 거대한 축구 경기장에서 일어나는 라 올라 사례들을 촬영해 연구하면서 큰 흥미를 느꼈다. 조사 결과, 이 파도는 대개 시계 방향으로 돌며, '초당 20석'의 속도로 움직이는 것으로 나타났다.[13]

그러한 인간 파도가 어떻게 시작되어 전파되는지 이해하기 위해 과학자들은 산불이 확산되거나 심장 근육을 통해 전기 신호가 전파되는 모양과 같은 무생물 현상을 이해하는 데 사용되는 '자극에 민감한 매개물의 수학적 모형'을 사용했다. 자극에 민감한 매개물은 주변에 있는 다른 대상들의 행동(근처에 있는 나무들에 불이 붙었는가?)에 따라 한 상태에서 다른 상태로 바뀌는 매개물이다. 이 모형들은 그 사회적 현상에 대해 정확한 예측을 내놓음으로써, 설사 우리가 인간의 생물학이나 심리학을 전혀 모르더라도 라 올라를 이해할 수 있음을 보여주었다. 실제로 일어났다 앉았다 하는 한 개인의 행동을 연구하는 것만으로는 파도타기 응원을 이해할 수 없다. 그것은 앞에서 메가폰을 들고 있는 사람이 지휘하는 게 아니다. 그것은 자체 생명력을 지니고 있다.

함께 움직이는 새 떼와 물고기 떼, 곤충 떼의 수학적 모형도 같은 사실을 보여준다. 집단의 움직임을 제어하는 중심이 없지만, 집단의 모든 개체가 함께 달아나거나 포식 동물의 공격을 막도록 도움을 주는 일종의 집단 지능이 발휘된다. 이런 행동은 각 개체에게서 비롯되는 것이 아니라, 집단이 지닌 성질이다. 새 떼가 어디로 날아갈지 어떻게 '결정하는지' 조사한 결과에 따르면, 새 떼는 모든 새들의 뜻을 반영한 방식으로 움직인다. 더 중요한 것은 그러한 이동 방향이 대개 새 떼에게 최선의 선택이라는 사실이다. 모든 새는 그 결정에 각자 조금씩 기여하지만, 전체 새 떼의 집단 선택은 각 새가 내린 어떤 선택보다 더 낫다.[14] 소셜 네트워크는 라 올라나 새 떼와 비슷하게 나름의 규칙을 따르는데, 그 규칙은 네트워크를 이루는 사람들과는 아무 상관이 없다. 그런데 사람들은 단지 경기장에서 응원을 즐기는 데 그치지 않는다. 네트워크의 생명력 때문에 그들은 장기를 기증하거나 살이 찌거나 행복을 느낀다.

이런 맥락에서 소셜 네트워크는 창발적 성질을 갖고 있는 셈이다. '창발적 성질'은 부분들의 상호 작용과 상호 연결 때문에 나타나는 전체의 새로운 속성이다. 창발emergence이란 개념은 비유로 설명하는 게 이해하기에 쉽다. 케이크의 맛은 그 재료 성분 중 어느 것의 맛하고도 같지 않다. 그렇다고 재료 성분들의 평균적인 맛(예컨대 밀가루와 달걀의 중간 맛)과도 다르다. 케이크의 맛은 그 재료 성분들을 단순히 합쳐놓은 맛을 뛰어넘는다. 마찬가지로, 소셜 네트워크를 이해하면 어떻게 전체가 부분들의 합보다 더 큰지 이해할 수 있다.

6단계 분리와 3단계 영향

스탠리 밀그램은 실험을 통해 사람들이 평균적으로 '6단계 분리'를 통해 모두와 연결돼 있다는 사실을 보여주었다.(친구는 여러분에게서 1단계 떨어져 있고, 친구의 친구는 2단계 떨어져 있다.) 1960년대에 실시된 밀그램의 실험에서는 네브래스카 주에 사는 수백 명의 주민에게 1600km 이상 떨어진 보스턴의 어느 기업인에게 보내는 편지를 주었다.[15] 그리고 그 편지를 각자가 개인적으로 아는 사람에게 전해주되, 보스턴에 사는 그 기업가와 개인적으로 알 것 같아 보이는 사람에게 전해주라고 했다. 그러고 나서 그 편지가 사람들을 차례로 건너뛰면서 최종 목적지에 도달하기까지 걸리는 단계를 추적했다. 평균적으로 6단계면 충분했다. 이 놀라운 사실이 발단이 되어 데 솔라 풀과 코헨이 먼저 제기했던 좁은 세상 효과를 조사하기 위한 온갖 연구가 시작되었고, 그것은 존 과르John Guare의 희곡 《6단계 분리Six Degrees of Separation》와 케빈 베이컨Kevin Bacon 6단계 게임(케빈 베이컨과 함께 영화를 찍은 사이를 1단계라고 할 때, 할리우드 배우들이 케빈 베이컨과 몇 단계 만에 연결될 수 있는지 찾는 게임) 등을 통해 대중문화 속에도 침투했다.

그렇지만 일부 학자들은 의심을 품었다. 예를 들어 네브래스카 주와 보스턴은 지리적으로나 문화적으로 멀리 떨어져 있긴 하지만, 둘 다 미국 내에 있지 않은가? 그래서 2002년에 물리학자였다가 사회학자로 변신한 덩컨 와츠Duncan Watts와 동료인 피터 도즈Peter Dodds, 로비 무하마드Roby Muhamad는 커뮤니케이션 수단으로 이메일을 사용해 밀그램의 실험을 세계적 규모에서 재현해보기로 했다.[16] 세계 각지에 있는 '표적들'에게 메시지를 보낼 실험 대상자를 9만 8000명 이상(대부분 미국인) 모집한 뒤, 각 실험 대상자가 알고 있는 사람 가운데 표적을 잘 알 것이라고 생각하는 사람에게 이메일로 메시지를 보내게 했다. 각각의 실험 대상자에게는 13개국에 분포한 18명의 표적 가운데 한 명씩을 무작위로 배정했다. 그 표적들은 아이비리그 대학 교수, 에스토니아의 기록 보관소 감독관, 인도의 기술 고문, 오스트레일리아의 경찰관, 노르웨이 군대의 수의사를 포함해 아주 다양한 사람들로 구성했다. 놀랍게도 이번 실험에서도 평균적으로 6단계 만에 표적에 도달해 세상이 좁다는 사실을 보여준 바 있는 밀그램의 원래 실험 결과가 재현되었다.

그렇지만 우리가 6단계 거리 안에서 모든 사람과 연결돼 있다고 해서 사회적 거리에 상관없이 모든 사람에게 똑같이 영향력을 미칠 수 있는 것은 아니다. 우리가 진행한 연구에서는 소셜 네트워크 내에서 영향력의 전파는 '3단계 영향 규칙Three Degrees of Influence Rule'을 따른다는 사실이 밝혀졌다. 우리가 하는 모든 말과 행동은 우리의 네트워크를 통해 파도처럼 물결치며 나아가면서 친구(1단계), 친구의 친구(2단계), 심지어 친구의 친구의 친구(3단계)에게 영향을 미친다. 그러나 우리의 영향력은 갈수록 점점 줄어들기 때문에, 3단계를 넘어서서 사회적 변경 너머에 있는 사람들에게는 눈에 띄는 효과를 미치지 못한다. 마찬가지로 우리 역시 3단계 이내에 있는 친구들에게 영향을 받지만, 일반적으로 그 너머에 있는 사람들에게서는 영향을 받지 않는다.

3단계 영향 규칙은 광범위한 태도와 감정, 행동에 적용되며, 정치적 견해나 체중 증가, 행복처럼 다양한 현상의 전파에도 적용된다. 다른 학자들은 발명가들의 네트워크에서는 혁신적 아이디어가 3단계까지 확산되는 것처럼 보인다는 연구 결과를 내놓았다. 즉, 한 발명가의 창조성은 그의 동료, 동료의 동료, 동료의 동료의 동료에게까지 영향을 미친다. 또한 훌륭한 피아노 선생을 찾는다거나 애완동물을 키울 사람을 찾는 등의 일상적인 관심사에 대한 입소문 추천도 역시 3단계까지 전파되는 경향이 있다.

영향력 전파가 제약을 받는 이유는 세 가지를 생각할 수 있다. 첫째, 고요한 연못에 돌을 떨어뜨렸을 때 퍼져나가는 작은 물결과 마찬가지로 우리가 다른 사람에게 미치는 영향 역시 결국에는 에너지가 소진된다. 돌을 떨어뜨리면 일정량의 물이 움직이는데, 물결을 통해 전달되는 에너지는 멀리 퍼져 나갈수록 점점 감소한다. 이런 현상을 사회적으로 생각하는 한 가지 방법은, 어린이들의 전화놀이처럼 정보가 멀리 전달될수록 그 신뢰성이 감소한다고 보는 것이다. 그래서 여러분이 담배를 끊거나 어떤 정치인을 지지한다면, 이 정보가 친구의 친구의 친구의 친구에게 도달할 무렵에는 그것은 여러분이 실제로 한 일에 대해 정확하거나 신뢰할 만한 정보가 되지 못할 수 있다. 이것을 '고유 감쇠 설명(固有減衰說明, intrinsic-decay explanation)'이라 부른다.

둘째, 네트워크 내부에서 3단계를 넘어선 연결들을 불안정하게 만드는 진화가 불가피하게 일어나기 때문에 영향력이 감소할 수 있다. 네트워크 유대들은 영원히 지속되는 게 아니다. 어제의 친구가 오늘은 더 이상 친구가 아닐 수도 있고, 이웃들은 이사를 가고, 부부는 이혼을 하며, 사람들은 죽는다. 아는 사람과 직접적 연결이 끊어지려면, 여러분과 그 사람 사이의 유대가 사라지는 것만이 유일한 방법이다. 그러나 여러분에게서 3단계 거리에 있는 사람의 경우, 세 사람을 연결하는 3개의 유대 중 어느 하나가 끊어질 수 있고, 그러면 여러분과 그 사람을 잇는 경로가 최소한 하나 정도 사라지게 된다. 따라서 중간에 있는 모든 유대에 늘 일어나는 변화 때문에, 평균적으로 4단계 거리에 있는 사람하고는 유대를 안정적으로 유지하기가 어려울 수 있다. 그 결과, 4단계와 그 이상의 거리에 있는 사람하고는 영향을 주거나 받을 수 없다. 이를 '네트워크 불안정 설명 network-instability explanation'이라 부른다.

셋째, 진화생물학이 어떤 역할을 할 수도 있다. 7장에서 이야기하겠지만, 인류는 모든 구성원이 3단계 이내의 유대로 연결된 작은 집단을 이루어 진화한 것으로 보인다. 집단 내의 어떤 사람이 내 편인지 아닌지, 그 사람에게 내 도움이 필요한지 혹은 그 사람이 나를 도와줄지 안다면 살아가는 데 큰 도움이 된다. 또한 집단 내의 다른 사람들에게 내가 원하는 일을 하도록 영향을 미치는 데에도 편리하다. 그렇지만 우리는 큰 집단을 이루어 산 지 얼마 되지 않았기 때문에, 영향력을 3단계 너머까지 미칠 수 있는 사람이 진화를 통해 선택될 만큼 아직 시간이 충분히 흐르지 않았다. 다시 말해서, 우리가 4단계 이상 떨어진 사람에게 영향을 미칠 수 없는 이유는 우리가 호미니드로 살던 과거에는 4단계 이상 떨어진 사람이 없었기 때문인지도 모른다. 이것을 '진화적 목적 설명 evolutionary-purpose explanation'이라 부른다.

이 모든 요소들이 각각 어떤 역할을 할 가능성이 높다. 그렇지만 이유가 무엇이건 간에, 3단계 영향 규칙은 우리의 소셜 네트워크가 작용하는 방식에 큰 영향을 미치는 것으로 보이며, 기술 발전이 우리에게 더 많은 사람과 접촉할 수 있게 해주더라도 이 규칙은 계속해서 우리의 연결 능력을 제약할지 모른다.

이런 본질적인 요소들은 우리의 능력을 제약하는 것처럼 보일 수도 있지만, 우리는 세상이 얼마나 좁은지 기억해야 한다. 만약 우리가 6단계를 통해 모든 사람과 연결돼 있고, 3단계까지 영향을 미칠 수 있다면, 각자는 지구상의 모든 사람에게 절반쯤 도달할 수 있는 능력이 있다고 생각할 수 있다.

게다가 설사 3단계까지 제한돼 있다 하더라도, 우리가 다른 사람들에게 미칠 수 있는 효과의 범위는 엄청나다. 자연적인 소셜 네트워크의 구조는 우리가 수천 명의 사람들과 연결돼 있다는 것을 말해준다. 예를 들어 여러분의 사회적 접촉 대상이 친구 5명, 직장 동료 5명, 가족 10명, 이렇게 모두 20명이라고 하자. 그런데 그 사람들도 각자 비슷한 수의 친구와 가족이 있다.(문제를 간단하게 하기 위해 그들의 사회적 접촉 대상 중에는 여러분의 접촉 대상과 겹치는 사람이 없다고 가정하자.) 그렇다면 여러분은 2단계에서 400명과 간접적으로 연결돼 있는 셈이다. 여러분의 영향력은 거기서 끝나지 않는다. 거기서 한 단계 더 넘어가면 3단계에서는 20×20×20=8000명과 연결돼 있다. 이것은 저자인 제임스 파울러가 자란 오클라호마 주의 작은 읍에 사는 주민의 수와 비슷하다.

어떤 두 사람이 6단계 이내에서 연결돼 있다는 사실은 우리가 서로 얼마나 잘 연결돼 있는지 보여주는 반면, 영향력이 3단계까지 미친다는 사실은 우리가 얼마나 전염성이 강한지 보여준다. 연결과 전염이라는 이 성질들은 소셜 네트워크의 구조와 기능에서 나온다. 이것들은 인간 초생물체의 해부학이자 생리학이다.

상호 연결

대부분의 사람은 자신이 친구와 가족에게 어떤 영향을 미치는지 잘 알고 있다. 우리가 어떻게 하느냐에 따라 그들은 기뻐하거나 슬퍼하고, 건강하거나 아프며, 심지어 부유하거나 가난하게 살아간다. 그러나 우리는 자신이 생각하고 느끼고 행동하고 말하는 모든 것이 직접 아는 사람을 넘어서서 아주 멀리까지 퍼져갈 수 있다는 사실에 대해 별로 생각하지 않는다. 반대로, 우리의 친구와 가족은 수백 명 혹은 수천 명의 다른 사람들에게 우리가 영향을 받는 통로가 된다. 그것은 마치 우리가 우리를 둘러싼 사회 세계의 맥박을 느끼고, 그 리듬에 반응을 보이는 것과 같다. 우리는 소셜 네트워크의 일부로서 자신을 초월하여 훨씬 더 큰 전체의 일부가 된다. 즉, 우리는 서로 연결돼 있다.

이러한 연결은 인간의 조건을 이해하는 방식에 획기적인 변화를 가져온다. 소셜 네트워크는 혼자만의 힘으로는 할 수 없는 일을 해낼 수 있도록 도움을 주기 때문에 가치가 있다. 이어지는 장들에서는 네트워크가 기쁨, 섹스 파트너 찾기, 건강 유지, 시장 기능 작동, 민주주의를 위한 노력 등을 확산시키는 데 어떤 영향을 미치는지 살펴볼 것이다. 그렇지만 소셜 네트워크 효과가 항상 긍정적인 것만은 아니다. 우울증, 비만, 성병, 금융 공황, 폭력, 자살도 퍼져나갈 수 있다. 소셜 네트워크는 씨를 뿌리기만 하면 어떤 것이라도 확대시키는 경향이 있다.

그 부분적 이유는 소셜 네트워크의 창조성에서 찾을 수 있다. 네트워크가 창조하는 것은 어느 한 개인에게서 나오는 것이 아니다. 그것은 네트워크 내의 모든 사람에게서 나온다. 이런 점에서 소셜 네트워크는 공동 소유의 숲과 같다. 모두가 그곳에서 혜택을 얻을 수 있지만, 그곳을 건강하고 생산적으로 유지하도록 함께 협력해야 한다. 즉, 소셜 네트워크는 개인과 집단과 제도가 모두 힘을 합쳐 함께 돌보고 유지하는 것이 필요하다. 소셜 네트워크는 본질적으로 인간적이고 도처에 존재하지만, 그렇다고 해서 당연한 것으로 여겨서는 안 된다.

만약 자신이 다른 사람들보다 더 행복하거나 더 잘살거나 더 건강하다면, 설령 자신의 위치를 정확하게 알지 못한다 하더라도, 그것은 네트워크 내에서 차지하는 자신의 위치와 밀접한 관련이 있을 가능성이 높다. 그리고 설령 자신이 그 구조를 전혀 제어하지 못한다 하더라도, 그것은 네트워크의 전체 구조와 큰 관련이 있을지 모른다. 어떤 경우에는 그 과정이 네트워크로 피드백된다. 친구가 많은 사람은 부자가 되고, 그 때문에 더 많은 친구를 사귀게 된다. 부자가 더 큰 부자가 되는 이 동역학은 소셜 네트워크가 우리 사회에 존재하는 두 종류의 불평등인 상황적 불평등situational inequality(어떤 사람은 다른 사람보다 사회경제적으로 더 나은 처지에 있다)과 위치적 불평등positional inequality(어떤 사람은 네트워크 내에서 더 유리한 위치에 있다)을 심화시킬 수 있음을 보여준다.

입법자들은 위치적 불평등이 초래하는 결과를 고려해본 적이 없다. 그렇지만 우리가 연결된 방식을 제대로 이해하는 것은 더 공평한 사회를 만들고, 공중 보건에서부터 경제에 이르기까지 모든 분야에 영향을 미치는 공공 정책을 집행하는 데 꼭 필요하다. 취약한 개인들보다는 중심에 위치한 개인들에게 백신을 접종하는 게 사회 전체를 위해 더 낫다. 흡연의 위험을 설득하려면, 흡연자를 직접 설득하는 것보다는 흡연자의 친구들을 설득하는 게 훨씬 효과가 있다. 그때그때 범죄를 하나씩 예방하거나 처벌하는 것보다는 서로 연결된 사람들의 집단이 범죄 행위를 하지 않도록 돕는 게 더 낫다.

소셜 네트워크가 개인의 행동과 결과에 미치는 강력한 효과는 사람들이 자신의 선택에 대해 완전한 결정권이 없다는 것을 시사한다. 따라서 소셜 네트워크에서 사람들 간에 미치는 영향은 도덕적 의문을 낳는다. 우리와 다른 사람이 연결돼 있다는 사실은 우리의 자유의지 능력에 영향을 미친다. 코르시카 섬의 자코모에게 그가 저지른 행동에 대해 개인적으로 얼마나 책임을 물을 수 있을까? 또 온타리오 주의 댄 래비스에게는 그가 보여준 행동에 대해 개인적으로 얼마나 공을 돌릴 수 있을까? 만약 그들이 사슬의 한 연결 고리로 행동한 것에 불과하다면, 자신의 행동을 선택한 자유 의지는 어떻게 이해해야 할까?

어떤 학자들은 개인의 선택과 행동을 연구함으로써 인간의 집단 행동을 설명한다. 반면에 어떤 학자들은 개인을 완전히 무시하고, 사회 계급, 인종, 정당 등의 집단에만 초점을 맞춘다. 이런 집단들은 집단 내의 사람들을 신비하고도 마술적으로 함께 행동하게 만드는 집단 정체성을 지니고 있다. 소셜 네트워크 과학은 세상을 바라보는 독특한 방법을 제공하는데, 그것은 개인과 집단에 관한 과학이고,

그리고 개인들이 실제로 어떻게 집단이 되는지 연구하는 과학이기 때문이다.

사회가 어떻게 돌아가는지 알고 싶다면, 개인들 사이를 연결하는 '잃어버린 고리'를 채울 필요가 있다. 사람들 사이의 상호 연결과 상호 작용이 개인에게는 존재하지 않는 완전히 새로운 측면의 인간 경험을 어떻게 만들어내는지 이해하는 게 필요하다. 소셜 네트워크를 제대로 이해하지 못하고서 우리 자신이나 우리가 사는 세계를 완전히 이해하길 바라는 것은 나무에서 물고기를 찾는 것이나 같다.

CONNECTED

CHAPTER 2

즐거움도 전염된다

WHEN YOU SMILE, THE WORLD SMILES WITH YOU

네트워크를 수학적으로 분석한 결과, 직접 연결된 사람(친구)이 행복할 경우 당사자가 행복할 확률은 약 15% 더 높아진다. 행복의 확산은 여기서 끝나지 않는다. 2단계 거리에 있는 사람(친구의 친구)에 대한 행복 확산 효과는 10%이고, 3단계 거리에 있는 사람(친구의 친구의 친구)에 대한 행복 확산 효과는 약 6%였다. 그리고 4단계에서는 그 효과가 거의 사라진다. 여기에서 위는 3단계 인간관계 법칙에 대한 첫 번째 증거를 찾았다.

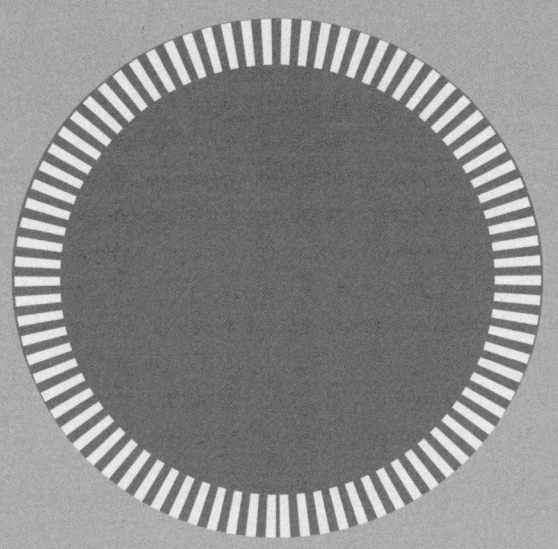

CONNECTED

1962년, 탄자니아에서 기묘한 일이 일어났다. 빅토리아 호 근처의 부코바에서 선교 단체가 운영하는 여자기숙학교에 갑자기 웃음병이 번진 것이다. 그것은 몇몇 여학생이 농담을 나누다가 일어난 일이 아니었다. 웃음을 참지 못하는 이 병은 한 사람에게서 다음 사람에게로 차례로 퍼져나가 결국 1000명 이상이 감염되었다.

감염은 돌발적으로 일어났고, 한번 시작된 웃음은 사람에 따라 몇 분에서 몇 시간까지 계속되었다. 그러고 나서는 한동안 정상적인 생활을 하다가 다시 그 증상이 몇 차례 반복해서 나타났는데, 최대 16일까지 증상이 나타난 사람도 있었다. 이 전염병의 본질을 밝히는 데 한 가지 단서가 된 것은 웃음이 나오는데도 불구하고 당사자들은 불안과 두려움을 느꼈다는 사실이다.

이 병의 발생을 처음 조사하고 보고한 마케레레 대학의 랭킨Rankin 교수와 부코바 보건소장 필립Philip은 병의 발생과 진행 과정을 아주 철저하게 조사했다.[1] 새로운 환자는 모두 얼마 전에 그 병에 걸린 사람과 접촉한 사실이 있었다. 접촉하고 나서 증상이 나타나기까지의 잠복기는 몇 시간에서 며칠이었다. 다행히도 생명을 위협하는 사례는 보고되지 않았고, 감염된 사람들은 시간이 지나면 완전히 회복되었다.

그 전염병은 1962년 1월 30일, 12~18세의 세 여학생이 주체할 수 없는 웃음을 터뜨리면서 시작되었다. 그것은 급속도로 번져갔고, 얼마 지나지 않아 학교에 있던 많은 사람들이 심각한 웃음병에 걸렸다. 3월 18일에는 159명의 학생 중 95명이 감염되었고, 학교는 부득이 휴교 조치를 취하지 않을 수 없었다. 학생들은 마을과 읍에 있는 집으로 돌아갔다. 10일 뒤, 몇몇 학생이 집으로 돌아간 은샴바 마을(학교에서 88km 거리에 있는)에서 웃음병이 발생하여 모두 217명이 감염되었다. 일부 여학생이 돌아간 마을 근처에 라만셰네 여자중학교가 있었는데, 6월 중순에는 이 학교에도 웃음병이 번졌다. 이 학교 역시 154명의 학생 중 48명이 웃음병에 감염되자 휴교 조치를 내렸다. 6월 18일에는 한 여학생이 돌아간 카냥게레카 마을에서 웃음병이 발생했다. 먼저 여학생 가족 사이에서 시작된 웃음병은 근처에 있던 두 남학교로 번졌고, 이 학교들 역시 휴교에 들어갔다. 그리고 몇 달이 지나자 웃음병은 잦아들었다.

랭킨과 필립은 생물학적 원인을 찾으려고 많은 노력을 기울였다. 환자들을 대상으로 신체검사와 실험 분석을 실시했고, 척수액을 뽑아 검사하기도 했으며, 음식물에 독소가 들어 있지 않은지 조사했다. 조사 결과, 이전에 이 지역에서 그와 유사한 병이 발생한 기록은 전혀 없었다. 마을 사람들도 어떻게 해야 할지 속수무책이었다. 부코바에서는 "원자폭탄이 폭발하면서 대기가 오염되었다"는 이야기가 떠돌았다. 다른 사람들은 그것을 일종의 '광기 확산'이나 웃음병이란 뜻으로 '엔드와라 요쿠셰카'라고 불렀다.

조사에 나선 마을 사람들과 과학자들이 느낀 것처럼 이 전염병은 결코 웃어넘길 문제가 아니었다. 웃음병에 걸려도 행복감이나 기쁨을 함께 느끼지는 못했다. 오히려 그것은 정서적 전염으로 인한 집단 히스테리의 일종이었다. 즐거운 것이건 어떤 것이건 감정은 두 사람 사이에서, 그리고 더 큰 집단 사이에서 퍼져나갈 수 있다. 따라서 감정은 개인뿐만 아니라 집단에서도 유래할 수 있다. 그리고 여러분이 무엇을 느끼느냐 하는 것은 여러분과 연결 관계가 가깝거나 먼 사람들이 무엇을 느끼느냐에 따라 달라진다.

우리 조상도 감정이 있었다

우리는 모두 감정이 있다. 감정은 여러 가지 요소로 이루어져 있다. 첫째, 우리는 대개 자신의 감정을 의식적으로 인식한다. 행복할 때에는 행복하다는 것을 안다. 둘째, 감정은 신체 상태에 영향을 미친다. 그래서 얼굴과 목소리, 심지어 자세에 그 사람의 감정이 드러난다. 소셜 네트워크에서 감정이 담당하는 역할을 감안한다면, 이러한 신체적 특징은 특히 중요하다. 셋째, 감정은 특정 신경생리학적 활동과 연관이 있다. 무서운 사진을 보면 뇌 깊은 곳에 있는 구조에 흐르는 혈액의 양에 급격한 변화가 일어난다. 마지막으로, 감정은 웃거나 울거나

비명을 지르는 것처럼 눈에 드러나는 행동과 관련이 있다.[2]

실험을 통해 우리는 몇 초에서부터 몇 주에 이르는 시간에 걸쳐 다른 사람에게서 관찰한 감정 상태에 '전염될' 수 있는 것으로 드러났다.[3] 우울증이 약간 있는 사람과 함께 방을 쓰도록 한 실험에서 무작위로 뽑힌 대학 신입생들은 3개월에 걸쳐 갈수록 점점 더 우울해져 갔다.[4] 감정 전이는 잠깐 동안 접촉한 낯선 사람들 사이에서도 일어날 수 있다. 웨이터에게 '미소를 지으면서 손님을 대하는 교육을 시키면, 고객들이 만족감을 더 느끼고 팁도 더 많이 남긴다'는 보고도 있다.[5] 사람의 감정과 기분은 상호 작용하는 사람의 감정 상태에 영향을 받는다. 왜, 그리고 어떻게 이런 일이 일어나는 것일까?

다른 질문을 먼저 살펴보자. 왜 감정은 내면적 상태에 머물러 있지 않는 것일까? 왜 우리는 자신의 감정을 그냥 마음속에 담아두지 않는 것일까? 감정을 느끼는 것은 진화상 우리에게 유리한 게 분명하다. 예를 들어 놀라움을 느끼는 능력은 생존을 위해 빨리 반응할 필요가 있는 상황에서 우리에게 유리하다. 그런데 우리는 단지 놀라움을 느끼는 데 그치지 않고, 놀랐다는 것을 나타낸다. 우리는 펄쩍 뛰거나 비명을 지르거나 욕을 하거나 이를 악무는 반응을 보이며, 이러한 행동은 다른 사람의 눈에 띄게 마련이다. 그러면 다른 사람들도 같은 반응을 보인다.

초기의 호미니드가 사회 집단을 이룬 과정을 감안하면, 감정의 전파는 진화적 적응 목적에 도움이 되었을 것이다.[6] 초기 인류는 생존을 위해 서로 의존하며 살아가야 했다. 그들과 물리적 환경(날씨, 지형,

포식 동물) 사이의 상호 작용은 그들과 사회적 환경 사이의 상호 작용에 영향을 받았다. 인류는 세상에 더 효율적으로 대처하기 위해 다른 사람들과 결속했고, 그러한 결속을 강화하기 위한 메커니즘이 발달했는데, 그러한 메커니즘 중 가장 분명한 것은 언어이지만 감정 흉내도 빼놓을 수 없다. 감정의 발달과 표출, 다른 사람의 감정을 읽는 능력은 세 가지 방식을 통해 집단의 행동을 통합 조정하는 데 도움이 되었다. 그 세 가지는 개인과 개인 사이의 결속 촉진, 행동 통일, 정보 교환이었다.

감정과 감정 전이는 아마도 어머니와 아기 사이의 유대를 강화하기 위해 처음 나타난 뒤에 친족으로 확대되었다가 결국엔 친족 외의 사람에게까지 확대되었을 것이다. 감정 전이는 상호 작용의 일치를 자극한다. 어머니와 아기 사이에서 일어난 감정 전이는 어머니를 아기에게 더 신경 쓰게 자극하고, 아기에게 관심을 기울이는 것이 필요할 때 아기를 더 보호하도록 했을 것이다. 실제로 우리는 낯선 사람이 슬퍼할 때보다는 가족이 슬퍼할 때 더 슬픔을 느낀다. 우리와 혈연관계인 사람과 기분을 일치시키는 것은 어떤 이점이 있기 때문이다.

결국 이런 종류의 기분이나 행동 일치는 적을 물리치거나 사냥을 할 때처럼 더 큰 집단행동을 할 때에도 도움이 되었을 것이다. 무리가 함께 사냥에 나설 경우, 모든 구성원이 기분이 좋고 흥분한 상태라면 사냥에 큰 도움이 될 것이다. 반대로 누가 두려워하는 것처럼 보인다면, 그 사람은 내가 보지 못한 포식 동물을 보았을지도 모른다. 그 사람의 감정 상태를 빨리 받아들이면 자신의 생존 가능성을 높일 수 있다. 실제로 긍정적 감정("난 기분이 좋아. 나랑 함께 있어.")은 집단의 응집력을 높이는 데 도움이 되고, 부정적 감정("연기 냄새가 나. 무서워.")은 커뮤니케이션 수단으로 도움이 되는 것으로 보인다.

감정은 주변 환경에 대한 정보와 그것의 상대적 안전이나 위험을 다른 커뮤니케이션 수단보다 더 빨리 전달하는 방법이 될 수 있으며, 말보다 감정이 먼저 발달했다는 것은 확실하다. 감정은 말에 비해 구체성이 떨어지지만, 대신에 속도로 그것을 보완할 수 있다. 배우자가 내게 화가 났다는 것은 아주 빨리 알아챌 수 있지만, 상대방이 그것을 제대로 설명하는 데에는 시간이 상당히 걸린다.(왜 자신이 화가 났는지 생각해보라고 요구할 때에는 더더욱 그렇다.) 하루 일과를 마치고 집으로 들어서는 순간, 우리는 집 안 환경이 안전한지 위험한지 즉각 간파할 수 있는데, 이것은 우리 조상이 물려준 대단한 능력이다.

물론 감정이 재빨리 전이되는 게 항상 좋은 것만은 아니다. 기분이 좋지 않은 상태로 집에 돌아왔을 때, 왜 기분이 나쁜지 설명하기도 전에 배우자가 그것을 미리 알아채는 경우가 있다. 그리고 설명할 기회를 얻기도 전에 이미 상대방이 그것에 감염되어 논쟁으로 이어지거나 분위기가 가라앉을 수 있다.

감정 전이

감정이 한 사람에게서 다른 사람에게로 전파되는 것은 인간 상호 작용의 두 가지 특징 때문이다. 우리는 생물학적으로 다른 사람이 겉으로 드러내는 행동을 흉내 내도록 설계돼 있으며, 그러면서 상대방의 내면 상태도 그대로 받아들인다. 만약 친구가 행복해하며 미소를 지으면 여러분도 따라서 미소를 짓고, 그런 행동을 통해 여러분도 행복을 느낀다. 술집이나 침실, 직장이나 거리를 비롯해 사람들이 상호작용을 하는 모든 곳에서 우리는 무의식적으로 그리고 재빨리 얼굴 표정과 목소리, 자세를 일치시키는 경향이 있으며, 그 결과 우리와 다른 사람의 감정 상태가 뒤섞이게 된다.

우리의 신체에서 감정이 가장 잘 드러나는 곳은 얼굴이다. 우리의 얼굴 표정이 왜 환경 자극에 반응하여 변하는지, 그리고 왜 이것이 진화적 적응의 결과인지 설명하는 것은 어렵지 않다. 예를 들면, 최근의 연구 결과는 두려움과 혐오감이라는 두 가지 얼굴 표정이 어떻게 외부 세계에서 들어오는 감각에 맞게 변화하는지에 대한 단서를 제공한다.[7] 두려움을 느낄 때 우리는 눈이 커지고 콧구멍이 벌렁거리는데, 이것은 주변 환경을 더 잘 보고 냄새를 더 잘 맡기 위해서이다. 이것은 개가 이상한 소리를 들었을 때 귀를 쫑긋 세우는 것과 같은 이치이다. 마찬가지로 역겨운 냄새를 맡아 혐오감을 느낄 때, 우리는 충격을 줄이기 위해 코를 찡그리고 눈살을 찌푸린다. 두려움을 느낄 때에는 흡입하는 공기의 양이 늘어나고, 혐오감을 느낄 때에는 줄어든다.

그렇지만 얼굴 표정은 단지 세계에 대한 경험을 개인적으로 조절하기 위해 진화한 게 아니라, 다른 사람들과 의사소통을 하는 방법으로도 진화했다. 그리고 시간이 지나면서 이런 측면이 원래의 목적보다 더 중요해진 것으로 보이는데, 이런 종류의 변화는 생물의 진화에서 가끔 나타난다. 깃털은 처음에 선사 시대의 파충류가 보온을 위해 생겨났을 테지만, 결국에는 원래의 목적과는 전혀 다른 기능(하늘을 나는 것)을 하게 되었다.

우리는 다른 사람의 얼굴 표정을 읽는 능력을 발달시켰다. 우리는 혐오감을 느낄 때 얼굴을 찡그리고, 다른 사람의 얼굴이 혐오감으로 찡그려지는 것을 알아채는 능력에서 이득을 얻는다. 우리는 얼굴 표정의 작은 변화도 알아채는 비범한 재주가 있다. 이 능력은 뇌에서 특별한 부분이 담당하고 있는데, 얼굴 인식 불능증에 걸리면 그 능력을 잃을 수도 있다. 다른 사람의 표정을 읽는 것은 감정 일치와 감정 전이 과정의 기초가 되는 공감 발달에 아주 중요한 단계이다.

경제학자이자 철학자인 애덤 스미스Adam Smith는 이미 1759년에 의식적 사고는 우리가 다른 사람과 공감하고 다른 사람처럼 느끼는 하나의 방법이라는 사실을 알아챘다.

"우리의 형제가 괴로워하고 있다면……우리는 상상력을 통해 자신을 그의 위치에 놓고, 그와 똑같은 고통을 견뎌내는 것을 상상하면서 그의 몸속으로 들어가 어느 정도 그와 똑같은 사람이 되며, 그래서 그의 감각을 어느 정도 느끼고, 심지어 비록 정도는 약하다 해도 그의 것과 크게 다르지 않은 감정을 느낀다."[8]

그러나 감정은 단순히 얼굴 표정을 읽거나 다른 사람의 경험에 대해 생각하는 것을 뛰어넘는 방식으로 퍼져나간다. 실제로 더 원시적이고 덜 의도적인 감정 전이 과정이 있는데, 그것은 바로 일종의 본능적 공감이다. 우리는 다른 사람의 얼굴 표정을 모방하는데, 그러한 모방의 직접적 결과로 그 사람과 똑같은 감정을 느끼게 된다. 이것을 '감정의 구심성affective afference 이론' 또는 '얼굴 피드백 이론'이라 부르는데, 신호의 경로가 통상적으로 뇌에서 근육으로 가는 원심성 경로가 아니라, 근육에서 뇌로 가는 구심성 경로이기 때문이다. 얼굴 표정은 사람의 기분에 긍정적 효과를 미칠 수 있는데, 통화 상대가 얼굴 표정을 보지 못하는데도 전화 교환원에게 일할 때 미소를 짓도록 훈련시키는 이유도 이 때문이다. 이 이론은 상심했을 때 미소를 지으면 도움이 되는 이유도 설명해준다.

감정(그리고 행동)의 전염이 일어나게 하는 한 가지 생물학적 메커니즘은 우리 뇌 속에 있는 거울 신경 체계mirror neuron system이다.[9] 뇌는 다른 사람에게서 본 행동을 마치 우리가 그것을 직접 하는 것처럼 따라하는 연습을 한다. 스포츠 경기를 관람하는 열렬한 팬을 본 적이 있다면, 이게 무슨 말인지 이해가 갈 것이다. 자기 편 선수가 실수를 할 때마다 몸을 씰룩이고, 자신의 몸동작이 경기장의 선수들에게 그대로 전해지길 바라듯이 열심히 몸을 움직인다. 선수들이 달리거나 점프를 하거나 공을 차는 모습을 볼 때, 우리 뇌에서 활성화되는 부위는 시각 피질이나 시각 관련 뇌 부위뿐만이 아니다. 우리 자신이 직접 달리거나 점프를 하거나 공을 찰 때 활성화되는 뇌 부위들까지도 활성화된다.

감정 전이에 관한 한 실험에서는 즐거움과 승리감 같은 긍정적 감정 두 가지와 두려움과 혐오감 같은 부정적 감정 두 가지를 표현한 비언어적 목소리를 녹음한 뒤, 그 소리를 실험 대상자들에게 들려주었다. 그리고 연구자들은 MRI 장비로 실험 대상자들의 뇌를 조사하며 어떤 반응이 나타나는지 보았다.[10] 다만, 실험 대상자들에게는 듣는 소리에 직접적인 반응을 보이지 말라고 일러두었다. 실험 대상자들은 겉으로는 소리에 반응을 보이지 않았지만, MRI 촬영 결과는 소리를 듣는 것만으로도 그에 해당하는 얼굴 표정을 지시하는 뇌 부위가 자극을 받는다는 것으로 나타났다. 우리는 항상 다른 사람이 느끼는 것을 함께 느끼고, 다른 사람이 하는 행동을 따라할 준비가 되어 있는 것처럼 보인다.

감정의 질주

감정 전이의 경험은 누구나 갖고 있다. 우리는 친구와 농담을 나누며 즐거워하고, 배우자가 울면 함께 슬픔을 느끼며, 이웃과 함께 시 당국에 대해 분노하고, 힘든 하루를 보내고 집에 돌아온 아이를 꼭 껴안아준다. 그렇지만 상대방의 기쁨과 슬픔을 나누는 행동에서 우리가 흔히 간과하는 사실이 하나 있는데, 그것은 감정이 우리의 친구뿐만 아니라 친구의 친구 그리고 그 너머까지 퍼져간다는 점이다. 우리는 평원에서 조용히 풀을 뜯는 들소 떼와 같다. 그때 한 이웃이 달리기 시작하면, 우리도 덩달아 뛰기 시작하고, 다른 이웃들도 달리기 시작하면서 갑자기 불가사의하게도 무리 전체가 질주한다.

감정 상태가 전염병처럼 번지는 사례는 수백 년 전부터 보고돼 왔다. 다만, 부코바에서 발생한 것과 같은 웃음병이 아니었을 뿐이다. 사람들 간에 감정이 전파되어 많은 사람이 감염되는 증상을 예전에는 집단 히스테리라는 좀 더 시적인 명칭을 썼지만, 지금은 그 대신에 '집단 심인성 질환mass psychogenic illness, MPI'이라고 부른다. 구체적으로 집단 심인성 질환은 다른 면에서는 건강한 사람들이 심리적 연쇄 반응에 휘말리는 사회적 현상을 말한다. 무리 속의 들소 한 마리가 놀라 달아나는 경우처럼 한 사람에게 일어난 감정적 반응에 많은 사람이 동일한 감정을 느끼면서 감정의 질주가 일어난다.

집단 심인성 질환은 크게 두 종류로 나눌 수 있다. '순수한 불안형'의 경우, 복통, 두통, 실신, 호흡 곤란, 구역질, 어지럼증을 포함해 다양한 신체 증상이 나타날 수 있다. '운동 신경형'의 경우, 광란의 춤을 추거나 가성 발작이 일어나거나 걷잡을 수 없는 웃음이 나타날 수 있는데, 그 이면에 숨어 있는 진짜 감정은 두려움이나 불안이다. 따라서 두 종류의 집단 심인성 질환은 기본적으로 동일한 심리적 과정을 포함하고 있다.

이러한 현상에 대한 역사적 기록은 1374년으로 거슬러 올라가는데, 유럽에서 흑사병이 창궐한 직후에 '무도광dancing mania'이 나타났다. 최초의 사례는 오늘날의 독일 아헨에서 발생했다. 독일의 의학사가인 헤커J.F.C. Hecker가 1844년에 출판한 《무도광: 중세의 전염병Die Tanzwuth, eine Volkskrankheit im Mittelalter》에서 쓴 것처럼, 무도광에 걸린 사람들은 "공통된 망상에 사로잡혀 거리와 교회에서 공공연히 다음과 같은 기행을 보였다. 그들은 서로 손을 붙잡고 원을 만들었고, 자신의 감각에 대한 통제력을 잃은 것처럼 보였으며, 누가 보든지 말든지 상관하지 않고 완전한 무아경 상태에 빠져 몇 시간이고 계속 춤을 추다가 결국 탈진하여 땅바닥에 쓰러졌다. 그러고 나서는 극도의 압박감을 호소하면서 죽음의 고통을 겪는 듯이 신음했다."[11] 아프리카의 여학생들이 웃는 게 결코 즐겁지 않았던 것처럼, 이들 역시 춤추는 게 전혀 즐겁지 않았던 게 분명하다.

옛날에는 이러한 증상의 원인을 악마나 마법에서 찾은 적도 있었지만, 오늘날 이런 증상이 나타나는 사람들은 대개 독성 물질과 환경오염이 방아쇠 역할을 한 것이 아닌가 하고 의심한다. 그렇지만 독소가 신체적 질병을 발생시키는 일부 원인이 되긴 하지만, 집단 심인성 질환을 유발하지는 않는다. 이 문제의 원인은 전염 메커니즘과 마찬가지로 심리적이다. 그러나 이런 증상이 나타난 사람들과 많은 관찰자들은 그 원인을 심리적인 것으로 인정하려 하지 않을 때가 많다.

비교적 최근에 발생한 집단 심인성 질환의 사례는 테네시 주 맥민빌에 있는 워런카운티 고등학교에서 일어났다. 그 당시 학교에는 학생 1825명과 교직원 140명이 있었다. 1998년 11월 12일, 휘발유 냄새가 난다고 믿은 한 교사가 두통과 호흡 곤란, 어지럼증, 구역질이 일어난다고 호소했다. 이 반응을 본 학생들 중 몇 명도 비슷한 증상이 나타났다. 교사와 학생들이 교실을 빠져나가고 있을 때, 그것을 지켜본 다른 학생들도 몸이 불편하다고 보고하기 시작했다. 곧 학교 전체에 화재 경보가 울렸고, 모든 사람이 학교를 빠져나갔다. 교사와 몇몇 학생은 구급차에 실려 근처 병원으로 갔는데, 화재 경보 때문에 밖에 나와 있던 학생들과 교사들이 그 광경을 보았다. 경찰과 소방대원, 긴급 구호팀 중에서도 비슷한 증상을 보이는 사람들이 있었다. 그날 하루에 모두 100명이 병원으로 갔고, 38명이 입원했다. 그날 수업은 모두 취소되었다.

학교는 4일 동안 휴교에 들어갔다. 소방서와 가스 회사, 테네시 주 직업 안전 위생 관리국 공무원들이 그 사건을 조사했지만, 아무 문제도 발견하지 못했다. 학교가 완전히 안전하다는 사실이 확인된 후에야 학생들과 교사들은 학교로 나왔다. 그러나 아직도 많은 사람들이 냄새가 난다고 이야기했고, 11월 17일에는 71명이 고통을 호소했다. 다시 구급차가 왔고, 학교는 다시 휴교에 들어갔다.

짜증이 난 교장은 단호한 조처를 취하기로 결심하고, 질병관리본부의 역학조사팀을 포함해 여러 정부 기관을 불렀다. 연방 환경보호국과 독극물 및 질병 등록국, 국립산업안전보건연구소, 테네시 주 보건부와 농무부를 비롯해 현지의 긴급 구호 단체와 요원들도 참여했다. 조사는 아주 철저하게 진행되었다. 항공사진을 통해 잠재적 환경 오염원을 확인했고, 조사 요원들이 학교 부근에 있는 동굴들을 조사했으며, 학교의 환기 및 배관 시설, 건축 구조 체계 등을 철저히 살폈다. 학교 부근의 땅 속을 파 코어 시료도 채취했고, 공기 시료(사건이 발생한 날들의 공기를 포함해)와 물과 폐기물 시료도 검사했다. 공기 시료는 비색관比色管, 불꽃 이온화 검출기, 광이온화 검출기, 방사선 측정기, 가연성 가스 검출기 등 아주 다양한 기술을 사용해 검사했다.

2년 뒤, 〈뉴잉글랜드 의학 학술지New England Journal of Medicine〉에 그 질환의 환경적 원인 가능성을 광범위하게 검토하고, 역학조사팀이 조사한 결과를 보고한 논문이 실렸다. 아프리카의 웃음 전염병을 연구했던 랭킨과 필립과 마찬가지로, 결국 조사자들은 심리적 요인이 원인이라고 결론 내렸다. 그 증상은 다른 사람에게서 같은 증상이 나타난 것을 직접 본 사람에게만 나타났으며, 주로 여자에게서 발생했다.[12] 진단명은 집단 히스테리였다.

당연히 지역 사회는 이 진단에 대해 떨떠름한 반응을 보였고, 그 질환을 겪었던 사람들은 불쾌감을 표시했다. 한 12학년 학생은 이렇게 말했다. "그들은 우리가 미쳤다고 했어요. 전 그 말을 듣고 정말 미칠 것 같았어요. 정말로 아픈데 꾀병을 부린다는 소리를 들으면 기분이 좋겠어요? 내가 정말로 아프지 않았더라면, 나를 병원으로 데려가지도 않았을 것이고, 내 혈압이 그렇게 높이 올라가지도 않았을 거예요."[13] 물론 그것이 웃음이건 춤이건 실신이건 구역질이건 간에, 집단 심인성 질환에 걸린 사람들에게 나타나는 증상은 실제적인 것이다. 꾀병을 부리는 사람처럼 사전에 생각한 방식대로 일부러 연기를 한 것이 아니다. 여기서 놀라운 사실은 단지 자신의 불안감만이 우리를 아프게 할 뿐만 아니라, 다른 사람의 불안감도 우리를 아프게 한다는 것이다.

역학조사팀의 조사관들은 심인성 질환으로 보이는 증상에 대해 왜 지역 사회들이 환경적 요인을 찾으려고 그렇게 법석을 떠는 경향이 있는지에 대해서도 논의했다. 문제는 공중 보건 전문가들이 어떤 질병의 원인을 심인성으로 의심하는 경우가 많지만, 그래도 지역 사회의 심한 불안감을 잠재우려면 터무니없을 정도로 철저한 조사를 할 수밖에 없다고 여기는 데 있다. 그리고 그러한 철저한 조사를 통해 수수께끼의 독성 물질이 없음을 확실하게 입증하는 것이 불가능하지는 않지만 매우 어려운 게 사실이다. 역학조사팀은 심인성 질환으로 판명된 사건에 대해 지역 주민들이 부정적 반응을 보일 가능성도 언급했다. "그러한 진단이 초래할 수치심과 분노를 감안할 때, 의사들과 그 밖의 사람들이 어떤 질병의 원인이 심인성이라고 발표하길 주저하는 것은 충분히 이해할 수 있다."[14]

참을 수 없는 달콤함

집단 히스테리는 어린이에게만 혹은 학교에서만 발생하는 게 아니다. 어른들 사이에서도 발생한 사례가 있다. 집단 히스테리에 대한 한 체계적 연구는 1973년부터 1993년 사이에 발생한 70건의 사례를 검토했는데, 그 중 50%는 학교에서 일어났고, 40%는 작은 읍과 공장에서 발생했으며, 10%는 다른 환경에서 발생했다.[15] 그리고 각 사례에서 감염된 사람의 수는 최소한 30명 이상이었으며, 수백 명에 달하는 경우도 많았다. 발병 기간은 대개는 2주일 미만이었으나, 20%는 한 달 이상 지속되었다.

아주 믿기 힘든 한 가지 사례는 '머툰의 유령 마취사' 사건이다. 제2차 세계 대전이 절정에 이른 1944년의 몇 주일 동안 일리노이 주

머툰의 많은 주민들은 1만 5000명이 사는 그 도시에 '악령'이 돌아다닌다고 믿었다. 눈에 보이지 않는 이 사람은 침실 창문을 열고 '달콤한 냄새가 나는' 마취 가스를 뿌려 희생자들을 일시적으로 마비시키지만, 기묘하게도 같은 방 안에 있는 다른 사람은 아무 탈이 없었다. 시민들은 무장 순찰대를 결성하여 순찰을 돌았지만, 마취사를 잡을 수 없었다. 현지 보안관은 무고한 사람이 총에 맞을까 봐 염려하여 무장 순찰대를 해산하라고 명령했다. 이 사건을 조사했던 한 사람은 이에 대해 냉담하게 이렇게 말했다. "'마취사' 가설은 경찰을 따돌리는 능력이 있는 천재적인 어떤 악마가 뿌린 가스 때문에 그 증상이 나타난다고 주장한다. 이 설명은 지금 현재 많은 머툰 주민들이 믿고 있다. 그렇지만 그 증상은 히스테리 때문에 발생했다."[16]

더 최근의 사례는 1990년에 뉴욕 시의 트라이버러 다리 통행료 징수소 근무자들 사이에서 발생했다. 2월 16일, 근무자들이 두통과 복통, 어지럼증, 목과 가슴 통증을 호소하기 시작했다. 그 후 며칠 동안 점점 더 많은 근무자들이 같은 증상을 호소했고, 그 중 일부는 공기 중에서 '달콤한 냄새'를 맡았다고 주장했다. 증상은 통행료 징수소 안이나 근처에 있을 때 나타나고, 징수소를 떠나면 곧 증상이 사라진다고 보고했다. 2월 22일에 일부 상사들이 근무자들과 함께 징수소에 들어가자 그런 증상은 다시 보고되지 않았다. 그때까지 34명이 입원할 정도로 심한 증상이 나타났고, 입원은 하지 않았으나 같은 증상을 겪은 사람도 많았다. 물리적 원인을 찾기 위해 의심되는 요인 수십 가지를 조사하느라 수십만 달러를 쏟아 부은 뒤에야 마침내 그 질환의 원인은 심인성으로 밝혀졌다. 전체 여성 근무자 중 44%가 이 증상으로 입원했는데, 몸에서 기운이 빠지는 증상이 나타난 남성 근로자의 비율에 비해 거의 2배에 이르렀다.

이 사례들은 집단 심인성 질환의 특징을 많이 공유하고 있다. 증상은 서로 연결 관계가 밀접한(네트워크 이행성이 아주 높은) 공동체 내에서 출현해 퍼져나가는 경향이 있다. 그리고 해당 공동체들은 고립돼 있고 스트레스가 심한 경향이 있다. 물리적 원인은 찾기가 힘들다. 대부분의 경우, 증상이 나타나는 사람은 여성이 더 많다. 왜 여성 사이에서 발생률이 높은지는 분명하지 않지만, 여성은 남성보다 자신의 증상을 이야기하는 경향이 더 높아 공감을 통해 다른 여성에게 전파되기가 더 쉽다. 여성의 후각이 더 예민하다는 사실도 일조했을 가능성이 있다.

알 수 없는 어떤 이유 때문에 실제이건 상상의 산물이건 간에 냄새가 현대의 집단 심인성 질환에서 방아쇠 역할을 할 때가 많다. 이는 후각과 감정 사이의 밀접한 상관관계와 관련이 있을지도 모른다. 실험을 통해 냄새와 감정은 둘 다 안와전두엽피질이라는 뇌 부위가 담당하는 것으로 밝혀졌다.[17] 또 냄새가 상기시키는 기억은 같은 냄새를 말로써 상기시키는 기억보다 더 강한 감정을 유발하는 것으로 밝혀졌다.[18] 말도 강한 효과가 있지만, 익숙한 냄새는 다른 감각 신호보다도 훨씬 강한 감정으로 과거를 상기시키는 효과가 있다. 이것을 '프루스트 현상 Proust Phenomenon'이라고 하는데, 프랑스 작가 마르셀 프루스트 Marcel Proust의 소설 《잃어버린 시간을 찾아서 A la recherche du temps perdu》에서 유래했다. 이 작품에서 주인공은 홍차에 적신 마들렌 과자의 냄새를 맡고 어린 시절을 회상한다. 프루스트 현상은 과거에 맡았던 특정 냄새에 자극을 받아 기억을 떠올리는 일을 말한다. 행복한 기억을 연상시키는 향수 냄새를 맡으면 그 향수가 든 병을 보는 것보다 소뇌 편도(감정과 감정적 기억을 담당하는 부위)의 활동이 더 활발해진다.[19]

역설적으로 보이지만, 공무를 집행하는 사람(경찰관, 구조대원, 과학수사대, 정부 공무원 등)이 현장에 나타나면 오히려 전염성이 높아지는 경우가 많은데, 뭔가 심각한 일이 일어나고 있고, 상황이 위험하다는 믿음을 더욱 강하게 만들기 때문이다. 그리고 현장에 온 사람들이 상황이 안전하며 아무런 원인도 발견되지 않았다고 설득하려고 하면, 그것은 일반적으로 감정이 고조된 사람들에게 오히려 뭔가 은폐하려고 하는 게 아닌가 하는 의심을 더 키우게 된다. 앞서 취한 공식적 조처의 강도가 셀수록 그런 경향은 더욱 강하다. 심지어 편집증까지 확산되면서 그런 사건을 진정시키는 데 필요한 권위를 깎아내릴 수 있다.

집단 심인성 질환에 대한 효과적인 대책은 소셜 네트워크에 초점을 맞추어 사회적 유대가 확산의 매개체라는 사실을 인식하는 데 있다. 긴급 구호대원이 숙지해야 하는 심리적 지침에는 “침착하고 권위 있는 접근 방법을 사용해……확신을 주고”, “증상이 나타난 사람과 그렇지 않은 사람을 분리하는 것”이 포함돼 있다.[20] 한 전문가는 이렇게 말한다. “솔직해야만 이 사태를 멈출 수 있다. 나도 한 사람의 부모나 그저 한 개인으로서 이런 종류의 사태에 휘말릴 수 있다. 누구나 그럴 수 있다. 그것은 아주 강력한 힘을 가지고 있으므로, 존중하고 이해할 필요가 있다. 보건 전문가들은 솔직하게 털어놓고 말하는 걸 두려워해서는 안 된다."[21]

이런 전염성 증상이 정확하게 왜 생겨나는지 말하기 어려울 때가 많다. 낯선 소음이 소 떼를 달리게 만들 수 있듯이, 감정의 질주를 유발하는 방아쇠는 많이 존재할 수 있다. 그렇지만 최초의 발병 사건을 확인하는 것은 비교적 쉽다. 예를 들면, 아프리카의 웃음병 사례에서는 조사관들이 그것이 왜 시작되었는지 설명할 수는 없었지만, 처음으로 증상이 나타난 여학생들은 쉽게 찾아냈다.

멕시코시티의 축구 경기장에서 라 올라를 시작하게 하거나 뉴욕시에서 지나가던 사람을 멈춰 세워 창문을 쳐다보게 하는 데에는 몇 사람만으로도 충분했다. 집단 심인성 질환의 발생 역시 마찬가지다. 소수의 사람들이 같은 행동을 하거나 눈으로 볼 수 있는 비슷한 증상을 경험하기 시작하면, 그 전염병은 감정 전이를 통해 소셜 네트워크를 따라 퍼져나갈 수 있으며, 큰 집단이 빠른 시간 내에 감정적으로 동조할 수 있다.

현재 미국인들이 견과류 알레르기에 대해 보이는 강박증이 적절한 사례이다. 미국에서는 급식에 견과류를 전혀 쓰지 않는다고 선언하는 학교 수가 증가하고 있다. 견과류와 땅콩버터 같은 식품은 학교 반입이 금지되었고, 집에서 만든 빵이나 자세한 성분 표시가 없는 식품도 금지되었다. 교문에는 혹시라도 학생에게 오염이 될까 봐 방문객에게 들어오기 전에 손을 씻으라는 경고문이 붙어 있다.

미국인 중 약 330만 명이 견과류에 알레르기가 있으며, 그보다 더 많은 690만 명은 해산물에 알레르기가 있다. 그렇지만 식품에 대한 심한 알레르기 반응으로 병원에 입원하는 사람은 모두 합해서 일 년에 2000명에 불과하다.(이에 비해 미국 전역에서 일 년에 입원하는 사람의 수는 3000만 명이 넘는다.) 그리고 식품 알레르기로 사망하는 사람은 많아야 일 년에 150명에 불과하다. 일 년에 벌에 쏘여 죽는 사람이 50명, 벼락에 맞아 죽는 사람이 100명, 자동차 사고로 죽는 사람이 4만 5000명인 것과 비교해보라. 아니면 운동을 하다가 입은 외상성 뇌 손상으로 입원하는 어린이가 1만 명, 익사하는 어린이가 2000명, 총기 사고로 사망하는 어린이가 약 1300명이나 된다는 사실과 비교해보라. 그런데도 불구하고, 스포츠를 금지하자는 요구는 없다. 찬장에서 땅콩버터를 치우면서도 총은 치우지 않는 부모도 많다. 견과류 알레르기보다는 학교로 걸어가거나 차를 타고 가다가 죽는 어린이가 더 많다.

문제는 견과류 알레르기가 실제로 존재하는가, 그리고 그것은 가끔 아주 심각할 수 있는가, 심각한 알레르기가 있는 것으로 밝혀진 소수의 어린이들에게 합리적인 대책을 마련할 수 있는가 하는 것이다. 견과류 알레르기에 대한 사회의 과도한 반응은 어떻게 설명할 수 있을까? 당연히 그러한 반응은 집단 심인성 질환과 같은 특징을 많이 지니고 있다. 몇몇 사람은 임상적으로 확인된 문제가 있지만, 그렇지 않은 사람들이 그들의 행동을 보고 모방하기 시작한다. 불안감이 사람들 사이에 계속 번져나가며, 그들은 균형 감각이나 차분하게 안정감을 되찾을 수 있는 능력을 잃고 만다.

견과류에 대한 노출을 줄이려는 노력은 좋은 의도이지만, 부모들에게 견과류가 분명히 실재하는 위험이라는 신호를 줌으로써 오히려 불에 기름을 끼얹은 격이 되고 만다. 그 때문에 더 많은 부모들이 불안감을 느끼게 되어 전염병은 더욱 확산된다. 이것은 다시 더 많은 부모들을 어린이에게 알레르기 검사를 받게 하도록 자극하고, 그 때문에 그다지 의미도 없는 경미한 견과류 알레르기가 발견된다. 그리고 마지막으로 이것은 견과류를 더 피하게 하는 원인이 되고, 그러면 실제로 견과류 알레르기 환자가 증가하게 된다. 왜냐하면 어릴 때 알레르기 항원에 덜 노출되면, 나중에 그 항원에 대해 알레르기 반응이 나타나기 쉽기 때문이다.[22]

집단 심인성 질환은 병리학적 현상이지만, 사람의 기본적인 속성인 비병리학적 과정, 즉 다른 사람의 감정 상태를 모방하려는 경향에 편승해 일어난다. 진짜 웃음도 전염성이 있으며, 진짜 행복감도 전염성이 있다. 그러나 집단 히스테리를 이러한 정상적인 과정과 비교하는 것은 동물 떼의 질주를 평상시의 질서정연한 이동과 비교하는 것과 같다.

감정의 확산 경로 추적

감정의 주관적 경험을 측정하려면(그것이 시각적, 생물학적, 신경학적으로 나타날 때와는 대조적으로) 사람들에게 느낌이 어떤지 묻는 게 필요하다.

이것을 체계적으로 하는 한 가지 방법은 '경험 표집법 experience-sampling method'이다. 이 방법은 예기치 못한 시간에 실험 대상자에게 일련의 경고 신호를 보내(마치 신호를 삐삐나 휴대전화에 보내는 것처럼) 그들의 감정과 생각과 행동을 경험하는 그대로 기록하게 한다.[23] 그러면 실험 대상자가 하루 동안 생활하면서 경험한 감정적 삶의 기복이 그림으로 나타난다.

이 방법의 한 가지 이점은 상호 작용하는 사람들의 집단을 동시에 실시간으로 평가할 수 있다는 점이다. 예를 들면, 가족 간 감정 전파에 관심을 가진 한 조사 팀은 부모와 청소년 한 명으로 구성된 55가구의 가족에게 삐삐를 지급하고 1주일 동안 사용하게 했다. 실험 참여자들은 오전 7시 30분부터 오후 9시 30분 사이에 90~120분마다 한 번씩 삐삐 신호를 받았으며, 165명의 실험 참여자가 받은 삐삐의 횟수는 모두 7100회에 이르렀다. 그리고 실험 참여자가 행복한지 불행한지를 포함해 다양한 감정 상태도 측정했다. 가족 전체가 동시에 슬픔이나 기쁨을 느끼는 동일 사건에 노출되었을 가능성(이 교란 효과에 대해서는 4장에서 자세히 다룰 것이다.)을 배제할 수는 없지만, 조사자들은 가족 간에 감정이 어떻게 전파되는지 알아내려고 노력했다.

가장 강한 경로는 딸에게서 부모로 가는 것이었는데, 반대로 부모의 감정 상태는 딸에게 아무 효과도 미치지 않는 것으로 나타났다. 아버지의 감정은 어머니와 아들에게는 영향을 미쳤지만, 딸에게는 영향을 미치지 않았다. 이런 경향은 아버지가 하루 일과를 마치고 집으로 돌아왔을 때 특히 두드러지게 나타났다. 아버지가 기분이 나쁜

상태로 돌아오면, 집안 전체의 분위기가 순식간에 가라앉았다.[24]

간호사, 운동선수, 심지어 회계사들 사이에서 감정이 전파되는 경로를 조사하는 데에도 비슷한 방법을 사용했다.[25] 이러한 전문 집단의 경우, 한 가지 중요한 문제는 기분이 매우 좋은 한 사람이 동료들의 분위기를 개선하고, 그럼으로써 전체 작업 능률을 높일 수 있는가 하는 것이었다. 예상한 대로, 긍정적인 기분은 이타적 행동과 창조성 증가, 효율적인 의사 결정을 포함해 팀의 작업 능률을 높이는 변화들을 이끌어낸다는 결과가 나왔다. 남자 프로 크리켓 선수 33명에게 포켓용 컴퓨터를 지급한 실험도 이 사실을 확인시켜주었다. 포켓용 컴퓨터는 경기(어떤 경기는 무려 5일 동안 계속되기도 한다)를 하는 동안 하루에 네 차례씩 그들의 기분을 기록했다. 경기 결과와는 상관없이 한 선수의 행복감과 동료들의 행복감 사이에는 강한 상관관계가 나타났다. 게다가 동료들이 행복감을 더 느낄 때, 그 팀의 경기 능력도 나아졌다.

행복의 확산

감정 모방에 대한 생물학적, 심리학적 증거와 집단 불안에서 발생하는 집단 심인성 질환의 많은 사례에도 불구하고, 얼마 전까지만 해도 소셜 네트워크가 감정의 전파에서 담당하는 정확한 역할은 거의 알려진 게 없었다. 그렇지만 집단 심인성 질환 사례들은 감정이 소셜 네트워크 유대를 통해 사람들 간에 전파되면서 아주 광범위하게 퍼져갈 수 있으며, 이러한 병리학적 현상과 유사한 현상들이 일상적인 사건들에도 일어난다는 것을 시사한다. 인간의 사회적 관계라는 광대한 구조에는 여러 가지 감정의 파도들이 존재할 수 있다. 그래서 소셜 네트워크의 어느 장소에 있는 사람들이 어떤 감정을 경험할 때, 다른 곳에서 다른 영향을 받는 사람들은 완전히 다른 감정을 경험할 수 있다.

기묘하게도 의학, 경제학, 심리학, 신경과학, 진화생물학을 포함해 다양한 분야의 연구자들이 개인의 행복을 자극하는 요소를 아주 많이 확인했지만, 한 가지 핵심 요소를 언급하지 않았는데, 그것은 바로 타인의 행복이다. 친구와 가족이 우리를 행복하게 만들 수 있다는 사실은 명백해 보일지 모르지만, 우리가 직접 조사에 나서기 전에는 행복이 소셜 네트워크를 통해 사람들 사이에 전파될 가능성을 조사한 사람은 아무도 없었다.

우리는 이 점에 흥미를 느꼈다. 우리는 특히 감정의 확산이 단지 우리와 친구(양자 간 확산)뿐만 아니라 우리와 친구의 친구, 그리고 그 친구와 그 너머(양자 관계를 넘어선 확산)까지도 일어나는지 밝혀내고 싶었다. 네트워크 내에서 감정은 얼마나 멀리까지 퍼져나갈까? 그리고 그 확산을 방해하는 지리적 또는 시간적 제약은 없는가?

이런 질문들에 대한 답을 얻기 위해 우리가 내디딘 첫 걸음은 오랜 기간에 걸쳐 감정과 사회적 연결을 측정한 자료를 모으는 것이었다.(그 과정에 대해서는 4장에서 이야기할 것이다.) 그런 다음, 별지 〈그림 1〉처럼 행복의 소셜 네트워크를 그래프로 그렸다. 이 그림은 2000년에 매사추세츠 주 프레이밍엄에 살던 사람 1만 2067명 중 선택한 표본 집단에서 형제와 친구, 배우자들 사이의 유대를 그들의 행복 수준과 함께 보여준다. 이런 그래프를 그려본 사람은 이전에 아무도 없었다. 모두 1020명을 그래프에 나타냈는데, 각 노드는 당사자의 행복 수준에 따라 파란색(불행)에서부터 노란색(행복)에 이르기까지 다양한 색깔로 표현했다. 이 그림을 보면 두 가지 사실을 알 수 있다. 첫째, 네트워크 내에서 불행한 사람들은 불행한 사람들끼리 함께 모여 있고, 행복한 사람들은 행복한 사람들끼리 함께 모여 있다. 둘째, 불행한 사람들은 중심부보다는 주변부에 위치해 있는 것으로 보인다. 이들은 사회적 관계의 사슬 끝부분에 나타나거나 네트워크 가장자리 부분에 위치하는 경우가 많다.[26]

소셜 네트워크에서 이런 종류의 무리짓기 현상은 다양한 과정을 통해 나타날 수 있다. 행복한 사람들이 행복한 사람들을 친구로 선택할 수도 있고, 그들 모두를 동시에 행복하게 만들어주는 환경에 놓일 수도 있다. 그렇지만 우리는 분석에서 이런 요인들의 효과를 가려내 배제할 수 있었다. 그리고 무리짓기는 한 사람의 행복이 다른 사람에게 미치는 인과론적 효과 때문이란 사실을 발견했다. 네트워크를 수학적으로 분석한 결과에 따르면, 직접 연결된 사람(1단계 거리에 있는)이 행복할 경우 당사자가 행복할 확률은 약 15% 더 높아진다. 행복의 확산은 여기서 끝나지 않는다. 2단계 거리에 있는 사람(친구의 친구)에 대한 행복 확산 효과는 10%이고, 3단계 거리에 있는 사람(친구의 친구의 친구)에 대한 행복 확산 효과는 약 6%이다. 그리고 4단계에서는 그 효과가 거의 사라진다. 여기서 우리는 3단계 영향 규칙에 대한 첫 번째 증거를 찾았다. 감정은(그리고 나중에 보게 되겠지만 규범과 행동도) 소셜 네트워크를 통해 사람들 사이에서 퍼져나가지만, 모든 사람에게 퍼져가지는 않는다. 연못에서 생겨난 잔물결이 결국은 소멸되고 말듯이, 개인의 행복이라는 잔물결도 소셜 네트워크를 통해 퍼져나가면서 점점 사라진다.

얼핏 보기에는 이런 효과들은 그다지 중요해 보이지 않을 수도 있다. 그러나 이것을 임금을 더 많이 받는 효과와 한번 비교해보라. 1984년에 5000달러(2009년 가치로는 약 1만 달러에 해당함)를 추가로 더 받을 경우 그 사람이 행복을 느끼는 비율은 겨우 2% 증가하는 데 그쳤다. 따라서 돈을 조금 더 버는 것보다는 행복한 친구와 가족이 있는 편이 행복을 느끼는 데에는 더 효과적인 것으로 보인다. 그리고 놀라운 사실은 여러분이 한 번도 만난 적이 없을 가능성이 있는, 3단계 거리에 있는 사람마저 여러분의 지갑에 들어 있는 수백 달러보다 여러분의 개인적 행복에 더 큰 영향을 미칠 수 있다는 점이다. 소셜 네트워크에서 특정 감정을 가진 사람들에게 노출된, 특별한 장소에 위치한 것은 여러분의 삶에 매우 중요한 효과를 미친다.

돈이 많은 것보다 친구와 친지가 많은 쪽이 우리의 얼굴에 미소를 짓게 할 확률이 훨씬 높다는 사실은 잘 알려져 있다.[27] 그렇지만 과거의 연구들은 친구가 왜 그렇게 중요한지 진지하게 검토한 적이 없었다. 그 이유는 최소한 두 가지를 생각할 수 있다. 첫째, 사회적 관계의 존재 자체가 우리의 행복을 높여줄 수 있다. 이것은 네트워크가 우리에게 미치는 구조적 효과이다(1장에서 설명한 소셜 네트워크를 지배하는 두 번째 규칙). 7장에서 다루겠지만, 우리는 사회적 관계를 추구하도록 설계돼 있기 때문에, 친구나 가족과 함께 시간을 보낼 때 즐거움이나 만족을 느끼는 것은 놀라운 일이 아니다. 둘째, 친구와 친지는 우리에게 감정 전이가 잘 일어나게 하기 때문에, 친구의 감정 상태가 우리 자신의 감정 상태에 영향을 미친다(소셜 네트워크를 지배하는 세 번째 규칙).

이 두 가지 메커니즘은 모두 사람의 행복에 기여하는 것으로 보이지만, 우리가 얻은 증거에 따르면 둘 중에서 감정 전이가 더 중요한 것 같다. 우리는 행복한 친구가 한 명 추가될 때마다 그 사람이 행복해질 확률은 약 9%씩 증가한다는 결과를 얻었다. 그리고 불행한 친구가 한 명 추가될 때마다 행복해질 확률은 약 7%씩 감소한다. 따라서 여러분이 이런 평균적인 확률을 믿는다면, 새로 만난 사람과 친구가 되고 싶을 것이다. 그 사람은 여러분을 불행하게 할 가능성도 있지만, 그래도 기대값을 따지면 행복해질 가능성이 약간 더 높다. 이것은 과거의 연구자들이 행복과 친구 및 가족의 수 사이에서 상관관계를 발견한 것을 설명하는 데 도움을 준다. 그러나 단지 친구가 많은 것만으로는 충분치 않다. 자신의 감정적 행복을 위해서는 행복한 친구가 더 많이 있는 게 중요하다.

그렇다고 해서 소셜 네트워크의 구조가 중요하지 않다는 건 아니다. 놀랍게도 영향력을 발휘하는 것은 단지 양자 간 유대의 수뿐만이 아니다. 양자 관계를 넘어선 유대의 수도 그 사람의 행복에 영향을 미친다. 소셜 네트워크 내에서 각 사람의 중심성을 측정해본 결과,

친구의 친구가 많은 사람도 행복할 가능성이 높아진다는 사실이 발견되었다. 더 놀라운 것은 직접적인 사회적 관계의 수가 똑같은 사람들 사이에서도 이것이 성립한다는 사실이었다. 이것은 여러분의 친구들이 친구가 많을수록(그들의 감정 상태에는 상관없이) 여러분이 행복해질 확률이 더 높아진다는 것을 뜻한다.

여기에도 닭이 먼저냐 달걀이 먼저냐 하는 문제가 있는 게 아닌가 생각하는 사람이 있을지 모르겠다. 우리가 더 행복해질수록 친구가 더 많이 생기고, 또 많은 친구를 가진 친구들을 더 많이 사귈 가능성이 충분히 있기 때문이다. 이것은 네트워크가 행복을 만들어내는 게 아니라, 행복이 네트워크를 만들어낸다는 것을 뜻한다. 그러나 시간이 지남에 따라 네트워크가 어떻게 변하는지 조사해 보았더니, 행복한 사람들이 더 중심적으로 변하지는 않는다는 사실을 발견했다. 따라서 사교 범위가 넓으면 행복해질 수 있지만, 행복하다고 해서 반드시 그 사람의 사교 범위가 넓어지는 것은 아니다. 네트워크의 중심에 있는 위치가 그 사람을 행복하게 할 수는 있지만, 행복하다고 해서 반드시 그 사람이 네트워크의 중심으로 옮겨가는 것은 아니다. 네트워크의 구조와 그 속에서 여러분이 있는 위치가 중요하다.

우리는 감정 전이에서 직접적 상호 작용이 얼마나 중요한 역할을 하는지 감안하여, 사회적 접촉 대상들의 행복이 그 사람의 감정 상태에 미치는 효과는 그들 간의 거리에 따라 달라진다는 가설을 세웠다. 가까이에 사는 사람일수록 접촉 가능성이 높고, 서로의 기분을 느낄 확률도 높을 것이라는 생각에서였다. 이 경우, 사회적 상호 작용의 빈도 대신에 지리적 거리를 사용할 수 있다. 우리가 조사한 표본에서는 3명 중 1명은 가장 가까운 친구에게서 1.6km 이내의 거리에 살았지만, 그 거리들은 아주 다양했고, 수천 킬로미터 밖에 사는 친구도 있었다. 우리는 1.6km 안에 사는 친구가 행복하면, 그 사람도 덩달아 행복할 확률이 약 25% 증가한다는 걸 발견했다. 이와는 대조적으로, 1.6km 밖에 사는 친구의 행복은 아무 효과도 미치지 못했다. 이와 비슷하게, 함께 사는 배우자가 행복하다면, 그 사람이 행복해질 확률도 높아지지만, 별거 등의 이유로 함께 살지 않는 배우자끼리는 서로에게 아무 효과도 미치지 못했다. 1.6km 안에 사는 형제는 여러분이 행복해질 확률을 14% 높여주지만, 먼 곳에 사는 형제는 별 효과를 미치지 못한다. 행복한 이웃도 여러분이 행복해질 확률을 높여주지만, 멀리 떨어져 있는 이웃은 별 효과를 미치지 못한다.

이러한 사실들은 서로의 감정에 영향을 주고받는 사람들 사이에서는 거리가 중요하다는 것을 시사하며, 또 가까운 이웃이 큰 영향력을 미친다는 사실은 행복의 확산에는 얼굴을 맞대고 자주 상호 작용하는 것이 깊은 개인적 연결 못지않게 중요하다는 것을 시사한다. 이 사례에서 우리는 일정 기간 지속되는 기분 상태의 전파를 고려했지만, 이러한 발견들은 앞에서 살펴본 얼굴 표정 모방에 대한 연구하고도 일맥상통한다.

따라서 행복은 단순히 개인적 경험이나 선택의 산물이 아니다. 그것은 집단의 한 성질이기도 하다. 개인의 행복에 일어난 변화는 사회적 연결을 통해 물결처럼 퍼져나가면서 네트워크에 대규모 패턴을 만들어내고, 행복한 개인들과 불행한 개인들의 무리를 만들어낸다. 우리의 연구가 발표된 후, 중국의 농촌 마을 주민 1만 명을 표본으로 실시한 조사에서 행복의 확산에 관해 비슷한 결과들이 나왔다.[28] 우리는 행복을 전파시키는 원인이 무엇인지 밝혀내지 못했지만, 여러 가지 메커니즘을 생각해볼 수 있다. 행복한 사람들은 자신의 행운을 나누어주거나(예컨대 다른 사람들에게 실질적 도움을 주거나 재정적으로 관용을 베풂으로써), 다른 사람들에 대한 행동이 변하거나(예컨대 더 친절해지거나 덜 적대적인 태도를 보임으로써), 혹은 단순히 전염성이 있는 감정을 표출할 수 있다. 행복한 사람들에게 둘러싸여 있으면 생물학적으로도 좋은 효과가 나타날 수 있다. 그렇지만 메커니즘이야 무엇이건 간에, 우리가 행복과 감정에 대해 생각하는 방식을 바꿀 필요가 있다는 것만큼은 분명해 보인다.

쾌락의 쳇바퀴

우리는 쾌락주의자라는 사람들을 잘 안다. 그들은 아무리 행복한 삶을 살아도 만족할 줄 모르고 끝없이 쾌락을 추구한다. 하지만 영원한 행복을 누리기는 어렵다. 우리는 '쾌락의 쳇바퀴' 안에서 살아가기 때문이다. 환경 변화가 그 사람을 좀 더 행복하게(예컨대 애인을 만나거나 로또에 당첨되어) 혹은 불행하게(예컨대 일자리를 잃거나 몸이 마비되어) 만들 수 있지만, 광범위한 연구 결과, 사람들은 그런 사건을 겪고 나서 얼마 후에는 이전의 행복 수준으로 되돌아가는 경향이 있는 것으로 밝혀졌다.[29] 실제로 로또 당첨자와 척추 손상 환자를 조사했더니, 1~2년이 지나고 나면 대부분은 나머지 사람들보다 더 행복하거나 불행하게 살지 않았다. 대부분의 사람들이 이 사실을 의외로 여기는 것은 결코 변하지 않는 경향들이 있다는 사실을 모르는 데서 비롯된다. 로또 당첨자에게는 성가신 가족이나 친척이 여전히 남아 있고, 몸이 마비된 환자도 여전히 사랑에 빠질 수 있다. 심리학자 대니얼 길버트Daniel Gilbert가 입증했듯이, 우리는 자신에게 닥칠지 모르는 일에 대해 생각할 때 가장 눈에 띄는 부분만 생각하는 경향이 있다.[30] 게다가 우리는 우리가 환경에 적응하는 능력을 간과한다. 더 행복해지려고 노력하는 사람은 아래쪽으로 내려가는 에스컬레이터를 걸어 올라가려는 사람과 같다. 올라가려는 노력과 더 행복해지려는 노력이 도움이 되긴 하지만, 그 사람을 원래의 상태로 되돌리려는 적응이라는 역습에 부닥치게 된다.

많은 사람들은 행복을 증진시키는 활동에 의도적으로 몰두함으로써 이 문제를 극복하려고 노력한다. 우리는 규칙적으로 운동을 하거나 다른 사람들에게 친절을 베풀려고 노력하거나 긴 통근 시간(이것은 행복을 해치는 효과가 아주 큰 것으로 밝혀졌다)을 피함으로써 자신의 행동을 변화시킬 수 있다. 잠깐 멈춰 서서 그동안 자신에게 찾아온 행운의 횟수를 세거나 가장 긍정적인 시각으로 자신의 경험을 돌아봄으로써(티베트의 승려들처럼) 자신의 태도를 변화시킬 수도 있다. 또한 가치 있는 신념을 위해 노력한다거나 개인적으로 중요한 목표를 달성하기 위해 노력할 수도 있다. 실제로 행복을 창출하는 그런 활동에 지속적인 노력을 기울이면 아래쪽으로 내려가는 에스컬레이터에서 위로 올라가는 데 도움을 준다고 믿을 만한 근거가 있다.

그러나 이 모든 노력에도 불구하고, 한 가지 성향만큼은 쉽게 변하지 않는다. 각자가 느끼는 개인적 행복은 설정된 값이 있으며, 그것은 쉽게 변하지 않는 것처럼 보인다. 실제로 다른 성격 특성과 마찬가지로 개인의 행복은 유전자에 큰 영향을 받는 것으로 보인다. 일란성 쌍생아와 이란성 쌍생아를 연구한 결과에 따르면, 일란성 쌍생아는 이란성 쌍생아나 다른 형제간보다 행복을 느끼는 수준이 아주 비슷한 것으로 나타났다. 행동유전학자들은 이런 연구들을 이용해 유전자가 얼마나 중요한 역할을 하는지 평가했는데, 장기적 행복은 개인의 유전적 설정값에 50% 정도 영향을 받으며, 10%는 환경(예컨대 사는 장소, 재산, 건강 상태 등)에, 40%는 무엇을 생각하고 행동으로 옮기는가에 영향을 받는다고 평가했다.[31] 우리가 살아가면서 경험하는 것들 역시 한동안 우리의 기분에 변화를 가져올 수 있지만, 대부분의 경우 그러한 변화는 일시적인 것에 지나지 않는다.

그렇다면 행복을 전파하는 네트워크는 어떨까? 네트워크도 이러한 제약에 구속을 받아 우리를 단지 일시적으로 행복하게 하는 데 그칠까? 친구 때문에 행복해지는 효과는 시간이 지나면 사라질까? 우리의 연구에서는 지난 6개월 사이에 한 친구가 행복해졌을 때 그 사람이 행복해질 확률은 약 45% 증가하는 것으로 나타났다. 이와는 대조적으로, 지난 1년 사이에 한 친구가 행복해졌을 때 그 사람이 행복해질 확률은 약 35% 증가하는 데 그쳤고, 시간이 한참 지난 후에는 그 효과가 사라졌다. 따라서 친구의 행복이 우리에게 미치는 효과는 겨우 1년 정도밖에 지속되지 않는다. 로또 복권 당첨자들이 새로 얻은 부에 금방 익숙해지는 것처럼 우리도 행복한 친구에게 금방 익숙해진다. 그러나 각각 다른 시간에 서로 다른 친구들이 행복해진다면, 그들은 우리에게 주기적으로 자극을 주어 우리의 행복 수준을 자연적인 수준보다 더 높이 유지해줄 수 있다.

군중 속의 고독

최소한 일시적이라도 행복이 전파된다면, 다른 감정들은 어떨까? 우리의 소셜 네트워크와 직접적 연관이 있는 한 가지 감정은 고독감이다. 어떤 의미에서 고독감은 연결의 반대라고 할 수 있다(연결이 끊어진 느낌이니까). 심리학자 존 카시오포John Cacioppo는 연구를 통해 고독감이란 친밀감이나 사회적 연결이라는 핵심 욕구가 충족되지 않은 사람들이 경험하는 복잡한 감정들의 집합임을 보여주었다.[32] 고독감은 종종 대부분의 사람들에게 자신의 상황을 돌아보고 개선하도록 자극을 주기 때문에, 연결 복구를 촉진하는 기능이 있음을 시사한다.(고독감의 진화 목적에 대해서는 7장에서 살펴볼 것이다.)

심리학자들은 고독감이 자부심, 불안감, 분노, 슬픔, 낙관, 수줍음을 포함해 광범위한 감정 및 마음 상태의 집합과 잘 맞아 떨어진다는 사실을 확인했다. 한 심리학 연구에 따르면, 다른 사람과 연결되고 싶은 욕구와 실제 연결 사이에 괴리가 있을 때 고독감이 생겨난다고 한다. 이 연구는 혼자 있는 상태를 주관적으로 자각하는 것에 초점을 맞추었지만, 고독감은 그것과 똑같은 것이 아니다. 연구에서는 좋은 친구가 있으면 고독감이 줄어든다는 당연한 결과가 나왔지만, 군중 속에서도 고독감을 느끼는 우리의 경향에 전체 소셜 네트워크가 미치는 효과는 이전에 검토한 적이 없었다.

우리는 행복을 연구할 때 사용했던 것과 똑같은 네트워크를 사용해 혼자 있는 것이 고독감과 연관이 있는지 없는지, 그리고 그러한 감정이 전파될 수 있는지 검토했다.[33] 우리는 현실 세계의 사회적 연결이 우리가 느끼는 감정에도 영향을 미친다는 사실을 발견했다. 친구가 많은 사람들은 고독감을 덜 경험한다. 친구가 한 명씩 늘어날 때마다 고독감을 느끼는 일수가 1년에 이틀씩 줄어든다. 사람들이 1년에 고독감을 느끼는 일수는 평균 48일이므로(우리의 자료에서는), 친구가 2명 더 있는 사람은 다른 사람들보다 고독감을 약 10% 덜 느낄 수 있다. 흥미롭게도, 가족의 수는 아무 효과도 미치지 않았는데, 그 이유는 확실치 않다. 소가족인 사람들은 찾아볼 사람이 적으니 그만큼 더 자주 가족과 함께 시간을 보내야 한다는 책임감을 느낄 가능성이 있다. 혹은 대가족 집안에서는 대가족 안에서도 더 가까이 지내는 가족이 따로 있어 추가적 연결의 영향력이 제한되는 것인지도 모른다. 메커니즘이야 어떤 것이건 간에, 고독감은 태어나자마자 자동적으로 주어지는 네트워크보다도 우리가 선택한 사회적 연결 네트워크와 훨씬 더 긴밀한 연관이 있다는 것만큼은 분명하다.

고독감은 소셜 네트워크의 구조를 변화시킬 수 있다. 항상 고독감을 느끼는 사람은 2~4년 동안 평균적으로 친구들 중 약 8%를 잃는다. 고독한 사람들은 친구도 덜 생기는 경향이 있지만, 그들 자신이 다른 사람의 친구라고 생각하는 사람도 더 적은 경향이 있다. 이것은 고독감이 연결 단절의 원인이자 결과라는 것을 뜻한다. 감정과 네트워크는 서로를 보강하면서 부익부 사이클을 만들어내 친구가 많은 사람일수록 더 많은 혜택이 돌아간다. 친구가 적은 사람은 고독감을 느낄 가능성이 높으며, 이러한 느낌은 새로운 사회적 관계를 끌어당기거나 만들려고 노력할 가능성을 줄인다.

우리의 연구 결과는 행복의 경우와 마찬가지로 고독감에도 물리적 거리가 중요한 역할을 한다는 것을 시사한다. 가까이에 사는 친구와 가족은 서로 자주 보기 때문에 고독감을 느낄 가능성을 줄이는 데 도움이 되지만, 서로의 감정에 영향을 더 많이 받기도 한다. 예를 들어 가까이에 사는 친구가 1년에 고독감을 느끼는 일수가 평균보다 10일이 더 많다면, 그것은 여러분이 고독감을 느끼는 일수를 3일 정도 증가시키는 효과가 있다. 만약 그 친구가 매우 가까운 친구라면, 그 효과는 더 커져 여러분이 고독감을 느끼는 일수는 4일 정도 늘어난다. 고독감은 이웃을 통해서도 전파되는데, 어떤 사람이 고독감을 느끼는 일수가 10일 더 많을 경우, 울타리 너머에 사는 이웃은 고독감을 느끼는 일수가 2일 정도 더 늘어난다. 그렇지만 1.6km 이상 떨어진 곳에 사는 이웃이나 친구의 고독감에는 아무 영향도 미치지 않는다.

함께 사는 배우자도 서로에게 영향을 미칠 수 있지만, 그 효과는 그다지 크지 않다. 한 사람이 고독감을 느끼는 일수가 평균보다 10일이 더 많을 경우, 그 배우자가 고독감을 느끼는 일수는 하루 정도 더 늘어나는 데 그친다. 그리고 형제자매끼리는 설령 가까인 곳에 살고 있더라도 아무 영향도 미치지 않는 것으로 보이는데, 이것은 고독감은 태어나자마자 자동적으로 주어지는 관계보다는 우리가 연결하기로 선택한 사람들과의 관계와 관련이 있다는 것을 추가로 뒷받침해 주는 증거이다.

이러한 직접적 연결들을 뛰어넘어 그 너머를 살펴보면, 고독감은 행복과 마찬가지로 3단계까지만 전파된다는 사실을 발견하게 된다. 어떤 사람이 느끼는 고독감은 친구의 고독감뿐만 아니라, 친구의 친구, 그리고 친구의 친구의 친구의 고독감에도 영향을 받는다. 전체 네트워크는 여러분과 직접 연결된 사람(1단계 거리)이 고독감을 느낄 때 여러분이 고독감을 느낄 가능성은 52%나 증가한다는 것을 보여준다. 2단계 거리에 있는 사람에게 미치는 효과는 25%이고, 3단계 거리에 있는 사람에게 미치는 효과는 약 15%이다. 4단계 거리에 있는 사람에게 미치는 효과는 극히 미미하여 3단계 영향 규칙을 확인시켜준다.

마지막으로, 우리는 소셜 네트워크의 가장자리에서 기묘한 패턴을 발견했다. 주변에 위치한 사람들은 친구가 적어 이 때문에 고독감을 느끼지만, 이것은 또한 그들에게 남아 있는 소수의 유대를 단절하게 만드는 경향이 있다. 그런데 그러기 전에 이들은 친구들을 같은 고독감에 감염시켜 새로운 악순환을 시작하게 할 수 있다. 이러한 보강 효과는 우리의 사회적 구조가 스웨터 소매에서 풀려나오는 털실처럼 가장자리에서 허물어질 수 있다는 것을 뜻한다. 만약 우리 사회의 고독감과 맞서 싸우고자 한다면, 가장자리에 있는 사람들을 표적으로 삼아 그들의 소셜 네트워크를 복구하도록 적극적으로 개입하는 게 필요하다. 그들을 도움으로써 고독감에 대한 보호 장벽을 만들 수 있고, 그것은 전체 네트워크가 허물어지는 것을 막아준다.

사랑에 빠지기

행복이나 고독과 같은 감정에 관한 심리학은 소셜 네트워크에서 유대의 생성과 해체에 대해 많은 것을 알려준다. 실제로 분노와 슬픔, 고뇌, 사랑과 같은 감성은 모두 사회적 유대를 강화하는 데 도움이 된다. 자연에 대해 분노를 느낄 수도 있고, 산불에 슬픔을 느낄 수도 있고, 애완동물에게 사랑을 느낄 수도 있지만, 이 모든 감정의 기원과 완전한 표출 상태는 대인 관계라는 환경 속에서 느끼는 분노와 슬픔, 사랑에서 찾을 수 있다.

세계 각지에 사는 사람들은 사상과 믿음과 견해는 제각각 달라도, 감정은 완전히 동일한 것은 아니지만 서로 매우 비슷하다. 그들은 다른 사람의 감정에 대해 비슷한 반응을 보이며, 우울한 친구보다는 행복한 친구를, 비열한 친구보다는 친절한 친구를, 폭력적인 친구보다는 사랑이 많은 친구를 선호한다. 분노와 증오에서부터 불안과 두려움, 행복과 고독감에 이르기까지 모든 감정이 다 전파될 수 있다. 그렇지만 인간의 경험에서 핵심적 위치를 차지하면서도 우리가 아직까지 살펴보지 않은 감정이 하나 있는데, 그것은 사회적 연결을 이해하는 열쇠이기도 하다. 그것은 바로 사랑이다.

사랑과 애정에 관한 심리학은 사람들 사이의 사회적 유대의 생성을 이해하는 데 아주 중요하다. 인류학자 헬렌 피셔Helen Fisher가 주장한 것처럼, 사랑이라는 감정은 정욕lust과 낭만적 사랑attraction과 애착attachment으로 나눌 수 있는데, 이것들은 모두 진화의 목적에 기여한 것으로 보인다.[34] 정욕은 생식(거의 아무 상대라도)의 촉진이라는 명백한 목적을 지니고 있다. 낭만적 사랑이라는 감정은 조금 다른데, 특정 상대(적어도 한 번에 한 명)에게만 집중하는 경향이 있다. 진화의 관점에서 볼 때, 이것은 호감을 느낀 여러 상대를 쫓아다니느라 소중한 자원을 낭비하지 않고 보존하게 하는 효과가 있다. 애착이라는 감정, 그리고 그 표출 대상의 확고한 유대는 부모가 자식을 함께 돌보도록 하기 위해 진화했을 가능성이 있으므로, 이것 역시 진화에 이득이 된다.

7장에서 우리는 인간의 소셜 네트워크에서 자연 선택이 담당하는 역할을 더 자세히 살펴볼 것이다. 그렇지만 그 전에 우리의 가장 깊은 연결들이 지닌 의미를 생각해보는 게 중요하다. 정욕과 낭만적 사랑과 애착이란 감정은 진화상의 이점과 단점 외에도 우리가 다른 사람들과 연결되는 방식에 아주 중요한 의미를 지닌다. 애정을 느낀 상대는 그 사람에게 '우주의 중심'이 되며, 나머지 모든 것은 그것을 중심으로 그 주위를 돈다. 사람들은 사랑하는 사람에 대해 침투 사고intrusive thought(개인의 의도와는 무관하게 원치 않는 생각들이 반복적으로 의식에 떠오르는 인지적 현상)를 경험하고, 사랑하는 사람을 과대평가하고, 사랑하는 사람에게서 기운을 얻으며, 사랑하는 사람에게 깊은 연결감을 느낀다. 우리는 대개 한 번에 한 사람하고만 그런 낭만적 사랑을 경험한다. 따라서 낭만적 사랑은 소셜 네트워크의 전체 구조에 큰 영향을 미치지 않는다. 우리는 아는 사람들을 모두 사랑하지는 않으니까. 그리고 부모나 자식, 형제자매, 그 밖의 친지에 대한 사랑은 종류가 다른 감정이다. 그렇지만 다음 장에서 보게 되겠지만, 사랑을 느끼는 것은 중요한 사회적 유대가 생성되는 핵심 메커니즘이고, 따라서 그것은 소셜 네트워크의 기원과 기능에 매우 중요하다.

CHAPTER 3

함께 있는 사람을 사랑하라

LOVE THE ONE YOU'RE WITH

1992년 18세~59세 사이의 미국인 3432명을 대상으로 조사한 결과, 조사 대상자 중 68%는 자신이 아는 사람의 소개로 배우자나 애인을 만난 반면, '자기 소개'를 통해 만난 사람의 비율은 32%에 불과했다. 원 나이트 스탠드처럼 단기간의 섹스 파트너조차 53%는 누군가의 소개로 만났다. 다른 사람의 도움을 받지 않고 직접 짝을 찾는 사람도 가끔 있지만, 대다수 사람들은 친구의 친구를 통해 배우자나 애인을 찾는다.

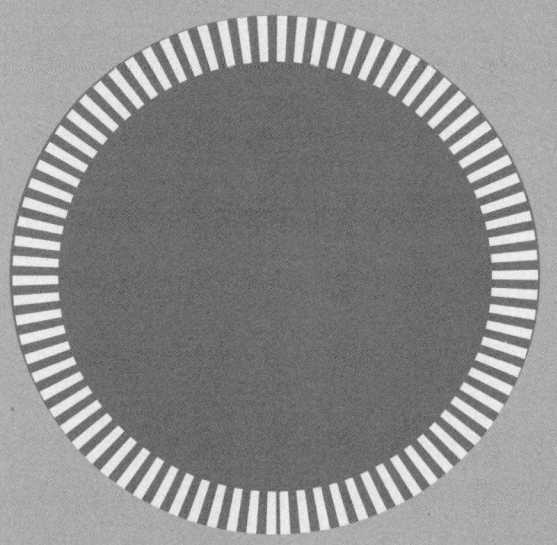

CONNECTED

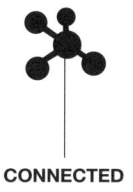

니컬러스와 그의 아내 에리카Erika는 남아시아 방식으로 중매결혼을 했다고 농담하곤 한다. 두 사람은 2년 동안 서로 네 블록 떨어진 곳에서 살았고, 함께 하버드 대학을 다녔지만, 두 사람의 경로가 교차된 적은 한 번도 없었다. 두 사람이 만난 것은 에리카가 방글라데시에 갔을 때였다. 1987년 여름, 니컬러스는 병든 어머니를 간호하기 위해 자신이 자라고 고등학교를 다닌 워싱턴 DC로 갔다. 의과대학생이던 니컬러스는 아직 누구와 진지하게 사귈 때가 되지 않았다고 생각했다. 고등학교 친구인 내시Nasi도 여름 방학을 맞아 워싱턴 DC에 돌아와 있었다. 니컬러스를 안 다음부터 줄곧 니컬러스를 짓궂게 놀리는 장난을 치며 모두를 즐겁게 한 내시의 여자 친구 베미Bemy도 함께였다. 그런데 베미는 1년 동안 방글라데시의 시골에서 지역사회 개발에 참여했다가 막 돌아온 참이었다.

베미는 물에 잠긴 마을에서 젊고 아름다운 미국인 여성을 만났다. 둘은 머리를 감는 양동이를 함께 썼으며, 주민들을 가난에서 벗어나게 하겠다는 열정도 함께 나누었다. 이쯤에서 눈치 빠른 독자라면 이야기가 어떻게 흘러갈지 대충 감을 잡을 것이다. 몬순이 계속되던 어느 날 오후, 내시에게 엽서를 쓰던 베미는 갑자기 친구 에리카를 돌아보면서 이렇게 내뱉었다. "방금 너와 결혼할 남자가 떠올랐어!" 그 남자가 바로 니컬러스였다. 물론 에리카는 그 말을 믿으려 하지 않았다. 그렇지만 몇 개월 뒤, 에리카는 워싱턴 DC에서 니컬러스를 만나는 데 동의했고, 그렇게 해서 내시의 집에서 네 사람이 함께 저녁 식사를 하게 되었다. 니컬러스는 에리카를 보자마자 첫눈에 반했다. 에리카는 나중에 자신도 "호감을 느끼지 않은 것은 아니었다"라고 말했다. 그날 밤, 집으로 돌아간 에리카는 잠자던 여동생을 깨워 결혼할 남자를 만났다고 선언했다. 3일 뒤, 니컬러스는 에리카에게 사랑한다고 고백했다. 이렇게 해서 니컬러스는 이전에 만난 적이 전혀 없었지만, 자신과 3단계 거리에 있었고, 이웃에 살던 완벽한 여자와 결혼하게 되었다.

이런 일은 우리 사회에서 심심치 않게 일어난다. 실제로 구글에서 '내가 아내를 만난 사연how I met my wife'이나 '내가 남편을 만난 사연how I met my husband'을 검색해보면, 아름다운 사연을 수천 가지나 찾아볼 수 있다. 그런 이야기 중에는 다음과 같이 아주 짤막한 것도 있다. "남편을 어떻게 만났느냐고요? 술집에서 만났죠. 그이는 비열한 제 남자 친구의 친구였어요. 남자 친구는 얼마 후 가장 친한 내 친구와 결혼했지요. 나는 그이를 술집에서 소개받고는 서로에게 빠져서 지금도 함께 있고, 결혼을 했어요. 반면에 내 친구는 헤어졌지요!"

조금 복잡한 이야기들도 있다. "해가 지고 나서 얼마 후, 친구 둘과 핏불테리어를 데리고 요세미티 국립공원 계곡으로 차를 몰고 갔어요. 나는 이전에 거기서 두 해 여름을 일한 적이 있었고, 한 해를 또 그렇게 보내려고 준비하고 있었어요. 차에서 나오니 날씨는 무척 추웠고, 우리는 30cm나 쌓인 눈 위를 터벅터벅 걸어 친구의 통나무집까지 갔어요. 도착하니 친구는 없고, 대신에 자기 친구의 집으로 오라고 쪽지가 남아 있더군요. 그곳에 도착했을 때 우리는 장딴지까지 흠뻑 젖었어요. 낯선 사람의 집 문을 두드리는 게 불안했지만, 다행히도 친구가 문을 열고 나와 우리를 안으로 안내했어요. 친구가 우리를 소개했는데, 나는 방 안에 있는 사람을 제대로 보지도 않고 곧장 난로로 달려가 등을 돌렸기 때문에 무척 무례해 보였을 거예요. 나도 모르는 사이에 사람들은 모두 각자 자기 자리를 찾아가고, 나는 미래의 남편이 될 그 사람 침대의 건너편 침대에 앉았어요. 그는 젊은 데이브 매튜스Dave Matthews(남아프리카 공화국의 출신의 기타리스트. 데이브 매튜스 밴드를 이끌고 있음)처럼 생겼더군요. 그의 남부 억양은 참 매력적이었죠. 그리고 그 눈은……아, 그 매력적인 눈! 우리는 밤늦게까지 이야기를 나누었는데, 내 옆의 침대에 누워 있던 친구가 한숨을 내쉬며 이제 그만 가자고 말했어요. 나는 그이에게 우리를 초대해줘서 고맙다고 하자, 그이는 '이제 내가 사는 곳을 알았으니, 아무 때나 놀러와요'라고 말했어요. 우리는 추운 밤에 시에라네바다 산맥으로 나와 낄낄거리며 주차장으로 내려갔지요. 거기서 나는 내 친구들을 보고 운명의 단어를 내뱉었어요. '난 저 남자랑 결혼할거야!' 그리고 2년

5개월 뒤에 우리는 결혼했어요."[1]

내 짝은 어떻게 만났는가

이 이야기들에서 낭만적인 점은 우연과 운명이 함께 뒤엉켜 작용한 것처럼 보인다는 사실이다. 그러나 잘 생각해보면, 그러한 만남들은 결코 우연한 것이 아니었다. 이 이야기들의 공통점은 미래의 배우자가 2단계 혹은 3단계 거리에 있었고, 그 간격이 돌이킬 수 없게 닫혀버리기 전에 두 사람이 만났다는 것이다.

미래의 배우자를 만나는 낭만적인 이야기에는 두 사람의 성격이나 기질이 딱 들어맞는다거나 설명하기 힘든 어떤 신비한 이유로 한눈에 사랑에 빠지는 개념이 포함된 경우가 흔하다. 우리는 사랑에 빠지는 것을 설명하기 어려운 순전히 개인적인 경험이라고 생각한다. 실제로 대부분의 미국인은 자신의 짝을 선택하는 문제는 다른 사람이 상관할 바가 아니라고 생각한다. 어떤 사람들은 자신의 짝을 충동적이거나 우발적으로 선택하고, 어떤 사람들은 아주 신중하게 선택한다. 어느 쪽이건 간에 자신의 짝을 선택하는 것은 대개 개인적인 결정으로 간주한다. 이러한 견해는 인생에서 중요한 결정은 어디까지나 개인의 선택 문제라고 여기는 일반적인 경향하고도 맥이 통한다. 우리는 바다가 아무리 거칠더라도 자신이 탄 배를 자신이 직접 조종하면서 완전히 새로운 길을 마구 달린다고 믿는다. 그러나 실제로는 우리가 보편적인 항해 도구를 사용해 많은 배들이 다닌 길을 항해하고 있다는 사실을 알면 놀라거나 또는 실망할 것이다.

우리는 자신의 결정 능력을 과신한 나머지, 짝을 선택할 때 그 선택 중 상당 부분이 주위 환경, 특히 자신의 소셜 네트워크에 의해 결정된다는 사실을 간과한다. 이것은 우연한 만남으로 시작된 이야기가 지닌 낭만적 매력을 설명해주는데, 당사자들을 초월한 어떤 힘이 작용한 것처럼 보이고, 알지 못했던 그 사람과의 사랑이 미리 운명으로 정해져 있었던 것처럼 보이기 때문이다. 그렇다고 요세미티 국립공원에서 눈을 헤치고 걸어간 뒤에, 혹은 방글라데시에서 같은 양동이에 머리를 감다가 인생의 반려자를 만난 이야기에 놀라운 요소가 하나도 없다고 말하는 것은 아니다. 다만, 그러한 마법의 순간들이 우리가 흔히 생각하는 것만큼 그렇게 우연한 것이 아니라는 점을 지적하고 싶을 뿐이다.

사람들이 자신의 짝을 어떻게 만났는지 체계적으로 조사한 자료를 살펴보자. 미국 건강 및 사회생활 조사는 흔히 시카고 성 조사 Chicago Sex Survey라고 부르는데, 1992년에 18세에서 59세 사이의 미국인 3432명을 대상으로 조사한 결과는 미국인의 사랑과 성에 관해 가장 완전하고도 정확한 자료를 제공한다.[2] 거기에는 애인 선택, 성행위 습관, 심리적 성향, 건강 등에 관해 자세한 정보가 담겨 있다. 또한 현재의 섹스 파트너를 어디서 어떻게 만났는지 아주 희귀한 종류의 정보도 들어 있다. 112쪽의 표는 어떤 관계에 있는 사람이 두 사람을 소개했는지 보여준다.

누가 소개했는가?

	가까운 관계		더 먼 관계					
관계의 종류	가족	친구	직장 동료	급우	이웃	자기 소개	그 밖의 소개	대상자 수
결혼	15%	35%	6%	6%	1%	32%	2%	1287명
동거	12%	40%	4%	1%	1%	36%	3%	319명
애인 관계	8%	36%	6%	4%	1%	42%	1%	920명
단기간 애인 관계	3%	37%	3%	4%	2%	47%	2%	251명

* 수치들은 반올림으로 처리했기 때문에, 사람 수를 다 더해도 정확하게 100%가 되지 않는다.

소개자들은 자신이 소개한 두 사람이 반드시 애인 사이가 되길 의도했던 것은 아니지만, 어쨌든 그 소개 자체가 그런 결과를 낳았다. 조사 대상자 중 약 68%는 자신이 아는 사람의 소개로 배우자나 애인을 만난 반면, '자기 소개'를 통해 만난 사람의 비율은 32%에 불과했다. 원 나이트 스탠드처럼 단기간의 섹스 파트너조차 53%는 누군가의 소개로 만났다. 따라서 비록 모르는 사람들 사이에 우연한 만남이 일어나기도 하고, 다른 사람의 도움을 받지 않고 직접 짝을 찾는 사람도 가끔 있지만, 대다수 사람들은 친구의 친구나 느슨하게 연결돼 있던 다른 사람을 만나는 것을 통해 배우자나 애인을 찾는다.

친구는 모든 종류의 섹스 파트너를 소개하는 데 거의 같은 비율(35~40%)로 기여하는 데 반해, 가족이나 친지는 원 나이트 스탠드 상대자보다는 미래의 배우자를 소개하는 확률이 더 높다. 그리고 두 사람이 성관계를 얼마나 빨리 갖느냐 하는 것은 어떻게 만났느냐 하는 것도 중요한 변수가 된다. '시카고 성 조사'에서는 친구를 통해 만난 사람들은 가족을 통해 만난 사람들보다 1개월 안에 성관계를 가질 확률이 약간 더 높았다. 프랑스에서 이루어진 비슷한 조사에서는 나이트클럽에서 만난 사람들이 1개월 안에 성관계를 가질 확률(45%)은 가족 모임 같은 장소에서 만난 사람들(24%)보다 훨씬 더 높았다. 섹스를 염두에 두고 가족 모임 같은 곳에 나가는 사람은 상식적으로 거의 없으므로 이것은 그다지 놀라운 결과가 아니다.[3]

이러한 통계 자료는 사람들이 원하는 관계의 종류에 따라 짝을 구할 때 각각 다른 전략을 쓴다는 것을 시사한다. 사람들은 결혼 상대자를 원할 때에는 가족이나 친척에게 소개를 부탁하는 반면, 단기적 관계를 원할 때에는 자신의 능력이나 연줄을 사용하는 경향이 있는 것으로 보인다. 이것은 직관적으로도 일리가 있어 보인다. 술에 취한 대학생이 어머니에게 술집에서 만난 이성을 집으로 데려가도 되겠느냐고 문자 메시지를 보내는 경우는 거의 없다. 따라서 자신의 네트워크를 뒤져서 발견할 수 있는 상대는 어디를 찾느냐와 무엇을 찾느냐에 크게 좌우된다.

그렇지만 사람들이 모든 종류의 관계에 대해 친구와 가족에게 크게 의존한다는 것은 명백하다. 혼자서 새로운 사람을 만날 때 알고 있는 정보는 자신에 관한 것뿐이다. 이와는 대조적으로, 다른 사람의 소개를 통해 누구를 만날 때에는 소개자가 양쪽의 정보를 다 알고 있으며, 때로는 두 사람이 잘 맞겠다고 생각하여 사귀어보라고 권함으로써 중매인 역할을 할 수 있다(의식적이건 무의식적이건). 친구와 가족은 여러분의 성격과 사회적 배경, 이력을 잘 알고 있을 뿐만 아니라,

속옷을 바닥에 벗어놓고 다닌다거나 장미를 보내길 좋아한다는 등의 개인적 취향까지도 파악하고 있다. 이렇게 아는 사람을 통해 소개를 받으면, 혼자서 대시하는 것보다 덜 위험하고 정보도 많이 얻을 수 있다. 사람들이 수천 년 동안 소개를 통해 이성을 만나는 방식을 선택해온 것은 이러한 이유 때문이다.

그렇지만 현대 사회에서는 대부분의 사람들은 중매결혼 방식에 대해 부정적 생각을 갖고 있으며, 전혀 모르는 사람과 결혼하는 것은 상상조차 하지 않으려 한다. 좋은 의도로 짝을 찾아주려고 수선을 피우며 간섭하는 친구나 친척을 보면 〈지붕 위의 바이올린〉에 나오는 중매쟁이 할머니 옌테Yente처럼 우스꽝스러운 인물로 여길 것이다. 그러나 실제로는 우리의 친구와 친척, 직장 동료는 우리가 혼자서 짝을 찾기 어려운 것으로 보일 때에만 중매인 역할을 하려고 한다. 그리고 우리의 소셜 네트워크는 설령 우리가 자신의 개인적 운명을 따른다고 믿을 때조차도 아주 효율적인 중매인 역할을 한다.

자연적으로 생겨난 소셜 네트워크의 구조는 많은 인연을 만들어내기에 아주 적합하다. 물통 릴레이 소방대나 전화 비상 연락망 같은 네트워크에서는 어떤 사람에게서 몇 단계 이내의 거리에 있는 사람의 수가 극히 제한돼 있다. 그러나 대부분의 자연적인 소셜 네트워크에서는 그런 사람이 수천 명이나 존재한다. 1장에서 보았듯이, 만약 여러분이 20명을 알고(여러분을 파티에 초대할 만큼 충분히), 그들도 각자 20명씩을 안다면, 여러분과 3단계 거리에 연결돼 있는 사람은 모두 8000명이나 된다. 만약 여러분이 독신이라면, 이 사람들 중 한 명이

장차 여러분의 배우자가 될 가능성이 있다.

물론 때로는 우연한 만남을 통해 전혀 모르는 사람들끼리 사귀는 경우도 있다(특히 우연한 신체적 접촉까지 동반할 경우). 영화 〈세렌디피티 Serendipity〉에서 두 사람이 같은 장갑을 붙잡거나, 영화 〈하워즈 엔드 Howard' s End〉(이건 국내에서 '하워드가의 종말'이란 제목으로 널리 알려졌으나, 하워즈 엔드는 실제로는 영화 속에 나오는 시골집 이름임)에서 연주회가 끝난 뒤에 실수로 우산을 가져오거나, 〈101마리 달마시안 101 Dalmatians〉에서 개들의 끈들이 뒤엉키는 사건처럼, 우연한 사건은 연애 이야기에서 플롯의 장치로 종종 쓰인다. 우연한 사건들은 사회적 상호 작용(그리고 어쩌면 성관계나 결혼)의 기회를 추가로 제공하는데, 그러한 사건들에는 사회학자 어빙 고프먼 Erving Goffman이 '교정 의식 corrective ritual'이라고 이름 붙인 경향이 뒤따르기 때문이다. 사람들은 우연한 사건으로 발생한 '피해'를 보상하려고 노력하는데, 그러려면 서로를 알 필요가 있다. 작업 기술이 뛰어난 사람이라면 그런 우연한 사건을 기회로 삼는 걸 놓치지 않을 것이다. 최고의 바람둥이는 심지어 그런 '우연'을 가장하여 자신이 찍은 사람에게 접근한다. 스스로 행운을 만들어내는 것이다. 그렇지만 이런 일은 규칙에서 벗어나는 예외라고 볼 수 있다. 그리고 모르는 사람끼리의 이런 만남이 인연으로 발전하려면 옷이나 음악, 애완동물처럼 서로 어느 정도 공통분모가 있어야 한다.

두 사람이 중간에 아는 사람의 도움 없이 각자의 의지로 만날 때에도 만나게 될 사람의 종류를 결정하는 데 사회적 사전 선택 과정이 영향을 미친다. 예를 들어 시카고 성 조사는 자신의 짝을 어디서 만났는지도 조사했다. 조사에 참여한 사람들 중 60%는 학교나 일터, 개별적인 파티, 교회, 사교 클럽 같은 장소에서 짝을 만났다. 이것들은 모두 공통의 특징을 지닌 사람들이 모이는 장소이다. 그리고 10%는 술집이나 휴가지에서 또는 개인 광고를 통해 만났는데, 이곳들은 좀 더 다양하긴 하지만, 그렇다 하더라도 미래의 배우자는 역시 어느 정도 제한된 범위의 사람들 사이에서 선택하게 될 수밖에 없다.[4]

사람들이 짝을 만나는 장소와 상황은 지난 100년 동안 계속 변해왔다. 이것에 관해 우리가 얻은 최선의 통계 자료는 프랑스에서 실시한 조사에서 나왔다. 나이트클럽, 파티, 학교, 일터, 휴가지, 가족 모임, 혹은 단순히 '집 근처' 등을 포함해 사람들이 배우자를 만난 장소를 광범위하게 조사한 연구자들은 시간이 흐름에 따라 그런 장소들이 어떻게 변해왔는지 추적해보았다. 예를 들면 1914년부터 1960년까지 15~20%의 사람들은 미래의 배우자를 집 근처에서 만났다고 대답했지만, 1984년에 이 비율은 3%로 떨어졌는데, 이것은 현대화와 도시화의 결과로 지리적 거리를 바탕으로 한 사회적 관계가 감소한 현상을 반영한 결과로 보인다.[5]

인터넷 사용이 늘어나면서 지리적 요소의 중요성은 더욱 줄어들었다. 2006년, 미국에서 인터넷을 사용하는 성인 9명 중 1명(모두 합쳐 약 1600만 명)은 온라인 데이트 사이트나 그 밖의 사이트를 이용해 이성을 만난다고 대답했다.[6] 체계적으로 행해진 전국 규모의 설문 조사에 따르면, 이들 온라인 데이트족 가운데 43%(약 700만 명)는 온라인에서 만난 사람을 오프라인에서도 실제로 만났으며, 그들 중 17%(약

300만 명)는 장기적 관계를 맺거나 결혼했다고 한다.[7] 한편, 결혼을 했거나 장기적 관계를 맺고 있는 전체 인터넷 사용자 중에서는 3%가 자신의 짝을 온라인에서 만났다고 응답했는데, 이 비율은 앞으로 증가할 것으로 보인다.[8] 옆집 여자나 남자와 인연이 맺어지던 시대는 이미 한물간 것처럼 보인다. 이전처럼 지리적 요소에 큰 제약을 받지 않는 소셜 네트워크(오프라인이든 온라인이든)를 통해 짝을 만나는 비율이 갈수록 높아지고 있다.

서로 닮은 사람끼리 만난다?

근래에 들어 이웃 사람을 만나는 일의 중요성이 감소함에 따라 사람들은 짝을 찾으려고 지리적 공간을 기웃거리지 않게 되었다. 그래도 사회적 공간을 기웃거리는 건 여전하다. 우리는 완벽한 짝을 찾기 위해 한 집에서 다른 집으로, 한 도시에서 다른 도시로 가는 대신에 한 사람에게서 다음 사람으로 건너뛴다. 네트워크 내에서 자신에게 가까운 사람(예컨대 친구나 직장 동료)이 좋은 짝이 될 수 있을지 탐색해보고, 그런 사람이 없으면 좀 더 먼 곳(예컨대 친구의 친구나 직장 동료의 형제)을 찾아본다. 그리고 파티처럼 친구의 친구나 자신의 네트워크에서 좀 더 멀리 떨어진 사람들을 만날 기회가 있는 주변 환경도 살펴본다.

우리는 친구의 친구나 잘 알지 못하는 다른 종류의 사람들과 '약한 유대'를 맺고 있다. 그런데 5장에서 보게 되겠지만, 이런 종류의 유대는 우리를 전혀 알지 못하는 사람과 연결하고, 그리하여 선택 가능한 사람들의 명단을 크게 확대하는 데 아주 중요하다. 따라서 자신의 네트워크를 탐색하는 최선의 방법은 자신과 직접 연결된 사람들을 뛰어넘어 그 너머를 살펴보되, 자신이 아는 사람들과 공통점이 하나도 없을 만큼 너무 먼 곳은 쳐다보지 않는 것이다. 친구의 친구나 친구의 친구의 친구가 여러분에게 장래의 배우자를 소개해줄 바로 그 사람이 될 수도 있다.

어떤 사회는 짝을 찾을 때 반드시 따라야 하는 관례적 절차가 있는데, 이것은 개인의 선택권을 크게 제한하긴 하지만, 이것 역시 네트워크의 연결을 활용한다. 그러한 결혼은 종종 적절한 짝을 찾으려는 욕구보다는 법적 또는 경제적 이유로 정해지는데, 중동 지역과 아시아 지역에서 많이 볼 수 있다. 어떤 문화권에서는 배우자가 될 사람을 사전에 서로 소개하여 사귀게 하고, 부모가 상대방 가족과 당사자를 자세히 알아보는 일에 적극적으로 나서는 게 관행이다. 그렇지만 어떤 문화권에서는 결혼은 첫 번째 만남이 이루어지는 순간 이미 모든 결정이 끝나며, 연애도 허용되지 않는다. 중매인 역할을 하는 사람(부모, 전문 중매쟁이, 나이 많은 사람, 성직자), 중매인이 행사할 수 있는 압력의 종류와 정도, 당사자들이 갖추어야 할 자격(명성, 부, 카스트, 종교), 당사자들이 결혼을 거부할 때 가해지는 제재(유산 상속권 박탈, 죽음 등) 등은 문화에 따라 아주 다양하다.

그렇지만 과거에 중매 결혼이 규범이었던 사회에서도 이러한 관행은 불변의 법칙이 아니다. 예를 들면, 중국 쓰촨성 청두의 여성이

1933년부터 1948년 사이에 중매 결혼을 한 비율은 68%였지만, 1977년부터 1987년 사이에는 2%에 불과하다.[9] 그럼에도 불구하고, 소셜 네트워크 유대는 여전히 중요한 역할을 한다. 청두의 조사에서 응답한 사람들 중 74%는 젊은이들을 잠재적 배우자와 연결시켜주는 데 가장 중요한 역할을 하는 네트워크는 같은 연령 집단의 친구들과 친척들이라고 대답했다.

실제적인 것이건 가상의 것이건 네트워크의 종류에 상관없이, 짝을 찾는 과정은 대개 '동류혼 homogamy', 즉 비슷한 사람과 결혼하려는 경향에 큰 영향을 받는다. 사람들은 자기와 닮고 비슷한 '속성'을 가진 배우자를 찾는다. 예를 들어 시카고 성 조사는 대다수 결혼 사례가 나이에서부터 교육, 인종에 이르기까지 거의 모든 점에서 동류혼의 성격이 강하다는 것을 보여준다. 다른 연구에서도 배우자끼리는 건강에 관련된 행동(즐겨 먹는 음식이나 흡연 습관 같은)과 매력 정도, 기본 정치 이념, 선호하는 정당이 같다는 것을 보여준다. 동질성은 장기적 관계에서는 많이, 단기적 관계에서는 적게 발견되리라고 예상할 수 있는데(섹스 파트너에 대해서는 잠재적 배우자보다 지나치게 까다롭게 따지지 않을 테니까), 이 예상은 어느 정도 들어맞는다. 결혼한 부부 중 72%가 동질성(여러 가지 성격 특성에 대한 간단한 측정을 바탕으로 한)을 보이는 반면, 다른 종류의 섹스 파트너는 53~60%가 동질성을 보인다.[10] 게다가 나중에 보게 되겠지만, 서로 영향을 주고받는 시간이 많은 부부의 경우에는 정치적 견해나 흡연 습관, 행복감 등에서 더욱 비슷해지는 경향이 있다.

직관적으로 생각할 때, 동류혼은 일리가 있어 보인다. 유유상종이라는 말이 있듯이, 사람은 자기와 비슷한 사람을 좋아하는 경향이 있다. 사람들은 대개 부부가 서로 비슷하다는 생각을 당연하게 받아들이는데, 그래야 자신도 나중에 마음이 맞는 사람과 함께 서로 사랑하며 행복하게 살 것이라는 기대를 품을 수 있기 때문이다. 그렇지만 자신과 아주 비슷한 사람을 발견할 확률에 대해 한번 생각해보자. 개인 광고들을 살펴보면 불가능한 것은 아니더라도 충족시키기 어려운 조건들이 많다. "애인 구함: 성격은 활발하고 현실적이며 담배를 피우지 않아야 함. 총과 볼리우드 영화, NASCAR(전미 개조 자동차 경기 연맹) 경주 대회, 해변의 석양, 코스모폴리탄즈 밴드, 시골길 드라이브, 3종 경기를 좋아하는 좌파 민주주의자이자 살사 댄서를 원함."

사람은 모두 독특하다는 사실은 자신과 일치하는 사람이 얼마나 많이 있을까 하는 질문에 대해 시사하는 바가 있다. 자신과 마음이 맞는 영혼의 동반자가 딱 한 사람뿐이냐 아니면 100만 명이냐 하는 해묵은 논쟁에 대한 부분적인 답은 여러분이 얼마나 까다로운 사람이냐에 달려 있다. 그러나 설령 여러분과 잘 맞는 사람이 100만 명이 있다손 치더라도, 그것을 세계 인구와 비교하면 6000명당 1명에 지나지 않는다. 따라서 상대를 무작위로 선택한다면, 마음에 맞는 짝을 만날 때까지 데이트를 엄청나게 많이 해야 할 것이다. 누군가의 도움 없이 이런 식으로 무작정 데이트를 하는 방법으로는 자신의 마음에 드는 짝을 만나기가 무척 힘들 것이다.

그렇지만 소셜 네트워크는 서로 비슷한 사람들을 함께 모으고, 영혼의 동반자들을 같은 방 안으로 몰아넣는 놀라운 능력이 있다. 소셜 네트워크가 크고 넓을수록 짝을 찾을 기회가 더 많으며, 친구와 친구의 친구를 통해 적절한 짝에 대한 정보의 흐름이 더 원활하게 일어나 짝을 찾는 작업을 더 쉽고 더 효율적이고 더 정확하게 할 수 있다. 그 덕분에 결국 '더 나은' 짝이나 배우자를 만날 수 있다. 소셜 네트워크가 영혼의 동반자를 만날 확률을 아주 크게 높여주는 것이다.

소셜 네트워크의 구조, 그리고 자신의 짝을 소개받으면서 자신과 닮은 사람에게 본능적으로 편안함을 느끼는 경향을 감안한다면, 우리가 일반적으로 자신과 비슷한 사람을 만나 성관계를 갖고 결혼을 하는 것은 그다지 놀라운 일이 아니다. 짝을 선택하는 행동은 처음에 네트워크를 만들어낸 것과 똑같은 사회적 힘에 구속을 받는다. 친구가 될 사람, 다닐 학교, 일할 직장을 비롯해 이 모든 선택은 주어진 소셜 네트워크 내에서 자신이 어떤 위치에 있느냐에 큰 영향을 받는다. 어느 곳을 찾든지 간에, 여러분이 속한 네트워크는 일반적으로 비슷한 사람들을 만나게 하도록 작용한다. 부부가 서로 닮은 경우가 많다는 사실은 사람들의 만남과 선택이 우연이라는 주장이 틀렸음을 뒷받침한다.

용 꼬리보다 뱀 머리가 낫다

미국의 풍자 작가 멩켄H. L. Mencken은 부유함이란 "동서同壻의 연간 수입보다 최소한 100달러가 더 많은 것"이라고 말했다. 이 말에는 대부분의 사람들은 잘 알고 있지만 이상하게도 정통 경제학에서는 무시하는 개념이 숨어 있다. 그것은 바로 사람은 자신의 절대적 지위보다는 상대적 지위에 더 신경을 쓴다는 것이다. 사람은 본질적으로 질투심이 많다. 그래서 다른 사람들이 가진 것을 원하고, 다른 사람들이 원하는 것을 원한다. 경제학자 존 케네스 갤브레이스John Kenneth Galbraith는 1958년에 많은 소비 수요는 본질적인 필요보다는 사회적 압력 때문에 증가한다고 말했다.[11] 사람들은 자신이 얼마나 잘사는지 평가할 때, 자신이 버는 돈이나 소비하는 제품이 얼마나 많은가를 기준으로 삼지 않고, 자신이 아는 다른 사람들에 비해 얼마나 많이 벌고 소비하는지를 기준으로 삼는다.

멩켄의 경구에는 중요한 진실이 한 가지 숨어 있는데, 우리가 3단계 거리에 있는 사람과 자신을 비교한다는 것이다. 다시 말해서, 전혀 알지 못하는 사람과 비교하는 게 아니다. 대신에 아는 사람들에게 자신이 더 낫다는 것을 보여주고 싶어 한다. 이 현상을 연구한 한 고전적인 실험에서는, 대부분의 사람들은 자신은 3만 5000달러를 받지만 나머지 사람들이 모두 3만 8000달러를 받는 회사보다는, 자신은 3만 3000달러를 받더라도 나머지 사람들이 모두 3만 달러를 받는 회사에서 일하는 쪽을 선택했다.[12] 비록 절대 액수는 적더라도, 첫 번째 회사보다는 두 번째 회사를 다니는 게 더 행복할 것이라고 여겼기 때문이다. 대부분의 사람들은 고래들이 헤엄쳐 다니는 넓은 바다에서 큰 물고기로 살아가는 것보다 작은 연못에서 큰 물고기로 살아가는 게 더 낫다고 생각한다.

이것은 매력적이길 원하는 우리의 욕구도 마찬가지다. 한 실험에서는 실험 대상자들에게 다음의 두 가지 상황 중 어느 쪽에 있길 원하느냐고 물어보았다.

A: 당신의 신체적 매력 점수는 6점인 반면, 나머지 사람들은 평균 4점이다.

B: 당신의 신체적 매력 점수는 8점인 반면, 나머지 사람들은 평균 10점이다.

전체 응답자 중 75%는 B보다는 A를 선호했다. 대부분의 사람들은 절대적 매력보다는 상대적 매력을 훨씬 중요하게 여겼다.[13] 우리는 하버드 대학생들을 대상으로 같은 실험을 반복해 보았는데, 더 편향된 결과가 나왔다. 93%는 A를 선호했고, 7%만 B를 선호했다. 아무도 칭찬해주지 않는 드레스를 입는 신부라면 이 점을 잘 이해할 것이다.

이런 결과들은 상대적 매력에 대한 선호도가 상대적 소득에 대한 선호도보다 더 심하다는 것을 보여준다. 섹스를 원하는 사람들은 성적 매력이 얼마나 중요한지 잘 안다. 그리고 상대방이 선택할 수 있는 이성 상대들보다 더 매력적인 게 얼마나 중요한지도 잘 안다. 다시 말해서, 만약 상대적 지위에 '도구적 결정 요소'가 포함돼 있을 경우, 그것은 막강한 위력을 발휘한다. 즉, 다른 사람보다 더 매력적인 신체를 갖고 있다면, 그것은 목적 달성을 위해 훌륭한 수단이 된다.

상대적 지위를 선호하는 경향을 보여주는 고전적인 일화가 하나 더 있다. 숲에서 하이킹을 하던 두 친구가 강가에 이르렀다. 두 사람은 신발과 옷을 벗고 강물로 뛰어들어 헤엄을 쳤다. 그런데 물에서 나오려고 할 때, 굶주린 곰이 그들을 발견하고 달려오는 게 아닌가! 한 사람은 즉각 달아났지만, 나머지 한 사람은 신발을 신느라 꾸물거렸다. 먼저 달아나던 친구가 그를 보고 다급하게 소리를 질렀다. "뭐 하러 신발을 신으려고 꾸물거려? 신발을 신는다고 곰보다 빨리 달릴 순 없잖아!" 그러자 그 친구는 차분한 목소리로 대답했다. "곰보다 빨리 뛸 필요는 없지. 너보다 빨리 뛰기만 하면 돼."

갈수록 성형 수술을 자주 하는 사람이 늘어나는 것도 바로 이런 논리 때문이다. 지방 흡인술은 얼리 어답터early adopter에게 신체적 이점을 줄 수 있지만, 모든 사람이 그것을 이용하면 그러한 이점은 사라지고 만다. 그러면 사람들은 다른 종류의 성형 수술을 추구하게 되고, 일종의 실리콘 무기 경쟁이 벌어진다. 요구되는 서비스의 폭은 네트워크를 통해 전파되는 서비스와 맞먹는 속도로 폭발한다.

이성을 놓고 벌이는 경쟁은 많은 스트레스를 유발한다. 우리의 조사에 따르면, 어떤 남성이 20대 초반에 이르렀을 때 남녀 성비가 남성 쪽이 높을수록 그 남성의 수명이 더 짧아지는 것으로 나타났다. 많은 남성에게 둘러싸인 남성은 짝을 찾기 위해 더 열심히 노력해야 하는데, 경쟁이 치열한 환경은 장기적으로 건강에 나쁜 영향을 미친다. 이 점에서 우리는 다른 동물 종과 다르지 않다. 우리는 1957년 당시 위스콘신 주의 고등학교 3학년 학생들을 표본 집단으로 하여 남녀 성비의 효과를 검토해보았다. 411개 고등학교에서 남학생 4183명과 여학생 5063명을 그 대상으로 선택했다. 남녀 성비의 균형이 맞지 않는(남성이 더 많은) 환경에서 고등학교 3학년을 보낸 남성들은 50년 뒤에 수명이 더 짧다는 결과가 나왔다. 미국 전역에서 760만 명 이상을 대상으로 조사한 다른 분석에서도 우리는 결혼 가능한 여성의 수가 남성의 건강에 장기적 영향을 미쳐 훗날 수명에 차이를 낳는다는 사실을 발견했다.[14]

이런 결과들은 우리 주변에 있는 사람들이 단지 배우자의 공급원이거나 배우자에 관한 정보원이기만 한 게 아님을 보여준다. 그들은 우리의 주요 경쟁자이기도 하다. 결과적으로 여러분이 속한 소셜 네트워크는 여러분의 성공 가능성을 좌우한다. 소셜 네트워크는 우리가 누구를 만나게 될지 결정할 뿐만 아니라, 짝에게 바라는 우리의 취향에 영향을 미치고, 그리고 결정적으로 다른 사람들이 우리를 어떻게 생각하고 우리가 경쟁에서 유리한 점과 불리한 점이 무엇인지 명시함으로써 그런 일을 해낸다. 간단히 말해서, 우리가 속한 네트워크는 '준거 집단 reference group'의 역할을 하는데, 여기서 준거 집단이란 사회과학자가 '연못' 대신에 사용하는 전문 용어이다.

1950년대에 큰 영향력을 떨친 사회과학자 로버트 머튼Robert K. Merton은 준거 집단이 우리에게 영향을 미치는 기본 방식들을 체계화했다. 준거 집단은 비교 효과(우리나 남이 우리 자신을 평가하는 방식)나 영향 효과(다른 사람들이 우리의 행동과 태도에 영향을 미치는 방식), 혹은 둘 다 나타낼 수 있다.[15] 사회적 접촉 대상들이 매력이 떨어진다면 우리는 우월감을 느끼지만(비교), 자신을 돌보는 걸 소홀히 할 수도 있다(영향). 이 두 가지 효과는 우리가 짝을 찾는 데 상반된 목적으로 작용할 수도 있다.

수십 년 동안 준거 집단은 추상적 범주로 간주돼 왔다. 사람들은 종종 자신을 다른 '중산층 미국인'이나 '학교의 다른 동기생'이나 다른 '아마추어 축구 선수'와 비교한다. 그러나 네트워크 과학에서 일어난 흥미로운 발전 덕분에 각각의 개인에 대해 이러한 준거 집단이 어떤 것인지 정확하게 그릴 수 있게 되었다. 우리보다 더 매력적인 사람이 많이 있을지 모르지만, 진짜 경쟁자는 자신의 짝이 될 사람의 소셜 네트워크 안에 있는 사람들이다.

모든 사람들이 모두 하는 것

우리가 아는 사람들은 섹스에 대한 우리의 생각과 행동에 영향을 미친다. 우선, 의식적으로건 무의식적으로건 친구들과 낯선 사람들 모두 잠재적 짝의 매력에 대한 우리의 생각에 영향을 미친다. 이런 효과는 남성과 여성이 상대방의 외모를 판단하는 것과 같은 기본적인 경향을 뛰어넘어서까지 나타난다. 그런 경향의 예를 든다면, 남성은 허리 대 엉덩이 비율이 낮은 여성을 더 매력적으로 여기고, 여성은 남성의 얼굴에서 특정 부위의 특징에 주목한다는 사실이 반복적으로 확인되었다. 얼마 전까지만 해도 짝의 선택과 매력 평가에 관한 연구는 대부분 개인적인 선호도에 초점을 맞추어 진행되었다. 그러나 매력에 대한 생각이 사람들 사이에 퍼져갈 수 있다고 믿을 만한 생물학적, 사회학적 근거가 충분히 있다.

어떻게 그런 일이 일어나는지를 보여주는 실험이 하나 있다. 우선, 연구자들은 한 집단의 여성들이 매력 점수를 똑같이 매긴 남성들의 사진을 준비했다.[16] 그러고 나서 매력 점수가 똑같은 남성 두 사람의 사진들을 다른 여성 집단에게 보여주었는데, 그 사진들을 보여주기 전에 두 남성 중 한 남성을 '쳐다보고 있는' 여성의 사진을 한 장 집어넣었다. 그 여성 사진은 미소를 짓고 있는 것과 중립적인 표정을 짓고 있는 것, 두 종류를 준비했다. 그랬더니 여성이 미소 짓는 사진이 포함된 남성을 그렇지 않은 경우보다 더 매력적이라고 판단하는 실험 대상자들이 많았다.

또 다른 연구에서는 한 여성 집단에게 남성들의 사진을 보고 매력을 평가하게 했다. 사진을 보여준 다음에는 짧은 소개도 곁들였는데, '기혼자'라고 했을 경우에 점수가 더 올라갔다.[17] 또 다른 연구에서는 사진 속의 남성이 혼자 있을 때보다는 매력적인 '여자 친구'와 함께 있을 때 더 높은 점수를 얻었다. 그렇지만 평범한 '여자 친구'와 함께 있을 때에는 남성의 매력이 그렇게 많이 올라가지 않았다.[18] 그리고 놀랍게도, 이미 임자가 있는 남성에 대한 여성의 선호도는 여성의 생리 주기에 따라 변한다는 결과가 나왔다. 가임기에 있을 때에는 임자가 있는 남성에 대한 선호도가 더 높았다.[19]

따라서 매력에 대한 생각은 여성들 사이에서 일종의 무의식적인 사회적 전염이 일어난다. 진화의 관점에서 보면 이것은 아주 당연한 것이다. 그러한 평가를 하는 데 비용(시간과 에너지라는 측면에서)이 들거나 평가를 하기가 힘들 경우, 다른 여성의 선호도를 모방하는 것은 누가 좋은 남성인가를 결정하는 데 효율적인 전략이 될 수 있다. 여성은 쳐다보는 것만으로 유전적 적합성과 관련이 있는 남성의 여러 가지 속성(외모, 키, 춤 실력 등)을 직접 평가할 수 있지만, 생식 능력이 있는 배우자로서 적합한지에 대한 다른 특징들(자식을 부양하는 능력, 자식을 잘 돌보는 성격 등)을 평가하는 데에는 시간과 노력이 많이 들 수 있다. 그런 경우, 다른 여성의 평가가 큰 도움이 될 수 있다. 실제로 심리학자 대니얼 길버트Daniel Gilbert는 어떤 남성과 데이트를 얼마나 즐길 수 있을지 예측하려고 할 때, 그 남성에 대해 모든 정보를 아는 것보다도 이전에 그 남성과 데이트한 여성에게 그가 어떤 사람인지 물어보는 편이 훨씬 낫다는 것을 보여주었다.[20] 이 사실을 상업적 목적으로 이용한 사례도 있는데, 한 온라인 데이트 사이트는 전 여자 친구가 '추천'한 남성만 가입을 허용한다.

'직접적 애인 선택'의 경우에는 자신이 좋아하는 사람을 선택하지만, 우리가 지금 살펴본 것처럼 '간접적 애인 선택'의 경우에는 다른 사람들이 좋아하는 사람을 선택한다. 간접적 애인 선택은 이전에 자신이 좋아하지 않았던 특징을 지닌 사람을 선택하게도 할 수 있다. 예를 들어 문신이 있는 남성을 일부 여성이 선호한다면, 더 많은 남성이 문신을 새기게 될 수 있고, 그러면 다른 여성들도 문신이 있는 남성을 좋아하게 될 수 있다.

당연한 이야기일지도 모르지만, 남성은 사교 정보에 대해 여성과 다른 반응을 보인다. 남성은 여성의 매력에 대해 분명히 공통적인 기준을 갖고 있지만, 남성의 경우 정황적 단서를 정반대로 해석할 수 있다.[21] 대학생 나이의 여성은 혼자 있는 남성 사진을 보여주었을 때보다 네 여성에게 둘러싸여 있는 남성 사진을 보여주었을 때 그 남성을 더 매력적으로 평가하는 경향이 높다. 그러나 대학생 나이의 남성은 네 남성에게 둘러싸여 있는 여성을 혼자 있는 여성보다 더 매력적으로 평가하지 않는다. 이것은 진화의 관점에서 봐도 충분히 수긍이 간다. 배우자를 선택할 때, 우선 남성은 여성보다 덜 까다로우며, 다른 사람의 의견에도 크게 신경 쓰지 않는다. 그러나 다른 남성이 여성 옆에 있다면, 그것은 다른 종류의 정보로 해석될 수 있다. 즉, 그 여성의 마음을 사로잡으려면 시간이 많이 드는, 그리고 스트레스를 많이 받는 경쟁을 거쳐야 할지도 모른다.

따라서 소셜 네트워크는 두 가지 방식으로 우리의 관계에 영향을 미친다. 첫째, 소셜 네트워크 내에서 자신의 위치가 가지고 있는 구조적 특징은 사람들이 우리를 매력적으로 여기는지 아닌지에 영향을 미칠 수 있다. 우리는 이미 짝이 있는가? 우리는 어떻게 연결돼 있는가? 우리는 짝이나 친구가 많은가 적은가? 다른 사람들은 우리가 어떤 사람인지 이야기할 때 이런 것들에 주목한다. 둘째, 소셜 네트워크는 매력에 대한 개념을 전파하고 태도를 변화시킬 수 있다. 이성에 대한 어떤 선호도가 퍼져나가고, 남성과 여성 모두 그들의 친구들이 생각하는 바를 바탕으로 외모상의 어떤 특징을 지닌 짝을 높이 평가하게 된다. 물론 친구와 가족은 우리의 짝에 대해 명확한 평을 제공하며, 우리의 생각과 행동에도 의식적으로 영향을 미친다.

불행하게도, 전체 소셜 네트워크와 성적 태도 및 행동이 네트워크 내에서 어떻게 퍼져나가는가에 대한 자세한 자료는 아주 드물었고, 지난 100년 동안 연구한 대부분의 네트워크는 그 크기가 기껏해야 30~300명이 고작이었다. 노스캐롤라이나 주의 사회학자 피터 베어먼 Peter Bearman, 리처드 유드리 Richard Udry, 바버라 엔트위슬 Barbara Entwisle, 캐슬린 해리스 Kathleen Harris를 포함한 연구팀은 소셜 네트워크의 중요성을 인식하고, 소셜 네트워크와 성적 행동과 그 밖의 현상(청소년 폭력, 직업에서의 성공 등)에서 소셜 네트워크가 담당하는 역할을 연구하는 데 필요한 자료를 얻을 목적으로, 1994년에 미국 청소년들의 전국적 소셜 네트워크에 대한 연구를 설계하고 조사를 시작했다.

'미국 청소년 건강 연구'로 알려진 이 획기적인 조사는 미국 전역의 중학교와 고등학교 145군데에서 9만 118명의 학생을 대상으로 이루어졌다. 약 2만 7000명의 학생과 그 부모들은 1994년과 1995년, 그리고 2001년에도 후속 조사를 위해 선택되었다. 조사에는 수백 가지 질문이 포함되었는데, 친구와 가족에 대한 느낌에서부터 교회와 학교 클럽 활동 참여, 마약 복용이나 피임 기구를 사용하지 않은 성행위처럼 위험한 행동에 이르기까지 온갖 것을 다 물어보았다. 각 학생에게는 친구를 최대 10명(남녀 각 5명씩)씩 말해달라고 했는데, 그 대부분의 친구 역시 표본 집단에 속해 있었다. 이 연구에서는 이성 친구에 대한 정보도 수집했다. 이 조사를 통해 과학자들은 처음으로 아주 거대하고 자세하고 포괄적인 소셜 네트워크를 볼 수 있었으며,

시간이 지남에 따라 개인의 사회적 유대 구조가 어떻게 변하는지 정확하게 판단할 수 있었다. 이 자료를 보면 누가 네트워크의 중심에 있고 가장자리에 있는지 확인할 수 있고, 누가 자기네끼리만 똘똘 뭉친 결속 집단을 이루길 좋아하고, 누가 여러 집단을 넘나들길 좋아하는지 알 수 있다.

부모와 청소년 자녀 사이의 관계는 규범을 전달하고 행동을 본받는 데 중요하다. 예를 들어 미국 청소년 건강 연구의 자료를 이용한 한 연구는 아버지와 가깝게 지내는 여학생은 성관계에 탐닉할 가능성이 적음을 보여주었다.[22] 그렇지만 청소년의 네트워크에서 부모보다 훨씬 중요한 것은 친구들이다. 미국 청소년 건강 연구에 따르면, 친구의 수, 친구의 나이와 성별, 학업 성적 등은 모두 성행위를 시작하는 데 영향을 미치는 것으로 나타났다.[23] 친구들의 신앙심도 청소년의 성관계에 영향을 미치는데, 긴밀한 소셜 네트워크(당사자의 친구들끼리도 서로 친구 사이인)에서 그 효과가 가장 크다.[24]

이 연구들은 성적 행동이 사람들 간에 퍼져갈 수 있으며, 네트워크가 미치는 영향은 사람들이 서로 얼마나 긴밀하게 상호 연결돼 있는가에 따라 달라진다는 것을 보여준다. 그러나 때로는 이야기가 훨씬 복잡한 경우도 있다. 피터 베어먼과 동료인 한나 브뤼크너Hannah Brückner는 '순결 서약'을 조사해보았다. 순결 서약은 남부침례교단이 후원한 사회 운동에서 성장했는데 십대 청소년들이 결혼 이전에 순결을 지키겠다고 서약하는 것이다.[25] 다양한 영향들을 감안한 처음의 결과에 따르면, 서약은 순결을 잃을 가능성을 상당히 줄이는 것으로 나타났다. 그러나 각 학교의 사회적 맥락을 감안해 그 효과를 검토하자, 전혀 다른 그림들이 나타났다.

이성 간 교제가 대부분 학교 밖에서 일어나는 소수의 '열린' 학교에서는 실제로 서약자가 많을수록 첫 성경험 시기가 늦춰졌다. 그렇지만 대부분의 이성 간 교제가 학교 안에서 일어나는 '닫힌' 학교에서는 서약자가 많을수록 순결을 잃을 확률이 더 높았다. 이러한 조사 결과는 순결 서약 운동이 단지 성적 행동을 절제할 뿐만 아니라 정체성 운동이라는 것을 시사한다. 닫힌 학교에서는 소수가 이 운동에 동참하면 도움이 될 수 있지만(성경험을 늦춘다는 측면에서), 서약이 보편적인 것이 되면 독특한 정체성이 주는 심리적 혜택이 감소하여 효과가 사라지고 만다. 행동을 구속하는 것은 단지 서약 자체만이 아니다. 그 서약이 독특한 지위를 제공하느냐 여부도 중요한 역할을 한다. 오토바이를 타는 사람이 적은 곳에서는 해골이 새겨진 검은색 가죽 재킷을 입고 오토바이를 타고 다니면 특별한 정체성을 느낄 수 있다. 그러나 모든 사람이 오토바이를 타는 곳에서는 그런 행동은 그저 기름을 아끼는 행동에 불과한 것으로 비칠 수 있다.

물론 동료 간의 규범도 성적 행동을 증가시킬 수 있다. 실제로 친구들은 섹스를 억제하기보다는 조장할 가능성이 높다. 친구들이 활발한 성적 행동을 좋게 볼 것이라고 믿는 청소년은 사랑이 없는 우발적인 섹스를 할 가능성이 높다.[26] 실제로 구강 성교를 한 청소년은 친구들 사이에서 인기가 높아질 수 있다.[27] 1990년대 후반에 미국의 십대 청소년 사이에서 구강 성교에 대한 도덕관이 변화한 데에는 그 이면에 이러한 종류의 또래 압력이 작용한 게 분명하다. 그리고 어른을 대상으로 한 관련 연구들에서는 섹스 파트너가 많은 사람은 성생활이 더 다양하며, 성행위에서 새로운 시도를 더 많이 하는 것으로 나타났다.[28]

피임 기구 사용, 항문 성교, 출산 결정, 이혼을 비롯해 다양한 연애 및 성관계 행위는 그 사람의 네트워크 내에 그러한 행위들이 존재하느냐에 큰 영향을 받는다. 예를 들면, 경제학자 일리아나 쿠지엠코 Ilyana Kuziemko는 〈아기를 가지는 것은 전염성이 있는가? Is Having Babies Contagious?〉라는 논문에서 1968년부터 미국인 가족 8000가구를 추적 조사하여, 어떤 사람이 아기를 가질 확률은 자신의 형제자매가 아기를 가지고 나서 2년 이내에 크게 증가한다는 사실을 발견했다. 그 효과는 단지 아기를 가지는 시기에 변화를 가져오는 데 그치지 않고, 낳고자 하는 자녀의 수도 늘렸다.[29] 자녀 수 및 피임 기구 사용에 대한 결정이 사회적 유대를 통해 퍼져나가는 개발도상국에서도 이와 비슷한 효과들이 보고되었다.[30]

심지어 동성애를 용인하는 비율이 증가하는 것도 소셜 네트워크의 한 과정으로 이해할 수 있다. 1950년 당시에도 게이의 수는 지금과 비슷했던 것으로 추정되지만, 그들은 대체로 사람들의 눈에 띄지 않게 은밀히 활동했다. 샌프란시스코의 정치인이자 게이의 권리를 위해 활동하는 하비 밀크 Harvey Milk는 동료 운동가들에게 각자의 가족들에게 그 사실을 알리라고 공공연하게 부추겼는데, 그것이 네트워크에 어떤 효과를 미칠지 잘 알았기 때문이다. 동성애를 수용하는 분위기가 점차 확산되자, 더 많은 사람들이 자신이 동성애자임을 공개했고, 그러자 점점 더 많은 사람들이 자신의 소셜 네트워크에서 한두 단계 거리에 동성애자가 있음을 알게 되었다. 해리 삼촌, 이웃집 남자, 직장 동료, 친구의 친구…… 이 모든 사람이 게이이면서도 아주 정상이었고, 다른 이성애자와 마찬가지로 우리와 잘 지냈다. 이것은 다시 양성 피드백 고리로 이어져, 동성애를 받아들이는 사람과 커밍아웃을 하는 사람의 수가 더 늘어나게 되었다.

불행하게도 이 과정은 반대로 작용할 수도 있어 낙인찍기와 차별 역시 확산될 수 있다. 이 예와 우리가 살펴볼 그 밖의 모든 예에서 균형은 대개 네트워크 밖에 있는 요소에 의해 결정된다.

전염병이 시작되려면 병균과 지표 증례(그 병에 걸린 최초의 환자)가 필요한 것과 마찬가지로(그렇지 않다면 아무 일도 없다), 관용과 같은 새로운 규범이 확산되려면 종종 네트워크 밖에 있는 어떤 것이 필요하다. 이것은 사회적 전염에서 중요한 문제인데, 4장에서 자세히 다룰 것이다.

상심 때문에 죽는다?

미국 청소년 건강 연구를 비롯해 많은 사람들이 성과 남녀 관계에 대한 자료를 수집하려고 막대한 노력을 기울이지 않았더라면, 우리는 성행위 습관이 소셜 네트워크를 통해 어떻게 퍼져나가는지 알 방법이 거의 없었을 것이다. 이와 관련해 8장에서 우리는 네트워크 과학에서 현재 일어나고 있는 혁명이 온라인에서 갑자기 막대한 자료를 얻는 데 큰 도움이 되었음을 살펴볼 것이다.

1836년, 영국 의회는 영국 내 출생자와 사망자를 추적하기 위해 호적 등기소를 설치했는데, 그것은 토지를 소유한 신사 계급의 세대 간 재산 상속을 용이하게 하기 위한 것이 주목적이었다. 그런데 우연히도 그것은 인간 관계에 대한 연구에 큰 도움이 되는 풍부한 자료를 제공했다. 신설된 호적 등기소에서 그런 자료들을 최초로 수집하고 종합하는 직책에 임명된 사람은 관료가 아니었다. 윌리엄 파 William Farr는 미천한 집안 출신이지만 독창성이 뛰어난 의사였는데, 그는 이 기회를 활용해 세계 최초의 전국적인 인구 동태 통계(사람이 태어나서 죽을 때까지의 기본적인 인구 변동 사건에 대한 통계로, 출생, 사망, 혼인, 이혼 등에 관한 통계를 총칭함) 체계를 구축했다. 그 후 40년 동안 파는 의회나 신사 계급이 전혀 기대하지 않았던 방식으로 이 통계 자료들을 분석했다.

파가 인구 동태 통계를 손에 넣은 것은 찰스 다윈이 갈라파고스 제도의 핀치를 손에 넣은 것과 같았다. 그것은 완전히 새로운 과학 분야를 세우는 데 영감을 제공했으며, 인간 조건에 관해 여러 가지 획기적인 직관을 낳는 열쇠가 되었다. 처음에 파는 직업별 사망률, 최적의 질병 분류법(그의 분류법은 지금도 쓰이고 있다), 정신병원별 사망률을 조사했다. 그러다가 1858년에 프랑스의 자료를 이용해 훨씬 중요한 것을 발견했다. 그의 분석은 결혼 생활을 유지하는 사람이 배우자를 잃거나 독신으로 사는 사람보다 더 오래 산다는 사실을 입증했다.

파는 자신도 모르게 수도사와 수녀의 수명을 조사한 프랑스 수학자 앙투안 드파르시외Antoine Deparcieux가 1749년에 시작한 논쟁에 휩쓸려 들어가고 말았다. 드파르시외는 '축복받은 독신' 생활을 하는 사람이 속세에서 독신으로 사는 사람보다 더 오래 산다고 주장했다. 같은 시대의 다른 주석자들은 "생리적 기능(즉, 섹스)을 억제하는 것은 건강에 해롭다."라고 우려를 표시했다. 따라서 논쟁의 초점은 독신생활이 건강에 좋은가 나쁜가 하는 것이었다.

파는 1858년에 〈결혼이 프랑스 인의 사망률에 미치는 영향〉이라는 제목의 논문에서 최초로 그 질문에 대해 설득력 있는 답을 내놓았다. 그는 결혼이 건강에 미치는 혜택과, 반대로 결혼을 하지 않거나 배우자와 사별한 것이 건강에 미치는 악영향에 대한 증거를 제시했다. 파는 "프랑스 전역에 걸친 광범위한 조사를 통해 결혼이라는 조건이 많은 사람의 수명에 미치는 효과를 처음으로 알아낼 수 있었다"라고 주장했다. 파는 프랑스 인 성인 2500만 명에 관한 자료를 분석하여 "결혼은 건강에 좋은 자산이다. 혼자 사는 사람은 결혼으로 결합돼 함께 살아가는 사람들보다도 항해 도중에 난파할 가능성이 더 높다."라고 결론 내렸다.[31] 예컨대, 그는 자세한 표를 곁들여 1853년에 20~30세의 남성 중 결혼하지 않은 남성은 1000명당 11명이 사망한 반면, 결혼한 사람은 1000명당 7명이 사망했고, 홀아비는 1000명당 29명이 사망했음을 보여주었다. 60~70세의 남성의 경우, 그 사망률은 1000명당 각각 50명, 35명, 54명이었다.

여성의 경우에도 기본적인 맥락은 같지만, 파는 젊은 연령대의 여성 사이에서는 결혼을 하지 않은 것이(그리고 처녀성을 유지하는 것이) 수명을 늘리는 것처럼 보인다고 지적했다. 파는 이것은 아마도 결혼한 여성의 출산시 사망률이 높은 것(당시 프랑스에서는 출산시 사망률이 매우 높았다)이 반영된 결과라고 추측했다.

파의 논문이 나오고 나서 얼마 지나지 않아 다른 과학자들도 결혼이 수명을 늘리는 것처럼 보이는 이유에 대해 갖가지 가설을 내놓기 시작했다. 그들이 내놓은 설명은 지금도 유효하지만, 우리는 150년 전보다 훨씬 더 많은 것을 알고 있다. 두 사람 사이의 연결이 수명을 늘리는 데 어떤 도움이 되는지 추측하려는 노력은 복잡한 소셜 네트워크 내에서 많은 사람들 사이의 연결이 우리의 건강에 어떤 영향을 미치는지(다음 장에서 보게 되겠지만) 이해하는 기초가 되었다. 또한 그것은 다양한 현상에 대해 더 일반적인 소셜 네트워크 과학의 기초를 쌓는 계기가 되었다.

19세기 후반의 일부 연구자들은 결혼이 단지 건강에 혜택을 주는 것처럼 보일 뿐이라고 주장했다. 그리고 결혼한 사람들이 더 건강해 보이는 것은 선택 편향(표본을 사전에 또는 사후에 선택함에 따라 통계 분석 결과에 왜곡을 초래하는 오류) 때문이라고 설명했다. 즉, 건강한 사람은 건강하지 않은 사람보다 결혼을 할 확률이 더 높다는 것이다. 다우베 뤼바흐 Douwe Lubach라는 네덜란드 의사는 1872년에 쓴 논문에서 "신체적 결함이나 정신적 고통이나 악명"이 있는 사람은 결혼을 하기 힘들기 때문에 결혼한 사람들이 마치 결혼 때문에 건강한 것처럼 보인다고 주장했다.[32] 네덜란드 수학자 바렌트 튀르크스마 Barend Turksma는

1898년에 "최소한의 생명력을 지녀 자활 능력이 거의 없는 사람들은 대부분 결혼하지 못한 채 평생을 보낼 수밖에 없다."라고 주장했다.[33] 다시 말해서, 단명의 원인이 되는 가난이나 정신병 또는 그 밖의 사회적, 정신적, 신체적 요인은 결혼을 못 하는 요인도 된다는 이야기다. 따라서 이들 주석자는 건강이 먼저냐 결혼이 먼저냐 하는 골치 아픈 문제를 제기한 셈이다.

19세기의 연구자들은 그것을 알 수 없었다. 과학계의 혼란은 거의 100년 동안이나 계속되다가 1960년대에 와서 그 주제를 다룬 논문들이 갑자기 많이 쏟아져 나오기 시작했다. 영국의 의학 전문지 〈랜싯 Lancet〉에 발표된 〈홀아비의 사망률 The Mortality of Widowers〉이라는 제목의 논문은 호적 등기소의 자료를 사용했다.[34] 이 연구는 아내가 사망한 이후 5년 동안 홀아비 4486명의 사망률을 분석했으며, 파가 하지 못한 것까지 분석했다. 아내를 잃은 홀아비들을 시간별로 추적하여 정확하게 언제 사망 위험이 높아졌는지 분석한 것이다. 논문 저자들은 아내가 사망한 뒤 6개월 동안 사망률이 기대치보다 40% 더 높아졌다가 그 직후에 다시 기대치로 돌아간다는 사실을 발견했다. 이 사망률 급증 현상은 그 뒤에도 많은 연구에서 보고되었다. 아내의 죽음 직후에 남편의 사망 위험이 급증한다는 것은 아내의 죽음과 남편의 죽음 사이에 인과 관계가 있다는 것을 뒷받침해주는 첫 번째 증거이다. 연결된 것과 관련된 무엇인가가 건강에 도움이 되며, 그러한 연결의 상실과 관련된 무엇인가는 비록 잠깐 동안이라 하더라도 건강에 해가 되는 게 분명하다.

우연이라는 변수를 제외한다면, 이 현상을 설명할 수 있는 중요한 가설은 세 가지가 있다. 첫 번째는 19세기 과학자들과 마찬가지로 〈랜싯〉의 논문 저자들이 지적한 동류혼의 가능성이다. 동류혼에는 "적자는 적자끼리, 부적자는 부적자끼리 결혼하는 경향"도 포함된다. 만약 부적자끼리 결혼한다면, 한 배우자의 이른 죽음이 살아남은 배우자에게 질병이나 죽음을 유발한다고 해도 그다지 놀라운 일이 아니다. 두 사람은 처음부터 그다지 건강한 편이 아니었으니까.

1960년대에 진지하게 제기되기 시작한 두 번째 설명은 두 사람 모두에게 불리한 환경이 존재했을 가능성이다. 두 사람 모두 환경 속의 독소나 늘 흔들리면서 달리는 버스처럼 사망 위험을 높이는 요인에 노출된 채 살아갔을 수 있다. 만약 버스 사고로 두 사람 모두 다쳤다가 남편이 아내보다 더 오래 살아남았다면, 설령 아내가 죽고 나서 얼마 후에 남편이 죽었다고 해도 아내의 죽음이 남편의 죽음의 한 원인이 되었다고 말할 수는 없다. 이 문제는 교란 효과라고 알려져 있다. 독소나 버스와 같은 제3의 외생적 요소가 과학자들이 실제 원인을 알아내려는 노력을 교란시키기 때문이다.

가장 중요한 세 번째 설명은 파가 주장한 것이기도 한데, 결혼과 건강 사이에 실제로 인과 관계가 존재할지도 모른다는 것이다. 〈랜싯〉의 논문 저자들은 홀아비 생활과 배우자 상실의 건강 비용에 초점을 맞춰 아내의 죽음이 남편의 죽음을 초래할 수 있다고 정확하게 지적하고, "홀아비는 돌봐줄 아내가 없으면 영양섭취가 부실해질 수 있다."는 색다른 설명을 제시했다.

남성과 여성 모두 배우자 상실이 그러한 인과 관계를 초래할 수 있는 생물학적, 심리학적, 사회적 메커니즘은 아주 많다. 〈랜싯〉의 논문 저자들이 지적한 것처럼 "눈물, 동작 둔화, 변비만이 '홀아비가 된' 유일한 신체 반응일 리가 없고, 다른 반응들이 무엇이건 간에 그것들은 다양한 질병에 대한 저항력에 2차적 결과를 초래할 게 거의 틀림없다." 비슷한 시기에 논문을 발표한 다른 과학자들은 배우자 상실 효과를 "상심 때문에 죽어가는 것"으로 언급하기 시작했는데, 연구자들은 이 은유를 문자 그대로 받아들여 배우자의 죽음 직후에 심장마비 발병률이 증가한다는 증거를 찾는 데 착수했고, 결국 그것을 발견했다.[35] 배우자와 연결된 그 무엇이 우리의 몸과 마음에 영향을 주는 게 분명하다.

놀랍게도 동류혼, 교란 효과, 실제 인과 관계, 이 세 가지 설명은 결혼 생활이 건강에 좋은지 여부를 이해하기 위한 노력과 부부들에게만 적용되는 것은 아니다. 건강을 넘어선 다른 효과에도 적용되며, 더 일반적으로는 소셜 네트워크의 작용에까지 적용되는 것으로 드러났다. 예를 들면, 가족 사이에서 감정의 전파를 고려할 때, 행복이 정말로 전파되는지, 예컨대 할머니가 강아지를 데려오면 온 가족이 즉각 행복해지는지 아는 게 필요하다. 경제적 예로는 친구 사이인 두 사람이 왜 둘 다 가난할까라는 질문을 생각해볼 수 있다. 두 사람은 가난하기 때문에 서로 친구가 된 것일까? 그들은 함께 사업을 했다가 사업이 실패하면서 함께 가난해진 것일까? 아니면, 한 사람이 가난했는데, 다른 사람이 그 사람의 나쁜 소비 습관을 따라하다가 같이 가난해진 것일까?

왜 남편이 더 이익인가

현대의 연구들은 결혼이 건강에 좋다는 사실을 재확인해준다. 그렇지만 그 혜택은 남녀 간에 차이가 있다. 통계 분석에 따르면, 결혼한 남성 1만 명과 여성 1만 명을 무작위로 선택해 그들의 사망 시점을 장기간 추적할 경우, 남성의 수명은 7년이 늘어나는 반면, 여성의 수명은 2년 정도 늘어난다는 결과가 나온다. 그 효과는 웬만한 의학적 도움보다도 훨씬 낫다.[36]

최근에 인구통계학자 리 릴러드Lee Lillard와 동료인 린다 웨이트Linda Waite, 콘스탄테인 파니스Constantijn Panis가 한 혁신적인 연구는 이런 일이 어떻게 그리고 왜 일어나는지 밝히는 데 초점을 맞췄다. 이 연구는 1968년부터 1988년까지 결혼 관계를 시작했다가 끝낸 1만 1000명의 남녀에게 어떤 일들이 일어났는지 분석했다.[37] 결혼하기 전부터 시작하여 사망이나 이혼으로 결혼 관계가 끝난 뒤까지 그리고 심지어 재혼한 경우에는 그 뒤까지도 자세하게 추적했다. 그리고 결혼이 건강과 수명에 어떤 혜택을 주며, 남녀에 따라 그 메커니즘에 어떤 차이가 있는지 검토했다.

배우자가 제공하는 정서적 지원은 생물학적, 심리학적으로 많은 혜택을 준다. 배우자뿐 아니라 친척이라도 친근한 사람과 가까이 지내면 심박동수 감소, 면역 기능 향상, 우울증 감소를 비롯해 다양한 효과가 나타난다.[38] 배우자는 서로에게 사회적 지원을 제공하며, 친구와 이웃, 친척으로 이루어진 더 넓은 소셜 네트워크에 서로를 연결시켜준다. 실질적 지원이라는 측면에서 볼 때, 남편과 아내가 가장 명백하게 서로에게 도움이 되는 방법은 동거를 통한 규모의 경제이다. 각자 따로 사는 것보다 함께 살면 생활비가 적게 들 뿐 아니라 배우자가 있다는 것은 적어도 이론적으로는 온갖 종류의 일을 다 도와줄 수 있는 만능 조수가 있는 것과 같다. 배우자는 풍부한 정보원이자 조언자이기도 하며, 그런 방식으로 서로의 행동에 영향을 미친다. 부부는 청바지를 입을지 말지, 안전띠를 매야 할지 말지, 외식을 할지 배달을 시켜 먹을지, 돈을 저축해야 할지 그냥 다 써버릴지를 비롯해 온갖 일에 대해 의견을 나눈다. 또 부부는 서로의 이익을 최대한 배려해주는 지지자가 있기 때문에, 배우자를 잃은 사람이나 미혼자에 비해 더 높은 수준의 병원 치료를 받으며, 또 치료로 인한 합병증으로 고생할 가능성도 더 낮다.[39]

성별 역할이라는 측면에서 릴러드와 웨이트는 결혼이 남성의 건강에 도움을 주는 주요 원인은 아내를 통한 사회적 지원과 더 넓은 사교계와의 연결이란 사실을 알아냈다. 그에 못지않게 중요한 또 다른 원인으로는 결혼하고 나서 '어리석은 미혼남의 기행'을 포기하는 것을 들 수 있다.[40] 결혼한 남성은 책임 있는 어른으로 행동하려고 한다. 그래서 차고에서 오토바이를 치우고, 마약을 사용하던 습관을 버리고, 규칙적으로 식사를 하고, 일자리를 얻고, 일찍 귀가하고, 책임감이 강해진다. 이 모든 것은 수명 연장에 도움이 된다. 아내가 건강과 관련된 남편의 습관을 바꾸는 이러한 사회적 통제 과정은 결혼과 함께 남성의 건강을 향상시키는 데 아주 중요한 역할을 하는 것처럼 보인다. 한편, 여성이 결혼을 통해 건강과 수명이 좋아지는 주요 원인은 훨씬 단순하다. 결혼을 하면 경제적 형편이 나아지기 때문이다.

방대한 인구통계학 연구를 이렇게 만화처럼 요약한 것은 상당히 성차별적이고 시대에 뒤떨어진 것처럼 보일 수도 있다. 실제로 일부 인구통계학자들은 이것은 '성과 돈의 교환'이라는 케케묵은 이야기에 불과한지도 모른다고 평했다. 즉, 여성은 남성에게 애정과 소속감을 주는 대신에 남성은 여성에게 돈을 준다는 것이다. 그렇지만 이 연구들이 여성이 남성에 비해 경제력이 빈약하던 시절에 이루어졌다

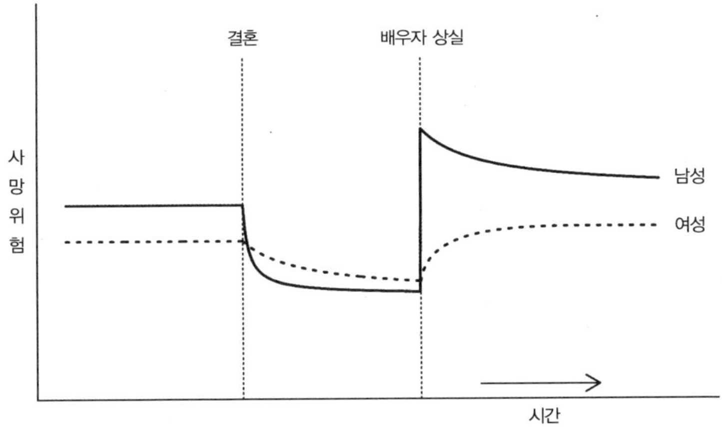

결혼 전과 결혼 기간 그리고 결혼 관계가 끝난 뒤에 남성과 여성의 사망 위험이 시간에 따라 어떻게 변하는지 보여준다.

는 사실을 지적할 필요가 있을 것 같다. 그럼에도 불구하고 이 연구 결과들은 논란의 여지가 적으면서도 더 심오한 사실을 말해주고 있는데, 부부는 건강에 영향을 미치는 온갖 종류의 것들을 서로 교환하며, 그러한 교환은 모든 계약과 마찬가지로 종류나 양에서 반드시 대칭적이어야 할 필요는 없다는 것이다.

성별에 따른 메커니즘의 차이와 교환되는 것의 차이는 남녀가 결혼을 하면서 건강상의 혜택이 생기는 시기에도 반영된다. 남성은 결혼을 하면 '어리석은 미혼남의 기행'이 즉각 사라지면서 사망 위험이 크게 감소한다. 반면 여성은 건강상의 혜택이 즉각 생기진 않는다. 여성에게는 건강상의 혜택이 나타나는 데에는 더 오랜 시간이 걸리며, 사망 위험 또한 서서히 감소한다. 게다가 사망 위험이 감소되는 정도도 남성에 비해 작다. 이러한 패턴들은 143쪽의 그래프에 잘 나타나 있다.

지금까지 살펴본 것처럼, 배우자를 잃은 사람에게는 비슷한 일이 일어난다. 아내가 죽으면 남편의 사망 위험은 갑자기 크게 높아진다. 그래서 아내를 잃은 남성은 1년 안에 사망할 위험이 30~100% 더 높아진다. 이것은 모든 연구에서 확인되는 분명한 사실이다. 그렇지만 몇 년이 지나면 그 남성의 사망 위험은 거기서 크게 낮아진다.

여성에게도 배우자 상실 효과가 나타나는지에 대해 수많은 논쟁이 있었다. 파의 획기적인 연구가 있고 나서 1970년대까지 많은 분석들은 여성에게는 배우자 상실 효과가 나타나지 않는다고 결론 내렸다. 그 뒤에 세계 각지에서 많은 연구 결과들이 발표되었는데, 여성에게 배우자 상실 효과가 나타나지 않는다는 주장이 있는가 하면, 효과가 나타나긴 하되 그 정도가 미미하다는 주장도 있었다. 그렇지만 최근의 연구들에서는 남성과 여성 모두 배우자 상실 효과를 경험하며, 그 정도도 비슷할지 모른다는 결론이 나오고 있다.[41]

그렇지만 배우자 상실 효과의 다른 측면들에서 성별 차이에 대한 의문은 여전히 남아 있다. 예를 들면, 여성은 남성보다 배우자 상실의 충격에서 더 빨리 회복하는지도 모른다. 효과의 크기와 지속 기간, 메커니즘에 왜 그런 차이가 나타날까? 배우자가 죽었을 때 남성이 여성보다 건강에 더 큰 영향을 받는 것은 아내가 남편을 사랑하는 것보다 남편이 아내를 더 사랑하기 때문일까? 그렇진 않다. 그것보다는 남성이 죽더라도 결혼과 함께 아내의 건강에 가장 큰 영향을 미치는 요소, 즉 돈이 주택이나 연금과 같은 형태로 여전히 남아 있기 때문일 것이다. 반대로 여성이 죽으면, 결혼과 함께 남편의 건강에 가장 큰 영향을 미치게 된 요소, 즉 정서적 지원, 다른 사람들과의 연결, 가정의 안정 등이 사라지게 된다. 아내를 잃은 남성은 종종 사교계에서 단절되고, 사회적 지원을 받지 못하게 된다. 대부분의 사회에서 남성은 가사를 여성에게 맡기는 경향이 있기 때문에, 아내를 잃은 남성은 식사도 불규칙해지고, 집 안도 엉망으로 변하는 경우가 많다.

우리는 아직 동성 간의 결혼에 대해서는 아는 게 없다. 이성애자와 마찬가지로 동성애자 남성끼리 결혼하면 각각 7년씩, 여성끼리 결혼하면 각각 2년씩 수명이 늘어날지도 모른다. 그렇지만 결혼한 동성애자 남성은 수명이 2년, 여성은 7년이 늘어날 가능성도 있다. 만약 실제로 그렇다면, 이것은 건강에 좋은 점은 결혼 자체가 아니라, 여성과 결혼하는 것이라는 이야기가 된다.

남성과 여성 사이의 이런 차이는 연결된 사람이 누구냐 하는 것이 연결 유무 자체만큼 중요하다는 사실을 말해준다. 두 사람은 친구의 수가 각각 다를 수도 있고 같을 수도 있지만, 한 사람은 교육 수준이 높은 친구들이 많고, 다른 사람은 교육 수준이 낮은 친구들이 많을 수 있다. 단순히 사회적 접촉의 수보다는 이러한 성질의 차이가 중요할 때가 종종 있다.

예를 들면, 배우자의 나이와 인종도 그 사람의 건강에 영향을 미칠 수 있다. 젊은 여성과 결혼하는 건 남성에게 좋지만, 젊은 남성과 결혼하는 건 여성에게 좋지 않다. 다양한 연구에서 어느 한도까지는 나이 많은 남편과 어린 아내의 나이차가 클수록 결혼이 건강에 주는 혜택이 더 크다는 결과가 나왔다.[42] 어떤 사람들은 이 결과를 '성과 돈의 교환'이라는 개념과 일치한다고 해석하기도 했다. 만약 결혼이 여성의 경제적 행복과 남성의 사회적 행복을 높임으로써 건강에 도움이 된다면, 두 사람의 나이 차가 많을수록 서로에게 더 많은 혜택을 줄 수 있기 때문이다.

우리가 여기서 이야기하는 것은 물론 평균적인 효과이기 때문에, 실제로는 다른 경험을 한 사람들도 당연히 많을 것이다. 아내가 실질적인 생계를 책임지고 상당히 많은 재산을 가진 반면, 남편은 사회적 접촉을 제공하는 역할을 하는 부부의 경우, 아내의 사망은 남편의 건강에 그렇게 큰 영향을 미치지 않을지 모른다. 실제로 남녀의 사교적 역할이 더 평등한 사회에서는 배우자 상실 효과가 남성과 여성 모두에게 비슷하게 나타날 수 있다.[43] '생계를 책임지는 사람'과 '사회적 연결자'의 역할이 남편과 아내의 상대적 건강에 영향을 미친다면, 그런 결과가 나타나야 할 것이다.

결혼의 혜택을 주거나 받는 능력에서도 남녀 차이가 나타날 수 있는데, 이것은 중요한 질문을 낳는다. 결혼에서 남성이 더 많은 혜택을 받는 것은 결혼 관계를 통해 남성이 더 많은 것을 얻기 때문일까, 아니면 여성이 그만큼 줄 것을 더 많이 갖고 있기 때문일까? 아니면 둘 다일까? 우리는 사회학자 펠릭스 엘워트Felix Elwert와 협력하여 이러한 광범위한 질문들을 다룬 연구에서 배우자 상실 효과의 인종적 차이를 조사해 보았다. 이 조사에서 우리는 백인 부부들에게서는 배우자 상실 효과가 나타나는 반면, 흑인 부부들에게서는 나타나지 않는다는 사실을 발견했다. 이 결과에 대한 설명은 여러 가지를 생각할 수 있지만, 가장 그럴듯한 해석은 결혼이 주는 건강상의 혜택이 흑인 부부의 경우에는 배우자가 죽은 뒤에도 지속되는 반면, 백인 부부의 경우에는 그렇지 않다는 것이다. 왜 백인 남성은 흑인 남성보다 배우자를 잃었을 때 더 큰 타격을 받는 것일까? 그것은 단지 백인 남성이기 때문일까, 아니면 백인 여성과 결혼했기 때문일까?

우리는 이 의문을 풀기 위해 서로 다른 인종끼리 결혼한 부부들의 표본 집단을 추출해 조사를 해보았는데, 남성의 인종과는 상관없이 흑인 여성과 결혼한 남성은 배우자 상실 효과가 나타나지 않는 반면, 백인 여성과 결혼한 남성은 배우자 상실 효과가 나타난다는 사실을 발견했다.[44] 아내가 사망했을 때, 아내의 인종이 어떻게 남편의 사망 위험에 영향을 미치는 것일까? 이 경우 남편의 건강에 미치는 효과는 아내의 노력과는 관계가 없다는 것은 명백하다. 아내는 이미 죽고 없으니까. 그 효과는 혼인 관계의 해체가 초래하는 결과나 배우자 상실 상태라는 특별한 상황이 인종 집단 사이에 차이가 나기 때문에 나타나는 게 분명하다. 예를 들면, 평균적으로 흑인 아내 가족은 백인 아내 가족보다 아내를 잃은 남편에게 더 많은 도움을 주는 것인지 모른다.

한편, 흑인 친척들보다 백인 친척들이 다른 인종과의 결혼에 대해 거부감이 더 큰 것도 관련이 있을지 모른다. 친척 간의 네트워크를 유지하는 데에는 대개 아내가 더 큰 역할을 하기 때문에, 백인 여성과 결혼한 흑인 남성은 자신의 소셜 네트워크에서 고립되거나 단절되는 느낌을 더 많이 받을 가능성이 높고, 흑인 여성과 결혼한 흑인 남성이나 백인 남성보다 배우자가 사망하고 나서 처가 쪽에서 받는 도움이 적다. 따라서 결혼에서 얻는 혜택이 남녀 간에 차이가 나는 것은 배우자를 소셜 네트워크에 연결시키는 능력이 여성 쪽이 더 크기 때문일 가능성이 아주 높다.

사랑과 성 그리고 다중성

소셜 네트워크는 주로 네트워크 내에서 흐르는 것에 우리를 접근하게 함으로써 그 기능을 발휘한다. 예를 들어 우리는 교육 수준이 높고 돈이 많고 건강한 배우자와 결혼하면 그렇지 않은 사람과 결혼하는 것보다 자신의 건강에 더 좋다는 사실을 알고 있다. 그러나 이것은 단순히 배우자의 정체성 때문에 그런 게 아니라, 배우자가 실제로 주는 것 때문에 그렇다. 건강하거나 교육 수준이 높거나 부자인 배우자는 유익한 정보와 사회적 지원, 물질적 부를 더 많이 제공할 수 있다. 부부 사이의 사랑과 애정의 흐름도 아주 중요하다. 8년 동안 1049쌍의 부부를 추적 조사한 연구에 따르면, 잘못된 결혼은 나이가 들면서 건강 악화를 부추긴다는 결과가 나왔다. 일부 원인은 배우자와의 부정적 상호 작용 때문인데, 이것은 심혈관계와 면역계에 스트레스를 주고, 시간이 지남에 따라 그 피해가 누적된다. 그 결과, 자신을 사랑하지도 배려하지도 않은 배우자나 자신이 사랑하지도 배려하지도 않은 배우자가 사망하면, 좋은 관계를 유지하던 배우자가 죽었을 때만큼 그 사람의 건강에 나쁜 영향을 미치지 않는다.[45] 이런 걸 감안한다면 우리가 짝을 찾느라 그렇게 많은 시간을 들이는 건 전혀 놀라운 일이 아니다. 우리와 연결되는 사람들의 속성이 삶의 모든 측면에 아주 큰 영향을 미치기 때문이다.

우리는 적절한 짝을 찾느라 직장 동료, 페이스북 친구, 가족, 이웃 등 다양한 종류의 소셜 네트워크를 이용할 수 있다. 여러 종류의 관계를 유지하는 경향(때로는 같은 사람과 많은 종류의 관계를 유지하는 경향)을 멀티플렉시티multiplexity(다중성)라고 한다. 우리의 성性 네트워크는 우리가 짝을 찾아 기웃거리는 더 큰 소셜 네트워크의 부분집합이다. 어떤 면에서 소셜 네트워크는 잠재적 네트워크이고, 성 네트워크는 현실화된 네트워크이다.

만약 우리가 다중적 네트워크 속에 살고 있다면, 우리는 그것을 지각하는 방식과 과학자들이 그것을 그리는 방법은 별지 〈그림 2〉처럼 우리가 중점을 둔 관계가 어떤 종류냐에 따라 달라진다. 네트워크는 여러 층으로 이루어져 있는데, 각 층에서 자신의 위치에 따라 자신이 어떻게 연결될지 결정된다. 예를 들어 친구는 많지만 섹스 파트너는 거의 없는 사람의 경우, 친구들의 네트워크에서는 성적 접촉 네트워크에서보다 더 중앙에 위치할 것이다. 물론 이 두 네트워크는 더 복잡한 소셜 네트워크의 일부를 이루고 있다. 그 결과, 이 사람은 성관계를 통해 흐르는 것(예컨대 성병)보다는 친구들을 통해 흐르는 것(예컨대 뒷담화)을 얻을 가능성이 더 높다. 그리고 어떤 사람들은 별지 〈그림 2〉에서 원으로 표시한 두 사람처럼 같은 사람과 다중적 관계를 맺기도 한다.

성적 상호 작용을 이용하면, 다른 시각에서 볼 때 아주 터무니없어 보이거나, 사업 관계 같은 것을 이용해 추적할 경우 명백하게 드러나지 않는 네트워크 내의 경로들을 추적할 수 있다. 심지어 미국 작가 트루먼 커포트Truman Capote는 이 사실에 영감을 받아 실내 놀이를 발명했다. 그는 그것을 다음과 같이 설명했다. "이 놀이 이름은 IDC인데, International Daisy Chain(국제 데이지 사슬)의 준말이다. 이 놀이는 이름들을 사슬처럼 이어가는 것인데, 각 이름은 앞에서 언급한 사람과 성관계를 한 적이 있어야 연결된다. 되도록 멀리까지 그리고 모순 없이 이어나가는 것이 요령이다. 예를 들면, 이 사슬은 페기 구겐하임 Peggy Guggenheim에서 이집트의 마지막 왕 파루크 Farouk에게까지 연결된다. 페기 구겐하임은 로렌스 베일 Lawrence Vail과 연결되고, 로렌스 베일은 잔 코놀리 Jeanne Connolly와 연결되고, 잔 코놀리는 시릴 코놀리 Cyril Connolly와 연결되고, 시릴 코놀리는 도로시 월워스 Dorothy Walworth와 연결되고, 도로시 월워스는 파루크 왕과 연결되는 것이다. 이제 어떻게 하는지 이해가 가는가?"[46]

다중적 네트워크의 중요한 성질 한 가지는 서로 겹친다는 점이다. 우리는 모두 내 배우자의 친구들일 수도 있고, 같은 직장 동료의 연인들일 수도 있고, 한 이웃의 지인들일 수도 있다. 그리고 우리는 섹스 파트너를 찾을 때, 대개 다른 종류의 네트워크에 의존한다. 그냥 아무하고나 우발적으로 관계를 맺는 경우는 드물다. 전화번호부에 다트를 던져서 데이트 상대를 고르지는 않는다. 이웃이나 직장 동료, 급우, 소개받은 사람과 사귀려고 하며, 드물게는 다른 사회적 제약의 지배를 받으면서 우연히 다른 사람을 만난다.

따라서 성 네트워크를 집중적으로 살피면 전반적인 소셜 네트워크에 대해 많은 것을 알아낼 수 있다. 성 네트워크가 특별히 중요한 이유는 다른 사람과 성관계를 갖는다는 것은 아주 의도적이고 식별 가능한 종류의 사회적 유대이기 때문이다. 소셜 네트워크에서 성 네트워크는 의학에서 죽음만큼 중요한 비중을 차지한다. 즉, 명확한 최종 목적지에 해당한다. 어떤 네트워크에서 어떤 사람이 누구와 연결돼 있는지 알고 싶을 때, 그 사람에게 친구가 누구이며, 어떤 사람들을 신뢰하는지 물어보지만, 이러한 질문들은 누구와 섹스를 했는지 묻는 것보다 해석의 여지가 크다. 그렇지만 누구와 섹스를 했느냐는 질문을 던지면, 소셜 네트워크를 아주 명확하게 그릴 수 있다. 그리고 사람들에게 섹스 상대자를 찾는 방법과 소셜 네트워크가 우리의 성생활에 영향을 미치는 다양한 방식을 조사하면, 단순히 성뿐만 아니라 인간의 경험과 사회적 상호 작용에 관해 더 많은 사실을 이해할 수 있다. 다음 장에서는 연구자들이 질병의 확산을 연구하는 데 성 네트워크를 어떻게 이용했는지, 그리고 오랫동안 계속된 이 연구가 우리가 건강에 대해 생각하는 방식을 어떻게 확 바꾸어놓는 계기가 되었는지 살펴볼 것이다.

CONNECTED

CHAPTER 4

네가 아픈 만큼 나도 아프다

THIS HURTS ME AS MUCH AS IT HURTS YOU

1948년부터 매사추세츠 주 프레이밍엄에서 계속돼온 '프레이밍엄 심장 연구'라는 역학 조사 자료에 따르면 평균적으로 비만인 사람은 대개 친구, 친구의 친구, 친구의 친구의 친구도 비만인 경우가 많았다. 그것은 순전히 우연으로 생길 수 있는 비율보다 높았다. 마찬가지로 비만이 아닌 사람에게서 3단계 거리 안에 있는 사람들은 비만이 아닌 경우가 많았다. 그렇지만 3단계를 넘어서면 이러한 현상은 사라졌다.

CONNECTED

조지아 주의 록데일 카운티는 애틀랜타에서 약 32km 외곽에 자리 잡고 있으며, 중상류층이 모여 사는 조용한 교외 지역이다. 이곳 학교들은 주 내에서 일류로 꼽히며, 교회 성가대의 합창과 미인들의 가장 행렬이 펼쳐지는 연례 축제 때에는 많은 사람이 몰려든다. 록데일 카운티 출신으로 유명한 사람으로는 여배우 다코타 패닝Dakota Fanning과 홀리 헌터Holly Hunter가 있다. 록데일 카운티 웹사이트에 따르면, 이곳은 모든 주민이 '가족처럼 친한' 공동체로, 자녀를 키우기에 안전하고 건전하며 발전적인 환경을 원하는 부모에게 아주 매력적이다.[1] 요컨대, 십대들의 매독 발병 사건을 이야기할 때 퍼뜩 머리에 떠오르는 그런 장소하고는 거리가 멀다.

그러나 1996년, 록데일 카운티에서 아주 어린 십대들이 매독과 그 밖의 성병에 감염되어 보건 진료소를 찾아오기 시작했다. 관계자들이 중학교와 고등학교에서 집단 성행위에 참여한 십대 청소년들로부터 진상을 듣기 시작하면서 뭔가 기묘한 일이 일어났다는 게 분명해졌다. 조지아 주 보건국장 캐슬린 투미Kathleen Toomey는 〈애틀랜타 저널-콘스티튜션Atlanta Journal-Constitution〉과의 인터뷰에서 이렇게 말했다. "우리가 여기서 주목해야 할 것은 그동안 결코 구경할 수 없었던 매독이 이 공동체에서 발생했다는 사실입니다……. 이것을 통해 우리는 록데일에서 이들 십대의 위험천만한 행동을 알게 되었습니다."[2] 매독은 중상류층 자녀들 사이에서는 아주 보기 드문 질병이지만, 이 성병에 걸린 사례만도 17건이나 되었고, 다른 성병 사례는 훨씬 많았다.

록데일 카운티의 학생들 중 일부는 수십 명의 상대와 성관계를 맺었다. 이 전염병이 발견되었을 때, 어른들은 큰 충격을 받았다. "조사가 끝날 무렵, 평소에 주관적 판단을 함부로 내리지 말도록 훈련받은 공중 보건 조사관들도 그 결과에 놀라지 않을 수 없었다. 열네 살짜리가 최대 50명과 성관계를 했는가 하면, 6학년 학생들이 고등학생들의 성적 관심을 끌기 위해 경쟁했고, 세 소년과 동시에 성관계를 한 소녀들도 있었다. 한 소녀는 30~40명의 십대가 참석한 파티에서 거기에 있는 모든 소년과 섹스를 하겠다고 자청하고 나섰고, 실제로 그렇게 했다. 한 중학교 상담 교사인 페기 쿠퍼는 "억장이 무너지는 심정이었다. 구역질이 났고, 울고 싶었다."라고 말했다."[3]

상황이 밝혀지자, 사람들은 이 부유한 지역 사회에 사는 어린이들이 왜 이런 행동을 했을까 하고 의문을 품었다. 많은 청소년은 조직과 감독이 느슨한 환경에서 딱히 할 일이 별로 없는 상황을 따분하게 여긴 것처럼 보였다. 그러나 실제로는 성병은 다른 네트워크 과정 때문에 발생한 것이었다. 그 과정이란 바로 십대들 사이에 섹스, 그리고 다수의 파트너를 포함한 특정 종류의 섹스를 허용할 수 있다는 규범이 널리 퍼진 것이다. 성병 전염의 뿌리에 해당하는 진짜 전염병은 '태도의 전염'이었다. 매독은 문제의 본질이 아니라, 문제의 한 증상에 지나지 않았다.

어린이들의 성적 활동 현실과 부모들 사이의 괴리는 이 사건을 대하는 부모와 어른들의 반응에서 분명하게 드러났다. 투미가 〈워싱턴 포스트〉에서 말한 것처럼, 부모들은 현지 청소년들이 성관계를 했다는 사실 자체를 '극구 부인하려고' 했다.[4] 한 간호사는 〈애틀랜타 저널-콘스티튜션〉에서 "자녀와 부모 사이의 대화 단절이 심각한 수준이었어요. 일부 부모는 자신의 자녀가 성관계를 한다는 사실을 모르고 있었어요. 심지어 증거를 보여주어도 믿으려 하지 않았어요. 한 어머니는 저에게 욕을 퍼부으며 자기 딸은 숫처녀라고 우겼지요. 제가 그렇지 않다고, 딸은 임신했다고 말해줄 때까지요."라고 말했다.[5]

매독 진단을 받은 10명을 포함해 십대 청소년 99명과 면담을 하는 공식 조사를 통해 성적으로 서로 연결된 사람들의 네트워크를 재구성해 보았다.[6] 매독에 걸린 사람들은 네트워크의 중앙에서 광범위하게 연결돼 있는 것으로 드러났다. 시간이 지나면서 네트워크는 그 집단의 성 관행에 합류한 사람들까지 포함하면서 확대되어, 매독이 다른 청소년에게까지 전염될 위험이 커져갔다. 성 네트워크의 중심에는 대부분 16세 미만의 어린 백인 소녀들 무리가 자리 잡고 있었다. 이들은 다양한 소년 무리들과 함께 집단 성행위를 하면서 다른 방법으로는 연결될 가능성이 거의 없는 여러 집단들을 서로 연결시켰다. 그렇지만 1년 뒤에 그 네트워크는 더 작은 다수의 네트워크들로 쪼개졌는데, 문제 해결에 나선 지역 사회의 노력이 일부 원인이었을 것이다. 그래서 대부분의 청소년은 여전히 성관계를 맺고 있지만, 전체 집단이 더 이상 상호 연결돼 있지 않기 때문에 성병이 널리 전파될 가능성은 줄어들었다. 네트워크가 변하자 매독 전염도 멈추게 되었다.

전 애인의 애인의 전 애인

지난 10년 동안 이루어진 가장 많은 연구는 소셜 네트워크의 구조와 소셜 네트워크가 성병 확산에서 담당하는 역할에 초점을 맞춘 것이었다. 이 연구들에는 추적 가능하고 쉽게 포착할 수 있는 병균에 대한 조사가 포함돼 있었고, 또 섹스는 사실상 두 사람 사이의 연결을 말해주는 증거이기 때문에, 이 연구들은 남녀 커플들이 어떻게 더 복잡한 네트워크 구조를 만들며, 또한 그 과정이 개인의 사회적 경험과 병균 외의 다른 무엇의 전파에 어떤 영향을 미치는지를 조사하는 데 유용한 수단을 제공했다. 성병 연구는 네트워크의 창발적 속성을 잘 보여준다. 즉, 어떤 현상을 조사할 때에는 개개인이나 개개 커플을 조사하는 것보다는 전체 집단을 조사하는 게 낫다는 것을 보여준다. 어떤 사람이 질병에 걸릴 위험은 단지 그 사람의 개인적 행동뿐만 아니라, 다른 사람들(그 중 일부는 네트워크에서 아주 멀리 떨어져 있는)의 행동에도 영향을 받는다.

사회학자 제임스 무디James Moody와 캐서린 스토벌Katherine Stovel은 피

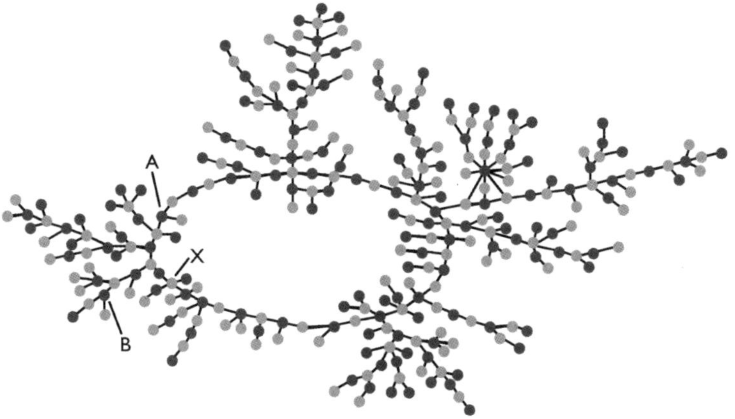

미국 청소년 건강 연구에서 '제퍼슨 고등학교'의 연인 관계에 포함된 학생 288명의 네트워크. 회색 노드는 여학생을, 검은색 노드는 남학생을 나타낸다. 노드 A, B, X에 관한 설명은 본문에 나온다.

터 베어먼과 함께 팀을 이루어 미국 청소년 건강 연구 자료를 바탕으로 중서부 지역에서 주로 백인이 다니는 중간 규모 고등학교의 완전한 성 네트워크 지도를 만들었다. 필요한 정보는 18개월에 걸쳐 연애를 한 커플들에 관한 보고를 바탕으로 했다. '제퍼슨 고등학교'라는 별명을 사용한 이 고등학교는 표면적으로는 록데일 카운티와 비슷한 지역 사회에 위치해 있었다. 무디와 그 동료들은 서로 사랑을 나눈 학생들 중 무려 52%가 아주 큰 하나의 네트워크에 포함돼 있다는 사실을 발견했다. 그것은 "기다란 줄기 선에서 개개 가정으로 뻗어 있는 시골 지역의 전화선과 비슷하게, 전체 주민 사이에 뻗어 있는 기다란 하나의 상호 연결 사슬"처럼 보였다.[7] 288명의 학생으로 이루어진, 바퀴통과 바퀴살 구조를 가진 고리 모양의 이 네트워크는 잉여 유대가 없는 게 특히 눈길을 끌었다. 즉, 대부분의 학생들은 159쪽 그림에서 보는 것처럼 단 하나의 경로를 통해 초구조에 연결돼 있었다. 이 네트워크에서는 이행성이 높지 않았다.

무디와 그 동료들은 이 네트워크의 구조에 큰 영향을 미치는, 고등학교에서의 사회적(이 경우에는 특히 성적) 상호 작용에 관한 특별한 규칙 두 가지를 발견했다. 첫째, 서로 닮은 사람끼리 파트너가 된다는 관습이 있다.(이제 여러분 귀에 익숙할 동류 선호 원칙. 여기서는 학년이나 인종 등이 해당된다.) 둘째, 고등학생들 사이의 섹스에는 "전에 내가 사귄 사람의 현재 애인의 예전 애인하고는 사귀어서는 안 된다."라는 규칙이 있는 것처럼 보인다.

아마도 많은 사람은 두 번째 규칙이 정확하게 무슨 뜻인지 이해하려고 여러 번 읽어볼 것이다. 또한 고등학교 시절에 이것을 이성 친구 주소록 위에 크게 적어놓았던 사람도 없을 것이다. 그렇지만 여러분이 사귀었던 모든 파트너를 생각해보면, 이 규칙에서 벗어나는 사례를 발견하기 힘들 것이다. 이것을 쉽게 확인할 수 있는 한 가지 방법은 스스로에게 "가장 친한 친구와 파트너를 서로 바꾼 적이 있는가?"라고 물어보는 것이다. 아마도 그런 사례는 극히 드물 것이다.

이 파트너 스와핑 금지 규칙은 사회적 과정이 어떻게 전체 네트워크 구조를 거기에 속한 개인들이 인식하거나 영향을 미칠 수 없는 방식으로 결정할 수 있는가를 보여주는 사례이다. 다시 말해서, 사람들은 일견 단순한 규칙을 지키면서(의식을 하건 하지 않건) 특정 구조를 가진 네트워크에 들어가게 된다. 그들은 네트워크의 전체 형태에 의미

있는 영향을 미치지 못하지만, 네트워크는 섹스 상대자가 누가 될지, 그리고 성병에 걸릴 위험이 있는지 없는지 결정하는 데 영향을 미침으로써 각 개인에게 상당한 영향력을 미친다.

이 규칙은 흥미로운 사실을 한 가지 내포하고 있는데, 그것은 이 규칙이 앞장에서 이야기했던 패턴들과 모순돼 보인다는 점이다. 많은 사람들은 3단계 거리에 있는 사람과 데이트를 하지만, 이 규칙은 친구의 친구의 친구와 사귀는 것을 금지하고 있다. 양자 사이에는 어떤 차이가 있을까? 이 사회적 접촉에서는 성별과 성관계 순서가 상당히 중요한 것으로 드러났다. 가장 가까운 친구는 대부분 동성이기 때문에, 이성 연인 사이인 두 사람은 자신들의 친구 두 사람을 소개하는 일이 흔히 일어난다(남성의 남성 친구를 여성의 여성 친구에게 소개하는 방식으로). 그러면 소개받은 두 사람이 원한다면, 연인 관계로 발전할 수 있다. 그러나 만약 여성이 자기 친구의 남자 친구와 사귀기 위해 남자 친구를 버린다면, 버림받은 남자 친구와 여성의 가장 친한 친구(지금은 아마도 예전의 친구)가 새로운 연인 관계로 발전할 가능성은 극히 낮다.

1970년대에 특히 주목을 끈 부부 교환 문화를 제외한다면, 이러한 네 방향 성관계는 미국에서 아주 드물었다. 그 이유는 무디와 그 동료들이 '두 번째'라고 부르는 문제 때문일지도 모른다. 버림을 받은 두 연인은 현재 커플을 이룬 사람들을 놓고 벌어진 경쟁에서 두 번째로 밀려난 셈이다. 사람들이 올림픽에서 동메달 경쟁에는 별로 흥미를 느끼지 않는 것과 마찬가지로, 예전 애인의 현재 애인의 예전 애인과 엮이길 바라는 사람은 거의 없다.

병균의 확산

네트워크의 구조에 대해 어느 정도 살펴보았으므로, 이제 그 구조가 흐름에 어떤 영향을 미치는지 생각해보자. 159쪽 그림의 연인들로 이루어진 네트워크에서 X라는 사람이 성병에 걸렸다고 가정해보자. 여러분이 A라고 가정하자. 여러분은 X로부터 4명의 파트너를 사이에 두고 5단계 떨어져 있으며, X의 인생에 일어나고 있는 일(누구와 잠을 자고, 무슨 생각을 하고 있으며, 상대방에게 콘돔을 사용해야 한다고 고집을 부리는지, 어떤 성 습관이 있는지 등)을 전혀 알 길이 없다. 그렇지만 여러분은 X와 간접적으로 연결돼 있고, 그녀가 성병에 걸렸다는 사실은 여러분의 인생에도 영향을 미치는데, 여러분도 그것을 곧 알아차리게 될 것이다. 병균은 한 사람에서 다른 사람으로 옮겨가면서 다섯 단계 만에 여러분에게 도달할 수 있다.

그런데 이번에는 여러분에게서 두 단계 거리에 있는 유대가 끊어졌다고 가정해보자. 그것은 두 사람 사이의 연결이 끊어져서(예컨대 더 이상 함께 섹스를 하지 않는다든지) 그럴 수도 있고, 콘돔을 사용하기 시작해서(따라서 성관계를 계속하더라도 전염을 막을 수 있다) 그럴 수도 있다. 그렇다면 이제 여러분은 성병에 걸리는 걸 확실히 피할 수 있을까? 꼭 그렇진 않다. 이것은 고리 네트워크이고, 여러분은 고리 위에 위치하고 있기 때문이다. 고리의 구조상 성병은 고리의 반대 방향으로 빙 돌아 여러분에게 도달할 수 있다. 물론 반대로 돌아오려면 훨씬 많은 단계를 거쳐야 하는 건 사실이다. 그렇지만 여러분은 네트워크 내의 다른 사람들에게 일어나는 일에서 완전히 벗어날 수 없다.

심지어 어떤 경우에는 그들이 섹스를 중단하거나 콘돔을 사용한다 하더라도 그렇다.

이번에는 여러분이 B라고 상상해보자. A와 마찬가지로 B도 3명의 섹스 파트너와 연결돼 있고, X로부터 4명의 파트너를 사이에 두고 5단계 떨어져 있다. 그런데 이번에는 두 단계 거리에 있는 사람의 유대가 끊어지거나 방해를 받는다면, 여러분은 전염병에서 격리된다. 네트워크 내에서 여러분의 위치는 A하고는 상당히 다르지만, 여러분은 그것을 볼 수 있는 능력이 없다. 여러분이 알고 있는 것은 A와 마찬가지로 세 파트너와 섹스를 했다는 것뿐이다. 네트워크 전체를 그려놓은 이러한 그림을 보지 않는 한, 여러분이 현실에서 전체적인 그림을 파악할 수 있는 방법은 전혀 없다. 여러분의 운명은 자신이 속한 네트워크에 달려 있는 셈이다. 직접 연결된 사람들은 어느 정도 통제를 할 수 있지만, 간접적으로 연결된 사람들은 어떻게 할 방법이 없다.

네트워크의 구조가 왜 중요한지 알아보기 위해 제퍼슨 고등학교의 네트워크를 비슷한 수의 사람을 포함한 다른 네트워크와 비교해보자. 164쪽 그림은 대부분 청소년으로 이루어진 410명의 네트워크를 나타낸 것인데, 이들은 콜로라도스프링스에서 2년 동안 발생한 성병에 노출되었던 사람들 중 일부이다.[8] 제퍼슨 고등학교의 네트워크와 마찬가지로 콜로라도스프링스의 네트워크는 사람들이 파트너 스와핑 금지 규칙을 따른다는 것을 보여준다. 그러나 규모가 더 큰 접촉 패턴은 훨씬 복잡하여, 하나의 관계를 끊는다 해도 그 사람이 나머지 네트워크와의 접촉에서 벗어날 수는 없다. 예를 들어 두 네트워크에서 A는 똑같이 섹스 파트너가 3명씩 있지만, 콜로라도스프링스 네트워크에서는 세 파트너 각자에게 더 많은 파트너가 있다. 따라서 A의 파트너의 파트너 중 하나가 질병에 감염되어 그것을 A에게 옮길 가능성이 더 높다. 여기에는 간단한 규칙이 성립하는데, 여러분을 네트워크 내의 다른 사람들과 연결하는 경로가 많을수록 네트워크 내에서 흐르는 것에 영향을 받을 가능성이 더 높다.

질병 전파에 관한 모형은 대부분 성적 활동이 아주 활발한 개인들로 이루어진 '중심부'의 존재를 가정하고 있는데, 이들이 주변에 위치한, 성적 활동이 덜 활발한 개인들에게 질병을 옮긴다고 본다. 또한 이 중심부가 감염의 진원지 역할을 하여 전염병의 발병을 지속시

대부분 남녀 청소년으로 이루어진 410명의 네트워크. 이들은 콜로라도스프링스에서 2년 동안 발생한 성병에 노출된 사람들 중 일부이다. 노드 A에 대한 설명은 본문에 나온다.

킨다고 가정한다. 네트워크 접근 방법은 미국에서 인종에 따른 성병 발생률을 이해하는 데 사용되었다. 사회학자 에드 로만 Ed Laumann과 그 동료들은 성병 발생률이 백인보다 흑인 사이에서 더 높은 것은 두 집단의 성 네트워크 패턴의 차이 때문이라고 주장했다.[9] 주변에 있는 흑인이 중심부에 있는 파트너를 선택할 확률은 주변에 있는 백인이 중심부에 있는 파트너를 선택할 확률보다 5배나 높다.(여기서 '주변'은 전해에 섹스 파트너가 1명뿐이었던 사람을, '중심부'는 섹스 파트너가 4명 이상이었던 사람으로 정의했다.) 왜 이런 일이 일어나는지는 아직까지 아무도 알아내지 못했지만, 어쨌든 그 결과 성병은 백인 중심부에서는 주변으로 잘 흘러가지 않는 경향이 있는 반면, 흑인 중심부에서는 주변으로 잘 흘러간다.

다시 말해서, 파트너가 많은 백인은 파트너가 많은 백인끼리 섹스를 하고, 파트너가 적은 백인은 파트너가 적은 백인끼리 섹스를 하는 경향이 있다. 이 때문에 성병은 성적 활동이 활발한 백인 파트너들이 몰려 있는 중심부에 머물게 된다. 반면에, 파트너가 많은 흑인은 파트너가 많은 흑인하고도 섹스를 하고, 파트너가 적은 흑인하고도 섹스를 한다. 그래서 흑인 사이에서는 성병이 더 광범위하게 퍼져나가는 것이다.

2001년에 이루어진 한 연구는 섹스 파트너의 수에 관한 개인의 보고를 이용해 '스웨덴 인의 성 네트워크'(이것은 과학 연구라기보다는 어째 X 등급 영화 제목처럼 들린다)를 추정했다. 이 결과 역시 네트워크에 활동성이 아주 높은 중심부가 있다는 걸 보여주었다.[10] 게다가 안전한 성행위 캠페인은 지역 사회 내의 모든 구성원을 동등한 표적으로 삼기보다는 성적 활동이 활발한 구성원(성 네트워크의 중심부)을 표적으로 삼아 메시지를 전달할 때 가장 효율적이라는 결론을 얻었다.

네트워크를 전체적으로 바라보는 것은 성병의 주요 위험 요소를 인종 같은 개인적 속성으로 추정하는 타성에서 벗어나게 하는 데에도 도움을 준다. 실제로 위험 요소를 이해하는 데 더 효율적인 접근 방법은 개인의 소셜 네트워크 구조에 초점을 맞추는 것이다. 즉, 개인의 사회경제적 위치보다도 구조적 위치에 초점을 맞추는 것이다. 사람들이 돈이나 교육, 피부색 때문에 더 위험하거나 덜 위험한 행동을 한다고 가정해서는 안 된다. 소셜 네트워크에 대한 연구는 사람들이 위험한 위치에 놓이는 것은 그 사람 자신의 탓이라기보다 알고 지내는 주변 사람들 때문이라는 것을 보여준다. 즉, 그 사람이 네트워크 내에서 어떤 위치에 있으며, 그 주변에서 어떤 일들이 일어나느냐 하는 것이 중요하다. 이렇게 전체 구조를 바라보는 관점은 많은 사회적 과정에 새로운 빛을 던져준다.

네트워크가 다르면 처방도 다르다

록데일 카운티에서 발생한 매독은 소셜 네트워크의 구조와 행동에 대한 특정 정보(중심부 대 주변부나 성적 활동이 활발한 집단과 그렇지 않은 집단으로 단순하게 이분법적으로 바라보는 시각을 넘어서서)가 성병의 전파에 아주 중요하다는 것을 입증해준다. 이것은 만약 두 집단을 잇는 유일한 연결 고리를 없애면, 네트워크가 서로 단절된 부분들로 쪼개지면서 두 집단 사이의 질병 전파가 효과적으로 차단된다는 것을 보여준다. 일부 성 네트워크(제퍼슨 고등학교의 경우처럼)는 일부 유대가 끊어지거나 개인 행동이 변하는 것에 아주 취약한 구조를 갖고 있다. 이런 상황에서 최선의 예방 전략은 활동성이 높은 특정 집단보다는 전체 주민을 표적으로 삼아 '광범위한' 성병 억제 계획을 실시하는 것이다. 한 사람의 행동 변화만으로도 사슬을 끊을 수 있다.

그렇지만 모든 네트워크가 다 똑같은 구조를 갖고 있는 것은 아니기 때문에, 집단에 따라 각각 다른 전략을 쓰는 게 효율적이다. 사하라 이남 아프리카 지역에서 에이즈 전염 실태를 연구하던 연구팀은 말라위 호의 한 섬에서 살아가는 일곱 개 마을 주민들을 대상으로 최근의 섹스 파트너에 대한 정보를 수집했다.[11] 예상과 달리 주민들의 섹스 파트너 수는 비교적 적은 편이었다. 중심부와 주변부도 뚜렷이 구별되지 않았으며, 성적 활동 수준도 모든 사람이 대체로 비슷했다. 말라위의 성 네트워크는 활동성이 높은 중심부가 존재하지 않았다. 즉, 많은 파트너와 섹스를 함으로써 에이즈의 전염을 지속시키는 개인들이나 집단이 없었다.

그러나 이런 사실에도 불구하고, 성 네트워크를 작성한 결과, 콜로라도스프링스 네트워크와 비슷하게 18세에서 35세 사이의 주민 중 65%가 상호 연결된 하나의 거대한 네트워크를 이루고 있는 게 발견되었다. 제퍼슨 고등학교나 록데일 카운티 학교의 경우와는 달리 이 네트워크의 구조는 잉여 경로가 많이 존재하기 때문에(즉, 섹스 파트너를 두 명 이상 직간접적으로 공유하는 사례처럼), 개인적인 관계나 노드를 제거하는 것에 대한 저항력이 아주 강했다.

이 발견은 사하라 이남 아프리카 지역과 그 밖의 지역에서 성병이 크게 확산되는 이유에 대한 많은 가정에 의문을 품게 했다. 현재 확산되고 있는 성병은 섹스 산업 종사자와 그 단골로 이루어진 중심부나 활동성이 높은 개인들이 활동성이 낮은 주변(파트너가 한두 명뿐인 개인들)으로 전파해서 일어나는 게 아니다. 실제로 네트워크를 작성해보지 않으면, 한 사람당 섹스 파트너의 수를 단순히 열거하는 것만으로는 이러한 직관을 얻을 수 없다.

요컨대, 성병이 어떻게 퍼져나가는지, 그리고 심지어는 성병이 계속 확산될지 말지도 전체 네트워크 내에서 일어나는 주요 접촉 패턴에 따라 달라진다. 각 개인의 파트너의 파트너에 대한 정보와 그들이 집단 내의 다른 개인들과 어떻게 상호 연결돼 있는지에 대한 정보가 없으면, 어떤 개인이 성병에 걸릴 위험이 높은지 낮은지 알 수가 없다. 실제로는 네트워크의 구조뿐만 아니라, 유대들과 전체 네트워크 구조가 시간에 따라 변하는 방식까지 고려해야 이상적이기 때문에 상황이 훨씬 복잡하다.[12] 다행히도 과학자들과 의사들이 네트워크에 관한 자료를 수집하는 데 점점 더 관심을 보이고 있고, 네트워크를 시각화하고 분석하는 기술도 발전하고 있다. 이것은 에이즈와 그 밖의 성병을 퇴치하는 데 큰 도움을 줄 것이다. 그리고 이것은 비정통적인 소셜 네트워크를 통해 전파되는 그 밖의 건강 현상을 연구하는 데에도 도움을 줄 것이다.

친구의 친구 때문에 뚱뚱해질 수 있다

사람과 사람 사이에 퍼져가는 것은 병균뿐만이 아니다. 행동도 전염된다. 그런 행동 중에는 우리의 건강에 큰 효과를 미치는 것도 많다. 예를 들면, 청소년의 식습관에는 친구들이 큰 영향을 미치는데, 특히 소녀들의 체중 감량 행동에 큰 영향을 미친다. 모르는 사람도 영향을 미칠 수 있다. 낯선 사람 옆자리에 사람들을 무작위로 배치했을 때, 옆 사람이 음식을 많이 먹으면 그 사람도 따라서 많이 먹게 된다. 이 효과는 무의식적으로 일어나기 때문에 '무의식적 과식'이라고 부른다.[13] 우리는 남의 행동을 보면 그대로 따라하는 습성이 있는 것 같다.

그런데 우리는 교실이나 식당에서 옆자리에 앉아 있는 사람의 행동만 따라하는 게 아니다. 멀리 떨어져 있는 사람의 행동도 따라한다. 병균이 전파되는 것과 비슷하게, 건강과 관련된 행동 역시 사람들 사이에 계속 퍼져나간다.

왜 이런 일이 일어나는지 알기 위해 우리가 맨 먼저 살펴본 것이 비만이었다. 미국에서 비만 '유행병'이 퍼지고 있다는 주장 때문에 이 주제에 흥미를 느끼게 되었다. 비만 유행병이란 표현은 통제를 벗어난 병이 확산되고 있다는 이미지를 떠올리게 하는데, '유행병 epidemic'이란 단어는 실제로 두 가지 의미가 있다. 첫째, 어떤 병이 보통보다 더 높은 비율로 퍼져간다는 것을 뜻한다. 둘째, 그 병이 전염성을 지니고 있다는 뜻이다. 즉, 병원체가 다른 생물체에 옮아 집단적으로 그 병이 나타나는 것이다.

비만이 크게 퍼지고 있다는 것은 명백하다. 비만의 표준 척도로는 체질량 지수를 사용하는데, 체중(kg)을 키(m)의 제곱으로 나눈 값이다. 그 값이 20~24이면 정상이고, 25~29는 과체중, 30 이상이면 비만이다.(이 기준은 서양인과 젊은이에게는 잘 맞지만, 동양인과 노인에게는 잘 맞지 않는다는 주장도 있다.) 1990년부터 2000년까지 미국에서 비만인 사람의 비율은 21%에서 33%로 증가했고, 현재 전체 미국인 중 66%가 과체중이거나 비만이다. 그렇지만 비만을 두 번째 의미에서 본 유행병이라고 부를 수 있는지는 명백하지 않다. 비만 유행병이란 표현은 단순히 은유 이상의 의미를 지니고 있을까? 비만은 과연 한 사람에게서 다른 사람에게로 옮겨갈 수 있을까? 만약 그렇다면, 어떻게 그런 일이 일어날까?

이 의문을 풀려면 특별한 종류의 자료가 필요하다. 그 자료는 얻기가 매우 힘들었는데, 전체 집단뿐만 아니라 각 개인의 상호 연결에 대해서도 아는 게 필요했기 때문이다. 대규모 네트워크에서 각 개인의 위치와 그 유대들의 구조(각자가 아는 사람들, 그리고 그 사람들이 아는 사람들, 또 그 사람들이 아는 사람들 등)에 대한 정확한 정보를 담고 있는 자료를 개발할 필요가 있었다. 또 각 개인의 체중과 키를 비롯해 그 밖의 정보도 많이 필요했다. 그리고 네트워크 내에 있는 모든 사람들을 긴 시간에 걸쳐 반복적으로 관찰한 자료가 필요했다. 이런 특성을 모두 지닌 자료는 우리가 비만 문제에 막 관심을 가진 그 당시에는 존재하지 않았다.

우리는 이에 굴하지 않고 1948년부터 매사추세츠 주 프레이밍엄에서 계속돼온 '프레이밍엄 심장 연구'라는 역학 조사 자료를 가지고 시작하기로 했다. 의사들은 이 유명한 연구로부터 심혈관계 질환의 결정 요소에 대해 현재 알려진 사실을 많이 밝혀냈다. 역학 조사를 처음 시작했을 때, 프레이밍엄의 전체 성인 주민 중 3분의 2가 2년마다 한 번씩 검진을 받겠다고 서명했는데, 놀랍게도 지금까지 살아 있는 사람들은 아직도 검진을 받고 있다. 역학 조사에 참여한 사람들은 처음에는 모두 프레이밍엄에서 살고 있었지만, 그 후 많은 사람들은 매사추세츠 주와 미국 전역으로 흩어졌다. 그들의 자식들과 손자들도 1971년과 2001년에 각각 시작된 후속 연구에 참여하겠다고 서명하여 이들 역시 정기적으로 계속 검진을 받고 있다.

프레이밍엄 심장 연구 진행자가 2~4년마다 한 번씩 참여자들에게 검진을 받으라는 사실을 통보하기 위해 아주 자세한 기록을 직접 손으로 써서 남겼다는 사실을 우리가 발견한 것은 순전히 우연이었다. 그 기록(이전에 연구 목적으로 사용된 적이 없는)을 본 우리는 우리가 잡은 행운을 믿을 수 없었다. 거기에는 모든 참여자의 친구와 가족, 친척, 직장 동료, 이웃에 관한 자세한 정보까지 들어 있었기 때문이다. 프레이밍엄은 아주 좁은 지역 사회이기 때문에, 참여자의 친구와 가족, 친척, 직장 동료, 이웃 역시 조사에 참여한 사람들이 많았다. 그래서 좀 고생스럽긴 했지만, 우리는 이 기록을 이용해 모든 참여자의 소셜 네트워크를 재구성할 수 있었다. 결국 우리는 1만 2067명으로 이루어진 더 큰 네트워크 안에서 핵심 집단 5124명에 집중함으로써 5만 개 이상의 유대(이웃과의 연결은 뺀 숫자임)를 지도로 작성할 수 있었다. 또 1971년부터 현재까지 유대들이 어떻게 변했는지도 조사할 수 있었고, 새로운 소셜 네트워크 자료를 사람들의 체중, 키와 그 밖의 중요한 속성에 관한 기존의 정보와 연결지을 수도 있었다.

이 복잡한 자료의 이해를 쉽게 하기 위해 우리가 맨 먼저 한 것은 체중이 많이 나가는 사람들과 적게 나가는 사람들의 무리를 시각적으로 구별할 수 있도록 별지 〈그림 3〉처럼 네트워크를 지도로 작성하는 일이었다.[14] 비만인 사람들과 그렇지 않은 사람들이 무리를 짓는 것은 이 그래프에서 분명하게 나타나지만, 그 패턴은 아주 복잡하다. 그래서 우리는 특별한 수학적 기술을 사용해 분석한 결과, 비만인 사람들과 그렇지 않은 사람들이 각각 무리를 짓는 현상이 실제로 나타나며, 그것은 우연 때문이 아님을 확인했다. 이 무리짓기 양상은 많은 네트워크 현상에서 볼 수 있는 놀라울 정도의 규칙성을 보이면서 우리의 3단계 영향 규칙을 따랐다. 즉, 평균적으로 비만인 사람은 대개 친구, 친구의 친구, 친구의 친구의 친구도 비만인 경우가 많았는데, 그것은 순전히 확률적으로 나타날 수 있는 비율보다 높았다. 마찬가지로, 비만이 아닌 사람에게서 3단계 거리 안에 있는 사람들은 비만이 아닌 경우가 많았다. 그렇지만 3단계를 넘어서면 이러한 무리짓기 현상은 사라졌다.

실제로 사람들은 네트워크 내에서 체중 증가나 감소가 일종의 국지적 기준처럼 통하는 장소에서 각자의 적소(適所, niche)를 찾는 것처럼 보인다. 이러한 적소들은 대개 상호 연결된 개인 100~200명으로 이루어진다. 이 발견은 큰 소셜 네트워크가 지닌 더 일반적인 성질을 말해준다. 즉, 네트워크 내에는 공동체들이 있으며, 이 공동체들은 상호 연결뿐만 아니라 구성원들이 공유하는 생각이나 행동으로 정의된다. 그러한 생각이나 행동은 인접한 개인들 사이에서 생겨나 유지되며, 그 사람이 네트워크 내에서 위치한 지역에 존재하는 유대들의 특별한 패턴에 어느 정도 좌우된다.

그 다음에 우리가 도전한 과제는 소셜 네트워크 내에서 비만인 사람들과 그렇지 않은 사람들의 집단이 체중이 비슷한 사람끼리 서로 어울리거나(동류 선호), 체중을 늘리게 하는 경향들에 공통적으로 동시에 노출되어(교란) 생겨난 것이 아님을 증명하는 것이었다. 그것은 배우자 상실 효과나 사람과 사람 사이에서 일어나는 그 밖의 효과에 대한 연구에서 흔히 마주치는 문제이다. 우리는 거기에 인과 관계가 존재하는지 알고 싶었다. 즉, 일종의 사회적 전염을 통해 한 사람이 다른 사람의 체중 증가에 영향을 미치는지 알고 싶었다. 우리가 동류 선호의 영향을 알아보기 위해 사용한 한 가지 방법은 단도직입적인 것이었다. 우리는 사람들이 선택하는 친구의 종류에 관한 분석 정보를 포함시킴으로써 비슷한 사람끼리 친구가 되는 경향을 고려했다. 그러나 교란 효과를 배제하기 위해서는 다른 접근 방법이 필요했다.

니컬러스와 제임스가 친구라고 가정하자. 제임스에게 가장 친한 친구가 누구냐고 물으면, 그는 '니컬러스'라고 대답한다. 그런데 니컬러스에게 같은 질문을 했더니 다른 사람의 이름을 댔다면, 이것은 니컬러스와 제임스는 친구이긴 하지만, 니컬러스가 제임스에게 받는 영향보다는 제임스가 니컬러스에게 받는 영향이 더 크다는 것을 의미한다. 만약 니컬러스와 제임스가 서로 상대방의 이름을 댄다면, 한 사람만 상대방의 이름을 대는 경우보다 두 사람은 더 가까운 사이일 것이다. 서로 영향을 가장 많이 주고받는 사이는 상호 절친 사이라고 예상할 수 있다.

이번에는 친구들끼리 체중이 비슷한 원인이 순전히 교란 효과 때문이라고 가정해보자. 만약 니컬러스와 제임스가 집 근처에 새로 생긴 패스트푸드 음식점을 자주 이용하기 시작한다면, 두 사람 다 체중이 불어나(교란 효과) 마치 한 사람이 다른 사람에게 영향을 주는 것처럼 보일 것이다. 그렇지만 두 사람은 누구를 친구로 거명하는가와 상관없이 체중이 늘어난다. 이것은 상호 절친 사이, 즉 내가 친구로 거명한 사람과 나를 친구로 거명한 사람 둘 다 똑같은 영향을 주는 것처럼 보일 것이다. 만약 그렇지 않고 효과의 크기에 차이가 있다면, 교란 효과가 유사성의 유일한 원인이 아님을 시사한다. 두 사람 모두의 체중을 불어나게 하는 햄버거 가게는 누가 누구를 친구로 거명했는가하고는 아무 상관이 없다.

우리가 발견한 것은 바로 친구 사이의 유대의 성격에 차이가 있다는 것이었다. 만약 상호 절친이 비만해진다면, 나도 비만해질 위험이 약 세 배나 높아진다. 게다가 상호 절친 사이는 상대방이 나를 친구로 거명하지 않은 친구에 비해 그 영향력이 두 배나 크다. 마지막으로, 사람들은 자신이 친구로 거명하지 않았는데도 자신을 친구로 거명한 사람에게서는 아무 영향을 받지 않는다. 다시 말해서, 만약 니컬러스가 제임스를 자기 친구로 생각하지 않는다면, 설령 제임스가 니컬러스를 친구로 생각한다 하더라도, 제임스는 니컬러스에게 아무 영향을 미치지 못한다.

우리는 체중 증가는 친구뿐만 아니라 다양한 사회적 유대를 통해 사람들 사이에 퍼져갈 수 있다는 사실을 발견했는데, 다만 그 사람들은 서로 가까운 관계여야 한다. 배우자와 형제자매는 서로에게 영향을 미친다. 직장 동료도 모두가 서로를 잘 아는 작은 회사에서는 서로 영향을 미친다. 네트워크 내에서 일련의 가까운 관계를 통해 효과가 전달된다면, 서로 가깝지 않은 사람들 사이에서도 이러한 효과가 퍼져나갈 수 있다. 개인적으로 잘 모르는 친구 남편의 직장 동료가 여러분을 살찌게 할 수 있다. 또 여동생 친구의 남자 친구가 여러분을 날씬하게 할 수도 있다.

우리 연구에서 마지막 단계는 32년에 걸쳐 체중 증가와 소셜 네트워크 연결의 진화를 추적한 일련의 비디오 애니메이션을 만드는 것이었다. 이 연구를 시작할 때 우리는 체중이 증가한 한 명에게서 비만의 물결이 퍼져나갈 것이라고 생각했다. 시간이 흐름에 따라 그리고 사회적 공간을 통해, 처음에는 1단계 거리에 있는 사람들에게, 그 다음에는 2단계 거리에 있는 사람들에게, 또 그 다음에는 3단계 거리에 있는 사람들에게 퍼져나가리라고 예상했다. 우리 머릿속에는 많은 사람들이 익히 알고 있는 물리학 실험을 바탕으로 구성한 어떤 이미지가 자리 잡고 있었다. 고요한 연못에 조약돌을 떨어뜨리면, 동심원의 물결이 가운데에서 사방으로 퍼져나가는 이미지가……. 만약 물결이 주변에 도달하여 닿으면, 거기서 반사되어 돌아오는데, 적절한 환경에서는 물결들이 합쳐지면서 서로 보강된다. 그러면 골과 마루로 이루어진 '정상파'(파형이 매질을 통해 더 진행하지 못하고 일정한 곳에 머물러 진동하는 파동. 진행파와 반사파가 서로 겹쳐 간섭하는 경우에 일어난다. 양 끝을 고정한 활시위의 진동 같은 것이 정상파의 예이다.)가 생겨난다. 이와 비슷하게, 우리는 소셜 네트워크에서 비만인 사람들과 그렇지 않은 사람들의 골과 마루를 포함한 동심원 지역들이 나타날 것이라고 기대했다.

그러나 우리가 만든 비디오 이미지를 보았더니 그림은 훨씬 복잡했다. 모든 장소에 걸쳐 카오스적인 체중 증가가 나타나는 것처럼 보였다. 그제야 우리는 조약돌 하나를 연못에 떨어뜨리는 상황이 아니라, 많은 돌을 커다란 호수에 던져 그 표면에 물결들이 어지럽게 일렁이는(하나의 조약돌이 일으키는 물결을 지우면서) 상황이 적절한 비유라는 사실을 깨달았다. 분명히 비만은 퍼져나갈 수 있지만, 단지 한 지점에서만 퍼져나가는 게 아니며, 체중 증가를 자극하는 원인은 사회적 접촉만 있는 게 아니다. 사람들은 과식을 하거나, 운동을 중단하거나, 이혼을 하거나, 사랑하는 사람을 잃거나, 담배를 끊거나, 술을 끊을 수도 있다. 이 모든 변화는 또 다른 작은 비만 유행병의 진앙이 될 수 있다. 매년 지구의 판들을 뒤흔드는 수천 개의 지진들이 서로 겹치는 것처럼. 애니메이션은 우리에게 아주 중요한 사실을 가르쳐 주었다. 비만 유행병은 중심이 한 군데만 있는 유행병이 아니라, 여러 군데 있는 유행병이다.

2007년에 우리가 비만도 전염성이 있다는 연구를 발표하자, 폭발적인 반응들이 쏟아져 나왔다. 우리는 수백 통의 이메일을 받았고, 이 연구에 대한 블로그 게시물도 수백 개나 보았다. 어떤 사람은 분노하여 "당연히 비만은 유행처럼 퍼져나갈 수 있다."라고 외쳤다. 체형도 유행에 따라 들쭉날쭉하지 않는가? 어떤 해에는 깡마르고 날씬한 체형이 인기를 끌다가 다음 해에는 풍만하고 토실토실한 브라질 슈퍼모델이 인기를 끌기도 한다. 전쟁사에 관심이 있는 사람들은 부대 배치를 기다리는 병사들의 사진만 보아도, 제2차 세계 대전과 이라크 전쟁 사이에 남성의 체형에 큰 변화가 일어났음을 알아챌 것이다. 우리를 비판하는 사람들은 "그런데 이렇게 뻔한 것을 입증하느라 사회과학자들이 엄청난 돈을 쓰다니, 이 무슨 낭비란 말인가!"라고 말한다. 그렇지만 전혀 다른 반응을 보인 사람들도 있었는데, 체중 증가처럼 그토록 개인적이고 '임상적'인 것이 대중의 기호 변덕에 간접적으로 영향을 받는다는 주장에 역시 분노의 반응을 보였다. 그들은 "체중은 절대로 전염될 수가 없다! 체중 증가가 유전자와 호르몬 수치와 사람들이 맞닥뜨리는 온갖 종류의 선택과 기회의 작용으로 일어난다는 사실은 누구나 알고 있다. 당신들의 연구는 뭔가 잘못된 게 분명하다. 그리고 이런 연구는 돈 낭비다!"라고 말했다.

그러나 지금은 비만이 전염성이 있다는 사실이 알려져 있다. 우리의 연구가 발표된 후, 우리 팀뿐만 아니라 독자적으로 연구한 세 연구팀도 다른 인구 집단에서 비만의 전염을 확인했다.[15] 이 연구들에는 상식적이면서도 새로운 요소가 포함돼 있다. 그런데 비만은 어떻게 전염되는 것일까? 건강과 관련된 현상 중에 비만과 같은 방식으로 전염되는 것은 또 어떤 게 있는가? 우리의 건강에서 중요한 한 가지 특성이 소셜 네트워크에서 가깝거나 먼 타인들의 그것에 영향을 받는다는 사실이 의미하는 것은 무엇일까?

행동을 바꿀까, 생각을 바꿀까?

항만 노동자이자 사회 비평가인 에릭 호퍼Eric Hoffer는 "하고 싶은 대로 하도록 내버려두면, 사람들은 대개 서로를 모방한다."라고 말한 적이 있다. 모방은 비만이 사람들 사이에서 퍼져가는 한 가지 방법이다. 만약 여러분이 조깅을 시작한다면, 친구도 여러분을 따라 조깅을 시작할지 모른다. 혹은 여러분이 친구에게 조깅을 같이 하자고 권할 수도 있다. 마찬가지로, 여러분이 칼로리가 높은 음식을 먹기 시작하면, 친구도 따라할 수 있다. 혹은 여러분이 친구를 칼로리가 높은 음식을 파는 식당으로 데려갈 수도 있다.

행동의 모방은 의식적으로 일어나기도 하고 무의식적으로 일어나기도 한다. 2장에서 다른 사람이 먹거나 달리는 모습을 보면, 우리 자신이 먹거나 달릴 때 활성화되는 뇌 부위에 있는 거울 신경들이 작동한다는 것을 보았다. 우리가 단지 보기만 한 것을 뇌는 그것을 직접 따라하는 것처럼 보인다. 이러한 연습은 나중에 똑같은 행동을 실제로 할 때 그것을 쉽게 할 수 있게 해준다. 그런데 전염성이 있는 하품이나 웃음의 경우처럼 모방 뒤에는 또 다른 생리학적 과정이 숨어 있다.[16] 다시 말해서, 모방은 지각적(우리가 의도적으로 생각하는 것)일 수도 있고, 생리적(자연스러운 생물학적 과정)일 수도 있다. 그것은 공감이나 심지어 도덕성을 느끼는 우리의 생물학적 능력에 깊이 뿌리박혀 있으며, 7장에서 살펴보겠지만, 사회적 종으로 진화한 우리의 기원과 관련이 있다.

그러나 비만이 퍼져나가는 방법은 모방만 있는 게 아니다. 사람들은 서로 생각을 주고받으며, 이러한 생각은 우리의 식사량이나 운동량에 영향을 미칠 수 있다. 예를 들면, 주변 사람들을 보니 체중이 불어나고 있다면, 허용할 수 있는 체중에 대한 생각이 바뀔 수 있다. 많은 사람의 체중이 불어나고 있다면, 과체중에 대한 우리의 생각이 변할 수 있다. 이때 사람들 사이에서 전파되는 것은 사회과학자들이 규범이라 부르는 것인데, 여기서 규범은 무엇이 적절한지에 대해 사람들이 공유하는 기대를 말한다.[17] 록데일 카운티의 십대들이 자신들의 성 규범을 나름의 기준에 맞춘 것처럼(어른들이 볼 때에는 경악스러운 것이었지만), 사람들이 생각하는 비만이란 개념은 빠른 속도로 변해왔다. 그리고 소셜 네트워크 내에서 적소들도 생겨날 수 있다. 이러한 적소들에서 사람들은 특정 규범을 보강할 수 있기 때문에, 직간접적으로 연결된 사람들은 자신들이 서로에게 영향을 받는다는 사실을 깨닫지 못한 채 어떤 것에 대한 생각을 공유할 수 있다.

이 두 가지 메커니즘(행동의 모방과 규범)은 앞장에서 결혼이 건강에 미치는 영향을 다룰 때 살펴본 일부 사례에서 발견할 수 있다. 그렇지만 두 가지를 구별하는 것은 어려울 수 있다. 어떤 사람이 결혼을 한 뒤에 오토바이를 포기했다면, 그는 아내의 행동(오토바이를 타지 않는)을 모방한 것일까, 아니면 새로운 규범(오토바이는 위험하다)을 받아들인 것일까? 게다가 체중 증가가 규범적이라는 개념을 받아들였다 하더라도, 주변 사람들과 똑같거나 완전히 다른 체중 증가 행동을 보일 수도 있다. 주변 사람들이 나쁜 식습관으로 체중이 증가한다면, 여러분은 나쁜 식습관을 따라하기보다는 운동을 덜 하는 쪽을 선택할 수도 있다. 이 시나리오에서 전파되는 규범(체중 증가는 괜찮다)은 똑같지만, 행동은 똑같지 않다. 따라서 행동은 일치하지 않더라도 규범은 일치할 수 있다. 비만의 전파는 단순히 보는 대로 따라하는 모방의 문제가 아니다.

비만의 경우, 규범적 영향이 작용한다는 증거가 있다. 첫째, 비만을 부추기는 특정 행동이 사람들 사이에 전파되는 효과를 모두 감안해 보정한 뒤에도, 소셜 네트워크 내에서 비만의 전파가 일어난다. 즉, 두 사람이 서로의 행동을 모방할 수 있다는 사실을 충분히 감안해 통계적 분석을 하더라도, 그 이상의 어떤 일이 일어나고 있다는, 즉 체중 증가나 감소가 여전히 퍼져가고 있다는 증거를 발견하게 된다.

둘째, 비만은 지리적으로 아주 멀리 떨어져 있더라도 사회적으로 가까운 사람들 사이에서 전파될 수 있다. 놀랍게도 프레이밍엄 심장 연구에서 얻은 증거는 서로 1600km나 떨어져 있는 사회적 접촉들도 서로의 체중에 영향을 미칠 수 있음을 시사한다. 멀리 있는 친구나 가족은 자주 볼 수 없기 때문에, 그 효과가 단순히 모방에서 나왔을 가능성은 적다. 예를 들어 남동생을 1년에 단 한 번 추수감사절 때에만 보는데, 남동생의 체중이 많이 불었다고 하자. 그날 하루 동안 남동생의 식습관을 모방한다고 해서 여러분의 장기적 체중 상태에 영향을 미칠 리가 만무하다. 그렇지만 비대해진 남동생의 몸집을 보면, 받아들일 수 있는 몸 크기에 대한 기대가 바뀔 수 있다. 여러분은 "와우! 몸이 많이 불었는데도 디미트리는 여전히 자신의 형태를 유지하고 있네."라고 생각할 수 있다. 그리고 집으로 돌아가고 나서도 그 생각("살찐 디미트리도 보기에 괜찮군.")은 계속 여러분의 머릿속에 남아 있어 행동에 영향을 미친다. 즉, 음식을 더 많이 먹고, 운동을 덜 하게 되는 것이다.

규범은 사람의 행동에 영향을 미치지 않더라도 퍼져나갈 수 있다. 어떤 사람들은 자신이 그 생각과 관련된 행동을 하지 않으면서도 그 생각을 퍼뜨릴 수 있다. 그 결과, 여러분은 자신의 친구에게는 영향을 주지 않으면서 친구의 친구에게는 영향을 줄 수 있다. 다음의 예를 보면 쉽게 이해가 갈 것이다. 에이미에게는 마리아라는 친구가 있고, 마리아에게는 헤더라는 친구가 있는데, 에이미와 헤더는 서로 모르는 사이이다. 헤더는 운동을 그만두고 체중이 불어났다. 마리아는 헤더를 좋아하기 때문에, 헤더의 행동은 과체중에 대한 마리아의 생각에 영향을 미쳐 마리아는 과체중도 그렇게 나쁜 게 아니라고 생각하게 된다. 그렇지만 마리아는 자신의 행동을 바꾸지는 않는다. 동시에 마리아는 많이 먹거나 운동을 많이 하지 않는 사람들을 용인하는 태도를 보이게 된다. 그래서 에이미가 평소에 하던 운동을 하지 않더라도(에이미는 마리아와 함께 매일 조깅을 했다.), 마리아는 에이미에게 운동을 하자고 강하게 권하지 않는다. 마리아의 행동은 변하지 않았지만 체중 증가에 대한 마리아의 생각이 변하자, 이것은 에이미에게 영향을 미친다. 따라서 헤더의 행동은 마리아의 행동에 변화를 가져오진 않지만, 에이미의 행동에 영향을 미칠 수 있다.

우리 사회는 전체적으로 여전히 날씬한 몸매를 선호하는 것처럼 보이는데도, 사람들은 어떻게 체중 증가를 용인하는 국지적 네트워크 규범을 알아채고 모방할 수 있을까? 나머지 사람들은 모두 체중이 늘어나더라도, 유명 인사들과 모델들은 갈수록 더 날씬해지고 있다. 이 역설은 이데올로기와 규범 사이의 차이를 잘 설명해준다. 사람들은 이상적인 몸매의 이미지를 언론 매체를 통해 보지만, 그러한 이미지(그 이데올로기)보다는 현실에서 실제로 연결된 사람들의 행동과 외모에 더 영향을 받는다. 칼럼니스트 엘런 굿먼Ellen Goodman은 그것을 이렇게 표현했다. "케이트 모스Kate Moss, 칼리스타 플록하트Calista Flockhart, 빅토리아 베컴Victoria Beckham 같은 프로아나(거식증을 적극적으로 옹호하는 사람)는 믿을 수 없을 정도로 날씬한 이상형을 보여줄지 모른다. 그러나 현실에서 우리는 자신을 친구들과 비교한다."[18] 6장에서 보게 되겠지만, 정치적 신념에서도 이와 같은 종류의 일이 일어난다.

비만의 전염을 설명할 수 있는 게 오직 소셜 네트워크 효과뿐만이 아니라는 사실을 강조할 필요가 있다. 지난 20년 동안, 노동을 절약해주는 가전 기기, 앉아서 지내는 환경, 뉴타운식 설계, 서비스 산업의 발전 등을 비롯해 우리에게 게으름을 부추기는 변화들이 많이 일어났다. 식품 가격 하락, 영양분 함량과 제품 크기의 변화, 마케팅 활동 증가 등으로 인해 식품 소비에도 큰 변화가 있었다. 그렇다 해도 소셜 네트워크는 중요한 역할을 한다. 비록 비만의 전염을 처음에 촉발시킨 것이 다른 외부 요인이라 하더라도, 네트워크는 뿌려진 씨가 무엇이건 그것을 증폭시키는 능력이 있다. 병원체가 되었건 체형에 관한 규범이 되었건, 네트워크로 연결된 집단에 뭔가가 뿌리를 내리면, 그것은 사회적 연결을 통해 퍼져나가면서 더 많은 사람에게 영향을 미친다.

흡연과 음주는 왜 요통이나 코로병과 같은가?

비만을 넘어서서 전반적인 건강 현상에서도 연결 관계는 아주 중요하다. 사람들은 직접 아는 사람들의 약물 사용, 음주, 흡연 행동을 따라하며, 놀랍게도 소셜 네트워크에서 멀리 떨어져 있는 사람들의 행동도 따라한다. 소셜 네트워크에 대한 이해가 우리 사회에서 비만의 급증을 이해하는 데 도움을 준 것처럼, 그것은 또한 급격한 흡연 감소와 상대적으로 그 수준을 계속 유지하는 음주, 그리고 건강에 영향을 주는 그 밖의 다양한 행동을 이해하는 데에도 도움을 준다.

지난 40년 동안 성인 흡연자 비율은 전체 인구의 45%에서 21%로 줄어들었다. 40년 전에는 사무실과 식당, 심지어 비행기 안까지도 담배 연기가 자욱했으나(1987년에 기내에서 흡연을 금지하는 법이 정해졌을 때, 그것은 대단한 개혁적 조처로 환영받았다.), 지금은 흡연자들이 건물 밖에서 삼삼오오 모여 웅크린 채 담배를 피운다.

그런데 사람들은 혼자서 담배를 끊은 게 아니다. 함께 무리를 지어 담배를 끊었다. 우리는 프레이밍엄 심장 연구에서 소셜 네트워크 자료를 사용해 지난 40년 동안에 일어난 흡연 감소를 분석한 결과, 비만 전염 현상과 반대 패턴을 발견했다.[19] 한 사람이 담배를 끊으면, 친구와 친구의 친구, 그리고 친구의 친구의 친구에게까지 파급 효과를 미친다. 비만의 경우와 마찬가지로 흡연 행동도 3단계 거리까지 퍼져나가 우리의 3단계 영향 규칙과 일치한다는 것을 보여주었다. 그런데 집단 효과는 비만보다 흡연 쪽이 훨씬 강하다. 금연 행동의 경우에는 새나 물고기가 무리를 짓는 것과 비슷하게 시간과 공간의 일치가 일어나는 현상을 볼 수 있다. 상호 연결된 흡연자들(서로 아는 사람도 있고 모르는 사람도 있는)로 이루어진 전체 집단은 마치 금연의 파도가 집단 사이에서 퍼져나가는 것처럼 대체로 같은 시기에 함께 담배를 끊는다. 새 한 마리가 무리 전체를 어떤 방향으로 날아가는 것을 막을 수 있는 것처럼, 한 사람의 흡연자가 금연에 대한 통제력을 지닌 것처럼 보인다. 금연 결정은 각자 고립된 개인들이 혼자서 내리지 않는다. 그보다는 직간접적으로 연결된 개인들로 이루어진 집단이 내린 선택을 반영한 행동을 보인다.

인류학자들은 어느 한 지역 안에서 통용되는 국지적 관습을 '문화culture'라고 부른다. 우리가 여기서 이야기하는 문화도 국지적인 것이지만, 그것은 같은 지리적 장소에 있거나, 공통의 종교나 언어, 인종으로 정의되는 같은 집단이라서가 아니라, 한 지역 안에서 상호 연결된 사람들의 집단 혹은 소셜 네트워크의 한 지역이나 적소에 한정돼 있기 때문이다. 그리고 소셜 네트워크 내 지역들의 문화는 변할 수 있다. 상호 연결된 개인들로 이루어진 집단은, 개인적으로 서로를 알거나 명시적으로 서로의 행동을 조정하는 일이 일어나지 않으면서도, 더 이상 흡연을 허용할 수 없다고 판단하고서 전체적으로 잘 통합 조정된 방식으로 금연을 할 수 있다. 네트워크를 통해 흐르는 것은 흡연 허용에 관한 규범이며, 그 결과 서로 직접적으로 연결되지 않은 사람들이 통합된 믿음과 행동을 나타낸다. 이것은 개인들이 초생물체를 형성하는 중요한 한 가지 방법이다.

흡연 행동은 다른 방식으로도 초생물체의 작용을 반영한다. 첫째, 별지 〈그림 4〉에서 보는 것처럼 계속 담배를 피우는 사람들은 갈수록 네트워크에서 주변으로 밀려나게 된다. 1971년에는 흡연을 해도 사회적 위치에 아무런 영향이 없었다. 흡연자는 국지적 네트워크 내에서 비흡연자와 마찬가지로 중심 위치에 들어갈 수 있었고, 비흡연자와 마찬가지로 많은 친구를 사귈 수 있었으며, 확장된 큰 집단에서 중앙에 위치할 수 있었다. 그러나 시간이 지나면서 점점 더 많은 사람들이 담배를 끊자, 이제 담배를 피우려면 추운 겨울에도 실외로 나가야 하는 것과 마찬가지로 흡연자들은 네트워크에서 주변으로 밀려나게 되었다. 그리고 이것은 단지 흡연자들이 사람들에게 인기를 잃는 것에 그치지 않았다. 가까이하는 친구들도 인기가 없는 사람들인 경우가 많았고, 이것은 그들의 사회적 고립을 크게 증가시키는 결과를 낳았다.

둘째, 1970년대 초만 해도 흡연자와 비흡연자는 서로 잘 섞여 지냈지만, 시간이 지나자 네트워크 내에서 각자 따로 무리를 짓게 되었으며, 2000년대 초에 이르러서는 상호 연결도 점점 적어졌다. 미국 의회에서 민주당과 공화당의 양극화가 일어난 것처럼(6장에서 다룰 것임), 흡연자와 비흡연자 사이의 간극은 시간이 지나면서 점점 커졌고, 그 결과는 흡연이나 금연 습관을 넘어선 곳까지 확대되었다. 양 진영 사이의 괴리가 커지면, 각 집단은 서로 다른 정체성을 발달시키게 되고, 이것은 양쪽의 혼합을 막고, 집단 행동을 강화시킨다. 각 집단 내에서 더 많은 연결이 일어나면(이런 네트워크를 '집중 네트워크'라고 부른다) 집단 내의 행동을 강화할 수 있지만, 집단들 사이에 더 많은 연결이 일어나면(이런 네트워크를 '통합 네트워크'라고 부른다) 집단을 좋은 방향이든 나쁜 방향이든 새로운 행동과 변화로 나아가게 하는 길이 열릴 수 있다.

금연의 확산은 지위가 높은 개인이 혁신을 확산시키는 데 어떤 역할을 하는지 잘 보여준다. 우리의 프레이밍엄 심장 연구 자료에서 교육은 다른 사람에게 영향을 미치는 능력을 증폭시키는 것처럼 보인다. 교육 수준이 높은 사회적 접촉 대상이 담배를 끊으면, 그 사람 역시 담배를 끊을 확률이 더 높다. 게다가 교육은 혁신에 대한 욕구를 증가시킨다. 교육 수준이 높은 개인은 그렇지 않은 개인에 비해 친구들의 금연 행동을 따라할 가능성이 더 높다. 따라서 흡연의 경우, 아이러니하게도 현재의 금연 물결은 60~100년 전에 일어난 것과 정반대 방향으로 움직이고 있다. 우리 사회에 흡연 습관이 처음 뿌리를 내릴 때에는 비교적 지위가 높은 사람들을 중심으로 퍼져나갔기 때문이다. 1930년대와 1940년대의 광고를 보면, 의사들이 미소 짓는

모습으로 담배를 피우면서 홍보하는 걸 볼 수 있다.[20]

네트워크 내의 경로들을 따라 퍼져나가는 흡연 습관의 확산이 개인들의 교육 수준과 관련이 있는 것처럼, 음주 습관의 확산은 성별과 관련이 있다. 프레이밍엄 소셜 네트워크는 음주 행동도 흡연이나 비만과 마찬가지로 3단계 거리까지 무리를 짓는다는 것을 보여준다. 그러나 영향의 흐름이 모든 사람에게 똑같이 지나가는 것은 아니다. 대신에 음주 습관은 여성에게 큰 영향을 받는 것으로 나타난다. 만약 한 여성이 술을 많이 마시기 시작하면, 남녀 친구들도 그것을 따라할 가능성이 높다. 그러나 한 남성이 술을 많이 마시기 시작하더라도, 같은 술집에 있는 남녀 친구들에게 미치는 영향은 훨씬 작다. 왜 그런지 그 이유는 아직 분명하게 밝혀지지 않았지만, 어쨌든 이러한 결과는 음주 행동을 네트워크 내에서 전파시키는 데에는 여성이 핵심 역할을 하며, 따라서 음주 행동을 멈추게 하는 데에도 여성이 핵심 역할을 할 수 있음을 시사한다.

미국에서 음주는 비교적 일정한 수준을 그대로 유지하고 있지만, 다른 나라들의 사정은 다르다. 예를 들면, 영국에서는 공공장소에서의 폭음이 새로운 문제로 떠오르고 있다. 점점 더 많은 수의 남녀 젊은이가 많은 양의 술을 빨리 마시고, 공공장소에서 구토, 실신, 방뇨, 고성, 위협, 싸움 같은 행동을 보인다. 한 표본 조사에서는 영국의 18~24세 젊은이 가운데 16%가 폭음을 한 적이 있다고 대답했다.[21] 폭음을 하는 사람 가운데 54%는 자신의 친구들도 모두 혹은 거의 모두 폭음을 한다고 대답했다. 이에 반해 폭음을 하지 않는 사람 가운데 그렇게 대답한 사람은 15%였다. 이러한 패턴들을 분석한 결과는 사람들 간의 무리짓기와 행동의 전파가 실제로 존재한다는 것을 시사한다.

건강과 관련된 행동의 전파에 성별과 교육 수준이 영향을 미치는 건 사실이지만, 관계의 종류도 아주 중요하다. 사회적 유대가 모두 평등한 것은 아니다. 예를 들면, 비만을 전파하는 효과는 배우자보다 친구가 훨씬 크다. 식사나 운동을 하면서 함께 보내는 시간은 친구보다 배우자가 더 많기 때문에, 처음 이 사실을 발견했을 때 우리는 의아하게 생각했다. 그렇지만 조금 더 깊이 분석을 하자, 친구 사이나 형제자매 사이에서는 이성보다 동성에게 영향을 더 쉽게 받는다는 사실이 드러났다. 따라서 배우자도 일종의 친구이지만 일반적으로는 이성이기 때문에, 두 효과가 상쇄되어 큰 영향을 발휘하지 못하는 것이다.

소셜 네트워크 내에서 전파될 수 있는, 건강과 관련된 그 밖의 행동으로는 건강 검진을 받는 경향, 병원을 찾아가는 경향, 의사의 충고를 따르는 경향, 심지어 특정 병원을 찾아가는 경향 등이 있다. 한 조사 결과에 따르면, 하버드 대학생은 독감 예방 주사를 맞는 친구의 비율이 10% 증가할 경우, 자신도 독감 예방 주사를 맞을 확률이 8.3% 증가한다.[22] 게다가 증상은 생물학적, 사회적 메커니즘 때문에 사람들 간에 전파될 수 있다. 2장에서 우리는 불안감과 행복감이 전파될 수 있다는 것을 보았는데, 두통과 가려움증, 피로도 전파될 수 있다.

요통도 소셜 네트워크를 통해 전파될 수 있는 증상의 한 예이다. 한 독일 연구팀은 독일 통일이 제공한 자연적인 경험을 활용해 요통의 전파 가능성을 조사했다. 베를린 장벽이 무너지기 전에 동독의 요통 발생률은 서독보다 훨씬 낮았지만, 통일되고 나서 10년이 지나자 동독 지역의 발생률이 높아져 그 비율이 거의 비슷해졌다. 이전에 정보가 차단된 채 살았던 동독 지역 주민이 언론 매체를 통해 요통이 '얼마나 자주' 발생하며, '진단과 치료가 몹시 어려워 신중한 진료가 필요하다'는 새로운 메시지를 접한 것이 큰 역할을 했다고 추측된다. 그런데 이 연구팀은 요통이 '전염성 질환'이며, 전염을 차단하는 데에는 일종의 '심리사회적 오염 제거'가 도움이 될 것이라고 주장했다.[23] 요통을 이런 식으로 생각하는 것은 또 다른 수수께끼를 푸는 데 빛을 던져줄 수 있다. 즉, 왜 선진국들 사이에서 요통 발생률이 천차만별인지 설명하는 데 도움을 줄 수 있다. 근로 연령 인구 중 요통 발생률은 미국 10%, 영국 36%, 독일 62%, 덴마크 45%, 홍콩 22%로 조사되었다.[24]

어떤 의미에서 이렇게 발생률이 다양하고, 문화에 따라 경험하는 방식이 서로 다른 것은 요통을 문화 특이성 증후군으로 볼 수도 있음을 시사한다. 즉, 특정 사회 환경에서 사는 사람들만 그 질병을 경험할 수 있기 때문에, 한 사회에서는 질병으로 인식하더라도 다른 사회들에서는 질병으로 인식하지 않을 수도 있다는 뜻이다. 문화 특이성 증후군의 고전적인 예로는 일부 아시아 국가에서 나타나는 코로병이 있다. 코로병에 걸린 사람은 남근이 몸속으로 들어가 사라져버리고 그 결과로 죽게 될 것이라는 심한 불안감에 시달린다. 치료법은 믿을 수 있는 가족에게 며칠 동안 하루 24시간 내내 남근을 몸속으로 들어

가지 않게 꼭 붙들고 있게 하는 것이다. 외부인이 볼 때 이 병은 생물의학적 근거나 분명한 병인학적 근거가 없다. 그렇지만 이 병에 걸린 사람은 병의 증상이 실제로 나타난다고 느낀다. 실제로 말레이시아와 중국 남부에서는 코로병이 전염병처럼 발병한 사례들이 있었다. 마찬가지로, 말레이시아 인(필시 요통 발병률이 낮을 것으로 추정되는)에게는 많은 미국인이 생물의학적으로 진단하기 어렵고, 대개 객관적인 물리적 증거도 없는 증상(걸린 사람은 일을 하지 말고 쉬어야 하는)을 겪는다는 게 이해가 가지 않을 것이다.

같은 논리로 거식증과 폭식증도 문화 특이성 증후군이라고 주장할 수 있다. 이 증후군들은 부유한 선진국에서 많이 발생하며, 심지어 그런 나라들 안에서도 다른 집단들보다 중산층 백인 소녀들 사이에 훨씬 많이 발생하는데, 발생률도 1935년 이후로 계속 증가하고 있다. 전체 미국인 여성 중 0.5~3.7%가 거식증을 경험했고, 1.1~4.2%가 폭식증을 경험했다(남성의 비율은 이들의 약 10분의 1).[25] 그 증상은 환자와 가족들이 실제로 경험하는 것이지만, 그 기원은 불확실하다. 식습관에 변화를 가져오는 그 원인은 무엇일까? 섭식 장애는 특정 문화에서만 나타난다는 점 외에도 소셜 네트워크를 통해 물결처럼 퍼져나간다는 점에서 다른 문화 특이성 증후군과 닮았다. 여고생들은 살을 빼려고 서로 경쟁할 수 있고, 대학교 기숙사 룸메이트들은 상대방의 폭식 습관을 따라할 수 있다. 실제로 이런 행동들은 그 사람의 네트워크 내 위치에 영향을 미칠 수 있고, 대학 여학생 클럽들을 조사한 한 연구에 따르면, 폭식을 하는 여학생이 더 인기를 얻어 소셜 네트워크에서 중심으로 옮겨가는 것으로 밝혀졌다.[26] 그렇다면 섭식 장애 전염병은 우리가 프레이밍엄 심장 연구에서 밝혀낸 체중 관련 행동의 전파를 보여주는 극단적 사례라고 할 수 있다.

자살의 전염성

자살의 전염성은 소셜 네트워크의 파괴적 위력을 가장 생생하게 보여주는 사례일 것이다. 자살 원인은 많지만, 단지 다른 사람이 하니까 자기도 따라 죽겠다는 생각은 합리적 설명이 불가능한 것처럼 보인다. 이것은 자살이 순전히 개인적 행동이라는 개념에 의문을 품게 한다.

연쇄 자살은 전 세계에서 모든 종류의 공동체(잘살거나 못살거나, 크거나 작거나 간에)에서 나타나며, 그 사례는 먼 옛날부터 찾아볼 수 있다. 일부 집단 자살은 우연히 일어난 것으로 보이지만, 많은 연쇄 자살은 전염 과정을 포함하고 있으며, 우연이나 교란 요인, 동류 선호(처음부터 자살을 하려는 성향을 갖고 있던 사람들 사이에) 때문에 일어난 게 아니다.[27] 다시 말해서, 이런 연쇄 자살들은 1978년에 인민사원 교주인 짐 존스Jim Jones의 계획으로 900명 이상의 신도를 죽음으로 몰고 간 집단 자살(교란 요인과 동류 선호가 작용한 아주 특별한 예)하고는 다르다.

1974년에 사회학자 데이비드 필립스David Phillips가 자살의 전염성에 관한 고전적인 연구를 발표했다.[28] 필립스는 1947년부터 1968년까지 자살에 관한 기사가 〈뉴욕타임스〉에 일면으로 실린 달에는 전국적으로 자살 발생 건수가 증가했다는 사실을 발견했다. 필립스는 이 현상을 요한 볼프강 폰 괴테Johann Wolfgang von Goethe가 1774년에 쓴 소설 《젊은 베르테르의 슬픔》에서 따와 '베르테르 효과'라고 이름 붙였다. 이 소설을 읽은 일부 젊은 남성들이 주인공과 같은 방식으로 자살을 하는 바람에 이탈리아와 독일, 덴마크에서는 이 소설의 출판과 판매를 금지하기까지 했다.

연쇄 자살에는 두 종류가 있다. 《젊은 베르테르의 슬픔》이나 〈뉴욕타임스〉의 일면 기사(이 이야기들은 가공의 것일 수도 있고, 실제적인 것일 수도 있다)처럼 매체의 전염을 통해 작용하는 것과, 자살한 사람과 연결된 사람들 사이에 직접적인 전염을 통해 작용하는 것이 있다.

매체의 전염성에 대한 우려는 아주 심각한 수준에 이르러 미국 질병통제예방센터는 자살 사건을 알릴 때 다른 방법을 사용할 것을 제안하기까지 했다.[29] 심지어 신문 기자들을 위해 사망 기사 모범 답안까지 만들었다. 다음은 미국 질병통제예방센터가 "자살의 전염성을 높일 잠재력이 큰" 것으로 평가하는 유형의 뉴스 기사이다.

월요일 존 모 군(15세)의 장례식에는 수많은 사람들이 참석했다. 존 모 군은 지난 금요일에 아버지의 엽총으로 머리를 쏘아 자살했다. 시의회 의장 브라운 씨와 주 상원 의원 스미스 씨, 시 행정위원회 의장 밀러 씨를 비롯해 많은 명사들이 슬픔에 젖은 부모에게 위로를 전했다. 존 모 군이 왜 자살했는지 그 이유를 확실히 아는 사람은 없지만, 신원을 밝히길 거부한 급우들은 존 모 군이 같은 시의 고등학교에 다니던 여자 친구와 다투었다고 말했다. 존 모 군은 또 평소에 판타지 게임에 푹 빠져 지냈다고 한다. 학교는 월요일 정오에 일과를 끝냈고, 장례식에 참석하길 원하는 학생들에게는 버스를 제공했다. 학교 관계자는 거의 모든 전교생인 약 1200명이 참석했다고 밝혔다. 도시 곳곳에서는 애도의 뜻으로 조기를 내걸었다. 학교 후원회와 행정위원회 위원들은 학교 앞에 기념 깃대를 세울 계획을 추진하고 있다. 또한 존의 친구들은 이번 일요일 오후 2시에 벌어지는 추모식 때 시립 공원에서 추모 식수를 할 계획이다.

존 모 군은 아더빌에서 태어나 10년 전에 부모와 여동생 앤과 함께 이 도시로 이사 왔다. 지난봄에는 학교 수영부에 들어가 열심히 활동했고, 만화책 수집을 좋아했다. 지역 청소년 단체에도 가입하여 적극적으로 활동했지만, 지난 몇 개월 동안 출석하지 않았다.

그리고 다음은 미국 질병통제예방센터가 '자살의 전염성을 높일 잠재력이 작은' 것으로 평가하는 유형의 뉴스 기사이다.

지난 금요일, 메이플우드 거리에 사는 존 모 군(15세)이 자기가 쏜 총에 맞아 사망했다. 존 모 군은 시티 고등학교 2학년에 재학 중이었다.

존 모 군은 아더빌에서 태어나 10년 전에 이 도시로 이사 왔다. 장례식은 일요일에 거행될 예정이다. 그의 죽음에 대해 말할 게 있는 학생들은 학교 상담 교사를 찾길 바란다. 죽은 존 모 군의 가족으로는 부모와 여동생 앤이 있다.

질병통제예방센터는 또한 노파심에서 "이 사례에 등장하는 인명과 지명은 모두 가명이며, 이야기도 실제 사건과는 아무 관계가 없다."라고 밝혔다. 즉, 가상의 보고서가 자살을 유발할 가능성마저 피하고자 노력한 것이다. 여기서 핵심은 두 번째 뉴스 기사에서는 첫 번째 기사에 포함된 개인적이고 동정심을 유발하는 요소를 모두 뺐다는 것이다. 질병통제예방센터의 지침은 뉴스 기사에서 자살 방법을 설명하거나 사망한 소년이 얼마나 좋은 사람이었는지 언급하지 말라고 권고한다. 또한 자살이 예컨대 제인에게 복수를 함으로써 죽은 소년의 문제를 해결하는 데 도움이 되었다는 식의 언급("소식을 들은 제인은 흐느끼면서 존이 살아 있었으면 좋겠다고 말했다.")을 피하라고 충고한다.

이것은 실제로 효과가 있다. 오스트리아 빈은 1978년에 지하철이 개통되었는데, 얼마 지나지 않아 사람들은 이 교통수단을 다른 목적으로 사용하기 시작했다. 달리는 전동차에 몸을 던지기 시작한 것이다. 언론 매체는 자살 소식들을 생생하게 전했고, 자살 시도(그 중 약 절반은 성공했다)는 1년에 약 40건에 이르렀다. 빈의 정신과 의사들은 이 사태에 관심을 갖고 기자들과 함께 행동에 나섰다. 1987년부터 자살 사건 보도에 변화가 일어났고, 그러자 그 후 자살 시도는 즉각 연간 6건 정도로 크게 줄어들었다.[30]

1974년에 필립스의 논문이 나온 후 자살 분석은 그 정밀성이 크게 높아져, 국지적인 연쇄 자살 사건과 직접적 전염으로 일어난 연쇄 자살 사건에 초점을 맞출 정도로 지리적 범위를 좁힐 수 있게 되었다. 집단 심인성 질환MPI의 경우와 마찬가지로, 연쇄 자살은 '긴밀하게 연결된' 학교나 작은 공동체에 특히 큰 책임이 있는 것처럼 보인다. 게다가 자살의 전염은 대부분 청소년 사이에서 일어난다. 24세가 넘은 어른은 아는 사람이 자살하거나 신문에서 관련 기사를 읽었다고 해서 자기도 따라서 자살을 할 가능성이 거의 없다.[31] 그러나 삶의 많은 영역에서 친구들에게 영향을 받고 모방하기 쉬운 십대 청소년은 문제가 다르다. 당사자의 나이와 감수성 사이의 연관 관계는 네트워크에서 노드의 속성이 어떤 현상의 흐름을 결정하는 데 얼마나 중요한가를 보여주는 또 하나의 증거이다.

그런 일이 실제로 어떻게 일어나는지 실례를 살펴보자. 캐나다 매니토바 주의 평균 자살 비율은 인구 10만 명당 14.5명이지만, 북쪽에 있는 인구 1500명인 마을은 1995년의 자살 비율이 10만 명당 무려 400명에 이르렀다. 넉 달 사이에 청소년 6명이 자살했다(대부분 목을 매어). 그리고 추가로 19명이 자살을 시도했다. 자살의 전염성과 그것이 이 작은 마을 주민들 사이의 개인적 연결을 통해 어떻게 퍼져나갔는가는 이 공동체를 돕기 위해 날아온 한 명의 의사가 작성한 긴급 보고서가 생생하게 보여준다. 다음은 여섯 번째 자살 사건이 발생한 지 2주일 뒤부터 13일 동안 현지 진료소에서 일어난 사건을 그 의사가 묘사한 것인데, 아직도 그 여파가 심각함을 느낄 수 있다.

여섯 번째 자살 사건이 발생한 지 2주일 뒤, 19세의 남성이 진료소를 찾아왔다. 경찰은 그를 걱정하고 있었다. "세 친구가 죽었는데, 전 더 이상 견딜 수가 없어요." 그는 2주일 전에 침대에서 목을 매 죽으려고 시도했다. 다행히도 동생과 친구가 그를 발견해 밧줄을 잘랐다. 작년 겨울에 사촌이 길에서 죽은 뒤, 그는 총으로 자살하려고 시도했지만, 부모의 제지로 실패했다. 그는 그날 밤을 구치소에서 보냈고, 1주일 동안 자기 방에 틀어박혀 지낸 뒤에 '기분이 나아졌다.' 진단을 할 때, 그는 이미 죽은 두 사람이 자기를 그들에게로 오라고 부르는 목소리가 들린다고 말했다. 이런 일은 대부분 그가 혼자 있으면서 두려움에 사로잡혀 있을 때 일어났다. 우울증의 식물 증상vegetative symptom(말 그대로 식물이 된 것처럼 식욕 저하, 불면, 성욕 저하, 에너지 저하, 집중력 저하, 사고와 행동의 느려짐 등이 나타나는 증상)은 나타나지 않았다. 그는 "대화를 하면서 문제를 해결할 수 있는" 기회를 요구했다.

같은 날, 13세의 소년을 진찰했다. 소년의 상태를 염려한 아버지가 데리고 왔다. 소년은 첫 번째 자살 희생자의 사촌이고, 두 번째 희생자가 줄에 매달려 있는 광경을 직접 목격한 적이 있다. 그리고 세 번째 자살 희생자는 그의 매부였다. 그는 자살을 생각해본 적이 없다고 했고, 자해를 시도한 적도 없다. 소년은 더 이상 학교에 가고 싶지 않다고 한다. 외로움을 많이 느끼며, 꿈에서 죽은 사람들에게 시달림을 받는다. 가장 좋아하는 활동은 동생과 하키를 하거나 아버지와 함께 나무를 베는 것이다.

다음 날에는 15세의 소녀를 진찰했다. 처음 50분 동안은 침묵을 지키다가 자살 희생자 두 사람이 자기 사촌이라고 말했다. 전에는 사촌들이 자기를 부르는 목소리가 들렸지만, 지난 3주일 동안은 들리지 않았다고 한다.

그 날 오후에 23세의 여성이 왔다. 자살 사건들이 일어난 뒤부터 음주량이 계속 늘었다고 한다. 한번은 자살하겠다는 메모를 썼는데, 세 번째 자살 희생자인 자기 삼촌이 "선수를 쳐서 먼저 자살했다." 그래서 그 메모를 불태웠다. 두 번째 자살 희생자는 자기 남자 친구의 조카딸이었다. 그녀는 누가 자기 이름을 자꾸 부르는 소리가 들린다고 한다.

자살 희생자 네 명과 친구이자 다섯 번째 희생자의 사촌인 14세 소녀를 그 어머니가 데려왔다. 소녀는 사촌이 밧줄에 목을 매단 채 자기를 보고 미소를 짓는 꿈을 꾸었다고 한다. 소녀는 한 달 전에 목을 매다는 방법으로 자살을 시도했다가 진찰을 받은 적이 있다. 그리고 그 전에도 자살 시도를 한 적이 있다.

그 다음에는 14세 소년을 진찰했다. 소년은 넉 달 전에 목을 매달려고 한 적이 있다. 자살 희생자 6명을 모두 개인적으로 알고 있었고, 그 중 한 명은 사촌이었다. 소년은 자살 시도 전에 꿈에서 "윗부분이 약간 뾰족하게 돋은 긴 머리에 긴 코트를 입은 검은 얼굴의 여자"를 보았다. 소년은 "여기 사람들은 모두 밤에 그 여자를 봐요."라고 말한다. 이 소년은 누가 자기를 손짓으로 부르는 경험도 했지만, 누구인지는 모르겠다고 한다.

그날 밤 늦게 보안관이 14세의 소녀를 데리고 왔다. 오후 9시에 소녀는 글리뷰라이드 정제(당뇨병 치료제)를 일곱 알 복용하고, 그 사실을 친구에게 알렸다. 자살한 두 여성은 이 소녀의 친구였다. 1주일 전에 소녀는 꿈에서 자살한 한 친구가 나타나 자살을 권유했다고 한다.[32]

이 보고서는 읽기만 해도 기분이 우울해진다. 자살 전염병에 감염된 이 마을 주민들의 상태가 어떠했는지 쉽게 상상이 될 것이다.

기록으로 잘 남아 있는 또 다른 발생 사례는 펜실베이니아 주 피츠버그에 있는 한 고등학교에서 일어났다. 학생 수가 1496명인 이 학교에서는 4일 사이에 두 학생이 자살했는데, 전 급우(21세)의 자살이 계기가 된 것 같았다. 그리고 18일 동안 이 두 사건 외에 추가로 7명이 자살을 시도했고, 23명은 자살을 생각했다.[33] 첫 번째 자살 희생자는 자살한 전 급우의 친구였고, 두 번째 자살 희생자와 알고 지내는 사이였기 때문에 자살의 전파 경로는 쉽게 추적할 수 있었다. 게다가 자살을 생각하거나 자살 시도가 실패로 돌아간 학생들 중 상당수는 자살에 성공한 학생들과 서로 아주 가까운 사회적 유대를 맺고 있었다. 이 무리 중에서 많은 학생은 전에 우울증을 겪은 이력이 있었지만, 많은 학생은 그렇지 않았다. 이것은 연쇄 자살에 관한 핵심 쟁점을 제기한다. 자살한 사람을 아는 것은 결국에 자살을 시도할 사람에게 단지 자극을 주는 데 그치는가, 아니면 새로운 사람을 자살 전염병의 희생자로 만드는가? 이 질문은 3장에서 살펴본 출산 연쇄 파급효과에 관한 질문과 비슷하다. 거기서 우리는 형제자매가 아기를 낳는 것을 보면 단지 아기를 낳고 싶은 욕구가 생길 뿐만 아니라, 실제로 낳는 전체 아기의 수를 증가시키는 결과를 낳는다는 것을 보았다.

비만과 마찬가지로 자살도 직접적 전염이 작용할 수 있다. 즉, 행동을 모방하기보다는 생각의 전파를 통해 작용할 수 있다. 한 사람이 자살하면, 태도와 규범을 변화시킴으로써 그 뒤를 따르는 사람들에게 문턱을 낮출 수 있다. 그것은 자살에 바람직한 요소가 있다는 생각("이 많은 사람들이 그 사람의 죽음을 저렇게 슬퍼하는 것을 보라!")을 부추길 수 있다. 자살 사건을 접하면 평소에 자살을 억제하던 규범적 압력이 약간 느슨해지게 된다. 가족 중에 자살한 사람이 있으면, 자살 방법에 대한 정보를 접할 수 있다. 물론 때로는 협력자가 있는 경우도 있다.(일본, 영국, 미국을 비롯해 많은 선진국에서는 인터넷 자살 클럽이 문제가 되고 있다. 이것은 서로 모르는 사람들이 함께 혹은 동시에 자살할 목적으로 만든 인터넷 클럽이다.)[34]

연쇄 자살 사건을 가장 최근에 조사한 연구는 네트워크 방법과 대규모 자료를 결합해 직접적 전염을 더욱 자세히 조사해 확인했다. 미국 청소년 건강 연구에서 청소년 1만 3465명을 대상으로 조사한 결과, 자살한 친구가 있는 사람은 자살을 생각하는 비율이 더 높았다. 전해에 자살한 친구가 있는 소년은 그렇지 않은 소년보다 자살을 생각하는 비율이 3배나 높았으며, 실제로 자살을 시도하는 비율도 2배나 높았다. 자살한 친구가 있는 소녀는 그렇지 않은 소녀보다 자살을 생각하는 비율이 2.5배나 높았으며, 실제로 자살을 시도하는 비율도 2배나 높았다. 그런데 미국 청소년 건강 연구 자료로는 소셜 네트워크 내에서 그 사람의 위치와 관련된 다른 특징들도 많이 조사할 수 있었다. 친구의 자살에 자극을 받는 것 외에 소셜 네트워크의 다른 구조적 자살 위험으로는 친구가 적은 것과 자신의 친구들끼리는 서로 친구가 아닌 상황(즉, 자신의 네트워크에서 이행성이 낮은 것) 등이 있다. 자신의 친구들끼리 서로 친구가 아닌 소녀(소년은 해당 사항 없음)는 인생을 어떻게 살아야 할지를 놓고 상충되는 규범들에 맞닥뜨릴 수 있으며, 여기서 큰 스트레스를 받는다. 이것은 자살에 대한 생각을 두 배 이상 늘린다.[35] 이것은 "만약 너희 둘이 친하게 지내지 않으면, 내가 죽어버릴 거야!" 효과라고 할 수 있다.

자살의 전염성은 성인에게서 전혀 볼 수 없는 현상은 아니다. 1990년대에 스톡홀름 주민 120만 명을 대상으로 한 연구에서는 자살한 직장 동료가 있는 남성(여성은 해당 사항 없음)은 그렇지 않은 남성보다 자살을 하는 비율이 3.5배나 높았다.[36] 흥미로운 것은, 비교적 작은 회사에서만 동료들 사이에 전파되는 것으로 밝혀진 비만의 경우와 마찬가지로, 어떤 사람의 자살이 다른 사람들의 자살 위험을 높이는 경향은 직원 수가 100명 미만인 회사에서만 나타났다는 사실이다. 큰 회사보다 작은 회사에서는 직장 동료들이 자살 희생자와 실제적인 연결 관계로 이어져 있을 가능성이 더 높다.

지난 수십 년 동안 미국에서는 실제로 자살 전염병이 광범위하게 번졌다. 1997년의 한 조사에서는 미국 청소년 중 13%가 전해에 자살을 심각하게 생각한 적이 있다고 응답했고, 실제로 4%는 자살을 시도했다.[37] 게다가 20%는 전해에 자살을 시도한 친구가 있다고 응답했다. 1950년부터 1990년까지 15~24세의 미국인 중 자살률은 10만 명당 4.5명에서 13.5명으로 증가했다.[38] 흥미로운 점은 같은 기간에

픽션 속에서도 자살 전염병이 번졌다는 사실이다. 인터넷 영화 데이터베이스인 IMDB.com에서 영화 내용을 분석한 한 조사 결과에 따르면, 자살을 묘사한 영화 비율은 1950년대에는 1%이던 것이 1990년대에는 8% 이상으로 증가했다고 한다.[39] 이 두 가지가 서로 연결 관계가 있는지, 그리고 어느 쪽이 먼저인지는 확실하게 말하기 어렵다. 그러나 우리를 행복하게 만들 수 있는 연결이 우리를 자살하게 만들 수도 있다는 것은 분명하다.

공중 보건을 위한 새로운 토대

영어에 'You make me sick!' 이란 표현이 있다. 일상적으로 많이 쓰는 이 표현은 '너, 지긋지긋해!' 또는 '너, 역겨워!'란 뜻으로 쓰이지만, 직역하면 '넌 나를 아프게 한다!'란 뜻이 된다. 이 표현은 실제로 현실을 반영하고 있다. 우리의 건강을 좌우하는 것은 우리의 생물학적 기능이나 선택이나 행동뿐만이 아니다. 우리 주변에 있는 다른 사람들의 생물학적 기능이나 선택이나 행동도 우리의 건강을 좌우한다.

어떤 사람에게는 이 주장이 저주처럼 들릴 수도 있다. 특히 미국인은 자신의 운명이 대체로 자신의 손에 달려 있다고 믿는 경향이 있다. 그래서 영어에는 '하늘은 스스로 돕는 자를 돕는다'거나 '기회를 잡는 사람이 성공할 수 있다'라는 식의 표현이 많다. 미국인은 자신들이 사는 사회를 건전한 선택에 대해 보상해주고, 잘 준비된 사람에게 기회를 주는 실력 사회라고 생각한다. 지나친 개인주의적 견해는 자기 운명의 지배자는 바로 우리 자신이고, 먹는 것에서부터 이를 닦는 방법에 이르기까지 모든 것을 변화시킴으로써 생존 확률과 정신적 안정과 생식적 성공까지도 높일 수 있다고 믿는다.

그러나 실제 상황은 훨씬 복잡하다. 우리는 불가피하게 소셜 네트워크에 얽혀 있기 때문에 다른 사람들(우리가 아는 사람이건 모르는 사람이건)에게 일어나는 일은 네트워크를 통해 물결처럼 퍼져나가 우리에게 영향을 미치게 된다. 우리의 건강을 결정하는 핵심 요소 중 하나는 바로 다른 사람들의 건강이다. 우리는 배우자와 친구의 건강과 행동뿐만 아니라, 넓은 소셜 네트워크를 이루는 수백 명 혹은 수천 명의 건강과 행동에도 영향을 받는다.

대부분의 사람들은 공중 보건이 어떻게 보호되고 있는지 잘 모른다. 그리고 아는 것조차도 자기중심적 용어로 생각한다. 담뱃갑에 적힌 미국 공중위생국장의 경고나 식품 포장지에 인쇄된 영양 성분 표시도 어디까지나 개인 소비자를 대상으로 한 것이지, 전체 사회를 대상으로 한 것이 아니다. 우리는 한 사람이 어떤 행동을 하기로 선택한 것이 다른 사람들의 건강에 어떤 영향을 미치는지, 그리고 왜 이것이 공중 보건의 토대가 되는지 잘 이해하지 못한다.

그래도 우리는 동료의 지원을 받으며 실시되는 금연이나 금주 프로그램과 체중 감량 노력이 혼자서 하는 것보다 성공률이 훨씬 높다는 것을 안다. '체중 감시자 Weight Watchers'와 '익명의 알코올 중독자 Alcoholics Anonymous' 같은 프로그램은 바로 사회적 유대와 집단의 연대 생성을 촉진하는 방식으로 진행된다. 실험 결과들은 그러한 개입의 긍정적 효과를 확인해준다. 한 연구는 실험 대상자들을 체중 감량 프로그램에 참가하게 하면서 다음 세 가지 방법 중 하나를 선택하게 했다: 참가자가 혼자서 등록하는 방법, 4명으로 이루어진 팀에 배정하는 방법, 스스로 조직한 4명의 팀이 함께 등록하는 방법(5장에서 소개할 가난한 사람들에게 소액 대출을 제공하는 방법과 비슷한). 사람들이 팀의 일원으로 참가했을 때, 체중 감량 효과는 33%가 더 나타났고, 또 오래 지속되었다.[40]

다른 실험들에서도 건강 현상이 사람들 간에 전파된다는 사실이 확인되었다. 예를 들면, 한 연구는 357명을 체중 감량 프로그램에 참가하는 집단과 참가하지 않는 집단으로 무작위로 나누었는데, 특이하게 그들의 배우자 357명의 체중 변화도 추적했다. 그랬더니 체중 감량 프로그램에 참가한 실험 대상자뿐만 아니라 그 배우자도 체중이 줄어들었다.[41] 물론 다양한 요인이 작용했을 가능성이 있지만, 이런 일이 일어난 주요 메커니즘은 프로그램에 참가하지 않은 배우자가 참가한 배우자의 식습관을 따라했기 때문이다.

소셜 네트워크 차원의 관점은 그러한 집단 차원 혹은 가족 차원의 노력이 효과가 있음을 새롭게 뒷받침해주며, 사람들 간에 전파되는 건강 현상이 더 큰 규모에서도 작용할 수 있다는 것을 확인해준다. 네트워크 차원의 관점은 사회가 건강과 건강 관리에 접근하는 방법을 다시 생각해보도록 요구하며, 공중 보건에 새로운 접근 방법을 시도해보라고 제안한다.

개인과 집단의 건강을 한층 촉진하는 방향으로 네트워크의 연결 패턴이나 전염 과정을 조절할 수 있다. 만약 전체 사회 차원에서 네트워크 유대들을 알아낼 수 있다면(예컨대 8장에서 다루게 될 새로운 텔레커뮤니케이션 기술과 방법을 사용해), 영향력이 큰 개인들이나, 사람들 간에 전파되는 건강 과정에 가장 영향을 받기 쉬운 사람들을 표적으로 삼을 수 있을 것이다. 게다가 큰 규모에서 사람들 간의 유대를 안다면, 상호 연결된 사람들의 집단을 표적으로 한 개입 방법을 설계할 수 있다.

앞에서 보았듯이, 사람들은 상상 속에서 연결된 유명 인사보다 직접적으로 연결된 사람들에게 더 많은 영향을 받는다. 네트워크 과학은 네트워크 내에서 중심에 위치한 중추 인물들을 밝혀냄으로써 영향력이 큰 개인들을 쉽게 확인할 수 있는 방법을 제공한다.[42] 이것을 효율적으로 하려면, 우선 전체 네트워크를 그리는 게 필요하다. 예를 들어 학교나 일터에서 흡연을 줄이고자 할 때, 전통적인 방법은 모든 사람에게 그 메시지를 전달하거나 특별히 위험해 보이는 작은 집단을 표적으로 삼아 중점 관리하는 것이었다. 후자의 경우, 이 집단에 속한 개인들은 예컨대 가장 가난하기 때문에, 혹은 이미 흡연자라는 게 알려졌기 때문에 확인될 수도 있다. 그렇지만 소셜 네트워크에서 중추 인물(이들은 가난하거나 흡연자일 수도 있고, 그렇지 않을 수도 있다)을 확인하여 그들을 표적으로 금연 메시지를 집중하는 대안도 있다. 이런 접근 방법을 사용한 초기의 시도들은 다이어트와 안전한 섹스를 촉진하는 데 성공을 거두었다.[43]

그렇지만 이러한 접근 방법은 수십 년간 기울여온 공중 보건 노력의 초점을 이동시킨다. 이 접근 방법은 사회경제적 불평등이나 취약성 또는 행동적 취약성 자체를 표적으로 삼지 않고, 구조적 불평등과 취약성을 표적으로 삼기 때문이다. 사람들은 네트워크 내에서의 위치에 따라 건강의 위험에 대한 평가를 받고, 공중 보건의 개입 노력도 이러한 위치를 중심으로 펼치게 된다. 예를 들면, 사람들이 가난한지, 그리고 어디에 사는지에 초점을 맞추는 것 외에 그들이 아는 사람들이 누구이며, 어떤 종류의 네트워크에 속해 있는지에도 초점을 맞춘다.

최근에 이루어진 일부 연구는 큰 영향력을 가진 개인들이 그 영향력을 가장 발휘하기 쉬운 상황들은 구체적으로 어떤 것인지 밝혀냈다. 연구에서는 영향력이 큰 사람들만으로는 충분치 않은 것으로 드러났다. 인구 집단 내에 영향을 받기 쉬운 사람들도 존재해야 하며, 어떤 혁신의 확산 속도는 전자보다는 후자 집단의 성질과 수가 더 중요한 변수가 될 수 있다.[44] 그러나 핵심은 특정 성질과 토폴로지를 가진 네트워크가 연쇄 작용이 일어나기 더 쉽고, 연쇄 작용이 일어나려면 두 종류의 사람들이 다 필요하며, 네트워크의 형태를 이해하는 것이 자연적으로 일어나는 연쇄 작용과 인공적으로 유발한 연쇄 작용을 다 이해하는 데 중요하다는 사실이다.

영향력이 큰 사람이 과연 영향력을 행사할 수 있느냐 하는 것은 전적으로 그 사람이 속한 네트워크의 구조에 달려 있는데, 개인이 그 구조에 미치는 영향력은 극히 제한적이다. 앞에서 보았듯이, 일부 네트워크는 광범위하게 뻗어나가는 연쇄 작용을 허용하는 반면, 다른 네트워크는 허용하지 않는다. 나무에 불을 붙였을 때 그것이 큰 화재로 번지느냐 모닥불에 그치느냐 하는 것은 다른 나무들과의 거리, 그 장소의 건조한 정도, 숲의 크기와 밀집도 같은 그 나무 주변의 상황에 크게 좌우된다. 큰 화재가 일어나기에 알맞은 조건이 갖추어져 있다면 아주 작은 불씨도 큰 화재로 번질 수 있지만, 그렇지 않다면 어떤 불꽃이 일어도 큰 화재로 번지지 않는다.

비만의 전염성에 관한 컴퓨터 모형은 건강한 체중을 장려하려면 과체중이건 아니건 네트워크에서 중심적 위치에 있는 개인들을 표적으로 삼는 게 효과적인 전략임을 확인해준다.[45] 그런데 이 모형들은 더 특이한 전략을 제시한다. 개인적 차원이건 전체 집단 차원이건 친구들과 함께 체중을 줄이는 것보다는 친구들의 친구들과 함께 체중을 줄이는 게 훨씬 효과적이다. 그렇지만 문제가 하나 있는데, 친구들과 함께 체중을 줄이려고 시도하여 성공을 거둘 수도 있지만, 여러분과 여러분의 친구들로 이루어진 이 작은 무리는 체중을 다시 늘리라는 압력을 행사하는 더 큰 집단에 둘러싸여 있다. 이런 상황에서는 여러분과 여러분의 친구들은 다시 체중이 불어날 가능성이 아주 높다.

따라서 체중 감량을 위한 좋은 전략 한 가지는 친구들을 저녁 식사에 초대하고, 초대된 친구들의 친구들을 거명하게 한 뒤에 그 사람들도 조깅 클럽에 가입하도록 만드는 것이다. 만약 그렇게만 할 수 있다면, 여러분은 친구들에게 체중을 줄이라고 압력을 가하는 사회적 힘(친구들이 그런 사람들에게 둘러싸이게 되므로)을 만들어내는 셈이고, 여러분 주위에 자신의 건강에 관련된 행동을 개선하려고 노력하는 사람들로 완충 지대를 만들게 된다.

네트워크에 대한 이해는 덜 자명한 혁신적 전략들을 낳을 수 있다. 전염병의 확산을 막기 위해 전체 인구 집단을 대상으로 무작위로 백신 접종을 한다면, 전체 인구의 80~100%에게 면역력을 가지게 하는 게 필요하다. 홍역의 전염을 막으려면, 전체 인구의 95%가 면역력을 가져야 한다. 더 효과적인 대안은 네트워크의 중추를 표적으로 삼는 것이다. 즉, 네트워크의 중심부에 있는 사람들이나 접촉이 가장 많은 사람들을 표적으로 삼는 것이다. 그렇지만 최선의 백신 접종 방법을 생각하려고 할 때, 사전에 네트워크 유대들을 알아내는 게 불가능한 경우가 종종 있다. 창조적인 대안 한 가지는 무작위로 선택한 개인들이 자신과 가까운 사이라고 지명한 사람들에게 백신을 접종하는 것이다.[46] 이 전략을 쓰면, 설령 네트워크의 전체 구조를 볼 수 없더라도, 네트워크가 지닌 한 가지 성질을 활용할 수 있다. 지명된 사람들은 무작위로 선택된 개인들보다 네트워크에서 연결이 더 많고 중심에 더 가까운 위치에 있다. 그 이유는 연결이 많은 사람일수록 아는 사람으로 지명될 확률이 더 높기 때문이다. 실제로 이 방법으로 확인된 사람들 약 30%에게만 백신을 접종해도, 전체 집단에서 무작위로 선택한 99%에게 백신을 접종하는 것과 비슷한 효과를 거둘 수 있다. 성격이 정반대인 문제, 예컨대 새로운 행동이나 병원체(혹은 생물 테러 공격)를 감시하는 최선의 방법 같은 것에도 비슷한 개념을 적용할 수 있다. 무작위로 선택한 사람들을 감시하는 게 나을까, 아니면 네트워크 내의 위치에 따라 선택한 사람들을 감시하는 게 나을

까? 네트워크 과학의 지식을 활용한 선택이 700배나 더 효과적이고 효율적일 수 있다.[47]

마지막으로, 네트워크 개입은 개입의 비용 효과를 높인다. 근로자의 건강을 개선하는 데 1달러를 쓸 때마다 그 근로자의 가족, 동료, 친구, 심지어 친구의 친구의 건강까지 개선되는 효과가 있다. 이것은 투자 대비 이익을 크게 증가시킨다. 고용주나 보험회사의 입장에서는 이 사실은 아주 중요한데, 일터에 투입되는 건강 비용 중 3분의 2는 근로자의 배우자나 다른 부양가족의 건강 문제와 관련된 것이기 때문이다. 따라서 근로자를 표적으로 삼음으로써 덤으로 근로자 가족의 건강까지 개선하는 효과를 얻는 것은 수지맞는 장사이다. 다음 장에서 보게 되겠지만, 네트워크가 건강관리 외에 경제적 혜택을 확대할 수 있는 방법은 아주 많으며, 경제적 행동을 제대로 이해하려면 어떤 사람도 고립된 하나의 섬이 아니라는 사실을 받아들일 필요가 있다.

CONNECTED

CHAPTER 5

개인이 네트워크에 미치는 영향력

THE BUCK STARTS HERE

뱅크런은 개인적으로는 합리적인 행동이 어떻게 사회적으로 비합리적인 행동을 낳을 수 있는지 보여주는 고전적인 예이다. 우리는 머리로 생각하는 능력이 있지만, 심장은 군중과 접촉을 유지하는데, 때로는 이것이 우리를 재앙으로 몰고 간다. 소셜 네트워크는 맨 처음 공포에 휩싸인 사람들이 많은 사람들에게 영향을 미치기 때문에 어떤 문제를 더 악화시킬 수 있다. 대중의 지혜는 순식간에 어리석음으로 변할 수 있다.

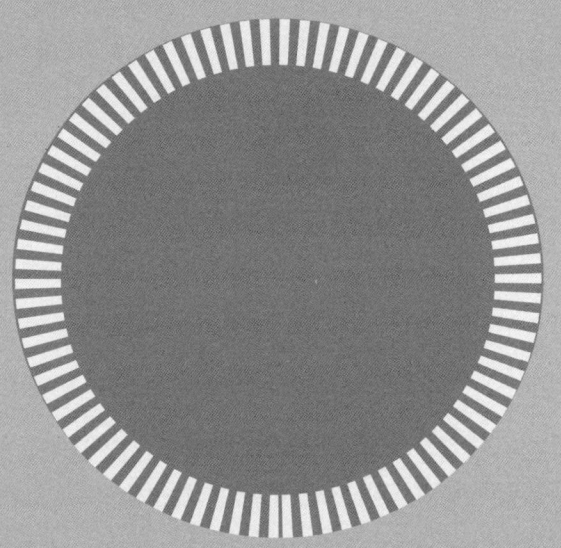

CONNECTED

1866년 이래 영국은 그런 위기를 경험한 적이 없었다. 2007년 여름, 전 세계적으로 부동산 거품이 붕괴하면서 주택 금융 시장이 얼어붙었고, 영국 은행들은 금융 시장에서 자금을 융통하기가 점점 어려워졌다. 특히 주택 융자 은행들이 큰 타격을 받았고, 일부는 어떻게 손쓸 방도가 없었다. 9월 12일 수요일, 고객들의 예금 인출 사태가 벌어지자 노던록 은행은 문을 닫고 국영 은행인 잉글랜드 은행에 긴급 자금 지원을 요청했다. 이 소식은 언론을 통해 그리고 입소문을 통해 빠르게 확산돼갔다. 영국 정부는 고객은 예금이나 주택 융자금에 대해 염려할 필요가 없다는 성명을 발표했지만, 사태는 전혀 진정되지 않았다. 금요일인 9월 14일, 노던록 은행이 문을 다시 열었을 때, 140년 만에 처음으로 뱅크런bank run(은행에 돈을 맡긴 사람들의 예금 인출이 대규모로 발생하는 현상. 금융 시장이 극도로 불안한 상황일 때 은행에 맡긴 돈조차 제대로 받을 수 없을지도 모른다는 공포감에서 발생한다)이 일어났다.

오전 6시부터 영국 전역의 노던록 은행 지점 밖에는 긴 줄이 늘어섰다. 일부 고객은 은행에 맡긴 전 재산이 허공으로 날아갈지도 모른다는 공포감에 휩싸여 은행으로 달려왔다. "그걸 저축하느라고 쏟은 세월이 얼마인데, 절대로 그냥 날릴 수 없어요." 세 시간 만에 골더스 그린 지점 입구 쪽으로 겨우 7.5m 전진한 재클린 포트Jacqueline Porte는 기자에게 이렇게 말했다.[1]

은행의 상황에 대해서는 정확하게 잘 몰랐지만, 텔레비전 뉴스에서 혹은 자기 고장의 지점 앞을 지나가다가 긴 줄을 보고서 달려온 사람들도 있었다. 매릴린이라는 고객은 정부의 성명을 듣고서 안심했지만, 모든 사람이 돈을 인출하는 걸 보자 그 대열에 합류하고픈 충동을 억누를 수 없었다고 했다. "여길 오지 않으면 후회하게 될 거라는 생각이 들었어요."[2] 이름을 밝히길 거부한 50대 한 회계사는 "난 사정을 잘 알아요. 사실, 여기 올 필요는 없지요. 내 머리는 괜찮다고 말하지만, 가슴은 다른 말을 하네요."[3] 50세의 고객 앤 버크Anne Burke는 브라이튼 지점 밖에서 130명이 늘어선 줄에 90세의 아버지와 함께 기다리고 있었다. "노던록 은행을 못 믿어서가 아니에요. 그렇지만 모든 사람이 불안해하는데, 나 혼자만 거기서 빠지고 싶진 않아요. 만약 모든 사람이 한다면, 그것은 옳은 일이 되는 거니까요."[4]

노던록 은행의 뱅크런 대열에는 그 은행에 예금이 없는 사람까지 합류했다. 포트폴리오 매니저인 팀 프라이스Tim Price는 중산층 사람들이 돈을 인출하려고 늘어선 긴 줄을 구경하려고 일부러 그곳을 찾아왔다. 그는 "아주 영국적인 뱅크런이군요. 줄은 질서정연하지만, 감정적 충격은 사람들의 마음에 몇 세대 동안이나 상처를 남길 겁니다."라고 말했다.[5] 다른 사람들도 그의 말에 동의했다. 에든버러 지점 앞에는 자살 방지 상담 서비스를 광고하는 이동식 광고판 차량이 주차돼 있었다. 이에 뒤질세라 다른 은행 직원들도 여러 지점 밖에서 독수리처럼 맴돌면서 노던록 은행 예금주들의 불안감을 겨냥한 광고지를 뿌리며 거래 은행을 자기 은행으로 바꾸라고 권유했다.

한편, 노던록 은행 경영진은 길게 늘어선 줄과 고객의 불만을 처리하기 위해 직원을 추가 투입하고 은행 업무 시간을 연장했다. 뉴캐슬의 한 지점에서는 직원이 "입금하실 분 안 계세요?"라고 묻자, 고객들이 한바탕 웃음을 터뜨렸다.[6] 그러나 다른 곳들에서는 분위기가 훨씬 험악했다. 스코틀랜드의 스트래스클라이드 주 경찰은 '소란을 피우는' 고객들을 처리하기 위해 한 지점의 문을 닫게 했다. 첼트넘에서는 은행 지점장을 사무실에 가두고 자신들의 계좌에 있는 100만 파운드를 출금하게 해달라고 요구한 부부를 진압하기 위해 경찰이 출동했다.

이러한 개입에도 공황 상태는 쉽게 진정되지 않았다. 뱅크런은 사흘 동안 계속되었는데, 이것이 진행되는 동안 소셜 네트워크가 사태 악화에 어떤 역할을 하고 있다는 게 명백해졌다. 예를 들면, 퇴직자인 테리 메이즈Terry Mays는 처음에는 잉글랜드 은행의 지급 보증만으로 충분하다고 믿었지만, 월요일엔 런던 지점으로 가 "주말 동안에 금융에 관한 조언을 좀 들어본 결과, 마음의 안정을 위해 예금을 인출하기로 결심했어요. 우리는 연금을 이 예금에 의존하고 있거든요."라고 말했다.[7]

많은 사람들은 이런 종류의 개인 간 접촉이 없었더라면 뱅크런을 그냥 무시하고 넘어갔을 테지만, 그런 접촉 때문에 광란의 대열에 합류하게 되었다. 그렇게 퍼진 불안감은 2장에서 다룬 집단 심인성 질환을 통해 퍼지는 불안감과 비슷했다. 집단 심인성 질환과 마찬가지로 뱅크런도 자체 생명력을 가진 것처럼 보였다. 적절한 조건이 갖추어진 상태에서는 불과 몇 사람의 비정상적 행동만으로도 그 파급 효과는 소셜 네트워크를 통해 들불처럼 번져나갈 수 있다.

이러한 분위기는 단지 예금주들뿐만 아니라 투자자들 사이에서도 퍼져나가 '뱅크런 전염병'을 일으킬 수 있다. 노던록 은행의 뱅크런 소식이 언론을 통해 널리 알려지자, 사람들은 다음은 어느 은행 차례가 될지 궁금해했고, 곧 이 불안감은 다른 은행들로 확산되기 시작했다. 노던록 은행의 뱅크런이 일어난 직후 얼라이언스 & 레스터 은행은 주식 시가 총액이 3분이 1(12억 파운드)이나 줄어들었고, 다른 은행들의 주가도 곤두박질쳤다. 곧이어 다른 은행들도 비슷한 상황에 처해 있어 대규모 예금 인출 사태가 벌어질지 모른다는 불안감이 널리 퍼졌다. 다행히도 사태가 걷잡을 수 없이 번지기 전에 재무부 장관인 알리스테르 달링Alistair Darling이 영국 정부와 잉글랜드 은행이 노던록 은행의 예금에 대해 지급 보증을 하겠다고 발표했다. 그러자 뱅크런이 멈추었고, 금융 시장은 안정을 되찾았다.

물론 이야기는 여기서 끝나지 않았다. 서브프라임 모기지(비우량 주택 담보 대출) 위기는 계속되었고, 2008년 후반에 금융 위기의 확산은 전체 국제 시장으로 퍼져갔다. 먼저 모기지 시장과 직접적으로 관련돼 있던 베어스턴스 같은 국제적 투자 은행들이 타격을 입었다.(베어스턴스는 파산 직전에 주당 2달러라는 형편없는 가격으로 JP모건 체이스가 인수했다.) 그 다음에는 인디맥 은행(미국 역사상 네 번째로 큰 규모의 은행)이 파산했고, 곧이어 연방 정부는 전체 부동산 시장의 붕괴를 막기 위해 미국 모기지 시장에서 총 12조 달러의 대출 중 약 절반에 대해 보증을 선 민간 모기지 회사인 패니매와 프레디맥을 인수하는 수밖에 다른 방법이 없었다. 1주일 뒤, 자금 부족에 시달리던 메릴린치가 뱅크오브아메리카에 인수되고, 리먼 브러더스가 파산하면서 위기는 투자 은행들로까지 확산되었다. 2일 뒤, 거대 보험 회사인 AIG로까지 위기가 확산되자, 미국 정부가 개입해 AIG에 850억 달러의 구제 금융을 제공할 수밖에 없었다. 추가로 워싱턴뮤추얼 은행과 와코비아 은행이 파산하자, 시장은 꽁꽁 얼어붙었고, 은행들은 대출을 중단했다. 한 투자자는 안전한 투자처는 생수와 방공호와 매트리스에 뚫린 작은 구멍뿐이라고 농담했다. 2008년 10월에 미국 정부는 7000억 달러 규모의 은행 구제안을 승인했지만, 그것은 액수가 너무 적을 뿐만 아니라 때늦은 조처였다. 다우존스와 S&P 500 지수는 1년 전의 최고점에 비해 40% 이상 하락했고, 8조 4000억 달러 이상의 자산이 공중으로 날아갔다.

2008년의 금융 위기는 금융 네트워크를 통해 불안감이 얼마나 쉽게 확산되는지 보여준다. 큰 회사 하나가 파산하면, 그 회사와 연결된 다른 회사들도 위기를 맞게 된다. 실제로 유명한 투자자인 워런 버핏Warren Buffet은 2009년에 주주들에게 보내는 연례 서한에서 금융 파산 연쇄 파급 효과의 성격을 다음과 같이 규정지었다. "위험을 피하려고 하는 시장 참여자들은 성병을 피하려고 하는 사람들과 똑같은 문제에 마주치게 된다. 그것은 단지 자신이 누구와 잤느냐 하는 것만 문제가 되는 게 아니라, 상대가 누구와 잤느냐 하는 것도 문제가 된다."[8] 그것은 양자 관계를 넘어선 확산인 셈이다.

금융 손실의 확대는 대공황 이래 최악이라고 부를 만한 전 세계적 경기 침체를 초래했다. 수만 명이 집을 잃었고, 수백만 명이 일자리를 잃었다. 사람들과 제도 사이에 신뢰가 무너진 가운데 유일한 해결책은 정부의 개입밖에 없었다. 정부가 추가 파산을 막기 위해 개입하겠다는 의지를 분명히 보여주자, 은행들은 다시 돈을 빌려주기 시작했고, 시장은 안정을 되찾기 시작했다. 이것을 보고 일부 전문가들은 좀 더 일찍 대처했더라면 문제가 확대되는 것을 막을 수 있지 않았을까 하는 의견을 내놓았다.

비록 금융 네트워크 내의 많은 유대들은 공식적인 것이지만(예를 들면, 영향을 받은 많은 회사들은 파산한 회사들과 법적 계약을 맺고 있었다.), 비공식적이고 개인적인 유대의 위력을 과소평가해서는 안 된다. 월스트리트에서는 은행 간부와 CEO, 영업 사원, 고객, 심지어 경쟁 관계인 증권업자 사이의 사교 관계를 장려하는 문화가 발달해왔다. 산업계의 거물들과 금융계를 지배하는 사람들은 전화, 회의, 사교 모임 등을 통해 자주 접촉한다. 이들은 다니던 직장을 그만두고 새로운 회사로 옮겨가면, 전 회사와 새 회사의 모든 사람들을 서로 연결시켜주는 중개인이 된다. 그 결과, 국제 금융 시스템을 통해 거액의 돈을 이

동시키는 시장을 긴밀한 관계에 있는 트레이더들로 이루어진 네트워크가 주무르게 된다. 이들은 대개 서로를 잘 알고 있어 컴퓨터 화면에 나타나는 매수 및 매도 주문 패턴만 보고도 자신과 거래하는 사람이 누구인지 파악할 수 있다. 트레이더는 이 정보를 무시할 수 있지만, 그러지 못하는 경우가 많다. 믿을 만한 사람이 매도하기 시작하면, 자신도 따라서 매도하고 싶은 생각이 든다. 경기 침체로 일부 기업의 파산이 예상될 때, 소셜 네트워크는 상황 개선을 위해 위험을 떠맡아야 할 사람들과 회사들 사이에 불안감을 퍼뜨림으로써 오히려 문제를 악화시킬 수 있다.

현대 기술 시대가 우리를 더 상호 의존하게 만들고, 그래서 이런 종류의 불안감에 더 쉽게 휘말리게 만든 것처럼 보일 수도 있다. 금융 위기 확산에 소셜 네트워크가 담당하는 역할은 전혀 새로운 게 아니다. 경제학자 모건 켈리Morgan Kelly와 코맥 오그라다Cormac O'Grada는 1850년대에 일어난 두 차례의 공황 때 뉴욕의 한 은행(이주자 산업 저축 은행)에 예금한 사람들을 조사해보았다.[9] 두 사람은 아일랜드의 어느 교구 출신인지를 비롯해 예금자들에 대한 정보를 많이 수집했다. 같은 교구 출신끼리는 서로 아는 사이일 거라고 가정한 두 사람은 이 정보를 바탕으로 소셜 네트워크를 만든 뒤, 공황 때 사회적으로 가까운 사람들이 예금에 대해 같은 결정을 내렸는지 조사해보았다. 그 결과, 두 차례의 공황 때 일어난 계좌 해지 양상을 설명해주는 단일 요인 중 가장 중요한 것은 소셜 네트워크라는 사실을 알아냈다. 그것은 예금 금액이나 계좌 개설 기간보다 훨씬 중요한 변수로 작용했다. 따라서 금융 공황은 사람과 사람 사이에 전파되는 감정이나 정보의 확산 때문에 발생할 수도 있다.

그러한 경제 현상이 흔히 일탈 현상으로 간주되는 것은 흥미롭다. 전통적인 경제학자들은 그러한 행동이 합리적인 것이 아니라고 말할 것이다. 예금을 인출하려고 노던록 은행 앞에 줄을 섰던 사람들 중 다수는 정말로 은행이 파산할 거라고 생각하지 않았다. 어떤 사람들은 심지어 공개적으로 그렇게 말했다. 그러나 그들은 군중의 움직임에 자극을 받아 맹목적으로 따라갔다. 이런 방식으로 소셜 네트워크는 합리적인 구매자와 판매자가 상품의 적절한 가격을 놓고 협상을 벌이는 단순하고 이상적인 이미지하고는 동떨어진 행동을 빚어낸다. 그리고 경제학자들은 오랫동안 이러한 모순에 대해 그런 행동 자체를 완전히 무시하는 반응을 보여왔다.

뱅크런은 개인적으로는 합리적인 행동이 어떻게 사회적으로 비합리적인 행동을 낳을 수 있는지 보여주는 고전적인 예이다. 우리는 머리로 생각하는 능력이 있지만, 심장으로는 군중과 접촉을 유지하는데, 때로는 이것이 우리를 재앙으로 몰고 간다. 소셜 네트워크는 맨 처음 공포에 휩싸인 사람들이 많은 사람들에게 영향을 미치게 작용하기 때문에(친구들이 그러는 것을 보고 자신들도 예금을 인출하기로 결정한 부부처럼) 문제를 더 악화시킬 수 있다. 대중의 지혜는 순식간에 어리석음으로 변할 수 있다.

조지는 어디에?

소셜 네트워크는 금융 위기에 분명히 큰 역할을 하지만 일상적인 거래에도 영향을 미친다. 혹시 여러분은 가게에서 받은 지폐가 어떤 경로를 통해 흘러온 것인지 궁금하게 여긴 적이 없는가? 어떤 것은 모서리가 접혀 있고, 빨랫감과 함께 세탁기 속에 최소한 열 번은 들어갔다 나온 것처럼 보여, 아무리 빳빳하게 펴서 잘 집어넣어도 자동판매기가 거부한다. 그런 지폐에는 파란만장한 역사가 담겨 있다. 그런 지폐는 음료수를 사고, 잔디를 깎은 어린이에게 수고비로 주고, 손자에게 용돈으로 주고, 약을 사는 데 지불하는 등 온갖 종류의 거래에 사용되면서 많은 사람의 손을 거쳤다. 여러분의 지갑 속에 들어 있는 지폐는 나름의 비밀과 파란만장한 삶을 간직하고 있다.

그 삶은 우리가 살고 있는 거대한 소셜 네트워크를 지나온 한 가지 경로를 대표한다. 그런 경로들, 즉 전체 인간 경제에서 일어나는 끝없는 거래들을 볼 수 있는 방법이 있다면, 우리를 서로 연결하는 유대들을 이해하는 데 큰 도움이 될 것이다. 돈의 흐름은 소셜 네트워크 유대들에 의존하지만, 한편으로는 그것들을 결정하기도 한다.

많은 사람들은 자신의 돈이 어디서 왔으며 어디로 가는지에 대해 호기심을 느낀다. 어떤 사람들은 언젠가 그 돈이 다시 자기에게 돌아오지 않을까 하는 헛된 희망을 품고서 지폐에 자기 이름을 적어 넣기도 한다. 1998년, 매사추세츠 주 브루클라인에서 데이터베이스 컨설턴트로 일하던 행크 이스킨Hank Eskin은 이 호기심을 해결할 수 있는 방법을 생각했다. 그는 '조지는 어디에?Where's George?'라는 웹사이트

WheresGeorge.com을 만들었다. 그가 찾으려고 한 조지는 바로 조지 워싱턴이었는데, 달러에 그의 얼굴이 처음 인쇄된 것은 1869년이었다. 인터넷이 나오기 전이었다면 이스킨이 생각한 방식으로 지폐의 움직임을 추적하는 것은 불가능했을 것이다.

이스킨의 웹사이트는 사람들에게 지폐 고유 번호와 그 지폐를 손에 넣은 장소의 우편번호를 온라인 데이터베이스에 입력함으로써 특정 지폐를 추적할 수 있게 해준다. 누구든지 어떤 지폐라도 그 데이터베이스에 등록할 수 있으며, 만약 같은 지폐가 이전에 등록된 적이 있다면, 웹사이트는 그 지폐가 이전에 어디에 있었는지 알려준다. 이런 기록들은 '히트hit'라고 부른다. 이 웹사이트를 방문하는 사람들은 자신이 그 지폐를 어디서 받았는지 메모도 남길 수 있다. 또한 어떤 지폐가 한 사람에게서 다른 사람에게로 옮겨간 구체적인 경로를 보는 것도 가능하다.

2008년 현재 1억 3300만 장 이상, 금액으로는 7억 2900만 달러 이상의 지폐가 추적되었다. 이 사이트는 액면가에 상관없이 모든 달러화 지폐의 등록을 허용한다. 한 사용자인 게리 와츠버그Gary Wattsburg는 혼자서 약 100만 장의 지폐를 올렸지만, 대부분의 지폐는 웹사이트에 새로 가입한 사람들이 보고했다.

대부분의 지폐는 한 번 이상 보고되지 않았다. 그렇지만 11%는 두 사람 이상이 보고했다. 그 중 한 장은 15명 이상의 사용자가 보고했다. 이 특별한 지폐는 정말로 파란만장한 이력을 자랑한다. 이 지폐는 2002년에 오하이오 주 데이턴에서 처음 보고되었고, 얼마 후 켄터

키 주 스코츠빌로 옮겨가 드라이브인 식당에서 일하던 사용자가 그것을 팁으로 받았다. 그 다음에는 주 경계를 넘어 테네시 주를 지나 노스캐롤라이나 주의 채플힐에 있는 셸푸드 마트에서 거스름돈으로 사용되었고, 그 다음에는 유니언빌 근처의 홀스밀에 있는 시골 가게에서 사용되었다. 그러고는 텍사스 주로 건너가 켈러라는 소도시에 있는 맥도날드 가게에서 어떤 사람이 거스름돈으로 받았다. 그 다음에는 소셜 네트워크의 성인 엔터테인먼트 부문에서 돌아다니다가 그레이프바인의 론스타파크 마권 판매 창구에서 거스름돈으로 사용된 뒤, 매춘 혐의로 댈러스 시 의회가 몇 차례 영업 정지 명령을 내린 댈러스의 펜트하우스 키 클럽 바닥에서 발견되었다.[10] 그 뒤 루이지애나 주 슈리브포트에서 잠깐 머물다가 텍사스 주로 돌아가 록월의 잭인더복스 식당에서 거스름돈으로 사용되었고, 나중에는 어빙에 있는 미스터 케이 푸드 마트에서 사용되었다. 그리고 유타 주 팬기치를 지나 미시간 주의 킨칠로와 러디어드에서 사용된 뒤로는 왕성한 활동을 접은 것으로 보이는데, 마지막으로 보고한 사람은 "이 지폐는 이제 너무 낡아 보인다."라고 썼다.

이 지폐는 불과 3년 동안에 최소한 6400km 이상 이동했으므로 하루 평균 60km 이상 이동한 셈이다. 이만큼 자세하게 추적된 지폐는 유례를 찾기 어렵다. 그렇지만 이 웹사이트에 등록된 정보 중에는 처음 출발점과 종착점 사이의 거리와 한 장소에서 다른 장소로 가는 데 걸린 시간을 포함해 수많은 지폐들이 겪은 '점프'에 관한 정보도 있다. 이러한 점프에는 그 중간 과정을 보고하지 않은 사람들에 대한 정보가 누락될 수 있다. 따라서 우리가 앞에서 살펴본 그 지폐는 실제로는 15명보다 훨씬 많은 사람의 손을 거쳤을 것이다. 그렇지만 돈이 언제 어디서 어떻게 이동하는지에 대해 이렇게 상세한 정보를 얻은 적은 일찍이 없었다.

금융 거래 네트워크를 통해 돈이 흘러가는 양상은 성 네트워크를 통해 성병이 흘러가는 양상과 비슷하다. 이 사례들에서는 단순히 무엇이 네트워크를 통해 흘러가는가를 파악함으로써 그 네트워크의 구조를 추정할 수 있다. 이것은 연구자들에게는 아주 반가운 소식인데, 다른 방법으로는 명확하게 드러나지 않는 연결들을 병균과 돈을 이용해 추적할 수 있기 때문이다. 그렇지만 추론으로 파악한 네트워크는 완전하게 관찰한 네트워크하고는 다를 수밖에 없다. 관찰을 통해 알아낸 네트워크는 친구 네트워크처럼 모든 연결을 알 수 있고, 아무것도 전달되는 게 없더라도, 누가 무엇을 누구에게 옮길 잠재력이 있는지 알 수 있다. 예를 들면, 몇 년 동안 연락이 없더라도, 여러분은 고등학교 시절의 친구와 여전히 좋은 친구 사이로 남아 있을 수 있다. 반면에, 추론으로 알아낸 네트워크에서는 현실로 나타난 상호 작용만 관찰할 수 있다. 따라서 추론으로 알아낸 네트워크는 소셜 네트워크의 모습을 불완전하게 보여준다. 예컨대 두 사람이 섹스를 하더라도 성병을 결코 옮기지 않는 경우도 얼마든지 있다. 소셜 네트워크 과학은 어떤 종류의 네트워크를 조사해야 할지, 그리고 그 차이를 어떻게 알 수 있는지 제대로 추측하는 기술이 필요할 때가 종종 있다.

사스, 갈매기, 선원

2003년, 사스SARS(중증급성호흡기증후군)라는 새로운 전염병이 전 세계 도처에서 퍼졌다. 사스가 발병한 지 몇 달 뒤, 많은 과학자는 소셜 네트워크가 질병의 전파에 미치는 효과에 대해 관심을 갖게 되었다. 8장에서 살펴보겠지만, 지난 수백 년 동안 사람들의 여행 거리가 크게 늘어나고, 현대의 소셜 네트워크가 미치는 물리적 범위가 크게 넓어지면서 병원체가 퍼져가는 속도도 아주 빨라졌다. 14세기 유럽에서 페스트(흑사병)가 도시 간에 전파되는 속도는 그다지 빠르지 않았다. 사람이 하루에 여행하는 거리가 기껏해야 몇 킬로미터에 그쳤고, 상호 작용을 주고받는 사람들도 대개 근처에 사는 사람들에 국한되었기 때문이다. 그래서 페스트가 유럽 남부에서 유럽 북부까지 퍼져가는 데에는 3년 이상 걸렸으니, 하루 평균 3~5km를 이동한 셈이다.[11] 이에 비해 2003년 사스가 발생했을 때, 사스에 감염된 한 사람은 그 병원체를 단 하루 만에 1만 3000km나(중국에서 캐나다로) 옮겼다!

아주 빠른 속도로 확산되는 사스 때문에 소셜 네트워크와 여행이 질병에 미치는 영향을 논의하기 위해 연구자들이 몬트리올에 모였다. 특별한 관심을 끈 한 가지 쟁점은 측정에 관한 문제였다. 병원체의 확산을 예측하는 통계학적 모형을 만들 수 있을 만큼 충분히 많은 특정인의 움직임과 상호 작용을 추적하는 게 과연 가능할까? 이 질문에 대한 답은 회의 직후에 나왔다. 독일 막스플랑크 동역학 및 자기조직 연구소에서 연구하던 디르크 브록만 Dirk Brockmann은 독일로 돌아가던 길에 친구를 만나기 위해 미국 버몬트 주에 들렀다. 목수로 일하던 브록만의 친구는 '조지는 어디에?' 웹사이트 팬이었는데, 브록만에게 돈이 한 사람에게서 다른 사람에게로, 한 장소에서 다른 장소로 움직이는 것을 어떻게 추적할 수 있는지 보여주었다. 브록만은 큰 흥미를 느꼈다. 사람들은 돈을 가지고 다니면서 서로 가까운 접촉을 통해 개인과 개인 간에 돈을 주고받는데, 그것은 사람들이 세균이나 바이러스를 가지고 다니면서 서로 주고받는 것과 비슷했다. 만약 돈의 흐름을 이해할 수 있다면, 사스나 독감, 그 밖의 치명적인 질병의 전파에 대해서도 중요한 정보를 알아낼 수 있지 않을까?

브록만은 곧 동료인 라르스 후프나겔Lars Hufnagel과 테오 가이젤Theo Geisel과 함께 WheresGeorge.com의 행크 이스킨에게 연락해 자료를 이용할 수 있게 해달라고 요청했다. 이스킨은 이에 협조해주었고, 연구자들은 불과 몇 주일 전에 절실히 필요하다고 이야기했던 바로 그 자료를 손에 넣게 되었다. 후프나겔은 "동물에게 하듯이 추적 장비를 가지고 일일이 사람들을 추적할 수는 없기 때문에, 우리는 수백만 개인들의 움직임을 추적한 자료가 필요했다."라고 말했다.[12] 각각의 거래를 일일이 추적한 기록은 얻을 수 없었지만, 엄청난 양의 정보는 관찰하지 못한 거래에도 적용되는 일반적인 규칙을 알아내기에 충분했다. 그들은 연구 결과를 2006년 초에 유명한 과학 전문지인 〈네이처〉에 발표했다.[13] 그 후로 과학자들은 8장에서 다루게 될 휴대전화가 남긴 흔적을 비롯해 움직임에 관한 다른 자료원들도 연구하기 시작했다. 휴대전화 자료는 연구자들에게 사람들이 누구와 연결돼 있으며, 어디에 있는지 분 단위로 몇 달 동안 조사할 수 있게 해주었다.

브록만과 그 동료들은 돈이 한 장소에서 다른 장소로 이동할 때 하는 점프는 단순한 수학 규칙을 따른다는 사실을 알아냈다. 달러화 지폐는 한 번의 거래에 겨우 몇 미터 혹은 몇 킬로미터 이동하면서 한 지역에서 여러 차례 거래되지만, 가끔 친구 결혼식이나 가족 모임이나 사업상의 만남 장소에 가기 위해 사용자가 지갑에 그 지폐를 넣고 대륙을 절반쯤 가로질러 여행하는 일이 일어난다. 그리고 대개의 경우 돈이 한 사람에게 오래 머무는 일은 없다. 호주머니에 들어온 지 얼마 안 돼 금방 나가는 게 보통이다. 그렇지만 때로는 돈의 이동 경로가 사라지고, 한 사람에게 아주 오랫동안 머물 수도 있다. 사람들은 20달러짜리 지폐를 접퍼 안주머니에 넣어둔 사실을 잊어버리고는 다음 해 겨울이 되어서야 그것을 다시 발견하고 기뻐하기도 한다.

전체적인 패턴은 사람들의 상호 작용에 대해 중요한 두 가지 특징을 알려준다. 첫째, 사람의 움직임에 관한 이전의 모형들이 예측한 것처럼 돈은 집 가까운 곳에서 비교적 오래 머문다. 우리의 일상생활은 평소의 생활 구역에서 크게 벗어나지 않으며, 돈도 그 구역 안에서 쓴다. 그렇지만 돈이 한 장소에서 다른 장소로 점프를 할 때, 그 거리는 사람의 움직임에 관한 이전의 모형들이 예측한 것보다 훨씬 더 긴 경우가 대부분이다.

실제로 점프의 형태들은 프랑스 수학자 폴 피에르 레비Paul Pierre Lévy의 이름을 따 시적으로 '레비 비행Lévy flight'이라 부르는 수학적 패턴을 따른다. 먹이를 찾는 갈매기를 상상해보라. 갈매기는 해변에서 게를 잡기에 좋은 장소를 발견하면, 파도에 드러났다 잠겼다 하는 게들을 추적하면서 몇 시간 동안 그곳에 머물 것이다. 그렇지만 조수의 흐름이 바뀌면, 갈매기는 먼 거리를 이동해 다른 장소를 찾을지도 모른다. 여러 차례의 짧은 점프들 사이에 긴 점프가 간간이 섞여 있는 레비 비행은, 각각의 점프가 거의 비슷한 크기이고 방향이 제멋대로인 무작위 행보random walk(랜덤 워크)와는 사뭇 다르다. 전형적인 무작위 행보는 먹이를 찾는 갈매기 대신에 술에 잔뜩 취한 선원을 상상하

무작위 행보와 레비 비행

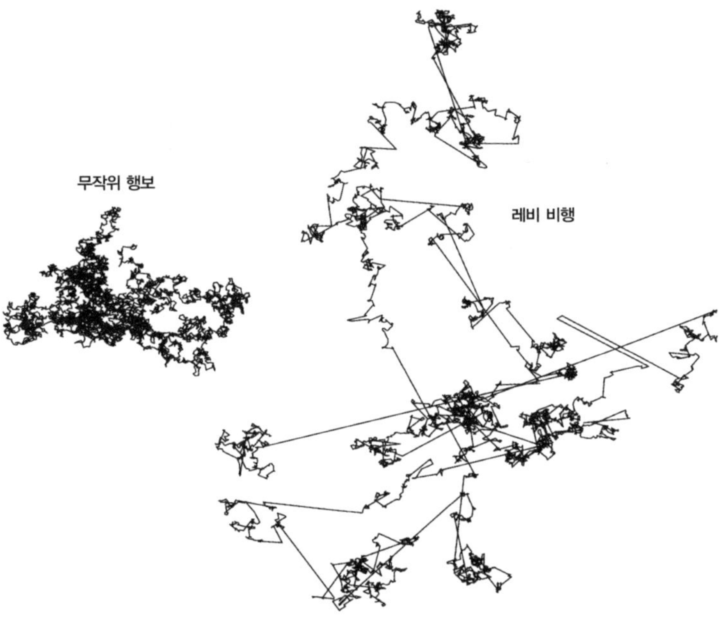

무작위 행보(왼쪽)는 각각의 보폭이 모두 똑같은 5000걸음으로 나타낸 무작위적인 움직임 패턴을 보여준다. 이에 비해 레비 비행(오른쪽)은 이따금 일어나는 '비행'과 함께 보폭이 다양한 5000걸음으로 나타낸 무작위적인 움직임 패턴을 보여준다.

면 된다. 선원은 가로등 기둥을 붙잡고 서 있던 곳에서 출발한다. 기둥을 놓고 걸어가기 시작하면, 선원은 어느 방향으로 비틀거리며 걸어갈까? 왼쪽으로 갈까, 오른쪽으로 갈까? 앞으로 고꾸라질 듯이 걸어갈까, 비틀거리며 뒷걸음질할까? 그리고 한동안 선원을 내버려두고 떠났다가 다시 돌아오면, 그는 어디에 가 있을까?

갈매기와 마찬가지로 선원도 무작위로 움직이는 것처럼 보인다. 그렇지만 갈매기와 선원의 경로를 그려보면, 앞의 그림처럼 둘은 서로 아주 달라 보인다. 두 그림은 처음에는 얽힌 스파게티 가닥처럼 보이며, 시간이 지날수록 점점 더 많은 교차가 일어난다. 그러나 어느 시점에 가서는 갈매기는 먹이를 찾던 현재 장소를 포기하고 멀리 떠나 새로운 장소에서 먹이를 찾기 시작한다. 항상 똑같은 보폭의 걸음을 떼는 선원은 그렇게 할 수 없다. 그 결과, 일정 시간이 지난 뒤에 갈매기와 선원이 이동할 수 있는 거리에 대한 예측 결과는 서로 아주 다르게 나온다. 선원은 가로등 기둥에서 그리 멀리 벗어나지 못한다. 그러나 레비 비행을 하는 갈매기는 다르다. 가끔 아주 멀리 이동할 수 있기 때문에, 갈매기는 시간이 지나면 훨씬 빠른 속도로 출발점에서 아주 멀리 떨어진 곳까지 여행할 수 있다.

지폐의 점프는 레비 비행을 닮았기 때문에, 지폐의 평균 이동 속도는 무작위 행보를 하는 경우보다 훨씬 빠를 것이다. 그러나 브록만과 그 동료들은 사람과 사람 사이에서 전달되는 지폐의 움직임은 선원과 갈매기의 중간쯤에 해당하는 패턴을 따른다는 사실을 발견했다. 그래서 무작위 행보보다는 빠르고 레비 비행보다는 느린 속도로 이동한다. 그 이유를 알아내기 위해 점프와 점프 사이의 거리뿐만 아니라 시간 간격도 조사해보았다. 그러자 거리의 패턴과 마찬가지로 시간의 패턴 역시 여러 차례의 짧은 간격으로 채워진 가운데 이따금씩 아주 긴 간격이 나타났다. 어떤 지폐들은 빈번하게 거래되었지만, 극소수 지폐는 거래가 아주 드문 사람의 손이나 은행 금고 속에서 오래 머물거나 빨래 중 사라진 양말과 함께 오랫동안 나타나지 않았다. 이것은 왜 지폐가 사람들의 움직임이 레비 비행 방식을 따르는 소셜 네트워크에서 기대되는 것보다 훨씬 느리게 퍼지는지 설명하는 데 도움을 준다. 금융 거래 네트워크에서 시간과 거리를 모두 모형으로 만듦으로써 연구자들은 사람들이 물리적 접촉을 얼마나 자주 하며, 사스 같은 질병이 얼마나 빨리 퍼지는가를 이해하는 데 큰 도움을 얻을 수 있었다.

분위기에 휩쓸리는 시장

유명한 프랑스 수학자 브누아 망델브로Benoît B. Mandelbrot는 레비 비행을 기술하는 데 사용된 수학을 거의 다 개발했다. 그는 1960년대 초에 목화 시장 및 그 밖의 금융 시장에서 처음 관찰한 가격 변화를 연구하는 데 이 새로운 방법을 사용했다. 그때까지만 해도 학자들은 이들 시장에서 가격 변화는 평균 크기의 많은 점프와 이따금씩 나타나는 적당한 크기의 점프로 이루어진 종 모양의 정규 분포를 따른다고 생각했다. 그러나 망델브로는 작은 변화와 큰 변화 모두 기대한 것보다 훨씬 많이 나타난다는 것을 보여주었다. 먹이를 찾는 갈매기처럼 시장도 한동안 어떤 가격 근처에서 진동하다가 새로운 가격을 향해 점프하는 경향을 보인다.

시장이 하나의 가격에서 다른 가격으로 큰 점프를 하는 이유는 아주 많은데, 우리 사이의 상호 연결도 한 가지 이유이다. 아주 중요한 정보가 있으면 시장이 순식간에 반응을 보인다. 예를 들면, 정부는 정기적으로 경제 성장률, 실업률, 주택 시장, 물가 상승률 같은 통계 자료를 발표하는데, 이러한 정보들은 주식과 채권 시세에 큰 영향을 미칠 수 있다. 또 한 가지 이유는 가격이 어떤 상품의 객관적 가치를 공정하게 평가한 게 아니라는 데 있다. 가격에는 사람들이 그것의 가치를 어떻게 생각하는지에 대한 기대도 포함돼 있다. 금이 투자할 만한 가치가 있다고 생각하는 사람이 많을수록 금값은 올라간다. 우리는 금값이 얼마만한 가치가 있는지 혼자만의 생각으로 판단하지 않는다. 다른 사람들은 얼마로 생각할지까지 고려하여 판단을 내린다. 따라서 어떤 상품의 가치와 매력에 대한 판단은 섹스 파트너의 가치와 매력에 대한 판단과 비슷하다. 문제의 대상을 다른 사람들이 어떻게 생각하는가 하는 것도 중요한 고려 요인이 되는 것이다. 사회적 압력은 수요를 좌우할 수 있다.

이 때문에 시장의 행동은 먹이를 찾는 갈매기하고는 많이 다르다. 갈매기가 게를 잡아먹을 때, 게에서 얻는 영양 가치는 얼마나 많은 갈매기들이 그것을 먹길 원하는가하고는 아무 상관이 없다. 게는 그저 게일 뿐이다. 이에 반해 금을 살 때 거기서 얻을 수 있는 이익은 얼마나 많은 사람들이 금을 사길 원하는지에 따라 크게 좌우된다.

그렇다면 금을 사길 원하는 사람의 수를 결정하는 건 무엇일까? 경제학자는 시장이 수요와 공급에 의해 결정된다고 말하는데, 수요는 도대체 어디서 나오는 것일까? 일부는 상품의 고유한 가치에서 나온다. 금은 결혼반지, 왕관, 우주선에 입히는 금박, 치아 등을 만드는 데 쓰인다. 그러나 수요는 또한 필요와 기대에도 영향을 받는데, 이것들은 당사자와 연결된 다른 사람들의 필요와 기대에 큰 영향을 받는다. 게다가 자신이 투자하는 상품을 장래에 다른 사람들이 비싼 값에 사길 원할 것이라는 확신도 있어야 한다. 이 때문에 시장은 본질적으로 주관적 성격을 띠게 된다.

예를 들어 여러분이 500달러어치의 금으로 1온스짜리 금화를 만들었는데, 시장에서 다른 사람이 그것을 1000달러에 살지도 모른다고 생각한다면, 여러분은 그 가격에 그것을 팔고 싶을 것이다. 그래서 아름답게 반짝이는 금화를 1000달러에 내놓고 모든 사람에게 신호를 보낸다. 그러면 설령 1000달러에 팔리지는 않는다 하더라도, 500달러 이상의 가격으로 팔 수 있을 것이다. 만약 500달러 이상의 가격에 금화가 팔렸다면, 이 금값 상승 소식은 시장의 다른 참여자들에게도 신호가 되어 전달될 것이다. 금값 상승 소식을 접한 일부 사람들은 금에 대한 수요가 증가하고 있다고 판단하고, 장래에 더 높은 가격에도 금을 사려 할 것이라는 자신감이 생길 수 있다. 경기장에서 파도타기 응원을 하는 사람들처럼 투자자들도 서로에게서 동시에 자극을 받아 가격을 현실에서 멀리 벗어난 지점으로 끌고 간다. 바로 이런 상황은 주식 시장과 부동산 시장, 심지어 튤립 시장(17세기의 네덜란드에서)에서 '비이성적 과열'을 낳게 된다.[14]

따라서 소셜 네트워크는 경제적 분위기도 좌우한다. 이러한 분위기의 집단적 성격은 무엇보다도 경기 변화를 묘사하는 데 우리가 사용하는 언어에 잘 드러난다. 1890년대에 보스턴과 뉴욕이 누린 경기 호황 덕분에 미국인은 이 시기를 '행복한 90년대 the gay nineties'라고 불렀다. 반면에 경기 침체기는 '공황 panic'이나 '불황 depression'이란 단어로 표현한다. 2장에서 이야기했듯이, 기분이나 분위기는 사람들 사이에서 계속 퍼져나가 상황을 실제보다 더 악화시킬 수 있다.

여기서 전통 경제학자들은 이의를 제기할지 모른다. 애덤 스미스부터 시작하여 전통 경제학자들은 거래되는 상품의 '적절한' 가격을 '보이지 않는 손'이 이끌면서 시장이 효율적으로 돌아간다고 보아왔으니까. 만약 많은 사람들이 어떤 상품의 가격이 너무 높다고 생각하면, 그것을 덜 살 테니까 가격이 떨어질 것이다. 반대로, 많은 사람들이 어떤 상품의 가격이 너무 낮다고 생각하면, 그것을 더 살 테니까 가격이 올라갈 것이다. 최근의 상품 가격은 이러한 기대들이 어느 지점에서 균형을 이룰지에 대한 최선의 추측이 반영돼 결정된 것이다.

그리고 실제로 시장 전체가 제대로 돌아가도록 시장이 제 기능을 발휘하는 사례는 아주 많다. 가장 평범한 사례는 통계학자 프랜시스 골턴 Francis Galton이 1907년에 〈네이처〉에 발표한 '복스 포풀리 Vox Populi(라틴 어로 '인민의 목소리'라는 뜻)'라는 제목의 논문에 나온다.[15] 골턴이 잉글랜드 서부 지역 식육용 가축 및 가금 품평회를 방문했을 때, 그곳에서는 살찐 황소의 체중을 추측하여 알아맞히는 대회가 벌어졌다. 참가자들이 6센트를 내고 추측한 체중을 말하면, 가장 비슷하게 맞힌 사람에게 상금이 돌아갔다. 골턴은 참가자들이 추측한 체중을 적은 카드들을 입수해 분석한 결과, 대부분의 추측이 정답에서 크게 벗어났다는 것을 알 수 있었다. 그렇지만 추측한 체중을 가장 낮은 값에서부터 가장 높은 값의 순서대로 늘어놓자, 그 중앙값(1207파운드)이 황소의 실제 체중(1198파운드)에 아주 가깝다는 사실을 발견했다. 골턴은 스스로도 놀라면서 민주적 의사 결정이 전에 생각했던 것만큼 나쁜 게 아닐지도 모른다고 결론 내렸다. 황소의 정확한 체중을 추측하는 문제에 맞닥뜨렸을 때, 대부분의 개인은 잘못된 추정을 했지만, 전체 집단은 상당히 정확한 추정을 했다. 만약 황소를 팔려고 내놓았더라도 그 가격에 대해 그와 비슷한 일이 일어났을 것이고, 황소의 실제 가치가 거의 정확하게 정해졌을 것이다.

비슷한 사례를 아이오와 전자 시장 Iowa Electronic Markets과 인트레이드 Intrade 같은 오늘날의 선거 예측 시장에서 더 많이 찾아볼 수 있다. 이 시장들에서는 진짜 돈을 사용해 어떤 결과를 살 수 있는데, 만약 실제로 그런 결과가 현실로 나타나면 배당금을 받게 된다. 예를 들어 2008년 미국 대통령 선거의 경우, 버락 오바마와 존 매케인을 비롯해 대통령 후보로 나온 사람에 대해 투자를 할 수 있었다. 만약 여러분이 오바마에게 투자했다면, 선거 다음 날 그에 합당한 배당금을 받았을 것이다. 그렇지만 다른 사람에게 투자했다면, 돈을 모두 날리고 말았을 것이다. 이 시장에서 투자의 가격은 사람들이 생각하는 결과의 확률이 반영된 것이다. 따라서 배당금이 1달러인 오바마의 투자 가격이 60센트라면, 시장이 예측하는 오바마의 승리 가능성이 60%라는 걸 뜻한다. 학자들은 시장이 예측한 것을 실제 결과와 비교해보았는데, 선거 시장은 여론 조사를 비롯해 어떤 방법보다도 결과를 예측하는 데 더 낫다는 것을 보여주었다.[16] 그 적중률이 매우 정확해지자 이제 예측 시장은 지멘스, 구글, 제너럴일렉트릭, 프랑스 텔레콤, 야후, 휼렛패커드, IBM, 인텔, 마이크로소프트 같은 거대 회사 내부에서 생산 일정이나 경쟁자에 대한 정보를 수집하고 분석하는 데 보편적으로 사용되고 있다. 직원들에게 앞으로 일어날 일들에 대해 베팅하게 하는 것이다. 이러한 시장은 심지어 테러 공격의 위험을 예측하는 데에도 사용할 수 있다.[17]

경제학자들은 보이지 않는 손의 승리를 강조하기 위해 이런 시장들에 주목하겠지만, 실제로는 이런 시장들은 집단 행동에 관한 특수 사례라는 점을 알아두는 게 중요하다. 살찐 황소 사례에서 각 개인의 추측은 각자 독자적으로 일어났다. 물론 품평회에서 일부 사람들은 자신의 추정치를 친구들과 이야기했겠지만, 그러한 추정치는 주식 시장의 주가처럼 일반에게 공개되지 않았다. 게다가 상금 지불은 객관적으로 입증할 수 있는 사건과 분명히 연관돼 있다. 황소가 저울 위에 올라가면 승자가 결정된다. 이와 마찬가지로, 예측 시장에서도 결과가 현실로 나타나면, 그것을 맞힌 사람들은 배당금을 받는다.

이와는 대조적으로, 주식과 부동산은 회사가 파산하거나 집이 불타서 없어지기 전까지 계속 거래가 일어난다. 회사들은 이익을 정기적으로 보고하고, 그러한 보고서가 가치에 대한 인식에 영향을 미치는 것은 사실이다. 새 주택을 짓는 데 드는 비용이 기존의 주택을 사려는 사람이 생각하는 가격에 제약을 가한다는 것도 사실이다. 그러나 주식과 부동산의 전반적인 가치는 다른 사람들이 그 가치를 얼마로 생각하는가에 크게 좌우된다. 경쟁 시장은 보이지 않는 손을 통해 돌아갈지 모르지만, 소셜 네트워크는 그러한 시장을 왜곡시킬 수 있고, 때로는 얼굴에 보이지 않는 따귀를 때릴 수도 있다.

비록 대중이 선택하는 길은 종종 지혜롭기도 하지만, 아주 잘못된 결정을 내릴 수도 있다. 정보가 어떤 경로를 따라 네트워크 내에서 움직이느냐에 따라 양 극단(예컨대 질서정연한 선거와 격렬한 폭동)으로 갈리게 된다. 즉, 어떤 것(상품 가격, 병 속에 든 젤리 과자의 수, 황소의 체중)에 대해 올바른 결정을 내리느냐 여부는 그 결정이 동시에 일어나는지 혹은 순차적으로 일어나는지에 따라 큰 영향을 받는다. 만약 사람들이 어떤 상품 가격에 대한 판단을 내리고, 그 추정 가격을 각자 독자적으로 제시한다면, 그들의 평균은 시장 가격과 거의 비슷하게 나올 것이다. 그러나 만약 사람들이 순차적으로 판단을 내리고, 또 이전에 다른 사람들이 내린 결정을 알고 있다면, 만약 정보가 전화놀이에서처럼 한 사람에게서 다음 사람에게로 전달된다면, 우리는 소경이 소경들을 이끌고 가는 것과 같은 상황에 이를 수 있다. 일단 상당수 사람들이 어떤 판단을 내리면, 나머지 사람들은 그 많은 사람들이 모두 틀렸을 리 없다고 생각하면서 맹목적으로 따라간다. 1장에서 뉴욕에서 창문을 올려다보던 사람들처럼 그들 역시 남들의 행동에 동조하게 된다. 따라서 대중의 지혜를 믿을 수 있느냐 없느냐 하는 것은 구성원들이 동시에 독자적으로 상호 작용하느냐 아니면 순차적으로 상호 의존하면서 상호 작용하느냐에 따라 달라질 수 있다.

매튜 살가닉 Matthew Salganik, 피터 도즈 Peter Dodds, 덩컨 와츠 Duncan Watts는 온라인 음악 시장을 이용해 이 문제를 연구했다.[18] 이들은 다운 가능한 노래들을 제공하려는 목적으로 자신들이 만든 온라인 사이트를 사용해 실험을 설계했다. 48곡의 노래가 실린 이 웹사이트를 방문한 사람은 모두 1만 4341명이었다. 그런데 이 웹사이트에는 방문자들이 경험할 수 있는 다른 '세계'들도 있었는데, 이 세계들은 이전 사용자들의 활동으로 만들어진 것이었다. 방문자들은 이전에 들어본 적이 없는 밴드가 연주한 노래를 다운로드받아 들은 뒤에 그 질을 평가할 수 있다. 한 '세계'에서는 실험 참가자들은 이전 참가자들이 어떤 노래의 질을 어떻게 평가했는지 볼 수 있는 반면, 다른 '세계'에서는 볼 수 없었다. 그랬더니 평점을 볼 수 있는 세계에서는 첫 번째 사람이 매긴 평점이 해당 노래들의 전체 평점에 영향을 미쳐 그 노래들은 상당히 오랫동안 높은 평점을 유지했다. 즉, 음악의 취향도 전염성이 있다. 사람들이 문화적 선택을 할 때, 사회적 상호 작용의 순서를 조금만 바꾸어도 보통 노래나 평범한 가수가 열광적인 반응을 받도록 사람들의 선택에 영향을 미칠 수 있다.

이 실험은 사람들이 결정을 순차적으로 할 때 발생할 수 있는 경로 의존성을 잘 보여준다. 어떤 노래의 정확한 가치나 진정한 가치 같은 것은 없다. 각 노래의 가치와 질은 선택하는 사람들의 순서에 영향을 미치는, 독특하고도 본질적으로 무작위적인 과정에 따라 달라진다. 다른 사람들이 원하는 것을 나도 원하는 우리의 성향 때문에, 그리고 다른 사람들의 선택을 세계를 이해하는 효율적인 방법으로 여기는 우리의 경향 때문에, 우리의 소셜 네트워크는 근본적으로 무작위적인 차이에서 시작한 것을 크게 확대시킬 수 있다. 그리고 이 작은 차이가 때로는 우리가 협력하여 문제를 해결할 수 있는지 없는지에 큰 차이를 빚어낸다.

3단계 정보 흐름

안데스 고산 지대인 티과로마 주민들에게는 아름다운 옥외 화장실이 있다. 평화봉사단의 일원으로 에콰도르에 간 제임스는 티과로마를 방문해 많은 공동체에서 일했는데, 그곳들은 기본적인 위생 시설이 열악하여 콜레라처럼 충분히 예방할 수 있는 질병이 전염병으로 크게 번지는 경우가 많았다. 경제 개발 기구들은 여러 차례 화장실 개선 사업에 예산을 지출했다. 각 가정은 구덩이를 파고, 물자를 운반하고, 벽을 쌓느라 많은 시간을 보냈다. 마침내 옥외 화장실이 완공되자, 공동체는 전체 과정을 도운 기술자들과 함께 축하를 했다. 그러나 티과로마에서는 옥외 화장실이 전혀 사용되지 않는 경우가 종종 발생했다. 왜 그랬을까? 그리고 왜 어떤 공동체는 자신들의 행동을 바꾸는 데 성공하는 반면, 어떤 공동체는 성공하지 못하는 것일까?

새로운 기술은 끊임없이 삶의 질을 개선하고 있다. 물을 끌어올리는 펌프와 옥외 화장실처럼 아주 간단한 발명도 개발도상국의 벽지에 살고 있는 사람들의 건강과 경제적 복지를 크게 개선시킬 수 있다. 그런데 새로운 기술을 활용할 수 있는 자원이 다 있는데도, 그런 기술이 자리를 잡는 데 실패하는 경우가 흔히 일어난다. 사람들이 새로운 생각을 어떻게 그리고 왜 받아들이고, 그것이 사람들 사이에 어떻게 퍼져나가 경제 발전에 도움을 주는지 알아내는 것은 처음부터 소셜 네트워크 과학의 발전을 이끈 큰 원동력이었다. 실제로 소셜 네트워크 과학이 맨 처음 관심을 가진 문제들 중 일부는 새로운 생각이 집단 사이에서 어떻게 퍼져나가느냐 하는 것과 관련된 문제였다. 경제 개발 전문가들은 어떻게 하면 더 효율적인 농업 기술을 농부들 사이에 퍼져나가게 할 수 있는지 알고 싶었다. 공중 보건 관계자들은 새로운 의료 기술이 의사들 사이에서 그리고 가정들 사이에서 어떻게 퍼져나가는지 알고 싶었다. 그리고 영리를 추구하는 회사는 자신들의 마케팅이 소비자들 사이에서 어떻게 퍼져나가는지 알고 싶었다.

초기의 연구에서 눈에 띄는 한 가지 특징은 개인들 사이의 구체적인 사회적 유대에 대한 정보를 포함한 경우가 드물었다는 점이다. 예를 들면, 사회학자 에버릿 로저스 Everett Rogers가 쓴《혁신의 확산 Diffusion of Innovations》이라는 책은 집단 사이에서 기술이 전파돼가는 과정을 물 컵 속에서 파란색 염료 한 방울이 퍼져나가는 것처럼 다루었다.[19] 그는 처음에는 기술이 천천히 확산돼가다가 빨리 확산돼가며, 전체 집단에 퍼질 때쯤에는 다시 느리게 확산된다고 가정했다. 그러나 최근에 소셜 네트워크 구조를 고려한 연구에 따르면, 그것은 그렇게 단순하지 않은 것으로 밝혀졌다. 특히, 많은 생각들은 아예 발도 떼지 못하며, 네트워크 내에서 하나의 결정이 미치는 영향은 제한적일 수도 있다.

티과로마에서는 소셜 네트워크의 구조에 뭔가 다른 게 있었다. 그곳 사람들은 서로에 대한 의심이 컸고, '밍가 minga(추수 때 이웃끼리 서로 일을 도와주는 것. 일종의 품앗이)'도 적게 일어났으며, 주민들 간에 연결도 적었다. 이 공동체는 주민들에게 유대를 맺을 기회를 제공할 수 있는 지역 단체도 이웃 공동체들에 비해 적었다. 티과로마 주민들은 한 가지 문제점이 있었는데, 서로 간에 대화를 나누지 않았다.

학자들은 네트워크 구조에 초점을 맞추어 그것이 정보의 흐름에 어떤 영향을 미치는지 조사하기 시작했다. 한 연구에서 연구자들은 애리조나 주 템피에서 일하는 피아노 교습 선생 세 사람에 대한 입소문 추천 네트워크를 자세하게 조사했다. 세 사람은 광고를 전혀 하지 않는 대신에 자신의 소셜 네트워크에 의존해 사업을 해나갔다. 대부분의 추천은 직접 연결된 가까운 친구들 사이에서 일어났지만, 긍정적인 이야기는 종종 원래의 추천자가 잘 모르는 사람에게까지 퍼져갔다. 실제로 전체 추천 중 38%는 피아노 선생에게서 3단계 거리에 있는 사람(선생의 친구의 친구의 친구)들에게서 나왔다. 그러나 그 후에는 경로들이 사라져가는 경향을 보였으며, 6단계 거리에 있는 사람들에게까지 추천이 전파되는 비율은 1%도 되지 않았다.[20] 대다수 학생은 3단계 이내의 거리에서 찾아왔다.

그 다음 사례는 완전히 종류가 다른 분야에서 나왔다. 정보의 확산이 발명 과정에 아주 중요하다는 것은 명백하다. 정보가 발명가들 사이에서만 퍼져간다면, 그 확산은 제한될 수밖에 없다. 발명가가 특허 신청서를 제출할 때에는 거의 항상 다른 특허를 인용하면서 자신의 아이디어를 다른 혁신가의 연구와 연결시킨다. 그렇게 하는 이유는 여러 가지가 있지만, 가장 중요한 이유는 자신의 발명에 유익한 정보를 다른 발명에서 얻었기 때문이다.[21] 게다가 많은 특허는 두 사람 이상이 함께 신청하기 때문에, 특허 신청은 발명가들의 소셜 네트워크(누가 누구와 협력 관계인지)를 확인하는 데 이용할 수 있다. 그래서 특허 자료에는 중요한 정보가 두 가지 들어 있다. 바로 아이디어의 네트워크와 협력의 네트워크에 대한 정보이다.

한 특허에서 다른 특허를 인용한 사례 200만 건 이상을 조사한 연구는 그러한 인용 사례들을 이용해 발명가들 사이의 아이디어 전파에 미치는 소셜 네트워크의 효과를 밝혀냈다.[22] 그 결과는 직접적 협력 유대가 있는 발명가들끼리는 서로를 인용할 가능성이 높다는 것을 보여주었다. 실제로 그 비율은 순전히 확률적으로 일어나는 것보다 4배나 높았다. 그런데 이 효과는 네트워크 내에서 더 멀리까지 뻗어갔다. 2단계 거리에 있는 사람들(직접 협력하지는 않았지만, 공통 협력자를 사이에 둔)은 서로를 인용할 가능성이 3.2배 높았으며, 3단계 거리에 있는 사람들(협력자의 협력자의 협력자)은 2.7배 높았다. 그리고 3단계를 넘어서면 그 효과는 사실상 사라졌다. 추가 분석을 통해 이러한 관계들은 두 발명가가 우연히 같은 주제를 연구하여 생겨난 것이 아님이 밝혀졌다. 대신에 소셜 네트워크를 통한 정보 전파의 직접적 결과로 생겨났다.

약한 유대의 힘

혁신의 확산 뒤에 숨어 있는 주요 개념은 정보와 영향이 가깝고 깊은 연결을 통해 퍼져가는 경향이 있다는 점이다. 만약 자신이 모르는 사람들에게 어떤 영향을 미쳤다면, 그것은 일련의 강한 유대들을 통해서 일어난 것이다. 하나씩 차례로 쓰러지는 도미노처럼 우리는 다음 사람에게 정보를 전달하거나 그 사람의 행동에 영향을 미치고, 그러면 그 사람은 또 다른 사람에게 똑같은 일을 한다.

그러나 이 개념은 우리의 소셜 네트워크가 지닌 중요한 특징 한 가지를 간과하고 있다. 1장에서 이야기했듯이, 우리는 아주 긴밀한 집단을 이루어 뭉치려는 경향이 있다. 여러분의 친구들 중에서 무작위로 두 사람을 선택했을 때, 그 두 사람이 서로 친구일 확률은 50%가 넘는다. 그 결과, 우리가 서로에게 영향을 미칠 수 있는 일련의 강한 유대들은 도미노와 같지 않다. 유대들은 바퀴살처럼 바깥쪽으로 직선으로 뻗어 있지 않다. 대신에 그 경로들은 지나쳐온 길을 다시 돌아가 다른 경로들 안으로 들어갔다가 밖으로 나갔다가 하면서 얽힌 스파게티처럼 빙빙 돌지만, 그 경로들은 좀체 쟁반 밖으로 벗어나지 않는다.

이 구조는 자신의 집단에 속한 모든 사람에게 영향력을 미치거나 심지어 자신의 행동을 피드백 고리를 통해 증폭시키는 데에는 좋지만, 집단 밖에 있는 사람에게 영향력을 미치는 데에는 아주 나쁘다. 스탠퍼드 대학의 사회학자 마크 그라노베터Mark Granovetter는 이 차이를 최초로 인식한 사람 중 하나이다. 다른 학자들은 '약한 유대'나 그냥 알고 지내는 사람을 정보 확산에 큰 역할을 하지 않는다며 무시했다. 그러나 그라노베터는 그러한 약한 연결들이 한 집단과 다른 집단을 이어주는 가교 역할을 할 때가 많으며, 따라서 중요한 역할을 한다고 주장했다. 강한 유대는 개인들을 집단 내에서 결합시키는 반면, 약한 유대는 집단들을 서로 더 큰 사회로 결합시키며, 옥외 화장실 사용의 혜택이나 훌륭한 피아노 선생, 다른 발명에 포함된 소중한 정보의 존재를 비롯해 많은 정보의 확산에 중요한 역할을 한다.

그라노베터는 경제에 관한 간단한 연구를 이용해 자신의 주장을 뒷받침했다. 그는 보스턴 교외 지역에서 최근에 개인적 접촉의 도움으로 새 일자리를 얻은 기술직, 관리직, 전문직 근로자들을 조사하면서 간단한 질문을 던졌다. "새로운 일자리를 구하는 데에 도움을 준 사람하고는 직장을 옮기기 전에 얼마나 자주 만나는 사이였습니까?" '자주' 만났다고 대답한 사람은 겨우 17%에 지나지 않았고, '가끔' 만났다고 대답한 사람은 55%였으며, 나머지 28%는 '좀처럼' 만나지 않았다고 대답했다. 대부분은 옛날 대학 친구나 이전의 직장 동료 또는 이전의 고용주를 통해 일자리를 구했다. 당사자와의 접촉은 산발적으로 일어났고, 직장 밖에서 접촉하느라 시간을 보낸 사람은 거의 없었다. 그라노베터는 "대개 그런 유대들은 처음에 생겨날 때 그다지 강한 것도 아니었다. 우연한 만남이나 공통의 친구가 그러한 유대를 다시 작동시키는 기능을 한다. 그 존재조차 까맣게 잊고 지내던 사람에게서 소중한 정보를 얻는다는 것은 정말로 놀라운 일이다."라고 썼다.[23] 다시 말해서, 그의 실험 대상자 중 대부분은 낯선 사람의 친절에 (거의) 의존해 일자리를 얻었다. 그들은 아주 먼 친구이거나 친구의 친구로, 그 사람의 이름을 고용주에게 전해주거나 일자리에 관한 정보를 그 사람에게 알려주었다. 즉, 사람들은 섹스 파트너를 찾는 것(3장에서 보았듯이)과 아주 비슷한 방식, 즉 직접 연결된 유대를 넘어서서 소셜 네트워크를 찾아보는 방식으로 일자리를 구한다.

따라서 약한 유대는 새로운 정보의 풍부한 공급원으로, 자신의 운명을 개선하고자 할 때 유익하게 이용할 수 있다. 우리는 자신의 네트워크 구조를 알거나 그라노베터가 제안한 방식으로 문제를 의식적으로 생각하지 않지만, 직관적으로 약한 유대를 이용하는 것처럼 보인다. 실제로 사람들은 유용한 정보를 찾기 위해 큰 네트워크를 살펴보려고 할 때 흔히 약한 유대에 의존하는데, 1장에서 소개한 전 세계적인 이메일 발송에 관한 연구도 그것을 보여준다. 거기서 사람들은 주어진 과제를 해결하기 위해 사회적으로 관계가 먼 친구들에 자주 의존했다. 가까운 친구들로 이루어진 집단 내에서는 정보가 자유롭게 흐르기 때문에, 사람들은 가까운 친구들이 아는 것을 거의 모두 알고 있을 가능성이 높다. 따라서 여러분과 직접적으로 연결된 가족과 친구는 인도네시아에 사는 어떤 사람과 연결될 방법에 대해 여러분이 모르는 것을 알고 있을 가능성이 낮다. 그러나 사회적으로 거리가 먼 사람들끼리는 경험과 정보가 겹치는 부분이 적다. 우리는 사회적으로 거리가 먼 사람을 덜 신뢰하지만, 그들이 가진 정보와 접촉은 우리가 거기에 직접 접근할 수 없기 때문에 본질적으로 더 소중한 것일 수 있다.

이것은 약한 유대를 많이 가진 사람은 다른 사람들이 자주 조언을 구하거나, 그가 알고 있는 정보나 접근 능력 때문에 좋은 기회를 얻는다는 것을 의미한다. 다시 말해서, 집단들을 이어주는 가교 역할을 하는 사람은 전체 네트워크에서 중심적 위치에 존재하여 금전적으로나 그 밖의 방법으로 보상을 받을 가능성이 높다.

또한 이것은 우리가 정보나 기회를 찾기 위해 의도적으로 네트워크를 살펴볼 때, 가끔 네트워크의 자연적인 경계를 뛰어넘는다는 것을 의미한다. 영향의 흐름은 3단계에서 멈출지 모르지만, 우리는 종종 뭔가 새로운 것을 배우기 위해 2~3단계보다 더 밖으로 나가 정보를 찾는 것처럼 보인다. 우리는 일상생활에서 일자리나 아이디어, 새로운 피아노 선생을 찾을 때 그렇게 하는데, 네트워크 내에서 우리 자신의 경제적 부에 중요한 영향력을 행사하는 곳은 자신의 사회적 지평선을 막 벗어난 바로 이 지역이다.

믿을 수 있는 친구들

네트워크가 경제적 결과에 어떤 영향을 미치는지를 쉽게 생각하려면, 우리와 다른 사람 사이의 유대가 고정돼 있다고 가정하는 게 편리할 때가 많다. 그러나 성 네트워크(사람들은 대개 파트너를 순차적으로 만나기 때문에, 그 구조가 시간이 지남에 따라 점점 나타나는)와 고독감 네트워크(그 사람의 특성에 따라 연결이 생겨나고 끊어지는)의 사례에서 볼 수 있듯이, 네트워크는 정적이 아니라 동적이다. 돈, 정보, 영향력의 흐름은 우리가 친구와 친구의 친구에게 영향을 미친다는 것을 의미하며, 그 과정에서 네트워크는 자체 생명력을 발휘해 시간이 지남에 따라 형태가 변한다. 만약 돈이 세상을 돌아가게 만든다면, 그것은 돈이 수동적으로 네트워크를 받아들이기 때문이 아니다. 부유한 개인과 대기업이 자신들의 재정적, 경제적 목표에 따라 네트워크의 형태를 변화시키며, 한편 네트워크의 형태는 그들이 그러한 목표를 이룰 수 있는지에 대해 큰 영향을 미친다. 믿을 수 있는 친구들끼리 함께 뭉쳐 자신들을 돌보는 것이다.

네트워크의 형태를 자기들 입맛에 맞게 바꾸려고 시도한 사례에 대한 최초의 증거는 르네상스기에서 찾을 수 있다. 15세기에 피렌체에서 권력을 잡은 코시모 데 메디치Cosimo de Medici는 유럽에서 막 발전하기 시작한 은행 제도를 튼튼하게 떠받치면서 이탈리아 북부를 3세기 동안 지배한 여러 가문과 파벌의 연맹을 이끌었다. 샌타페이 연구소와 시카고 대학에서 정치학자로 일하는 존 패짓John Padgett은 이 시기의 메디치 가문과 그 밖의 피렌체 가문들에 대해 방대한 정보를 수집하여, 소셜 네트워크의 극적인 변화가 근대 자본주의 및 민주주의 사회에 큰 영향을 미쳤음을 보여주었다.

그 당시 아시아와의 교역 증가로 인해 일부 가문들이 갑자기 크게 부유해졌다. 이 일은 계급 질서가 아주 엄격하고 집단들끼리 서로 연결이 없던 봉건적 사회 네트워크를 붕괴시키는 계기가 되었다. 신흥 부호 가문들은 전통적인 부호 가문들과 사회의 지배력을 놓고 경쟁하기 시작했으며, 목적 달성을 위해 상인이나 수공업자 집안과 혼인 관계를 맺고, 상인과 길드(상업의 성장과 함께 점점 그 중요성이 커지고 있던)에 권력을 일부 넘겨주면서 서로 자기편으로 끌어들이려고 경쟁했다. 이 새로운 소셜 네트워크의 중심에 있었던 메디치 파벌은 이전에 서로 단절된 많은 집단을 연결하며 아울렀다. 그 결과, 메디치 가문은 이전에 피렌체를 통치했던 과두정치 지도자들을 완전히 정복할 수 있었다. 1433년 9월 26일에 벌어진 마지막 전투에서 과두정치 지도자인 리날도 알비치Rinaldo Albizzi는 자신의 지지자들을 이끌고 시청을 공격하려고 시도했다. 그러나 제때 나타난 사람들은 극소수였고, 열정도 부족해 결국 임계 질량에 이르기 전에 뿔뿔이 흩어지고 말았다. 이에 반해 메디치 가문은 대규모 선제 조처를 취해 지지자들을 베키오 궁전에 모이게 했다. 그 결과, 실제로 전투는 일어나지 않았으며, 과두정치 지도자들은 조용히 피렌체를 떠나고 말았다. 소셜 네트워크 구조에 일어난 이 변화의 결과로 사회적 통제가 약화되었고, 그와 함께 피렌체와 이탈리아의 나머지 지방과 세계에 민주화를 가져오게 될 새로운 제도들이 나타났다. 돈과 개방적 정치 제도의 수렴은 예술과 과학에 빅뱅을 가져왔고, 그 영향력은 오늘날까지 지속되고 있다.[24]

오늘날의 기업에서도 비슷한 과정이 작용하고 있다. 오늘날의 기업들은 결혼을 통해 계약을 성사시키는 경우가 드물지만, 이사회의 이사들을 서로 공유한다. 그 중에는 유명 인사도 있지만(빌 클린턴은 같은 시기에 최소한 12개의 이사회에 참석한 적도 있다), 대부분은 같은 업계에서 다년간 일해온 순수 기업가이다.[25] 이사들은 자신들이 일하는 여러 회사들 사이에 네트워크 연결을 만들어내며, 그 사이에서 쉽게 정보를 전달할 수 있다. 이것은 공모와 시장 조작의 기회를 높이기 때문에, 100년이 넘도록 의회의 감시와 조사를 받는 원인이 되었다.

시가 총액이 가장 큰 800개 기업을 대상으로 한 고전적인 연구에 따르면, 은행 경영진은 특히 대기업과 긴밀한 연결 관계에 있으며, 대기업들은 경제계의 다른 기업들과 긴밀히 연결돼 있어, 은행들이 이 네트워크에서 중심적 역할을 하는 것으로 밝혀졌다.[26] 이것은 은행들이 이사진의 소셜 네트워크를 이용해 경제계의 강자들에게 통제력을 행사하거나 산업계에 대한 정보의 흐름을 알아내려고 시도할 경우 나타날 것으로 예상되는 바로 그 패턴이다. 그러나 이사회 회의와 이사들 사이의 논의는 은밀히 일어나기 때문에, 그 네트워크가 실제로 기업의 결정에 영향을 미치는지 확인하기가 아주 어려웠다.

이 문제를 해결할 수 있는 한 가지 방법은 모든 이사회가 추적 가능한 범위 내에서 공개적으로 하는 행동을 조사하는 것인데, 그 행동이란 바로 정치적 기부이다. 같은 지역에 있으면서 이해관계도 비슷한 두 회사는 같은 정치인에게 기부할 것이라고 예상할 수 있다. 그런데 이 점을 고려해 그 효과를 배제한다 해도, 두 회사에서 모두 일하는 공통 이사의 수를 늘리면, 정치 자금 기부 내역이 더 비슷해지는 경향이 있다.[27] 이것은 큰 회사들 사이의 사회적 유대를 증가시키면 그 행동이 비슷해진다는 것을 시사한다.

소셜 네트워크는 기업들이 재화를 서로 교환하는 방식에도 영향을 미친다. 시장에 관한 지나치게 단순한 경제 이론에서는, 관련 당사자들의 개인적 관계에 상관없이, 기업은 가장 비싼 가격을 제시한 구매자에게 상품을 팔고, 가장 싼 가격을 제시한 판매자에게서 상품을 산다고 가정한다. 그러나 현실 세계의 상호 작용은 기업들 사이의 개인적 관계를 바탕으로 일어날 때가 많으며, 그러한 관계는 신뢰와 상호성을 바탕으로 한 안정한 네트워크에 묶여 강하게 연결돼 있다.

노스웨스턴 대학의 사회학 교수 브라이언 우지Brian Uzzi는 어머니가 뉴욕에서 재봉사로 일했기 때문에, 의류 산업계에서 어떤 기업들은 서로 잘 연결돼 있는 반면 어떤 기업들은 그렇지 않다는 것을 개인적으로 목격해왔다. 그는 이런 회사 여러 곳을 대상으로 면담을 해본 결과, 연결이 잘 된 회사의 경우 누구와 거래를 해야 할지 결정하는 데 개인적 네트워크를 활용하지 않는 회사보다 살아남는 확률이 높다는 사실을 발견했다.[28] 그렇지만 지나친 연결도 좋지 않은 것으로 드러났다. 특정 사업 파트너(강한 유대)에게 무조건적인 신뢰와 헌신을 보이느라 다른 회사들(약한 유대)과 거래를 할 기회를 무시한다면, 그것은 오히려 독이 될 수 있다. 따라서 특정 파트너 집단과 안정적 관계를 유지하는 것과 시장에 생긴 변화로 인해 경쟁력을 잃을 가능성이 있을 때 과감하게 그런 관계를 청산하는 것 사이에 트레이드오프trade-off(어느 것을 얻으려면 반드시 다른 것을 희생해야 하는 경제 관계. 서로 모순된 관계에 있는 완전 고용과 물가 안정이 그런 예인데, 실업률을 줄이면 물가가 올라가고, 물가를 안정시키면 실업률이 높아지기 때문이다.) 관계가 존재한다. 따라서 강한 유대와 약한 유대를 모두 유지하는 게 중요하며, 상황에 따라 적절한 곳을 공략하는 것이 요령이라고 할 수 있다.

네트워킹의 창조성

우지는 의류 산업계에서 얻은 직관을 기업 세계에서 그다지 연구가 이루어지지 않은 곳으로 확대해보았다.[29] 〈캐츠Cats〉에서부터 〈스팸어랏 Spamalot〉에 이르기까지 브로드웨이의 뮤지컬은 수십 년 동안 큰 산업이었지만, 투자자들은 어떤 작품을 후원하기로 결정할 때 대개 직감에 의존할 수밖에 없었다. 딕 밴 다이크Dick Van Dyke가 주연을 맡은 〈바이 버디Bye Birdie〉는 브로드웨이에서 607일 동안 공연되면서 큰 성공을 거두었지만, 〈브링 백 버디Bring Back Birdie〉는 4일 만에 막을 내리며 참담한 실패를 겪었다. 두 작품 사이에 무슨 차이가 있었을까? 왜 어떤 작품은 성공하는 반면, 다른 작품은 실패할까?

우지는 뮤지컬 제작사들 사이에 형성된 소셜 네트워크가 중요한 역할을 한다고 믿고서, 재닛 스파이로Janet Spiro와 함께 1945년부터 1989년까지 브로드웨이에서 초연된 뮤지컬 321편의 제작사들 사이의 협력 관계를 조사해보았다. 특히 그들은 협력자들이 덩컨 와츠와 스티븐 스트로가츠Steven Strogatz가 1998년에 〈네이처〉에 발표한 획기적인 논문에서 밝힌 것과 같은 '작은 세계' 네트워크를 형성하는지에 대해 관심을 갖고 조사했다. 여기서 작은 세계 네트워크의 바탕을 이루는 개념은 크게 두 가지이다. 짧은 평균 경로 길이(스탠리 밀그램의 네브래스카 주 편지 실험이 보여준 것처럼 사람들은 적은 수의 중개자를 통해 네트워크 내에 있는 다른 사람들과 쉽게 연결되는)와 높은 이행성(어떤 사람의 친구들끼리도 대부분 서로 친구 사이인)이 바로 그것이다. 와츠와 스트로가츠는 모든 사람들을 잘 조직된 네트워크에 배치한 뒤, 여기에 무작위적인 연결을 조금만 추가하면 평균 경로 길이가 짧은 '작은 세계 네트워크'로 변화시킬 수 있음을 보여주었다. 그 결과는 모든 사람이 서로 연결된 '결속 집단'을 많이 포함하고 있는 질서정연한 네트워크였는데, 이들 결속 집단 사이에서는 정보가 전달되는 방법이 아주 많았다.

우지는 함께 일한 적이 없는 사람들로 이루어진 팀은 일을 제대로 해내지 못해 실패할 확률이 높다는 사실을 발견했다. 이러한 네트워크는 연결이 잘 되어 있지 않고, 대부분 약한 연결들로 이루어져 있었다. 정반대로 이전에 함께 일한 적이 있는 사람들로만 이루어진 집단 역시 그들이 만든 뮤지컬이 성공을 거두지 못하는 경향을 보였다. 이 집단은 외부에서 들어오는 창조적인 투입이 부족하기 때문에, 전에 함께 일할 때 썼던 것과 똑같은 아이디어를 재탕하는 경향을 보였다. 그렇지만 이 양자의 중간에 위치한 집단들은 새로운 팀원들의 다양성과 기존에 형성된 관계의 안정성이 결합돼 좋은 성과를 냈다. 작은 세계의 성격을 가장 잘 나타내는 네트워크가 가장 큰 성공을 거두었다.

약한 유대와 강한 유대가 혼합된 제조 회사의 네트워크는 커뮤니케이션이 원활하게 일어날 뿐만 아니라, 새로운 구성원의 아이디어와 그들이 만들어내는 시너지 효과 때문에 창조성의 발휘도 크게 촉진한다. 따라서 네트워크의 구조는 재정적 성공뿐만 아니라 결정적인 성공을 낳는 데 큰 효과가 있는 것으로 보인다.

더 좋은 뮤지컬을 만드는 문제는 여러분이 생각하는 세계적인 문제 명단에서 그다지 위쪽에 있지는 않을 것이다. 그렇지만 팀의 창조성을 자극하는 방법을 알면 광범위한 곳에 응용할 수 있다. 우지는 사람들이 이룬 업적과 그것이 소셜 네트워크와 어떤 관계가 있는지도 연구했다. 예를 들어 과학적 발견을 바라보는 이전의 관점에서는 개인적 천재성을 강조하는 방식으로 훌륭한 업적을 설명했다. 그러나 20세기에 들어와서는 발견과 혁신은 개인보다는 집단의 노력으로 이루어지는 경우가 많아졌다. 물론 발명가 네트워크에서 보았듯이, 다른 사람의 도움을 전혀 받지 않고서 혁신이 일어나는 경우는 거의 없다. 혁신의 돌파구는 서로 협력하는 집단에서 일어나며, 네트워크는 재능을 증폭시킬 수 있다. 이제 남은 문제는 개인이 혼자서 일할 때보다 팀의 일원이 되어 협력하면서 일할 때 더 큰 성과를 얻는다는 것을 경험적으로 보여주는 방법이다.

이 문제를 연구하기 위해 우지는 '훌륭한' 과학 연구를 나타내는 표지로 '인용'을 사용하기로 선택했다. 과학계에서 인용은 일종의 칭찬 내지는 관심을 나타내는 것이다. 우지는 1945년부터 2005년까지 세계 각지에서 발표된 과학 논문 2100만 건에 대한 자료와 15년간의 특허 신청 190만 건에 대한 자료를 수집했다. 그리고 개인이 쓴 논문과 팀이 쓴 논문을 비교해보았다. 인용을 논문의 질을 나타내는 하나의 척도로 사용했더니, 팀의 노력이 개인의 노력보다 평균적으로 더 훌륭하고 중요한 과학 업적으로 평가받았다는 결과를 얻었다.

우지는 학계에서 비공식적으로 통용되는 '9미터 법칙'이 실제로 성립하는지도 조사해보았다. 이것은 사람들이 자신에게서 9미터 이내에 있는 사람하고만 협력 연구를 한다는 법칙이다. 그러나 자기 '근처'에서 파트너를 찾는 대신에 네트워크 전체로 눈길을 돌리는 섹스 파트너 찾기 사례나, 소셜 네트워크 연결이 지리적 연결보다 더 중요하다는 것을 보여준 비만 전염 사례에서 보았듯이, 과학적 협력에서 물리적 거리의 제약은 갈수록 약해지고 있다. 1975년부터 2005년까지 발표된 논문 420만 건을 조사한 우지는 서로 다른 대학의 연구자들끼리 협력한 팀의 수가 같은 대학의 연구자들로만 이루어진 팀보다 점점 더 많아지고 있는 것을 발견했다. 이는 갈수록 전문화와 분업화가 심해지는 경향과 관계가 있으며, 세계화 또한 이런 경향에 약간 영향을 미쳤을 것이다. 그러나 갈수록 분명해지는 것은, 과학적 협력은 서로 다른 장소의 다양한 사람들이 함께 일하기 편한 작은 세계 형태의 조직에서 최고의 능률을 발휘한다는 사실이다.

색깔 조정

우지의 연구가 네트워크의 형태 또는 구조와 협력 사이에 어떤 연관이 있다는 것을 보여주긴 했지만, 네트워크가 사람들에게 서로 다른 방식으로 협력하게 만드는지, 아니면 서로 협력할 가능성이 높은 사람들이 그저 우연히 모여 특정 네트워크를 만드는지는 알기 어렵다. 그래서 펜실베이니아 대학의 컴퓨터 과학자 마이클 컨스 Michael Kearns와 그 동료들은 실험실에서 소셜 네트워크를 만들어 그것이 협력에 어떤 영향을 미치는지 알아보기로 했다. 별지 〈그림 5〉에서 보는 것처럼, 학생들을 각각 38명으로 이루어진 네트워크들로 배열했는데, 각 네트워크는 서로 다른 구조를 갖고 있었다.[31] 연구자들은 네트워크에서 각 위치에 있는 학생들에게 어떤 색깔에 있길 원하는지 한 가지만 선택하게 했다. 그리고 자신과 연결된 사람들이 선택한 색깔과는 다른 색깔을 선택하라는 과제도 부여했다.

학생들은 이웃들이 선택한 색깔을 보여주는(그들은 전체 네트워크는 볼 수 없었다.) 컴퓨터 화면 앞에 앉아, 주어진 색상 메뉴 중에서 인접한 이웃과 다른 색깔을 선택하라는 지시를 받았다. 선택한 색깔은 언제라도 바꿀 수 있었다. 그리고 시간을 쟀다. 만약 어떤 팀의 모든 구성원이 자신의 이웃과 다른 색을 선택함으로써 할당된 시간 안에 해결책을 찾는다면, 그 팀에게 약간의 상금을 주었다.

자, 그러면 학생들은 어떻게 했을까? 네트워크의 구조가 문제 해결 능력에 실제로 큰 영향을 미치는 것으로 드러났다. 고리 네트워크(별지 〈그림 5〉에서 A~D)는 더 복잡한 네트워크보다 문제를 해결하기가 더 쉬웠다. 그리고 직관과는 반대로, 네트워크 내에서 직접 연결된 이웃의 수가 평균적으로 많을수록 전체 집단이 문제를 해결하는 속도가 더 빨랐다. 같은 고리 네트워크에서 38명이 문제를 해결하는

데 걸린 평균 시간은 직접 연결된 이웃의 수가 많을수록 144초(네트워크 A)에서 121초(네트워크 B), 66초(네트워크 C), 41초(네트워크 D)로 줄어들었다. 더 복잡한 네트워크는 문제를 해결하는 데 시간이 더 많이 걸렸다(네트워크 E는 220초, 네트워크 F는 155초).

네트워크 D와 E의 차이는 특히 눈길을 끈다. 이 두 네트워크에 속한 사람들은 아주 비슷한 상황에 있는데, 이웃의 수도 거의 비슷하고, 네트워크 내에서 두 사람 사이의 평균 분리도도 거의 비슷하다. 그리고 이 실험에 참여한 학생들은 자신이 어떤 네트워크에 속해 있는지 알 수 없었다. 볼 수 있는 것은 자신과 직접 연결된 이웃들뿐이었다. 그런데도 네트워크 E가 문제를 해결하는 데 걸린 시간은 네트워크 D보다 5배 이상이었다. 따라서 네트워크 내에서 전체적인 연결 패턴의 작은 차이가 전체 집단의 과제 수행 능력에 큰 차이를 빚어낼 수 있다.

경제 문제를 해결하기 위해 여러 가지 노력을 통합 조정해야 하는 사람들은, 네트워크 내에 명확한 연결들을 만들거나 당면 과제 해결에 적합한 방식으로 네트워크를 조직하는 게 중요하다는 교훈을 얻을 수 있다. 예를 들어 2009년에 미국은 7870억 달러의 경기 부양책을 마련해 국가적 차원에서 수천 개 기관과 회사에 지원했는데, 이 자금은 가능하면 빨리 쓰도록 계획돼 있었다. 그리고 중복 집행의 낭비를 피하기 위해 각각 다른 계획에 자금을 투입하게 돼 있었다. 컨스의 실험은 이러한 계획의 경우, 정부는 기존에 존재할지도 모르는 비공식적 경로 외에 각 기관과 회사 사이에 조직적인 커뮤니케이션

채널을 만들어야 한다고 충고한다. 즉, 정부가 작은 세계 연결을 촉진해야 한다는 것이다.

그러나 가끔 달성하고자 하는 목표를 놓고 당사자 간에 의견이 일치하지 않을 수가 있다. 허리케인 카트리나 피해자들에게 지원을 제공하려고 했던 연방 정부의 노력이 완전한 실패로 끝난 일을 생각해 보라. 연방 정부는 뉴올리언스에서 주민들을 대피시키길 원했지만, 그레트나(뉴올리언스 옆에 있는 도시)의 현지 경찰은 뉴올리언스에서 빠져나오는 주민들 때문에 큰 혼란이 발생할 것을 우려해 주민들이 도시를 떠나지 못하게 막았다.

컨스와 동료 연구자들은 바로 이와 같은 상황, 즉 각자 동기는 다르지만 함께 협력해야 하는 상황에서 네트워크가 의사 결정에 어떤 영향을 미치는지 알고 싶었다. 그래서 다시 실험실에서 다른 종류의 실험을 했는데, 이번에는 서로 다른 구조의 네트워크에 속해 있는 사람들에게 의견 일치(모든 사람이 똑같은 색깔을 선택하는 상황)에 이르도록 노력하게 했다.[32] 그리고 이번에는 집단의 목표들 사이에 긴장을 조성했다. 참여자 중 절반에게는 만약 모든 사람이 빨간색을 선택하면 보너스로 1인당 50센트를 주겠다고 말하고, 나머지 절반에게는 모든 사람이 파란색을 선택하면 보너스로 1인당 50센트를 주겠다고 말했다. 앞서 한 색칠하기 실험과 마찬가지로, 주어진 시간 내에 의견 일치에 이르지 못하면 상금을 전혀 받을 수 없었다. 만약 사람들이 보너스를 받겠다고 자기 고집을 굽히지 않으면, 아무도 상금을 받지 못하게 된다. 따라서 일부 사람들이 양보를 하지 않으면 안 된다.

이번에도 의견 일치에 이르는 시간은 네트워크의 구조에 따라 차이가 났다. 일부 사람들이 다른 사람들보다 이웃이 더 많은 네트워크에서는 이웃을 가장 많이 가진 사람들이 전체 네트워크를 자신이 원하는 색깔 쪽으로 이끌고 갈 수 있었다. 연구자들은 이것을 '소수 세력 효과 minority-power effect'라고 이름 붙였다. 영향력이 큰 위치에 있는 개인들로 이루어진 소수 집단이 거의 언제나 자신들의 뜻대로 전체 집단을 이끌고 갔다. 반면에, 그러한 집단은 전체적인 행동 통일을 촉진하여 모든 사람이 아무것도 얻지 못하는 결과를 막을 수 있다. 따라서 소셜 네트워크는 우리가 혼자 힘으로는 할 수 없는 일을 할 수 있도록 도움을 줄 수 있는 반면, 종종 연결이 많은 사람들에게 더 많은 힘이 쏠리게 할 수 있다. 그 결과, 연결이 가장 많은 사람이 가장 많은 열매를 차지하는 경우가 많다.

친구들의 소중한 가치

회사의 중역 같은 엘리트들이 소셜 네트워크를 자신의 필요에 맞게 조직함으로써 이익을 얻는다는 것은 분명하지만, 그러한 이익이 사회의 다른 영역까지 미치는지는 확실치 않다. 어쨌거나 소셜 네트워크는 부자는 왜 더 부자가 되고, 경제적 불평등이 왜 계속 확대되는지 한 가지 설명을 제시한다. 그 논리는 아주 간단하다. 부자는 주위에 친구가 더 많이 모여들고, 친구가 많으면 부자가 되는 방법을 더 많이 알 수 있다. 그리고 최근에 기술 분야에서 일어나는 변화들이 부익부 빈익빈 문제를 더욱 악화시킬 수 있다. 소셜 네트워크를 찾고 탐색하는 게 더 쉬워지면, 사회적 연결과 성공 사이의 긍정적 피드백 고리가 사회적 렌즈를 만들어 이미 부와 권력을 가진 사람들에게 부와 권력을 더욱 집중시킬 수 있다.

다행히도 세상의 가난한 사람들에게 돌아갈 운이 전혀 없는 것은 아니다. 지난 30년 동안 소셜 네트워크를 이용해 불평등과 맞서 싸우고, 이전에 그들이 전혀 가지지 못했던 것, 즉 신용에 접근하게 함으로써 가난한 사람들의 운명을 개선하려는 운동이 일어났다. 신청하지도 않은 신용카드를 발급해주겠다는 제의를 거의 매일 받는 미국인들은 상상하기 어렵겠지만, 세상에는 단 1달러도 빌릴 데가 없는 사람들이 아주 많다. 돈을 빌릴 수 없는 주요 이유는 담보가 없기 때문이다. 이들은 땅이나 부동산이 전혀 없으며, 소유물 또한 재산 가치가 거의 없는 것이라 전통적인 대부업자는 그것을 담보로 쳐주지 않는다.

그렇지만 전 세계의 은행들은 아무리 가난한 사람이라도 누구나 갖고 있는 담보를 간과하고 있는데, 그것은 바로 그들의 친구와 가족이다. 소셜 네트워크는 어디에나 존재하며, 대출을 보증하는 데 성공적으로 사용할 수 있다. 이 아이디어를 처음 생각해낸 사람은 방글라데시의 경제학자 무함마드 유누스Muhammad Yunus이다. 그는 자신이 근무하던 치타공 대학 근처의 가난한 마을들을 방문했다가 이 아이디어가 떠올랐다. 조브라 마을 여성들은 대나무로 물건을 만들어 팔았는데, 재료인 대나무를 살 돈이 없어 현지 고리 대금업자들에게 돈을 빌리고는 비싼 이자를 갚느라 착취당하고 있었다. 그것을 본 유누스는 자신이 직접 돈을 빌려주겠다고 나섰다. 42명의 그 마을 여성들이 원하는 금액은 얼마였을까? 모두 27달러로, 1인당 채 1달러도 되지 않는 금액이었다. 이것이 계기가 되어 새로운 마이크로크레디트 microcredit 시장이 탄생했다.

나라 전체에 이러한 종류의 대출 제도가 필요하다는 걸 깨달은 유누스는 한 은행을 찾아가 그 은행이 대출을 해줄 마을들에 대해 자신이 보증을 서주었는데, 은행은 자산이 없는 사람에게는 대출을 해주려 하지 않았기 때문이다. 놀랍게도 유누스가 보증을 서준 대출금의 상환율은 그 은행의 전체 대출 상환율보다 높았다. 유누스는 거기서 한 걸음 더 나아가 마이크로크레디트 대출을 담당하는 그라민 은행을 세웠다.

이 소액 대출 제도의 중요한 특징 한 가지는 개인에게 대출을 해주는 게 아니라 집단에게 대출을 해준다는 점이다. 그들은 이 돈으로 작은 사업을 시작하거나 가난에서 벗어나는 데 도움이 되는 투자(자녀의 학비를 대거나 고리 대금업자에게 빌린 사채를 갚는 것과 같은)를 할 수 있다. 그러니까 대출을 받는 사람들은 친구나 가족을 은행 측에 사회적 담보로 제공하는 셈이다. 이것은 채무 불이행의 위험을 크게 낮춰주기 때문에 평소에 위험이 높아 은행이 꺼리던 대출도 가능하게 해준다. 소셜 네트워크는 위험을 분산하고, 가뭄이나 가족의 죽음 같은 돌발적인 사건에 효과적으로 대처하는 데 도움을 준다. 그렇지만 무엇보다도 이것이 소셜 네트워크의 유대를 돈으로 바꾸는 방법이라는 점이 중요하다. 은행은 보통 다섯 사람이 한 그룹을 이룰 것을 요구한다. 그리고 다섯 사람 모두가 1주일간의 사업 기술을 훈련받은 뒤에 시험을 통과하면 대출을 신청할 자격을 얻는다. 대출은 처음에는 두 사람에게만 제공되는데, 만약 두 사람이 대출을 상환하면 그 다음 두 사람이 대출을 신청할 수 있고, 이들도 대출을 상환하면 마지막 한 사람이 대출을 신청할 수 있다.

유누스는 그라민 은행의 성공 원인을 소셜 네트워크의 특징에서 찾는다. "미미해 보이지만 때로는 전혀 그렇지 않은 동료의 압력이 모든 구성원을 정도正道에서 벗어나지 않게 합니다." 이 은행은 인위적으로 그룹을 만들려는 시도는 하지 않는데, '자생적으로 생겨난 그룹이라야 그 연대감이 더 강하기 때문'이다. 많게는 여덟 그룹을 함께 묶어 센터에서 관리하는데, 선출된 구성원에게 초기의 대출 신청을 감시하게 한다. 이 작은 세계 조직은 브라이언 우지가 의류 제조업자들과 브로드웨이, 학계에서 발견한 것과 정확하게 동일한 것이다. 그라민 은행은 신뢰를 높일 수 있게 그룹들 사이의 강한 유대를 촉진하려고 노력하고, 또 문제가 생겼을 때 창조적인 해결책을 찾는 능력을 높이기 위해 약한 유대를 통해 다른 그룹 구성원들과 연결시키려고 노력한다. 유누스는 "그룹 내 경쟁심과 그룹 간의 경쟁심도 각 구성원에게 주어진 목표를 달성하도록 자극을 줍니다."라고 말한다.[33]

이 네트워크가 지닌 또 하나의 중요한 특징은 여성에게 거의 전적으로 대출을 집중한다는 점이다. 일반적으로 여성은 남성보다 사회적 담보가 더 많기 때문에 이 정책은 충분히 일리가 있다. 또한 여성에게 대출을 해주는 것은 그 혜택을 증대시키는 효과가 있다. 왜냐하면, 여성은 남성보다 학비나 의료비 지원 등을 통해 자녀의 삶을 개선하는 데 투자할 가능성이 더 높기 때문이다. 또한 일반적으로 남성이 아내를 위해 투자할 가능성보다는 여성이 남편을 위해 투자할 가능성이 더 높다.

그라민 은행이 창립된 후 소액 대출이 빈곤층뿐만 아니라 극빈층의 가난도 덜어주는 데 효과가 있다는 사실이 입증되었고, 서민 경제 향상에 크게 기여하자, 이에 자극 받은 100여 개 이상의 나라들도 비슷한 계획들을 추진하게 되었다. 심지어 선진국에서도 대학생이나 저소득 계층을 위해 이와 비슷한 계획을 도입하고 있다. 소셜 네트워크가 지닌 장점에 대한 통찰력에서 생겨난 방글라데시의 혁신이 저절로 확산돼 나가는 현상은 아주 흥미롭다. 소액 금융 운동이 전 세계에서 큰 관심의 대상이 되자, 이제 월스트리트도 그러한 대출 상품을 패키지로 묶어 저당 증서나 그 밖의 일반 유가 증권처럼 채권으로 판매하고 있다. 노벨 재단은 그라민 은행과 무함마드 유누스의 노력을 인정하여, '아래로부터 경제적, 사회적 개발을 이끌어낸 노력을 높이 사' 2006년에 유누스에게 노벨 평화상을 수여했다.

이와 유사하게 사회적 유대를 활용한 제도들은 역사 속에서도 찾아볼 수 있다. 예를 들어 계契는 자발적으로 만들어진 조직으로, 계원들이 정기적으로 만나 각자가 낸 일정 금액의 돈을 모아 그 전부 또는 일부를 한 사람에게 몰아주는데, 그 곗돈은 정해진 순번에 따라 돌아가면서 타게 된다. 이러한 조직들은 대개 자생적으로 생겨났는데, 공식적인 제도에 바탕을 두지 않았으며, 지도자가 없는 경우도 많다. 이러한 종류의 계 조직은 대한민국, 중국, 일본, 파키스탄, 인도, 나이지리아, 카메룬 등 세계 각지에서 볼 수 있으며, 미국 이민자 집단 사이에서도 기업 활동 자금을 모으기 위해 종종 사용된다. 이민자들은 정상적인 경로로 은행 대출을 받기 힘든 경우가 많기 때문에 계 조직을 활용한다. 19세기 영국에서는 여성 근로자들 사이에 비슷한 조직들이 나타났다. 19세기에 미국의 변방 농민들 사이에 생겨난 축사 지어주기 전통은 이것이 변형된 형태라고 할 수 있다. 농민들은 예컨대 매달 첫 번째 일요일에 함께 모여 순번이 돌아온 사람에게 축사를 지어주었다.

이러한 제도들을 학문적 차원에서 처음으로 기술한 사람은 인류학자 클리퍼드 기어츠 Clifford Geertz로 보이는데, 그는 1962년에 쓴 논문에서 그 기원은 작은 집단에 속한 사람들이 돌아가면서 잔치를 연 전통에서 찾을 수 있다고 지적했다. 기어츠가 현지 조사를 한 인도네시아를 비롯해 계 조직이 남아 있는 여타 지역의 주민들은 이러한 조직에서 경제적 기능보다는 사회적, 상징적 기능을 더 중시하는 경우가 많았다. 그들은 "이 조직은 마을의 결속과 공동체의 화합을 튼튼하게 해준다."라고 말할 것이다.[34] 그러한 전통 제도는 아주 다양한 종류가 존재하며, 이자를 매기거나 곗돈을 타는 순서를 정하는 데 아주 복잡한 절차를 따르는 것도 있다.[35] 그렇지만 이들 조직의 공통점은 사회적 연결이 어떤 사람이 곗돈을 탄 뒤에도 배신 행위를 하지 않도록 방지하는 기능을 한다는 점이다. 기존의 사회적 유대를 통해 돈은 한 사람에게서 다음 사람에게로 이동하며, 조지가 어디에 있는지 모두가 알기 때문이다.

부자들의 삶이 증진되고 있는 것만큼 빠르게 소셜 네트워크의 힘을 이용해 가난한 사람들의 삶을 증진시킬 수 있는지는 앞으로 두고 봐야 알 것이다. 그렇지만 직접적으로는 대출이나 분위기에 휩쓸리기 쉬운 시장에 대처할 수 있는 건전한 경제 정책을 통해, 간접적으로는 육체적 건강과 정신적 행복 증진을 통해, 네트워크를 이용해 불평등을 줄일 수 있다는 믿음에 대해 우리는 낙관적인 기대를 건다. 해결되지 않은 주요 문제는, 우리가 소셜 네트워크를 이런 방식으로 활용할 능력이 있는지 여부가 아니라, 우리가 그렇게 할 의지가 있는가 하는 것이다. 다시 말해서, 네트워크는 우리가 스스로를 다스림으로써 행복을 확산시키는 목표를 달성하는 능력에 어떤 영향을 미칠까?

CONNECTED

CHAPTER 6

정치적 연결

POLITICALLY CONNECTED

2008년 미국 대선에서 승리한 버락 오바마는 소셜 네트워크의 정치적 연결을 보여준 대표적인 사례이다. 인지도나 선거 자금이 힐러리 클린턴이나 존 매케인에 비해 절대적으로 부족했던 오바마가 승리할 수 있었던 중요한 요인 중 하나는 오바마의 지지자들이 서로 연결돼 있다고 느꼈기 때문이다. 많은 사람들이 오바마가 유권자들과 연결하는 놀라운 능력을 지적했지만, 더욱 인상적인 것은 유권자들끼리 서로 연결시키는 그의 능력이었다.

CONNECTED

2008년 11월 4일 밤, 버락 오바마는 대통령 당선 수락 연설에서 이렇게 말했다. "저는 절대로 당선 가능성이 가장 높은 대통령 후보가 아니었습니다. 우리는 돈도 얼마 없고, 지지도 미미한 상태에서 출발했습니다. 우리의 선거 운동은……이 대의를 위해 얼마 안 되는 저금을 털어 5달러, 10달러, 20달러를 내준 남녀 근로자 여러분의 힘으로 이루어졌습니다." 실제로 오바마 팀은 선거 자금 모금에서 기록을 세웠다. 선거 유세가 끝날 때까지 300만 명 이상이 6억 달러 이상 기부했다. 돌이켜보면 오바마의 선거 운동은 실수라곤 전혀 범하지 않고 완벽하게 치러낸 작전이라고 말할 수 있다. 그런데 그는 어떻게 여론이 자신에게 유리하게 돌아서기도 전에 많은 사람들을 지지자로 끌어들일 수 있었을까? 어떻게 설득했기에, 이전에 아무런 관련도 없던 그렇게 많은 사람들이, 특히 자신의 한 표 따위는 전혀 중요하지 않다고 여기던 사람들이 선거 자금을 기부하고, 또 오바마에게 투표를 했을까?

오바마가 성공을 거둘 수 있었던 중요한 요인 가운데 하나는 '남녀 근로자'들이 서로 연결돼 있다고 느꼈기 때문이다. 오바마의 선거 운동은 많은 점에서 역사적인 이정표를 세웠다고 할 수 있지만, 혁명적인 것은 선거 자금 모금뿐만이 아니었다. 많은 사람들은 유권자들과 연결하는 오바마의 놀라운 능력을 지적했지만, 더욱 인상적인 것은 유권자들끼리 서로 연결시키는 그의 능력이었다.

2008년 미국 대통령 선거에서는 모든 후보 진영이 선거 운동에 인터넷을 활용하려는 노력이 크게 증가했지만, 오바마는 특히 온라인 소셜 네트워크와 소셜 미디어의 힘을 최대한 활용했다. 오바마가 선거에 웹을 활용한 것은 1960년 미국 대통령 선거에서 존 F. 케네디가 텔레비전을 이용해 승리한 것과 비교되기도 한다. 두 사람은 신기술을 사용해 정치의 양상을 확 바꾸어놓았고, 친구와 적을 막론하고 모두 대중에 접근하는 그들의 방법을 따르게 만들었다.

확고한 지지 기반이 전혀 없던 오바마는 인터넷이 중요한 역할을 하리란 사실을 일찍부터 간파했다. 2004년에 하워드 딘Howard Dean은 전통적인 후보들과 경쟁하는 데 인터넷을 활용했지만, 그때는 아직 온라인 소셜 네트워크가 제대로 발전하기 전이었다. 딘은 많은 자금을 모금하긴 했지만, 유권자들끼리 서로 연결되지 않았기 때문에 지지자들을 동원하는 데에는 실패했다. 오바마는 뛰어난 능력을 가진 두 사람에게 온라인 선거 운동을 지휘하게 했다. 한 사람은 하워드 딘의 선거 운동을 맡았던 조 로스파스 Joe Rospars였고, 또 한 사람은 페이스북Facebook의 공동 창립자인 크리스 휴즈 Chris Hughes였다.

휴즈는 소셜 네트워킹 사이트인 My.BarackObama.com을 만들었는데, 한창때에는 등록 계정 수가 150만 개에 달했다. 사용자들은 오바마 후보에 대해 토론을 나누고, 정치 자금을 기부했으며, 또 무엇보다 중요한 활동인 현실 세계의 사회적 활동을 조직했다. 선거 운동 기간에 50개 주 전체에서 선거 운동과 관련된 이벤트가 15만 건 이상 펼쳐졌다. 한편 온라인 지지자들은 지리적 가까움과 특정 문제에 대한 연대 관계를 바탕으로 약 35만 개의 그룹을 결성하고, 대중문화의 관심을 공유했다. 아이폰 사용자들은 친구들에게 투표를 하거나 선거 운동을 도와달라는 독려를 쉽게 할 수 있게 해주는 애플리케이션을 다운로드받을 수 있었다. 그 애플리케이션은 승부를 예측하기 힘든 주들에 거주하는 친구들을 맨 위에 배치하는 방식으로 중요도 순으로 전화 접촉망을 조직했다. 그리고 선거 운동 맨 마지막 주에 오바마 진영은 투표를 독려하기 위해 폰뱅킹 이벤트를 1000개 이상 조직했다.

인터넷 여론 조사업체인 퓨 인터넷 앤드 아메리칸 라이프 프로젝트에 따르면, 이러한 모든 활동이 합쳐져 상당한 차이를 낳았다.[1] 오바마 지지자들은 클린턴 지지자들보다 온라인 청원에 서명하고, 문자나 이메일, 온라인 소셜 네트워크를 통해 정치적 평을 전달하는 활동을 통해 자신의 친구와 가족을 동원하는 능력이 훨씬 뛰어났다. 젊을수록 오바마 지지 비율이 높은 것이 하나의 이유이기도 했지만, 같은 나이 집단 내에서도 오바마 지지자들은 클린턴 지지자들보다 훨씬 더 자주 자신의 네트워크를 통해 접촉하는 경향을 보였다. 오바마

지지자들과 매케인 지지자들 사이의 격차는 그보다 더 컸고, 그것은 결국 오바마에게 승리를 안겨다주었다.

전혀 중요하지 않은 나의 한 표

공화당이건 민주당이건 무소속이건 많은 사람들은 지지 정당에 관계없이 2008년 선거 운동에 참여한 데서 큰 자극을 받았다. 그리고 더 많은 사람들은 "그렇게 하는 것이 옳은 일이므로" 친구들과 가족들에게 투표를 하라고 독려했다. 그러나 이러한 행동은 다소 의아하다. 비록 대부분의 민주주의 국가에서는 모든 성인에게 투표권을 주지만, 각각의 표는 수백만 표 혹은 수천만 표 중 한 표에 지나지 않는다. 정치인들은 흔히 지지자들에게 "여러분의 소중한 한 표를 부탁합니다."라고 말하고, 사람들은 자신이 지지하는 후보가 승리하도록 돕기 위해 투표를 한다고 말한다. 그러나 실제로 한 표가 그렇게 중요한 가치를 발휘하는 것은 어떤 상황에서일까? 이 기본적인 의문에 대한 답을 얻기 위해 많은 사회과학자들은 이전의 연구를 바탕으로 일련의 조사를 실시했는데, 애석하게도 모든 연구 결과는 똑같은 결론으로 귀결되었다. 합리적으로 볼 때, 한 사람의 표 자체는 전혀 중요하지 않다. 그래도 우리가 투표를 하는 이유는 우리가 집단에 속해 있다는 사실과 그리고 소셜 네트워크의 힘과 큰 관련이 있는 것으로 드러났다.

1956년, 스탠퍼드 대학의 경제학과 대학원생이던 앤터니 다운스

Anthony Downs는 정치 연구에 '합리성'의 과학을 적용해보기로 했다.[2] 여기서 '합리성'의 과학이란 단어는 모순 어법으로 사용한 것이 아니다. '합리성'이란 단어는 아주 구체적인 의미를 지니는데, 그것은 '무분별'의 반대말이 아니다. '합리성'은 세 가지를 의미한다. 첫째, 합리적인 사람은 선호하는 게 있으며, 또 그것들이 무엇인지 안다. 그래서 여러분은 사과보다는 오렌지를, 100원짜리보다는 1만 원짜리를, 공화당보다는 민주당을 좋아하는 것이다. 혹은 무관심할 수도 있다. 중요한 것은 여러분이 두 가지를 비교할 수 있고, 그 중에서 어느 것이 더 마음에 드는지 혹은 둘 다 똑같이 좋아하거나 싫어하는지를 안다는 것이다. 둘째, 합리적인 사람의 선택은 일관성이 있다. 만약 여러분이 사과보다 오렌지를 더 좋아하고, 배보다 사과를 더 좋아한다면, 오렌지보다 배가 더 좋다는 선택을 하지는 않을 것이다. 일관성은 대수학의 이행성과 비슷하다. A>B이고 B>C라면, A>C라야 참이다. 셋째, 합리적인 사람은 목표 지향적이다. 우리는 자신이 원하는 것이 무엇인지 알면, 그것을 얻으려고 노력한다.

다운스는 투표를 합리적 행동으로 이해할 수 있는지, 그리고 만약 그렇다면 어떤 상황에서 그럴 수 있는지 알아보고 싶었다. 그는 미국 정치는 대개 두 가지 중 하나를 선택한다는 데 주목했다. 민주당이냐 공화당이냐, 세금을 올리느냐 내리느냐, 어떤 법안에 찬성하느냐 반대하느냐……. 실제로 미국 정치에는 광범위한 선택을 단 두 가지로 축소하는 공식 절차가 아주 많다. 다운스는 유권자들이 두 가지 선택 중 하나에 초점을 맞춰, 그것을 선택했을 때 일어날 모든 일들에 대해 신중하게 생각할 것이라고 가정했다. 그러고 나서 그것이 가져올 이득을 감안하면서 그 결과에 어떤 가치를 매길 것이다. 다시 말해서, 유권자들은 오바마가 대통령이 되면 자신에게 어떤 이익이 있는가라는 질문에 답을 얻으려고 노력할 것이다. 그런 다음, 대안(예컨대 존 매케인)에 대해서도 신중하게 생각하고, 그 결과에 대해 어떤 가치를 매길 것이다. 그러고 나서 각 유권자는 자신에게 더 높은 가치를 가져다주는 쪽에 투표할 것이다.

그러나 미국에서 투표는 의무적으로 반드시 해야 하는 것은 아니며, 그것은 다른 나라들도 대부분 마찬가지다. 무엇이 사람들을 귀찮게 투표소까지 가서 투표를 해야겠다는 마음을 먹게 만드는 것일까? 다운스는 유권자가 투표의 비용도 고려할 것이라고 생각했다. 투표소에 투표를 하러 가려면 일하는 시간이나 노는 시간을 잠시 희생해야 한다. 예를 들어 2004년 미국 대통령 선거 때 오하이오 주의 일부 유권자들은 투표를 하기 위해 빗속에서 몇 시간이나 기다렸다. 누구에게 투표를 해야 할지 정보를 수집하느라 시간을 쓰는 것도 개인적으로 값비싼 비용을 치르는 셈이다.

각자는 비용과 편익을 모두 고려하여 투표를 할지 말지 결정할 것이다. 만약 두 가지 선택이 주는 편익이 똑같다면, 유권자는 굳이 투표하는 비용을 들일 필요 없이 그냥 집에 있기로 결정할 수도 있다. 다운스는 이것을 '합리적 기권'이라고 불렀다. "양자 사이의 차이가 100원어치의 가치도 없다."라고 생각한다면, 투표를 하지 않는 게 분명히 합리적이다. 반대로, 어느 한쪽이 다른 쪽보다 훨씬 낫다고 판단한다면, 선거 결과에 더 많은 관심을 가질 것이고, 그래서 설령 투표의 비용이 상당히 높다 하더라도 한 표를 행사하려고 할 것이다. 빗속에서 몇 시간이나 기다린 오하이오 주의 유권자들은 그렇게 의욕이 넘치는 개인들을 보여주는 하나의 예에 지나지 않는다.

그러나 과연 이것으로 사람들이 왜 투표를 하는지 그 이유를 다 설명할 수 있을까? 특히 자신의 한 표가 결과에 아무런 영향을 줄 수 없다고 판단할 때에도 굳이 투표를 하는 이유를 과연 설명할 수 있을까? 이 경우에도 사람들은 단순히 비용과 편익을 계산한 뒤에 선택한 것일까?

실제로는 그것보다 훨씬 복잡하다. 1960년대와 1970년대에 큰 영향을 미친 로체스터 대학의 정치학자 윌리엄 라이커William Riker는 그런 결정을 내리는 유권자는 단 한 명이 아니라 수백만 명 이상이란 중요한 사실을 다운스가 간과했다고 지적했다.[3] 따라서 투표의 가치를 결정할 때, 우리는 단지 자신이 더 좋아하는 사람이 누구인지 결정해야 할 뿐만 아니라, 우리의 행동(투표)이 그 사람이 승리를 거두는 데 도움을 줄 확률까지도 계산해야 한다. 경우의 수가 너무나도 많기 때문에 그 확률을 계산하는 것은 불가능한 일처럼 보일 수도 있다. 오바마는 매케인을 300만 표 차로 이길 수도 있고, 299만 9999표 차로 이길 수도 있고, 혹은 134만 5267표 차로 질 수도 있다. 혹은……. 경우의 수는 문자 그대로 수백만 가지나 된다.

한 개인의 표가 정말로 중요한 가치가 있는 상황은 오직 한 가지뿐이다. 그것은 양쪽의 득표수가 똑같을 것으로 예상되는 경우이다. 어째서 그런지 알고 싶다면, 여러분이 수정 구슬에서 오바마가 300만 표 차로 이기는 미래를 보았다고 상상해보라. 여러분은 어떻게 하겠는가? 여러분의 한 표가 결과에 어떤 효과를 미칠 수 있을까? 절대로 아무 효과도 미치지 못할 것이다. 격차를 299만 9999표나 300만 1표로 바꿀 수는 있겠지만, 그렇다 해도 오바마가 승리하는 결과는 절대로 바꿀 수 없다. 아주 아슬아슬한 승부에도 같은 논리를 적용할 수 있다. 2000년 대통령 선거 때 플로리다 주에서 조지 W. 부시가 불과 537표 차로 승리를 거두고, 그 결과 전체 선거에서도 승리를 거두자 일부 플로리다 주 주민은 후회를 했을 것이다. 그러나 이 경우에도 한 개인이 할 수 있는 일은 격차를 536표나 538표로 바꾸는 것일 뿐, 선거 결과를 뒤집지는 못한다.

그렇다면 양측의 득표수가 정확하게 똑같게 나올 확률은 얼마일까? 이것을 간단하게 생각하는 한 가지 방법은 어떤 결과라도 현실로 나타날 확률이 모두 똑같다고 보는 것이다. 1억 명이 오바마와 매케인 사이에서 투표를 한다고 가정해보자. 매케인이 10억 대 0으로 이길 수도 있고, 9억 9999만 9999 대 1이나 9억 9999만 9998 대 2로 이길 수도 있다. 이런 식으로 모든 경우의 수를 다 따져보면 무려 1억 가지나 나오는데, 그 중에서 양측의 득표수가 똑같은 경우는 단 한 가지뿐이다. 미국 대통령 선거에 투표를 하는 유권자 수는 대략 1억 명이기 때문에, 양측의 득표수가 똑같을 확률은 약 1억분의 1이라고 말할 수 있다.[4]

물론 정확한 확률은 이것보다 훨씬 더 복잡하고, 오바마나 매케인이 모든 유권자의 표를 싹쓸이할 가능성은 거의 0에 가깝다. 그리고 일방적인 승부보다는 박빙의 승부가 펼쳐질 가능성이 더 높다. 따라서 무승부가 일어날 확률을 이론적으로 생각하기보다는 실제로 치러진 선거를 여러 번 조사해 무승부가 얼마나 자주 일어나는지 살펴보는 게 나을 수 있다. 지난 100년간 미국 상하원 의원 선거 1만 6577건에서는 무승부가 나온 적이 한 번도 없었다.[5] 가장 아슬아슬한 승부는 1910년에 뉴욕 주 제36 하원 의원 선거구에서 일어났는데, 민주당 후보가 2만 685표를 얻어 2만 684표를 얻은 경쟁자를 단 한 표 차로 이겼다. 그러나 재검표에서 격차가 더 벌어졌기 때문에, 실제로 단 한 표 차로 당락이 갈린 선거는 한 번도 없었다.

역대 선거 조사 결과, 선거당 투표에 참여한 유권자 수는 평균 약 10만 명이었다. 이는 수천만 명 이상 참여하는 전국 단위 선거에 비하면 훨씬 적은 수이기 때문에, 전국 단위 선거에서 무승부가 나올 확률은 훨씬 더 낮을 것이라고 예상할 수 있다. 그렇지만 그 확률을 계산하는 것은 결코 쉽지 않다. 미국 대통령 선거는 아주 복잡하여 일반 유권자의 표를 많이 얻는다고 해서 반드시 승리하는 게 아니다. 대신에 각 주마다 대통령을 직접 선출하는 선거인단 수가 정해져 있다. 큰 주일수록 선거인단 수가 많으며, 대부분의 주는 자기 주에서 일반 유권자의 표를 더 많이 얻은 후보가 모든 선거인단을 차지하게 한다. 그 결과, 일반 유권자 득표수에서는 뒤지고도 큰 주에서 근소한 차이로 이김으로써 전체 선거인단 수를 더 많이 확보해 대통령 선거에 이길 수가 있다(조지 W. 부시가 2000년 선거에서 그랬던 것처럼). 정치학자 앤드루 겔먼Andrew Gelman과 게리 킹Gary King, 존 보스카딘John Boscardin은 이 모든 복잡한 요소들을 하나의 거대한 통계 모형에 집어넣는 방법으로, 100년간의 대통령 선거 자료를 사용해 각 주의 선거 결과와 그것이 선거인단 투표에 미치는 효과를 모형으로 만들었다.[6] 이들이 만든 모형은 어느 한 주의 선거 결과가 무승부로 나와 그것이 그 주의 선거인단 투표 결과를 바꾸고 전체 선거 결과를 바꿀 확률을 1000만분의 1로 계산했다.

자, 그러면 앤터니 다운스가 처음에 제기한 문제로 다시 돌아가보자. 2008년 대통령 선거에서 여러분이 투표를 할지 말지 고민하고 있다고 가정하자. 이 모든 것을 감안할 때, 투표를 하는 것이 합리적으로 타당한 경우는 언제일까?

첫째, 매케인이 대통령이 되는 경우와 오바마가 대통령이 되는 경우의 차이에 대해 어떤 가치를 매겨야 한다. 이 가치를 매기는 한 가지 방법은 스스로에게, 매케인과 오바마 중 누가 대통령이 될지 선택하는 유일한 사람이 될 수 있다면 얼마나 많은 돈을 지불할 용의가 있는지 물어보는 것이다. 여러분은 현금인출기로 가서 원하는 만큼의 돈을 인출할 수 있다고 하자. 앞으로 4년 동안 미국을 이끌 지도자를 선택하는 유일한 사람, 즉 킹메이커가 될 수 있다면, 돈을 얼마까지 지불할 용의가 있는가? 1달러? 10달러? 100만 달러? 대학생들에게 이 질문을 던지면 대개 10달러 미만의 금액을 제시하는데, 이것은 아주 놀라운 일이다. 단돈 10달러로 이만큼 큰 가치를 가진 것을 얻을 수 있을까? 그러나 논의의 편의상 여러분이 이것을 아주 중요한 결정이라고 판단하고, 차기 미국 대통령을 선택하는 유일한 사람이 되는 데 1000달러를 지불하기로 마음먹었다고 하자.

둘째, 여러분은 양측의 득표수가 정확하게 똑같을 때에만 자신의 투표를 통해 선거의 결과를 결정하는 기회를 얻었다는 사실을 감안해야 한다. 그렇지 않다면, 여러분이 투표를 하건 하지 않건 간에 승부에는 아무 변화가 없을 것이다. 따라서 투표의 가치는 1000달러가 아니다. 대신에 1000달러의 가치를 얻을 확률이 1000만분의 1이다.

셋째, 여러분이 기대한 편익을 투표 비용과 비교해보아야 한다. 대부분의 사람들은 정보를 수집하고 투표소에 가는 비용이 그렇게 크지 않다고 말한다. 그러니 그 비용을 편의상 1달러라고 하기로 하자. 물론 실제 비용은 이보다 더 높을 수 있지만, 어쨌든 0달러보다 높은 것은 확실하다.

이제 비용과 편익을 모두 계산했으므로, 투표 행위에 대한 합리적 분석 결과는 이렇다. 여러분이 투표를 하기로 결정하는 것은 상금이 1000달러이고 당첨 확률이 1000만분의 1인 로또 복권을 1달러에 사는 것과 대략 비슷하다. 라스베이거스의 도박 산업은 이런 복권을 판매하라고 하면 쌍수를 들고 달려들 것이다. 만약 복권을 1000만 달러어치 판다면, 1000만 달러의 수입을 올리는 대신에 상금은 1000달러만 지불하면 되니까. 그러나 아무리 요행에 목숨을 건 도박꾼이라도, 이 복권을 선뜻 사려고 하진 않을 것이다. 당첨 확률과 기댓값이 형편없이 낮기 때문이다. 슬롯머신이나 블랙잭, 룰렛은 이것보다 확률이 훨씬 높기 때문에 보통 사람이 이 복권을 사려면 마음을 끌 만한 다른 동기가 필요하다. 심지어 주에서 운영하는 로또 복권도 1등 당첨금이 1000달러가 아니라 수백만 달러나 되며, 게다가 복권 판매 수익금은 공공 목적에 쓰인다. 따라서 우리가 처음에 제기한 의문은 풀리지 않고 그대로 남았다. 이렇게 형편없는 확률과 기댓값에도 불구하고 왜 수많은 사람들은 투표를 할까? 선거가 로또 복권과 다른 요소를 갖고 있다면, 그것은 무엇일까?

투표에 관한 이 합리적 분석은 최소한 세 가지 이유에서 큰 실망을 안겨준다.

첫째, 현대 민주주의 정부의 핵심 행위가 전혀 합리적이지 않다는 것을 시사한다. 경제학자들은 투표 행위를 비합리적이라고 말할 것이다. 거기에 참여하는 사람들의 선호도에 위배되기 때문이다. 사람들은 확률과 비용과 당첨금이 투표를 하는 것과 똑같은 로또 복권이라면 절대로 사지 않을 텐데도 불구하고, 무슨 이유에서인지 투표를 하기로 선택한다. 정상적인 경제학자라면 투표를 하는 사람들이 실수하는 것이거나 투표에는 우리가 생각하지 못한 다른 이득이 있을 거라고 생각한다. 예를 들면, 다운스는 사람들이 시민의 의무를 다했다는 뿌듯함을 느끼기 위해 혹은 투표권을 유지하기 위해 투표를 하는지도 모른다고 지적했다. 다른 학자들은 사람들이 투표를 하는 것은 자신의 의사를 표현하는 것을 즐기기 때문일지도 모른다고 지적했다. 스포츠 경기에서 자신이 좋아하는 팀을 응원하면서 자신의 의사를 표현하는 것을 즐기는 것처럼.

둘째, 투표를 하는 사람이 투표의 비합리성을 알면 실제로 실망하게 된다. 1993년, 캐나다 정치학자 앙드레 블레André Blais와 로버트 영Robert Young은 세 학급 학생들에게 투표가 합리적 행동인가에 관한 강의를 10분 동안 한 뒤에, 그 강의를 듣지 않은 일곱 학급 학생들과 투표 참여율을 비교해보았다. 그러자 어쩌면 당연한 결과일지도 모르지만, 강의를 들은 학생들의 투표율이 훨씬 낮았다.[7] 한편, 미국에서는 1996년 대통령 선거일에 〈로렌스 저널-월드〉는 캔자스 대학의 정치학자 폴 존슨Paul Johnson이 자신이 왜 투표를 하지 않는지 그 이유를 설명한 칼럼을 실었다. 존슨은 합리적 논리를 열거하면서 그 이유 때문에 자신은 지난 30년 동안 투표를 한 번도 하지 않았다고 말했다. 그러자 며칠 사이에 존슨의 견해를 비난하고, 그를 대학에서 해고하라고 공공연히 요구하는 편지들이 편집자에게 날아들었다. 존슨은 해고되진 않았지만, 논란을 잠재우기 위해 1주일 뒤 선거인 명부에 자신의 이름을 등록했다.[8]

셋째, 투표하기로 결정한 이유를 제대로 설명할 수 없으면 모든 정치적 행위의 합리적 분석도 도마에 오르게 된다. 유권자의 투표 행위처럼 기본적인 것을 비용-편익 분석을 사용해 설명할 수 없다면, 일부 학자들은 누구에게 투표를 해야 하는지, 출마를 해야 하는지, 정치적 적수와 어떻게 흥정을 해야 하는지를 포함해 그 밖의 다른 결정들에도 합리성을 적용할 수 없다고 주장할 것이다. 정치적 행동의 주체들은 자신의 행동에 대한 비용과 편익을 설명할 수 있는 합리적 선택을 하는 대신에, 자신의 감정이나 일반화할 수 없는 특정 상황에 영향을 받을지도 모른다. 1990년, 스탠퍼드 대학 교수 모리스 피오리나Morris Fiorina는 이 골치 아픈 투표 문제를 "합리적 선택을 먹어치운 역설"이라고 불렀다.[9] 이것은 학자들이 투표 행위가 비합리적이라는 것을 표현하는 방법이다.

우리는 혼자 투표하는 게 아니다

이런 상황에서 우리는 투표 참여에 관해 나름의 연구를 시작했다. 우리는 합리성 논쟁에 뛰어든 양 진영의 학자들이 중요한 점을 한 가지 간과했다고 생각했다. 사람들은 투표 참여 여부를 혼자서 결정하는 게 아니다. 개개 유권자의 관점에서 이 문제에 접근하면 큰 그림을 놓치고 만다.

한 사람의 투표 결심이 실제로 다른 사람들의 투표 참여를 높이는 효과가 있음을 시사하는 증거가 많다. 여러분이 투표를 하기로 결정하면 친구와 가족, 직장 동료들의 투표 참여율도 높아진다는 것은 잘 알려진 사실이다.[10] 이런 일이 벌어지는 이유로는 다른 사람들이 여러분의 행동을 모방하고, 여러분의 직접적인 호소가 먹혀든다는 것을 꼽을 수 있다. 직접적 호소가 큰 효과가 있다는 것은 누구나 잘 알고 있다. 내가 여러분을 찾아가 투표를 독려할 경우 여러분이 투표할 확률은 크게 높아진다. 이 간단하면서도 낡은 직접 접촉 방식은 아직도 많은 정치 조직이 주요 수단으로 사용하고 있다. 따라서 우리는 사회적 연결이 투표 행위에 관한 수수께끼를 푸는 열쇠임을 시사하는 증거를 이미 많이 쥐고 있다.

그렇지만 투표 행위에 작용하는 사회적 요소에 대한 직관은 지금까지 첫 단계를 넘어선 적이 없었다. 앤터니 다운스를 비롯해, 개인은 모두 독립적이라는 가정하에 모형을 만든 그 밖의 사람들처럼, 한 사람이 다른 사람에게 사회적 영향을 미친다고 지적한 학자들은 한 쌍의 사람들 역시 독립적으로 행동한다고 가정했다. 내가 투표를 한다면, 그것은 내 아내에게도 투표를 하게끔 영향을 미칠 수 있지만, 영향이 미치는 범위는 거기서 멈춘다. 학자들은 더 큰 집단을 고려하면 어떤 일이 일어날지에 대해서는 전혀 생각해보지 않았다. 우리가 왜 투표를 하는지, 그리고 우리가 투표를 하는 게 왜 합리적인지 그 의문을 풀 수 있는 열쇠는 우리가 더 큰 네트워크 속에서 모두 연결돼 있기 때문일지도 모른다.

1970년대에 태어난 제임스 파울러는 텔레비전을 많이 보고 자랐다. 그가 생생하게 기억하는 광고 중에 이런 게 있다. 한 여성이 새로 산 샴푸가 정말 마음에 들어 두 명의 친구에게 그 이야기를 한다. 그러자 화면이 둘로 분할되어 두 친구를 각각 보여주면서 성우의 목소리가 흘러나온다. "그래서 그녀는 두 친구에게 말했습니다……그래서 그녀는 두 친구에게 말했습니다……그래서……그래서……." 화면에 나타나는 여성의 수는 "그녀는 두 친구에게 말했습니다."라는 목소리가 나올 때마다 두 배씩 늘어났고, 광고가 끝날 무렵에는 64명의 여성이 모두 그 샴푸를 쓰고 있었다.

이 광고는 지금도 소셜 마케팅을 설명할 때 종종 쓰인다. 그렇지만 우리가 흥미를 느낀 개념은 따로 있었다. 만약 새로운 샴푸를 시험하는 행동을 투표 행위로 대체하면 어떻게 될까? 투표 행위가 단지 내 친구뿐만 아니라 친구의 친구에게까지 영향을 미친다면 어떻게 될까? 어떤 사람의 친구가 5명뿐이라고 해도, 5명의 친구가 다시 각각 5명의 친구에게 영향을 미친다면, 한 사람이 25명에게 모두 영향을 미칠 수 있고, 또 그 친구의 친구들인 125명에게 영향을 미칠 수도 있다. 한 사람의 결정에 영향을 받는 사람의 수가 어떻게 아주 빨리 증가할 수 있는지는 쉽게 이해할 수 있다. 한 사람당 친구와 가족의 수가 평균적으로 10명이라면, 한 사람이 10명에게 영향을 미치고, 그 다음에는 100명에게, 그 다음에는 1000명에게 영향을 미치는 상황을 쉽게 상상할 수 있다. 만약 한 사람의 투표가 단지 10명의 투표에 영향을 미치는 게 아니라, 수백, 수천 명의 투표에 영향을 미친다면, 그 행위가 선거 결과에 미치는 영향은 엄청나게 크게 확대되므로, 왜 그렇게 많은 사람들이 기꺼이 투표를 하려고 하는지 그 이유를 충분히 설명할 수 있다. 우리는 자신이 영향을 미치는 사람들을 모두 볼 수는 없지만, 자신의 투표 행위가 큰 영향을 미친다는 것을 직감하는지도 모른다.

정치적 행위의 사회적 전파에 대한 최초의 연구는 컬럼비아 대학의 사회과학자 폴 라자스펠드Paul Lazarsfeld와 버나드 베렐슨Bernard Berelson이 1940년대에 펜실베이니아 주 이리와 뉴욕 주 엘미라에서 일어난 투표 행위에 관한 고전적인 연구였다.[11] 그들은 모든 대상자를 상호 연결하는 전체 네트워크에 대한 정보는 수집하지 않았지만, 사람들에게 어떤 방법으로 누구에게 영향을 받았는지 물어보았고,

그 결과는 정치적 행위에서 네트워크가 얼마나 중요한 역할을 하는지 보여주는 최초의 그림이었다. 이 연구에서 발견된 중요한 사실 중 하나는 언론 매체의 메시지가 직접 대중에게 전달되지 않는다는 것이었다. 대신에 '여론 주도층' 집단이 중개자 역할을 하여 언론 매체의 메시지를 여과하고 해석하여 정치에 큰 관심이 없는 친구와 가족에게 전달한다. 다시 말해서, 언론 매체는 소셜 네트워크에서 가장 중심에 있는 사람들에게 메시지를 전함으로써 그 역할을 수행하는 것처럼 보였다. 정치인들도 이와 비슷한 전략을 따르는데, 네트워크에서 주변에 위치해 투표를 할지 말지 알 수 없는 사람들을 설득하려고 노력하기보다는, 지역 유지들의 지지를 이끌어내려 하고, 항상 투표에 빠지지 않는 유권자들을 공략한다.

그 뒤, 로버트 헉펠트Robert Huckfeldt와 존 스프레이그John Sprague가 1970년대와 1980년대, 1990년대에 한 연구는 이러한 초기의 연구를 크게 진전시켰다.[12] 인디애나 주 사우스벤드와 인디애나폴리스, 미주리 주 세인트루이스에서 한 두 사람의 연구는 소위 '눈덩이' 설계를 사용했다. 사람들에게 자신에게 영향을 미친 친구들에 대해 이야기해 달라고 한 뒤에 그 친구들도 연구에 참여시키기 위해 연락처를 가르쳐달라고 했다. 헉펠트와 스프레이그는 정치 문제에서는 유유상종 법칙이 들어맞는다는 사실을 확인했다. 민주당 지지자는 민주당 지지자끼리, 공화당 지지자는 공화당 지지자끼리 어울리는 경향이 뚜렷하게 나타났다. 진보주의자는 진보주의자와 연결돼 있었고, 보수주의자는 보수주의자와 연결돼 있었다. 투표에 참여하는 사람들은 역시 투표에 참여하는 사람들과 정치를 논하는 경향이 있었다. 다시 말해서, 사람들은 정치적 성향에 따라 무리를 짓는 것처럼 보이며, 주위에 있는 사람들과 일치하는 방식으로 행동하고 생각하는 경향이 있다.

우리는 이 직관이 사람들이 왜 투표를 하느냐 하는 질문에 단서를 제공하는지 궁금했다. 또 정치적 행동과 생각이 퍼져나가면서 사람들의 국지적 네트워크에 강한 유사성이 생겨날 수 있는지도 궁금했다. 사람들은 자신을 닮은 사람과 사귀기로 선택하는 것일까, 아니면 동료들에게 영향을 줌으로써 서로 닮아가는 것일까? 헉펠트와 스프레이그는 사람들 사이의 영향력 전파 효과를 보여주었지만, 이제 우리는 그것이 과연 같은 네트워크 내에 있는 다른 사람들에게 전파되는지 그리고 어떻게 전파되는지 알고 싶었다. 한 사람의 투표가 정말로 연쇄적으로 자극을 주어 수천 명의 다른 사람들에게 투표를 하게 할 수 있을까?

사회 세계에서의 실제 정치

투표 참여 행위가 한 사람에게서 다른 사람에게로 계속 퍼져갈 수 있다는 개념이 얼마나 설득력이 있는지 알아내기 위해 우리는 "만약 내가 투표할 경우 얼마나 많은 사람들이 나를 따라서 투표를 할 가능성이 있을까?" 하는 질문에 대한 답을 알아보기로 했다. 친구와 가족 간에 일어나는 많은 상호 작용이 투표 결정에 영향을 끼칠 수 있다. 사람들은 단지 자신과 친한 사람의 행동을 보는 것만으로도 영향을 받을 수 있다. 또한 아는 사람들과 나눈 정치적 토론에서 영향을 받을 수도 있다. 심지어 우연한 만남도 영향을 줄 수 있다. 헉펠트는 "우리가 무시해온 상호 작용(울타리 너머로 나눈 토론, 산책을 하거나 슈퍼마켓에서 줄을 서 있다가 우연히 마주친 사람과의 대화 등)은 친밀한 사이에서 일어나지 않더라도, 정치적으로 영향을 미칠 수 있다."라고 주장한다.[13]

여러 차례의 선거를 조사한 연구에 따르면, 우리는 대개 몇몇 사람하고만 정치적 대화를 나눈다. 어떤 주제에 관한 것이건 '토론 상대'의 이름을 이야기해 달라고 한 조사 결과에서는 약 70%가 5명 미만의 이름을 댔다.[14] 조사 대상자들은 각각의 토론 상대와 1주일에 약 세 차례 대화를 나눈다고 대답했으며, 대부분의 사람들은 정치 이야기는 '가끔' 혹은 '종종' 한다고 대답했다. 그리고 사람들이 늘 선거에 대해 생각하는 것은 아니지만, 상당수 사람들은 선거 운동에 관심을 갖고 있으며, 특히 투표일 몇 달 전부터는 관심을 많이 쏟는다고 대답했다. 우리는 다양한 출처에서 얻은 자료를 바탕으로, 투표를 할지 말지 결정하는 시기인, 선거 운동이 절정에 이르렀을 무렵에 응답자들은 보통 토론을 20여 차례 하지만, 영향을 주고받는 기회는 그것보다 훨씬 많을 것이라고 평가했다. 인디애나폴리스와 세인트루이스 선거 조사에서 응답한 사람들 중 상당히 높은 비율(34%)은 자신이 좋아하는 후보를 다른 사람에게 찍으라고 설득했다고 대답했는데, 이것은 다른 사람들에게 자신을 따라하게 할 수 있다고 생각하는 사람이 많다는 것을 시사한다. 그런 노력들은 대개 후보를 선택하는 데 영향을 미칠 목적으로 시도하는 것이 많지만, 선거가 중요하다는 메시지도 함께 담고 있기 때문에, 투표일에 그 사람을 투표장으로 가게 하는 데 영향을 미칠 수 있다.

그런데 다른 사람에게 영향을 미치려는 이런 시도는 과연 성과가 있을까? 만약 모방이 일어난다면, 사회적으로 연결된 두 사람의 행동 사이에서 상관관계가 발견될 것이다. 실제로 우리가 투표율을 조사했을 때 그런 것이 발견되었다. 소득, 교육, 정치적 이념, 정치적 관심 정도 등을 비롯해 비슷한 행동을 나타내는 요인이 될 수 있는 여러 조건들의 효과를 차단했을 때, 자신의 토론 상대 중 한 사람이 투표를 할 경우 그 사람도 투표를 할 확률은 15%나 더 높았다. 그런데 이러한 영향은 그 사람을 뛰어넘어 네트워크의 나머지 부분으로도 퍼져나갈까? 직접적으로 연결된 사람들뿐만 아니라, 공통 친구를 통해 간접적으로 연결된 사람들 사이에서도 그러한 상관관계가 나타났다. 다시 말해서, 내가 투표를 할 경우, 내 친구의 친구들도 투표를 할 확률이 높아진다.

투표 행위를 연구하는 학자들은 비슷한 생각을 가진 사람들끼리 따로 무리를 짓는 경향이 있다는 사실을 발견한다. 그 결과, 대부분의 사회적 유대는 이해관계가 같은 사람들 사이에 일어난다. 이웃과 일터에서 정치적, 계급적 이해관계가 같은 사람들을 찾기 힘든 경우, 그런 환경을 벗어나 외부에서 그런 관계를 찾는 경향이 있다. 인디애나폴리스 선거 조사에서 응답자의 친구 3명 중 2명은 응답자와 정치적 이념이 같았다. 심지어 최근에 미국에서 실시된 선거들에서 공화당이 우세한 주들과 민주당이 우세한 주들의 양극화가 심화되는 양상은 이런 현상이 대규모로 나타난다는 것을 보여준다.

정치적 이념의 양극화는 전체 투표율에 영향을 미치진 않지만, 한 표가 자신이 선호하는 후보를 지지하는 많은 표로 변하는 방식에 영향을 미친다. 만약 진보주의자와 보수주의자가 전체 인구 집단에서 골고루 섞여 서로 이웃에서 살아간다면, 투표 참여 연쇄 파급 효과는 양 진영의 사람들에게 똑같이 미칠 것이다. 여러분은 보수주의자인데 진보주의자 친구가 여러분의 투표 행위를 모방하고, 또 그의 진보주의자 친구가 그를 모방하고, 그 보수주의자 친구는 또 그 사람을 모방한다면, 연쇄 파급 효과가 끝났을 때 여러분의 투표 행위는 양 진영에 똑같은 효과를 미친 셈이 된다. 따라서 여러분의 투표 행위가 가져온 순 효과는 보수주의자 진영에 두 표, 진보주의자 진영에 두 표를 던진 게 되므로, 전체적인 균형에 아무런 변화도 초래하지 않는다. 그러나 양극화가 일어난 상황에서는 연쇄 파급 효과가 비슷한 성향의 개인들에게 더 많은 영향을 미쳐 여러분이 선호하는 후보를 지지하는 표가 크게 늘어날 수 있다. 이번에는 여러분의 친구도, 친구의 친구도, 친구의 친구의 친구도 모두 보수주의자라고 가정해보자. 그렇다면 여러분이 투표를 하기로 한 결정은 보수주의자의 득표수를 4표 늘리는 대신에 진보주의자의 득표수는 한 표도 늘리지 않는다. 만약 여러분의 투표가 자신이 선호하는 후보에 대한 지지를 더욱 늘릴 수 있다는 사실을 안다면, 좌파와 우파가 서로 섞여 있어서 여러분의 투표 행위는 결국 그 효과가 상쇄되고 말 거라고 생각할 때보다 투표장으로 향할 가능성이 더 높을 것이다. 즉, 정치적 양극화가 심한 환경에서는 투표장으로 가도록 자신이 자극을 줄 수 있는 같은 정치적 성향을 가진 개인들의 수 때문에 투표를 하려는 동기가 증폭될 수 있다.

우리는 정치적 상호 작용의 실제 네트워크에 관한 헉펠트와 스프레이그의 연구에서 얻은 자료를 사용해, 한 사람이 투표를 하기로 결정했을 때 전체 네트워크에 일어나는 일을 시뮬레이션으로 보여주는 컴퓨터 모형을 만들었다.[15] 각각의 시뮬레이션에서 우리는 네트워크 내에 있는 모든 사람에게 자신과 연결된 모든 사람에게 영향을 주려고 노력하게 했다. 그러고 나서 샴푸 광고에서처럼 한 표가 두 표로 변하고, 네 표로 변하고, 여덟 표로 변하는 연쇄 파급 효과를 측정했다. 모형을 수백만 번이나 반복해서 시뮬레이션한 결과, 투표 참여 연쇄 파급 효과가 일어날 가능성과 자신의 행동을 통해 영향을 미칠 수 있는 사람의 수를 알 수 있었다.

그 결과는 정말로 놀라운 것이었다. 어떤 경우에는 대부분의 사람들이 자신과 직접 연결된 사람이 3~4명에 불과한데도 불구하고, 한 사람의 투표 행위가 들불처럼 번져나가 최고 100명에게 투표 참여 연쇄 파급 효과를 나타냈다. 한 사람이 투표를 하기로 결정한 행위는 평균적으로 세 사람을 추가로 투표장으로 향하게 하는 영향을 미친다. 게다가 진보주의자는 진보주의자끼리, 보수주의자는 보수주의자끼리 사귀는 경향이 있기 때문에, 이러한 연쇄 파급 효과는 같은 방식으로 투표하는 사람의 수를 상당히 많이 늘린다. 대개의 경우, 한 사람의 투표는 자신이 선호하는 후보의 표를 두 표 혹은 그 이상 늘어나게 하는 효과가 있다. 따라서 정치적 양극화가 심할수록 우리는 비슷한 정치적 이념을 가진 사람하고만 사귀게 되고, 정치에 참여하려는 동기가 더 강해지는 것처럼 보인다. 이것은 양극화는 나쁘고 투표 참여는 좋은 것이라고 생각하는 사람들에게 딜레마를 제공한다.

흥미롭게도 투표에 참여하는 사람들의 전체 수는 우리의 컴퓨터 모형에서 연쇄 파급 효과가 얼마나 널리 퍼져나가는가에 사실상 아무 효과도 미치지 못했다. 처음에 우리는 큰 집단일수록 영향을 받는 사람의 수도 늘어나기 때문에, 투표 참여 연쇄 파급 효과가 더 클 것이라고 생각했다. 그러나 우리는 그 효과가 대체로 국지적 현상에 머문다는 사실을 발견했다. 즉, 파급 효과는 각 개인에게서 몇 단계 이내의 좁은 범위에서만 일어났다. 3단계 영향 법칙이 시사하는 것처럼, 한 개인이 다수에게 영향력을 발휘할 수 있는 힘은 네트워크 내에 존재하는 모든 사람들에게 나오는 상충된 영향력의 물결들에 제약을 받는다.

현실 세계의 투표 참여

사람들은 이것과 같은 컴퓨터 모형이 현실 세계에서 실제로 의미가 있는지 궁금하게 여긴다. 지금까지 투표 참여 연쇄 파급 효과를 목격한 사람은 아무도 없으니, 실제로 그것이 존재한다는 것을 어떻게 증명할 수 있을까? 그것은 상상의 산물에 불과한 것일지도 모른다.

모형에서 나온 많은 결과는 타당한 것으로 보이며, 이미 옳은 것으로 확립돼 있다. 다른 사람에게 투표를 하라고 자주 말할수록 그 사람이 투표할 가능성은 더 커진다. 이것은 그다지 놀라운 일이 아니다. 우리는 이런 상식적인 결과가 아니라, 직관과 어긋나는 중요한 결과를 원했는데, 그것은 자료로 충분히 입증할 수 있는 것이어야 했다. 실제로 컴퓨터 모형이 내놓은 한 가지 예측은 아주 미묘한 것으로, 이전에 정치학자들이 한 번도 생각해본 적이 없는 것이었다. 그 모형은 연쇄 파급 효과가 이행성이 중간 정도인 집단에 속한 사람에게서 나올 때 가장 클 것이라고 예측했다. 이행성이 너무 높으면 그 집단이 나머지 세계와 차단됐다는 걸 의미하며, 이행성이 너무 낮으면 그 집단은 구성원들의 행동을 강화할 수 없을 정도로 조직이 와해된 상태라는 걸 의미한다. 사람들은 자신의 친구들이 서로 어떻게 연결돼 있는지 잘 모를 수도 있지만, 그들이 자신의 집단 밖에 있는 사람들과 연결돼 있는지 없는지 어렴풋이 짐작할 수는 있을 것이다.

따라서 투표 참여 연쇄 파급 효과를 이끌어내기에 가장 적절한 지점이 있다면, 현실 세계에서 그 지점에 있는 사람들은 실제로 투표를 할 가능성이 더 높을 것이라고 예상할 수 있다. 왜냐하면, 그들은 많은 사람들에게 자신의 행동을 따라하도록 영향력을 미치기에 유리한 위치에 있기 때문이다. 같은 논리로 그 사람은 다른 사람에게 투표를 하라고 설득할 가능성이 더 높다고 예상할 수 있다. 실제로 우리는 인디애나폴리스와 세인트루이스 선거 조사 자료에서 이런 사실들을 발견했다. 투표할 가능성이 가장 높은 사람들은 이행성이 0.5 정도(즉, 친구들 중 약 절반이 서로 친구 사이인)인 사람들이었다. 자신의 친구들끼리 서로 모르는 사이인 사람들은 투표 참여율이 낮았지만, 친구들끼리 아주 긴밀한 결속 집단을 이루고 있는 사람들도 투표 참여율이 낮았다. 우리는 최근에 네트워크와 투표 행위에 관한 전국적인 갤럽 조사에서 이 결과들을 확인했고, 정확하게 똑같은 결과를 발견했다.

이러한 발견들은 '사회적 자본'이 민주주의의 건강에 미치는 효과를 연구한 정치학자 로버트 퍼트넘Robert Putnam과 그 동료들이 제안한 일부 핵심 내용과 어긋난다.[16] 퍼트넘은 아주 긴밀한 네트워크 유대는 정보의 흐름을 원활하게 하고 사회적 차원에서 상호성을 증가시킨다고 주장했는데, 그 이유는 모든 사람이 나머지 모든 사람들을 주의 깊게 바라보기 때문이라고 했다. 다시 말해서 사회를 위해서는 아주 긴밀한 연결들이 있을수록 좋다는 것이다. 그러나 우리의 연구는, 어느 지점에 이르면, 네트워크들은 이행성이 너무 높아져 규범과 정보는 집단들 사이로 흘러가는 것이 아니라 집단 내에서만 흐른다는 걸 보여주었다. 5장에서 다루었던 브라이언 우지의 과학자 집단과 브로드웨이의 뮤지컬 제작자 집단처럼, 민주 사회의 시민은 친구들 중 일부만 서로를 알고 나머지는 서로를 모르는 '작은 세계'에서 최고의 효율을 발휘한다.

우리의 컴퓨터 모형은 투표 참여 연쇄 파급 효과가 실제로 존재한다는 간접적 증거를 최초로 제공했는데, 곧이어 직접적 증거도 나오기 시작했다. 2006년, 노트르데임 대학의 정치학자 데이비드 니커슨David Nickerson은 콜로라도 주 덴버와 미네소타 주 미니애폴리스를 방문하여 투표 참여에 대해 참신한 실험 연구를 했다.[17] 이 연구에서는 연구자들이 2인 가정을 일일이 방문해 직접 그 사람들을 만났다. 그리고 가정의 각 구성원을 무작위로 '치료' 집단과 '대조' 집단으로 나누었다. '치료' 집단의 경우, 연구자는 문을 여는 사람에게 이번 선거에 꼭 투표를 하라고 권했다. '대조' 집단의 경우, 연구자는 그들에게 재활용을 실천하라고 권했다. 니커슨은 누가 현관으로 나와 연구자에게 대답을 하는지 기록하고, 선거가 끝날 때까지 기다렸다가 그들의 투표 여부를 조사했다.

유권자 접촉 조사는 아주 흔하게 일어나며, 투표 독려가 실제로 효과가 있다는 것은 잘 알려진 사실이다. 따라서 현관에 나와 대답하고 투표 독려를 받은 덴버와 미니애폴리스의 주민들이 재활용 실천 권유를 받은 주민들보다 투표율이 10% 더 높게 나온 것은 전혀 놀라운 일이 아니다. 그렇지만 정말로 놀라운 일은 현관에 나와 대답을 하지 않은 사람들의 행동이었다. 집 안에 머물러 있던 사람이 투표에 참여할 확률은 약 6%가 더 높아진 것으로 드러났다. 다시 말해서, 현관에 나와 대답한 사람에게 미친 효과 중 약 60%가 집 안에 머물러 있던 사람에게 전해진 것이다.

이러한 간접적 효과가 어떻게 전체 네트워크를 통해 흘러갈 수 있는지 잠깐 생각해보자. 니커슨의 창의적인 연구는 투표를 하라는 단 한 번의 독려가 정치적 행동을 변화시킬 수 있으며, 연구자에게서 투표 참여 메시지를 들은 사람에게로 전달되고, 다시 그 메시지를 듣거나 연구자를 직접 만나지 않은 사람에게도 전달된다는 것을 보여주었다. 그런데 그것은 거기서 멈추고 말까? 현관에 나와 대답을 하지 않은 사람도 그 효과를 자신의 친구나 가족에게 전해줄 수 있다. 물론 그 효과는 전달되면서 처음의 강도를 그대로 유지하지는 않을 것이다. 전화놀이와 마찬가지로 투표 독려 메시지는 한 사람에게서 다음 사람에게로 계속 전달되는 동안 점점 약해질 수 있다. 그렇지만 그 효과가 2인 가정에서와 같은 비율로 감소한다고, 즉 한 단계를 거칠 때마다 60% 수준으로 줄어든다고 가정해보자. 첫 번째 사람이 투표에 참여할 확률이 10% 높아진다면, 두 번째 사람은 6%, 세 번째 사람은 3.6%, 네 번째 사람은 2.16% 높아질 것이다.

이것은 그다지 대단한 변화로 보이지 않지만, 전염 효과의 강도는 매 단계마다 감소하는 반면, 영향을 받는 사람의 수는 매 단계마다 기하급수적으로 늘어난다는 사실을 기억하라. 모든 친구에게 다른 친구가 2명씩 있는 세계에서는 투표에 참여할 확률이 10% 더 늘어나는 사람은 2명뿐이지만, 6% 더 늘어나는 사람은 4명, 3.6% 더 늘어나는 사람은 8명, 2.16% 더 늘어나는 사람은 16명이 된다. 이 모든 사람들을 덴버와 미니애폴리스 크기의 도시에 적용해보면, 한 번의 투표 독려가 약 30명을 투표소로 이끌어내는 효과가 있다는 결과가 나온다. 만약 약 30명에게 독려를 한다면, 약 1000명을 투표에 동참하게 하는 효과가 있다!

물론 실제 소셜 네트워크에서 대부분의 사람들은 친구가 2명 이상이기 때문에, 우리의 행동으로 강한 영향을 미칠 수 있을 만큼 가까운 사람의 수가 크게 늘어난다. 그렇지만 많은 친구들은 또 서로 아는 사이이기 때문에, 그 효과가 같은 사람들 사이에서 전파되다가 우리에게서 사회적으로 멀리 떨어져 있는 사람들에게까지 미치지 못할 수도 있다. 또한, 그 메시지는 니커슨이 발견한 것보다 훨씬 빨리 소멸할지도 모른다. 현실 세계의 소셜 네트워크에서 이런 특징들 중 어떤 것이 주도적 역할을 하는지는 말하기 어렵지만, 니커슨의 연구는 투표를 하기로 한 우리의 개인적 결정이 아주 큰 연쇄 파급 효과를 일으킬 잠재력을 갖고 있음을 말해준다.

시민의 의무

그렇다면 이 결과들은 사람들이 왜 투표를 하는가라는 질문에 대해 무엇을 알려주는가? 투표 참여 연쇄 파급 효과의 존재는 앤터니 다운스, 윌리엄 라이커를 비롯한 학자들이 제안했던 투표 행위에 대한 합리적 모형이 투표 행위의 편익을 과소평가했다는 사실을 시사한다. 우리 각자는 단 한 표만 행사하는 게 아니라, 사실상 여러 표를 행사할 수 있으며, 따라서 선거 결과에 상당한 영향을 끼칠 가능성이 높다. 한 사람이 아주 많은 사람에게 영향을 미칠 수 있다는 사실은 왜 일부 사람들이 그렇게 강한 시민 의식을 갖고 있는지 설명하는 데 도움을 준다. 아는 사람들과 함께 투표하는 행위를 규범으로 확립하는 것은 그 사람들을 투표소로 향하도록 영향을 미칠 수 있는 한 가지 방법이다. 그러한 의무를 다하지 않는 사람은 비슷한 견해를 가진 사람들에게 영향을 미칠 기회를 놓치는 것이며, 그것은 자신이 선호하는 후보에게 나쁜 결과를 초래하게 된다. 큰 선거구에서는 선거 결과에 미치는 순 효과가 너무 미미해, 투표의 의무를 강하게 주장하는 사람에게 도움이 되는 원동력이 생겨나지 않을 수도 있다. 그러나 알렉시 드 토크빌Alexis de Tocqueville이 약 200년 전에 지적한 것처럼 시민의 투표 의무는 마을 회의처럼 훨씬 작은 정치적 환경에서 생겨났는데, 그런 곳에서는 몇몇 사람의 참여 행동을 바꾸기만 해도 결과에 큰 차이를 빚어낼 수 있었다.[18] 실제로 7장에서 보게 되겠지만, 사회적 협력의 기원은 그보다 훨씬 더 오래 전으로 거슬러 올라간다.

투표 행위는 사람들의 마음속 깊이 하나의 규범으로 자리 잡고 있어, 많은 사람들은 여론 조사 기관에 응답할 때 거짓말을 하기도 한다. 대개의 경우, 투표를 했다고 응답하는 사람들 중 20~30%는 실제로는 하지 않은 사람들이다. 그것을 어떻게 알 수 있느냐고? 물론 미국의 투표 방식은 비밀 투표이지만, 유권자가 투표소에 나타났는지 여부가 기록되기 때문에, 누가 투표를 했는지의 여부는 공식 기록으로 잘 남아 있다. 유권자가 투표를 했다고 허위로 응답하는 문제점은 정치학자들 사이에서는 잘 알려져 있고, 대학 강의실에서 흔히 다루는 주제이기도 하다.[19] 정치학 개론 강의를 할 때 우리가 즐기는 순간 중 하나는 투표를 하지 않은 학생들에게 손을 들어보라고 할 때이다. 손을 드는 학생은 대개 4분의 1 미만이다. 이들은 정직한 학생들이다. 그렇지만 우리는 유권자 투표 기록 결과를 통해 절반 이상의 학생이 투표하지 않았다는 걸 알고 있다.

사람들은 왜 자신의 투표 행위에 대해 거짓말을 할까? 한 가지 가능성은 사회적 제재를 두려워하기 때문일 것이다. 또 하나는 자신의 정치적 행동이 다른 사람에게 영향을 준다고 믿을 가능성이다. 여러분이 주위의 모든 사람에게 투표를 할 거라고 이야기하고서는 실제로는 그냥 집에 있었다고 한다면, 어떤 일이 일어날지 생각해보라. 평균적으로, 설령 자신은 투표하지 않더라도 그런 행동은 다른 사람들의 투표 참여를 증가시킨다. 게다가 투표를 하기로 결심한 사람들은 대부분 여러분과 정치적 이념이 같을 가능성이 높으므로, 여러분이 실제로 투표소에 가지 않더라도 선호하는 후보의 득표수를 늘릴 수 있다. 따라서 이것은 사람들이 왜 투표 행위에 대해 거짓말을 하는가라는 질문에 대해 한 가지 설명이 될 수 있다. 그러나 가장 중요한 것은 사람들이 왜 투표를 하는지 근본적인 이유를 밝혀낸 것이다. 사람들은 서로 연결돼 있으며, 투표하는 게 합리적인 이유는 바로 그 연결 때문이다.

보통 사람과 거물의 차이

소셜 네트워크에 영향을 받는 정치적 주체는 유권자뿐만이 아니다. 우리 스스로를 다스리는 방법을 결정하는 데에는 정치인, 로비스트, 운동가, 관료의 네트워크들이 훨씬 중요하다. 실제로 우리는 우리의 정치적 대표들이 다른 사람들에게 영향을 미칠 수 있도록 서로 잘 연결돼 있길 바란다. 그리고 정치인들도 자신이 중요한 사람들과 친분이 있다고 과시하는 걸 좋아한다. 단순히 악수 한번 하는 것조차 사진으로 자세히 찍으며, 많은 선거 운동에서는 후보가 정치계와 경제계의 유력 인사들과 친하다는 걸 내세우는 경우가 많은데, 그러면 그 후보가 능력 있는 사람으로 비치기 때문이다.

그러나 유권자들은 자신들의 대표가 혹시 좋지 않은 사람들과 연결돼 있지나 않은지 염려한다. 2005년 후반, 로비스트인 잭 에이브러모프Jack Abramoff가 뇌물로 표를 매수하려 한 혐의로 기소되었는데, 언론에서는 그를 의회에 "연줄이 가장 많은" 로비스트라고 표현했다. 조지 W. 부시 대통령을 비롯해 데니스 해스터트Dennis Hastert 하원 의장과 빌 프라이스트Bill Frist 상원 다수당 원내 대표 같은 정치인들은 자신들도 에이러모프와 '연결된' 것으로 드러날까봐 염려하여, 그에게서 받은 정치 후원금을 되돌려주고, 그를 만난 적이 없다고 잡아뗐다. 심지어 로비스트나 스캔들에 연루된 의원에게 어떤 식으로든 영향을 받았다는 인상을 피하기 위해 다른 로비스트들과의 접촉도 삼갔다.

여기서 우리는 유권자에게서는 접하지 못했던 문제에 마주치게 된다. 정치인은 자신이 감시받는다는 사실을 잘 알기 때문에, 자신의 소셜 네트워크를 정직하게 표현하지 않을 수 있다. 그 사람은 대통령과 함께 만난 사진을 보여줄지 모르지만, 정작 대통령은 그 사람이 누구인지 모를 수도 있다. 선서와 함께 마침내 진실을 실토해야만 하는 순간이 오기 전까지는 큰 영향력을 가진 로비스트나 섹시한 인턴 직원과의 관계를 숨길 수도 있다. 그리고 선거에서 이길 목적으로 친구나 배우자를 선택하기도 한다. 다시 말해서, 성공적인 정치인은 정치적 이익을 위해 자신의 네트워크를 조작하는 경향이 있다. 이런 이유 때문에 정치인을 조사할 경우에는 유권자를 조사할 때와 같은 방법을 써서는 제대로 된 성과를 얻기 어렵다. 어떤 유권자의 친구들이 누구인지 알고 싶다면, 그 사람에게 직접 물어보면 된다. 그 사람은 거짓말을 해야 할 이유가 별로 없다. 그렇지만 정치인과 연결된 사람들을 알고 싶다면 좀 더 창의성을 발휘할 필요가 있다.

문서 자료 추적

의원들은 자신의 적이나 친구 명단을 발표하지 않지만, 방대한 양의 문서 자료를 남기기 때문에 이를 조사해 단서를 찾을 수 있다. 정치인들 사이의 관계를 알아내기 위해 초기에 시도한 일부 방법들은 호명 투표(의장이 각 의원을 호명하면서 찬성, 반대, 기권 등의 의사를 묻는 투표 방법)에서 서로 표결이 일치하는 빈도를 연결 관계로 정의했다. 즉, 민주당 의원인 힐러리 클린턴과 버락 오바마가 많은 법안들에 대해 항상 똑같이 투표했다면, 그것은 두 사람이 연결돼 있으며, 친구일 가능성을 시사한다. 그러나 표결 일치는 단순히 두 사람이 어떤 법안에 대해 같은 의견을 가졌기 때문일 수도 있다. 클린턴과 오바마는 자신들이 좋아하는 보건 법안에 대해 둘 다 찬성표를 던지더라도, 서로 대화를 나누는 것조차 싫어하는 사이일 수도 있다. 따라서 호명 투표는 개인 간의 관계보다는 정치적 신념의 결과일 가능성이 더 높다. 정치학자 키스 풀Keith Poole과 하워드 로전솔Howard Rosenthal은 투표 기록을 이용해 정치인들을 진보파와 보수파의 척도로 나눌 수 있는 상당히 정교한 기술을 개발했다.[20] 그들은 민주당과 공화당의 이념적 분열이 아주 크며 계속 더 벌어지고 있지만, 그렇다고 해서 반드시 의원들 간의 우정까지 금이 가지는 않는다는 사실을 발견했다. 만약 호명 투표 결과에 의존해 상하원 의원들 간의 소셜 네트워크를 알아내려고 시도한다면, 절친한 사이인 민주당의 패트릭 레이히Patrick Leahy와 공화당의 알렌 스펙터Arlen Specter처럼 초당적 연결 관계들을 놓치고 말 것이다.

그래서 우리는 호명 투표 대신에 다른 활동을 살펴보기로 했다. 하원이나 상원에서 법안을 제출하는 사람을 '발의자'라고 부른다. 그러면 다른 의원들은 '공동 발의자'로 서명함으로써 공개적으로 지지를 표명할 기회가 있다. 발의자는 다른 의원들을 개별적으로 접촉하거나 서한을 보내 공동 발의자로 끌어들이기 위해 많은 공을 들인다. 이렇게 하는 이유는 법안 통과 가능성을 높일 뿐만 아니라, 선거에서 승리하는 데에도 도움이 되기 때문이다. 그들은 또 의회 토론이나 공개 토론, 선거구민에게 보내는 편지, 선거 유세 등에서 공동 발의자들과의 관계를 자주 언급한다. 예를 들면, 버락 오바마는 상원 의원 시절에 정부의 투명성에 관해 자신이 발의한 법안을 통과시키기 위해 동료 상원 의원들을 설득하려고 노력할 때, "40명 이상의 동료 의원이 공동 발의자로 나섰다"는 사실을 언급했다.[21]

공동 발의 행동은 의원들 사이의 소셜 네트워크에 대해 중요한 정보를 담고 있다. 어떤 경우에는 공동 발의자들은 법안을 만들거나 통과시키는 일을 실제로 돕기도 하는데, 이것은 발의자와 공동 발의자가 서로 시간을 함께 보내면서 협력 관계를 맺었다는 걸 보여주는 분명한 증거이다. 그렇지만 공동 발의자가 자신이 지지하는 법안에 그저 서명만 하는 경우도 있다. 발의자와 공동 발의자 사이에 개인적 연결 관계가 전혀 없는 경우에도 서명을 할 수는 있지만, 법안을 발의한 의원과의 개인적 관계(최소한 부분적으로는) 때문에 그런 결정을 내렸을 가능성이 높다. 관계가 가까울수록 발의자가 공동 발의자에게 직접 지지를 호소했을 가능성이 높다. 또한 공동 발의자가 발의자를 신뢰하거나 발의자에게 도움을 받았을 수도 있는데, 이것은 공동 발의자가 법안에 서명할 가능성을 높인다. 따라서 평균적으로 공동 발의는 의원들 사이의 소셜 네트워크를 가늠하는 데 좋은 척도가 된다.

우리의 공동 발의자 네트워크 계획은 정치학에서 새로운 대규모 자료 수집 시대를 최초로 활용한 사례 중 하나였다.[22] 의회 도서관은 의회에서 처리한 법안들을 정기적으로 기록 보관하고 있는데, 우리는 1973년 이후 미국 하원과 상원에서 발의된 법안 28만 건 이상을 참고할 수 있었다. 이 법안들에는 공동 발의자와 관련된 결정이 약 8400만 건 포함돼 있었다. 이 자료를 이용해 어떤 법안이 동료 의원들로부터 얼마나 많은 지지를 받았는지 알아보는 방법은 아주 많다. 가장 간단한 것은 각 의원이 지지 서명을 받은 공동 발의자의 수를 세는 것이다. 영향력이 큰 정치인일수록 동료들로부터 자신의 법안에 지지 서명을 받기가 더 쉬울 것이다.

흥미롭게도, 영향력을 가늠하기 위해 우리가 이 객관적인 방법을 맨 처음 사용했을 때, 가장 영향력이 큰 인물로 나타난 의원은 카리스마가 넘치는 사람이 아니라 부패가 심한 사람이었다. 2003-2004년 회기 때 하원에서 가장 많은 지지 서명을 받은 의원은 캘리포니아 주 남부 출신의 랜디 '듀크' 커닝엄Randy "Duke" Cunningham이었는데, 〈워싱턴 포스트〉에 따르면 커닝엄은 '현대 의회 역사상 가장 뻔뻔스러운 뇌물 사건'에 연루된 사람이다.[23] 커닝엄은 자기 집을 방위 산업체를 운영하는 미첼 웨이드Mitchell Wade에게 팔았는데, 웨이드는 실제 가격보다 훨씬 비싼 값에 그 집을 구입했다.(그러고 나서 웨이드는 그 집을 70만 달러의 손해를 보면서 금방 팔았다.) 얼마 후, 웨이드는 수백만 달러 상당의 방위 산업 계약을 따내기 시작했다. 커닝엄은 또한 웨이드 소유의 요트에서 살았다. 〈월스트리트 저널〉에 따르면 커닝엄은 방위 산업 계약을 웨이드가 따게 해주는 대신에 매춘부와 호텔 객실, 리무진을 제공받았다. 결국 커닝엄은 연방 법원에서 탈세, 뇌물 수수 공모, 우편 사기, 통신 수단을 이용한 사기 혐의로 100개월 징역형(전 하원 의원이 받은 형량으로는 최장기 징역형)을 선고받았다.

그 자료에서 또 한 가지 흥미로운 것은 상호 지지였다. 만약 공동 발의자 관계가 정말로 개인적 관계와 밀접한 관련이 있다면, 상호성("네가 내 등을 긁어주면, 나도 네 등을 긁어주겠다.")이 나타나는 사례를 많이 발견할 수 있을 것이다. 그래서 우리는 한 의원이 다른 의원의 법안을 공동 발의한 횟수를 조사한 뒤, 그 발의자가 이 호의를 되갚은 횟수와 비교해보았다. 그다지 놀랄 일이 아니지만, 상호 공동 발의 비율은 상당히 높았다. 특히 상원의 '믿을 수 있는 사람' 네트워크 내에서 매우 높았으며, 1970년대 초 이래 이러한 패턴은 계속 일관성을 보여준다.

공동 발의자 관계는 두 사람이 얼마나 잘 협력하는가를 나타내므로, 이것을 이용해 전체 네트워크에 관한 정보를 알아낼 수 있다. 지난 수 년 사이에 미국인이 민주당과 공화당으로 양극화되는 양상이 점점 심해졌다는 사실에 대해 한번 생각해보자. 만약 이것이 사실이라면, 시간이 지나면 당론 안에서만 머무는 공동 발의자 관계에 비해 당론을 넘어서서 협력하는 공동 발의자 관계의 비율은 점점 줄어들 것이다.

민주당 의원은 민주당 의원끼리만, 공화당 의원은 공화당 의원끼리만 협력하는 네트워크를 상상해보라. 다음 그림은 민주당 의원들과 공화당 의원들을 서로 별개의 공동체, 즉 모듈module로 나타냈다. 이제 몇몇 민주당 의원이(혹은 공화당 의원이) 통로를 건너 상대편 쪽으로 가기 시작했다고 가정해보자. 이 네트워크는 모듈화에서 약간 벗어나게 될 것이고, 서로 절대로 협력하려 하지 않는 두 집단이 분명하게 구별된 채 존재한다고 말하기 어려울 것이다. 민주당 의원이 다른 민주당 의원과 협력하는 것만큼이나 공화당 의원과 자주 협력하는 극단적인 경우에는 전체 그림은 하나의 큰 네트워크처럼 보일 것이고, 모듈의 흔적을 찾아보기가 힘들 것이다. 따라서 네트워크는 모듈화가 더 심화될수록 양극화가 더 심해진다.

물리학자 마크 뉴먼Mark Newman은 모듈화를 측정하고, 소셜 네트워크 내에서 응집력이 높은 공동체를 찾기 위해 독창적인 알고리듬을 일부 개발했는데, 우리의 연구에서도 미국 상하원의 양극화가 시간

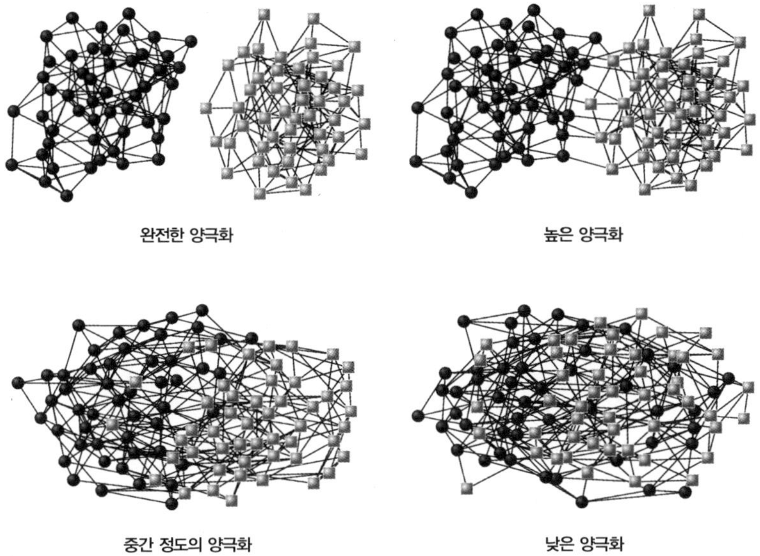

100명의 미국 상원 의원으로 이루어진 가상의 네트워크들은 양극화의 여러 단계를 보여준다. 검은색 원은 민주당 의원을, 흰색 사각형은 공화당 의원을 나타내고, 그들 사이의 선은 협력 관계를 나타낸다.

에 따라 어떻게 변해왔는지 살펴보기 위해 그 알고리듬을 사용했다.[24] 그 결과는 1980년대 후반과 1990년대 초반에 양극화가 크게 치솟았다가 그 뒤로는 주춤해졌음을 보여준다. 일부 사람들은 양극화를 심화시킨 주요 원인으로 하원 의장인 뉴트 깅그리치Newt Gingrich와 '공화당 혁명'을 비난한다. 깅그리치는 동료 공화당 의원인 톰 들레이Tom DeLay와 빌 프라이스트와 함께 1994년 하원 의원 선거에서 '미국과의 계약'을 들고 나와 대승을 거둔 뒤, 위원회에서 공화당 초선 의원들에게 더 많은 권한을 주기 위해 연공 서열제를 허물었으며, 하원 장악을 유지하기 위해 텍사스 주와 그 밖의 주들에서 공화당 우세 지역들을 강화시키려고 애썼다. 그러나 네트워크 분석 결과는 양극화가 1994년 이전부터 크게 증가한 것을 보여준다. 공화당이 당파 정치의 해체에 기여했을지 모르지만, 소셜 네트워크를 분석한 증거에 따르면, 정치 제도의 양극화는 이미 심화되는 방향으로 진행되고 있었으며, 1994년에 일어난 지도력의 변화는 그러한 광범위한 추세의 일부에 불과했다는 것을 알 수 있다.

비록 미국은 양극화가 아주 심하지만, 우리가 불행한 상태나 과체중 상태로 남아 있을 수 없는 것과 마찬가지로 계속 그대로 머물러 있지는 않을 것이다. 지식은 힘이며, 네트워크가 어떤 일을 하는지 아는 것은 잠재적 문제 해결을 향해 내딛는 첫걸음에 해당한다. 만약 과학자들이 1990년과 1992년에 공동 발의자 네트워크에서 일어난 양극화를 추적할 수 있었더라면, 미국 시민들은 의회의 소셜 네트워크에서 일어나고 있던 변화에 대해 미리 경고를 받았을 것이고, 그랬더라면 그 후 10년 동안 정치계에서 벌어진 험악한 싸움을 피하도록 더 나은 노력을 기울일 수 있었을 것이다. 예를 들면, 12년 동안 그들을 권력에서 소외시키게 될 미국 정치 제도의 대규모 변화를 막을 수 있다는 것을 미리 알았더라면, 민주당 지도부는 1992년에 무조건 당론에 따르는 대신에 공화당과 협력을 적극 모색하려고 노력했을 것이다.

연결이 가장 많은 정치인

소셜 네트워크 이론가들은 사회적 유대에 대한 정보를 이용해 구성원의 상대적 중요도를 측정하는 방법을 많이 발견했다. 그렇지만 그러한 측정 방법 중 여기서 이용 가능한 한 가지 정보를 이용한 것은 하나도 없었다. 그 정보는 바로 의원들 사이의 관계가 얼마나 깊은가 하는 것이다.

직관과는 반대로, 의회에서 사회적 관계를 측정하는 데 가장 좋은 법안은 공동 발의자가 가장 적은 법안이다. 왜 그럴까? 공동 발의자가 많은 법안은 발의자와 접촉이 전혀 없는 의원들이 지지하는 경우가 많다. 예를 들면, 테드 케네디Ted Kennedy가 제출한 '이라크와 아프가니스탄에서 사망한 미군의 희생을 기리는 법안'에는 99명의 상원의원이 서명했다. 이와는 대조적으로 공동 발의자가 적은 법안은 발의자와 공동 발의자가 긴밀히 협력했으며 서로를 잘 알고 있음을 시사한다. 예를 들면, 2003년에 미주리 주 하원 의원인 토드 아킨Todd Akin이 발의한 법안에 공동 발의자로 서명한 사람은 버지니아 주 하원 의원인 에드워드 슈록Edward Schrock 단 한 명뿐이었다. 두 사람의 개인 웹사이트를 방문해보면, 두 사람이 하원 중소기업위원회에서 함께 일하며, 서로의 협력 관계를 언급하고 있음을 알 수 있다.

그래서 우리는 공동 발의자 수가 적은 법안들을 이용해 의원들 사이의 연결 관계를 추측하고, 협력 관계에 관한 네트워크를 만들어보았다. 이 네트워크를 검토한 우리는 "어떤 입장에 서느냐 하는 것은 자신이 서 있는 위치에 따라 달라진다."라는 격언이 딱 들어맞는다는 사실을 발견했다. 공식적으로 함께 일하는 관계인 사람은 설혹 소속 정당이 다르다 하더라도 친밀한 관계를 유지하는 경향이 있다. 여당과 야당 지도자들이 아주 친밀한 관계를 유지하는 경우가 종종 있으며, 위원회 위원장과 같은 위원회의 다른 당 위원 사이도 마찬가지다. 같은 주나 이웃 지역 출신의 의원들 사이에서도 가까운 관계를 발견할 수 있다. 그런데 다른 당 의원들과 가까이 지내는 것은 정당을 바꿀 위험을 경고해주는 신호가 될 수 있다. 펜실베이니아 주의 공화당 상원 의원인 알렌 스펙터Arlen Specter는 우리가 처음에 자료를 준비할 때 그의 당적을 잘못 기록했나 하고 생각할 정도로 2007년과 2008년에 민주당 의원들과 아주 가까운 관계를 유지했다. 네트워크는 그가 곧 당적을 바꿀 가능성을 알려주고 있었던 것인데, 실제로 그는 2009년 초에 당적을 바꾸었다.

우리는 개인적 관계도 자세히 조사했다. 예를 들면, 상원 의원 존 매케인과 필 그램Phil Gramm 사이에는 공적 관계나 지리적 관계가 전혀 없었고, 표결 기록을 살펴봐도 몇 가지 중요한 쟁점에서 서로 견해가 갈렸다. 그러나 공동 발의자 네트워크는 두 사람이 2001년과 2002년에 서로 아주 가까운 사이였음을 시사했다. 그리고 실제로 매케인은 1996년에 그램이 공화당 대통령 후보 경선에 나서자 선거 대책 본부장을 맡았으며, 또 하원 의원으로 함께 일하기 시작한 1982년부터 그램과 아주 친밀한 사이였다고 공개적으로 밝혔다.[25] 결국 우리의 분석 결과가 들어맞았던 것이다. 문서 기록 추적은 우리가 찾고자 하는 바로 그 네트워크로 우리를 안내하는 것처럼 보였다.

한편, 공동 발의자 네트워크를 이용해 개인적 적도 찾아낼 수 있다. 일부 의원들은 정치적 이념은 비슷하더라도 실패한 사업 거래나 성 차별, 기타 개인적 분쟁 등의 이유로 개인적 원한을 품고 있을 수 있다. 뉴저지 주 민주당 상원 의원이던 프랭크 로턴버그Frank Lautenberg와 봅 토리셀리Bob Torricelli 사이의 불화는 전설적이다. 1999년에 열린 민주당의 비공개 상원 의원 총회에서 로턴버그는 토리셀리가 기자에게 동료 민주당 상원 의원보다 크리스티 토드 휘트먼Christie Todd Whitman(공화당 소속의 뉴저지 주지사)에게 더 친근감을 느낀다고 말한 것에 대해 비난을 퍼부었다. 이에 분개한 토리셀리는 자리에서 일어나 "이 더러운 똥덩어리, 네 불알을 떼어내 버리겠다! You're a fucking piece of shit, and I'm going to cut your balls off!"라고 입에 담을 수 없는 악담을 퍼부었다.[26] 당연한 일이지만, 정치적 이념이나 지리적으로 가까운 사이인데도 불구하고, 두 사람은 상대방이 발의한 법안에 공동 발의자로 나선 경우가 극히 드물었다.

공동 발의자 네트워크는 각 의원이 네트워크 내의 다른 의원들과 얼마나 긴밀하게 연결돼 있는지 보여준다. 이 네트워크의 중심에 위치한 의원들을 보면, 톰 들레이, 밥 돌Bob Dole, 제시 헬름스Jesse Helms, 존 케리John Kerry, 테드 케네디Ted Kennedy를 비롯해 미국 정치계의 유명 인사 명부를 보는 것 같다. 나머지 정보는 전혀 참고하지 않고 오로지 법안 공동 발의에 관한 정보를 바탕으로 만든 이 네트워크는 어떤 개인이 가장 영향력이 크고, 더 높은 자리에 도전할 가능성이 큰지 보여준다.(우리가 최근에 작성한 네트워크에서 상위 20인 안에 포함된 사람 중에는 힐러리 클린턴, 론 폴, 톰 탠크레이도, 데니스 쿠시니치 등이 있다.) 그리고 우리가 모든 자료를 살펴보았을 때, 점수가 아주 높은 의원은 2008년에 공화당 대통령 후보로 선출된 존 매케인이었다.

그러나 점수를 매기고 명단을 작성했던 이 작업의 목적은 누가 더 거물인가를 뽑는 대회에서 중재자 역할을 하기 위한 것이 아니다. 우리가 이런 네트워크를 만들고 중심에 위치한 사람들을 자세히 살펴본 이유는 네트워크의 구조가 중요하다는 우리의 주장이 옳은지 검증하기 위해서였다. 표면적으로 볼 때 네트워크는 정당 지도자들과 위원회 위원장들, 그리고 연결 관계가 많은 그 밖의 사람들을 알려주는 것처럼 보인다. 공동 발의자 네트워크에서 광범위하게 연결이 돼 있거나 다른 거물 의원과 잘 연결돼 있어 다른 사람들의 지지를 잘 이끌어내는 의원은 상원이나 하원에서 만들어지는 정책에 그만큼 더 큰 영향력을 행사할 것이라고 기대할 수 있다. 실제로도 그렇다.[27] 하원의 경우, 공동 발의자 네트워크에서 중심에 위치한 의원들은 주변에 위치한 의원들보다 3배나 많은 수정안을 통과시켰다. 상원의 경우, 그 격차는 더 컸다. 연결이 많은 의원들은 그렇지 않은 의원들보다 7배나 많은 수정안을 통과시켰다.

소셜 네트워크에서 연결이 많은 의원과 그렇지 않은 의원은 입법 과정에서 법안을 만들거나 수정하는 능력에서 큰 차이가 있다. 그렇지만 이것은 어떤 법안의 통과 여부에 대해서는 아무것도 알려주지 않는다. 상하원 의원들은 자신이 원하는 사항을 수정안에 추가할 수 있지만, 법안이 최종 통과에 실패한다면 그 모든 노력은 수포로 돌아간다. 네트워크 내에서의 연결은 최종 표결 결과에 어느 정도나 영향을 미칠까? 만약 연결이 잘 된 의원이 실제로 더 큰 영향력을 행사한다면, 자신이 발의한 법안에 대해 찬성표를 더 많이 끌어낼 수 있을 것이다. 그렇지 않다면, 애초에 연결을 많이 맺으려고 그렇게 노력할 필요가 있겠는가?

소셜 네트워크 내에서의 위치가 호명 투표에 미치는 효과를 조사한 결과에 따르면, 연결 수준이 최상인 하원 의원들(전체 435명)은 평균적인 의원들에 비해 10표를 더 얻은 반면, 연결 수준이 최상인 상원 의원들(전체 100명)은 평균적인 의원들에 비해 16표를 더 얻었다. 이것은 대단해 보이지 않을 수 있지만, 많은 호명 투표 결과가 아슬아슬한 차이로 통과되거나 부결된다는 현실을 감안하면 결코 무시할 수 없다. 발의자의 연결 수준이 평균에서 최상급으로 변할 경우, 법안의 최종 통과율은 하원에서 16%, 상원에서 20% 더 높아진다. 다시 말해서, 같은 법안이라도 네트워크의 중심에 있는 사람이 발의하면 통과되고, 주변에 있는 사람이 발의하면 부결될 가능성이 높은 것이다. 이처럼 연결은 아주 중요하다.

정치적 영향력의 네트워크 구조

유권자와 정치인뿐만 아니라, 로비스트와 운동가도 그들의 효율성에 큰 영향을 미치는 소셜 네트워크 안에서 살고 있다. 로비스트가 도대체 원하는 게 무엇인지 궁금증을 유발하면서 정치적 성향이 비슷한 의원들과 많은 시간을 보낸다는 사실은 잘 알려져 있다. 그렇지만 시에라 클럽(세계적인 민간 환경 운동 단체)의 대표가 앨 고어의 마음을 바꾸려고 하지 않듯이, 핼리버튼(세계적인 석유 시추 회사)의 로비스트 역시 딕 체니Dick Cheny의 마음을 바꾸려고 시도하지는 않을 것이다. 이는 성가대에게 설교를 하려는 것과 비슷하다. 일반 대중은 로비스트를 흔히 영향력을 행사하기 위해 애쓰는 사람들로 알고 있지만, 실제로는 정치적 성향이 비슷한 사람들끼리 만나 관계를 돈독하게 하는 데 더 많은 시간을 보내는 것으로 보인다.

정치학자 댄 카펀터Dan Carpenter, 케빈 이스털링Kevin Esterling, 데이비드 레이저David Lazer는 에너지와 보건 분야 로비스트들의 소셜 네트워크를 자세히 조사하여 훨씬 복잡한 사정을 알아냈다.[28] 로비스트가 정부 내에서 정치적 이념이 비슷한 사람들과 튼튼한 유대를 맺으려고 노력하는 것은 사실이지만, 성공 여부에는 전체 네트워크가 큰 영향력을 행사한다. 예를 들면, 로비스트들은 제3자가 두 사람 사이에 다리를 놓아줄 경우 서로 소통할 가능성이 훨씬 높다. 또한, 로비스트가 정부 내의 영향력 있는 인물에 접근하는 데 성공할 가능성은 그 인물을 아는 사람이 다리를 놓아줄 경우에 훨씬 높다. 따라서 정치인을 알고 있는 친구가 많을수록 로비스트가 성공할 가능성이 더 높다. 이것은 약한 유대를 가장 많이 가진 사람, 다시 말해서 권력을 가진 친구의 친구를 가장 많이 가진 사람이 가장 성공적인 로비스트가 될 수 있다는 이야기가 된다. 강한 유대도 도움이 되지만 약한 유대가 더 도움이 되는 이유는 잠재적 연결의 수를 크게 늘릴 수 있기 때문이다. 약한 유대를 탐색하는 구직자(5장 참고)와 마찬가지로, 영향력 있는 사람을 찾는다면 넓은 네트워크를 찾아보는 편이 더 효율적이다. 실제로 카펀터와 그 동료들은 강한 유대의 수는 로비스트가 그런 인물에 접근하는 데 거의 아무 영향도 미치지 못한다는 사실을 발견했다. 각각의 약한 유대는 더 많은 유대들로 이어지기 때문에, 이것은 부자가 더 부자가 되는 역학 관계를 낳게 되고, 그래서 잭 에이브러모프 같은 스타 로비스트가 탄생하고, 부패가 널리 만연하게 되는 것이다.

로비스트는 정치권 내에서만 활동하지만, 운동가의 경우에는 항상 그런 것은 아니다. 시카고 세븐Chicago Seven(베트남전 반대 시위를 주도한 7인)의 일원이자 1960년대에 청년국제당Youth International Party(이피족이라고도 함)이라는 운동 단체를 공동 창립한 애비 호프먼Abbie Hoffman은 추종자들에게 제도에 대항해 싸우라고 부추기면서 마리화나를 재배하고, 신용카드를 훔치고, 파이프 폭탄을 만드는 방법을 가르쳐주었다.[29] 미국의 사회 운동은 제도권 내에서 변화를 추구하느냐 제도권 밖에서 싸우느냐를 놓고 종종 심한 분열을 보였다. 정치학자 마이클 히니Michael Heaney와 파비오 로하스Fabio Rojas는 왜 어떤 사람들은 제도권 내에서 싸우고, 어떤 사람들은 제도권 밖에서 싸우는지 그 이유를 알아내려고 연구한 끝에 그들의 소셜 네트워크가 결정적인 역할을 한다는 사실을 발견했다.

2004년과 2005년에 이라크 전쟁 반대 운동이 가열되던 무렵, 히니와 로하스는 여러 사건에 참여한 운동가 2529명의 정보를 수집했다. 이들이 관여한 사건은 2004년 8월 29일 뉴욕 시 공화당 전당 대회가 벌어지던 대회장 밖에서 50만 명이 시위를 벌인 사건, 2005년 1월 20일에 워싱턴 DC에서 조지 W. 부시 대통령의 두 번째 취임식에 항의한 시위, 2005년 3월 19일과 20일에 이라크 전쟁 발발 2주년을 기념해 뉴욕 시, 워싱턴 DC, 노스캐롤라이나 주 페이어트빌, 인디애나폴리스, 시카고, 샌디에이고, 샌프란시스코에서 벌어진 반전 집회, 2005년 5월 1일에 뉴욕 시에서 벌어진 노동절 집회, 2005년 9월 24일에 워싱턴 DC에서 30만 명이 모인 반전 시위 등이 있었다.[30] 이들 운동가는 왜 시위를 했는지 기본 정보를 제공했고, 시위에 참여하기 위해 그들과 접촉한 단체들의 이름을 알려주었다. 이것을 바탕으로 연구자들은 전체적인 상호 작용 네트워크를 상당히 자세하게 작성할 수 있었고, 거기서 중요한 결론 두 가지를 얻었다.

첫째, 그들이 인정하건 하지 않건 간에, 운동가들의 행동은 정파적 태도에 큰 영향을 받는다. 왜냐하면 그들은 선호하는 정당이 같은 사람들의 단체에 가담하는 경향을 보이기 때문이다. 재야 운동 단체들은 스스로는 기존 정당과는 완전히 단절돼 있다고 생각할지 몰라도, 결국은 정파적 이념이 같은 사람들끼리 모인다. 둘째, 정치 단체 네트워크에서 중심에 위치한 운동가들일수록 제도권 내에서 싸우고, 시민 불복종 대신에 로비 같은 제도적 전술을 채택하는 경향이 더 높다. 따라서 자신을 민주당 지지자라고 생각하는 사람은 시에라 클럽에는 가입하더라도, 같은 목적을 추구하지만 다른 수단을 강구하는 이피족 같은 비제도권 단체에 가입할 가능성이 매우 적다.

온라인 공간에서의 운동

우리가 투표 행위 모형 결과를 처음 발표했을 때, 온라인 운동가들은 투표 행위가 전염성이 있다는 개념에 큰 관심을 보였다. 특히 GROWdems.com은 투표 권장 노력에 도움을 주기 위해 만든 그들의 전자책에 우리의 연구를 포함시키려고 접촉해왔다. 그들은 한 표가 많은 표로 이어질 수 있다는 사실을 자원자들이 알면 목표 의식과 효율성이 높아질 것이고, 그러면 더 많은 사람들이 그들의 운동에 동참하는 데 도움이 될 것이라고 생각했다. CircleVoting.com의 한 온라인 단체도 우리의 연구를 이용해 사람들에게 자신들의 온라인 소셜 네트워크에서 다른 사람들의 투표 참여를 호소하라고 독려하기 시작했다.

그렇지만 이러한 노력들은 빙산의 일각에 불과했다. 오바마는 선거 운동에 인터넷과 모바일 기술을 이용하면서 온라인 소셜 네트워크의 진짜 위력을 보여주었다. 그들은 유튜브YouTube 같은 소셜 미디어를 이용해 공짜로 광고를 했다. 인터넷 사용자들은 온라인으로 공식 선거 운동 광고를 무려 1450만 시간이나 보았다. 그만한 시간을 텔레비전 광고로 내보내려면 4700만 달러가 들 것이다. 그들은 또한 흑색선전이나 유언비어에 맞서 싸우는 데에도 유튜브를 활용했다. 이전에 오바마가 다녔던 교회 목사이자 오바마의 정신적 지도자인 제러마이어 라이트 Jeremiah Wright가 흑인들에게는 '갓 블레스 아메리카 God bless America(하느님은 미국에 축복을 주신다)'가 아니라 '갓 댐 아메리카 God Damn America(하느님은 미국을 저주하신다)'라는 설교를 하여 인종 차별 문제를 이야기하자, 전통 매체들은 이것을 물고 늘어져 며칠이고 계속 비판했다. 한편, 지지자들은 오바마 자신이 인종 문제에 대한 견해를 밝힌 연설(라이트의 견해에 동조한다고 결코 볼 수 없는)을 볼 수 있는 링크를 사람들에게 알렸다. 민주당 대통령 후보 경선 기간에만 670만 명이 유튜브에서 오바마가 했던 37분짜리 연설을 보았다.

다른 후보들도 온라인을 이용해 지지자들을 조직하려고 노력했지만, 그다지 큰 성과를 거두지 못했다. 여론 조사 기관인 퓨 리서치 센터에 따르면, 오바마 지지자들은 클린턴 지지자들보다 선거 유세 연설과 발표, 선거 운동 광고, 후보와의 인터뷰, 텔레비전 토론 등을 온라인으로 보는 비율이 더 높았다. 그들은 또한 온라인으로 기부금을 보내는 비율도 더 높았다.[31]

세계 각지의 운동가들도 인터넷을 이용해 대규모 시위를 조직하기 시작했다. 예를 들면, 2008년 1월에 콜롬비아의 카리브 해 연안에 위치한 바랑키야 출신의 오스카르 모랄레스 Oscar Morales는 자신의 소셜 네트워크를 이용해 수백만 명을 동원했다. 그는 소셜 네트워킹 사이트인 페이스북에서 자신과 친구 5명(엑토르, 후안, 미구엘, 마리트사, 가보)와 함께 FARC(콜롬비아 무장 혁명군)라는 군사 조직이 저지른 인질 납치 사태에 항의하는 단체를 만들었다. 모랄레스가 만든 '노 모No More'라는 단체는 한 달 만에 온라인 회원 수가 27만 2578명으로 늘어났다. 현실 세계에서의 시위 행진에 동참을 촉구하는 초대장이 사이버 공간을 통해 퍼졌고, 그 열기는 시간이 지날수록 점점 뜨거워졌다. 그리고 마침내 2008년 2월 4일, 계획대로 전 세계 각지에서 수백만 명이 인질 납치 사건에 항의하는 시위를 벌였다. 콜롬비아에서만 약 400건의 행사에 480만 명이 동참했고, 이웃 나라인 베네수엘라에서부터 멀리 떨어진 스웨덴, 에스파냐, 멕시코, 아르헨티나, 프랑스, 미국에서도 수십만 명이 동참했다.[32]

콜롬비아의 시위는 무엇이든 씨를 뿌리기만 하면 크게 증폭시키는 온라인 소셜 네트워크의 힘을 잘 보여준다. 한 사람이 시작한 운동에 수백만 명이 가담하게 되었다. 그런데 온라인 공간에서의 운동은 오바마의 선거 운동이나 페이스북이 등장하기 훨씬 이전부터 시작되었다. 인터넷 초창기에 글렌 배리Glen Barry 같은 사람들은 새로운 기술을 이용해 정치적 주장을 글로 표현하고 알리기 시작했다. 배리의 '가이아의 숲 보존 기록Gaia's Forest Conservation Archives'은 이미 1993년부터 환경과 관련된 사건들에 비평을 하고, 정부에 숲의 보존을 촉구한 온라인 일기였다.(이것은 지금도 온라인에서 찾아볼 수 있다.) 그 후부터 다양한 사람들이 자신의 블로그에 수많은 주장을 펼치기 시작했고, 그렇게 해서 블로고스피어blogosphere(블로그 세계)가 탄생했다.

인터넷에서는 정보를 전달하기가 아주 쉽기 때문에, 어떤 사람들은 블로고스피어가 우리를 정치적으로 더 가깝게 해줄 것이라고 생각했다. 그들은 제퍼슨이 생각한 이상적인 형태의 민주적 의견 교환을 통해 당면 문제들을 놓고 토론을 나눌 수 있을 것이라고 기대했다. 그러나 미시간 대학의 물리학자 라다 애더믹Lada Adamic은 이러한 의견 교환이 초래하는 결과를 놀라운 이미지로 나타냈는데, 그것은 현실을 있는 그대로 생생하게 보여주었다.[33] 별지 〈그림 6〉은 좌파와 우파의 최고 블로거들의 네트워크를 나타낸 이미지를 복사한 것이다. 여기에는 데일리 코스Daily Kos, 앤드루 설리번Andrew Sullivan, 인스타펀딧Instapundit, 리얼클리어폴리틱스RealClearPolitics 같은 유명한 사이트들이 포함돼 있다. 보수적인 블로그와 그들 사이의 연결은 빨간색으로, 진보적인 블로그와 그들 사이의 연결은 파란색으로 나타나 있다.

여기서 즉각 눈에 띄게 드러나는 것은 진보 진영과 보수 진영 사이의 심각한 분열이다. 인터넷이 양 진영의 대화를 촉진할 것이라고 기대했다면, 블로그 네트워크는 그런 기대가 헛된 것임을 보여준다. 처음에는 라자스펠드와 베렐슨이, 그리고 나중에는 헉스펠트와 스프레이그가 연구한 현실 세계의 정치적 네트워크처럼 온라인 소셜 네트워크는 동류 선호와 양극화가 아주 심한 것처럼 보인다. 이것은 정치적 정보가 서로 다른 견해들을 교환하는 데보다는 기존의 견해를 강화하는 데 더 많이 쓰인다는 것을 시사한다. 애더믹은 네트워크 내에서 '공동체community'들을 찾아내기 위해 어떤 절차(우리가 공동 발의자 관계 연구에 사용한 뉴먼의 모듈화 절차와 비슷한)를 사용했다. 여기서 공동체는 네트워크 내의 나머지 블로그들보다는 서로 간에 더 긴밀하게 연결된 블로그들의 집단으로 정의했다. 애더믹은 보수적인 블로거들이 진보적인 블로거들보다 자신들의 '공동체' 내에서 서로 훨씬 더 긴밀하게 연결돼 있다는 사실을 발견했는데, 이것은 강화 효과가 좌파보다는 우파 진영에서 훨씬 강하게 나타난다는 것을 시사한다. 그렇지만 진보주의자들이 서로 반대되는 견해들을 검토하는 경향이 비록 더 강하긴 하지만, 양 진영의 극적인 분열 양상은 보수주의자들과 마찬가지로 진보주의자들 역시 자신들이 알고 있는 생각과 사실을 고수한다는 것을 보여준다.

이 사례에서는 정부를 지지하는 측과 반대하는 측 사이에 커뮤니케이션이 많이 일어나지 않을 수 있지만, 최소한 반대당의 존재는 허용된다. 하버드 로스쿨의 '버크먼 인터넷과 사회 센터' 연구자들은 다른 나라들에서도 블로고스피어가 비슷한 패턴을 나타내는지 알아보기 위해 애더믹의 연구를 다른 나라들로 확대해보았다. 맨 먼저 조사한 나라는 이란이었는데, 연구자들은 페르시아 어를 사용하는 블로그 약 10만 개의 정보를 7개월 동안 매일 수집했다.[34] 존 켈리John Kelly와 브루스 이틀링Bruce Etling은 인터넷과 민주주의 계획의 일부로 진행된 이 연구에서, 블로고스피어가 언론의 자유에 개인적 영향을 미치는지 혹은 이란의 정부 형태가 민주화될 전망에 세계적 영향을 미치는지에 관심이 컸다. 정치적 탄압으로 악명 높은 이란이기에 그들은 정치적 대화가 극도로 통제되고 억압된 형태로 일어날 것이라고 예상했다. 그러나 이란의 블로그 네트워크는 자유세계의 그것과 크게 다르지 않았다.

별지 〈그림 7〉은 이란의 블로고스피어 지도를 나타낸 것이다. 연결이 너무 많아 여기서는 어떤 일이 일어나는지 보기 쉽도록 연결을 축소해 나타냈다. 여기서도 큰 노드들은 더 중요한 블로그들(블로그에 연결된 수로 측정한)이지만, 별지 〈그림 6〉(정치적 블로그만 나타낸 미국의 블로고스피어 지도)과는 달리 여기서는 정치적 주제와 비정치적 주제 모두에 초점을 맞춘 '공동체'들을 여럿 볼 수 있다. 켈리와 이틀링은

"이란의 블로거들에는 헤즈볼라 단원, 테헤란의 십대들, 로스앤젤레스의 은퇴자, 콤(이란 콤 주의 큰 도시)의 신앙심 깊은 학생들, 몇 년 전에 이란을 떠난 반체제 언론인들, 13년 전에 이란을 떠난 망명자들, 마즐리스(의회) 의원, 개혁파 정치인, 다수의 시인, 그리고 아주 유명한 사람으로는 이란 대통령이 포함돼 있다."라고 지적했다.[35]

이란의 블로고스피어는 블로그의 내용을 바탕으로 분류하면 다소 응집력이 높은 4개의 공동체로 나누어져 있다. 그 중 2개는 정치나 공적인 일하고는 거의 아무 관계가 없다. 한 공동체는 주로 시와 페르시아 문학에 집중하며, 다른 하나는 특별한 관심사와 대중적 주제(유명 인사, 스포츠, 소수 문화와 관련 있는)가 뒤섞여 있다. 그러나 나머지 두 공동체는 명백하게 정치적이다.

첫 번째 정치적 집단은 서로 가깝게 겹치는 두 공동체로 이루어져 있다. 내부 반체제 인사들로 이루어진 개혁파 정치 공동체와 이란을 떠나 해외에 거주하는 유명한 반체제 인사와 언론인으로 이루어진 비종교인과 국외 추방자 공동체가 그것이다. 이들은 여성의 권리, 정치범, 그리고 마약 남용과 환경 악화 같은 이란 내의 정치 문제를 포함한 시사 문제들에 대해 토론하는 경향이 있다. 이런 토론은 대부분 정부를 비판하는 것인데도, 대부분의 블로거가 가명 대신에 실명을 쓴다는 사실이 다소 놀랍다. 보수파와 신앙심이 깊은 젊은이들로 이루어진 두 번째 정치적 집단은 이란 혁명과 정부의 이슬람 정치 철학을 지지하는 의견들을 블로그에 올린다. 이 집단에서 주목할 만한 한 공동체는 열두 번째 이맘인 무함마드 이븐 하산 이븐 알리 Muhammad ibn

Hasan ibn Ali가 인류를 구원하기 위해 재림해 마지막 부활의 날 이전에 완전한 사회를 만들 것이라고 믿는 12인(12이맘파라고도 하고, 이스나 아샤리야라고도 함. 이슬람의 주요 종파인 시아파에서 중요한 분파) 분파이다. 그렇다고 해서 이들이 무조건 정부를 지지하는 것은 아니다. 이 집단에 속한 많은 보수파는 실제로 정부가 너무 부패하거나 관대하다고 비판한다.

이란의 역대 대통령 중 두 사람의 블로그가 큰 인기를 끌고 있는 것이 눈길을 끈다. 아흐마디네자드 대통령은 보수파 집단의 일부이고, 카타미 전 대통령은 개혁파 집단의 일부이지만, 두 사람의 블로그는 블로고스피어에서 중심에 위치하고 있는데, 다양한 공동체의 블로그가 이들을 참조하기 때문이다. 이들의 위치는 미국에서 성공적인 로비스트와 정치인에게서 볼 수 있는 특징인 '약한 유대' 가교처럼, 한 공동체에서 다른 공동체로 연결되는 많은 경로 위에 있다는 것을 보여준다.

사실, 이란의 블로고스피어는 미국의 블로고스피어와 아주 흡사해 보이는데, 이것은 일견 수수께끼처럼 보인다. 어떻게 자유를 억압하는 정권이 그렇게 광범위한 민주적 대화를 허용할 수 있단 말인가? 이란 정부는 일부 웹사이트에 대한 접근을 차단하긴 하지만, 개혁파 블로그 중에서 그 영향을 받는 것은 20% 미만이며, 보수파 블로그는 아무리 비판적이라 하더라도 전혀 영향을 받지 않는다. 이것은 이란 정부가 그런 대화를 차단할 능력이 없거나 의지가 없다는 것을 시사한다. 전통적인 언론 매체(야당을 지지하는 신문 같은)를 폐간하고, 심하게는 그 운영자까지 투옥시킨 전례에 비춰볼 때, 이란 정부가 그럴 의지가 없다는 것은 믿기 어렵다. 그러나 설령 그런 의지가 있다 하더라도, 민주적 소셜 네트워크와 거기서 비롯되는 정보의 흐름을 온라인 환경에 재배치할 수 있는 능력은, 그러한 네트워크를 탄압하고 정보를 통제하고 정치적 반대 운동의 자기 조직화를 막으려는 정부의 시도를 무산시킬 것이다. 실제로 2009년 6월, 언론은 이란에서 시민들이 트위터 마이크로블로깅 서비스를 이용해 온라인 네트워크 유대들 사이에 정보를 전파하고, 부정 선거에 조직적으로 저항하는 운동을 벌인 '트위터 혁명'을 대대적으로 보도했다. 그러나 이란의 블로고스피어가 정부를 민주화시키는 효과를 가져올지는 시간이 지나봐야 알 수 있을 것이다.

이것은 기술 변화가 소셜 네트워크에서 우리가 살아가는 방식을 변화시키고, 스스로를 다스리는 방식에 큰 효과를 미칠 수 있음을 시사한다. 현실 세계의 소셜 네트워크를 이용해 정보를 전파하고, 잘 연결된 사람들이 목표를 달성하는 능력을 향상시킬 수 있다는 것은 이미 앞에서 보았다. 이어지는 두 장에서는 우리가 연결을 원하는 욕구의 본질과 기원을 자세히 파헤치고, 우리가 그렇게 하는 방법을 기술이 어떻게 변화시키는지 살펴볼 것이다. 어떤 의미에서 우리는 완전히 새로운 세계에서 살고 있다. 우리의 소셜 네트워크는 우리가 문자와 이메일, 트위터, 페이스북, 마이스페이스를 통해 아는 사람들, 심지어 모르는 사람들과도 소통함에 따라 점점 더 빨라지고 커져가고 있다. 이 새로운 세계는 우리가 살고 있는 소셜 네트워크의 구조를 조감도처럼 볼 수 있게 해주어 연결의 중요성을 과거 어느 때보다도 더 잘 인식하게 될 것이다. 그렇지만 이러한 네트워크는 이미 온라인으로 진출할 준비가 되어 있었던 것처럼 보인다. 우리는 그러한 네트워크 안에서 수백만 년 동안 살아왔다. 우리 조상들은 우리를 그 안에서 살아갈 수 있도록 준비 작업을 했다. 네트워크는 바로 우리 속에 존재한다. 이제 우리가 어디로 가는지 생각하기 전에 잠시 멈춰서서 지금 우리가 서 있는 곳이 어디인지 둘러볼 필요가 있다.

CONNECTED

CHAPTER 7

그것은 우리의 본성에 있다

IT'S IN OUR NATURE

유전자가 소셜 네트워크에서 담당하는 역할을 알아내기 위해 청소년 9만 115명의 자료를 분석했다. 우리는 인간 소셜 네트워크의 가장 기본적인 구성 요소부터 조사했는데, 그것은 바로 한 사람이 다른 사람들에게서 친구로 거명되는 횟수였다. 이 실험을 통해 우리는 각 학생의 인기도 차이 중 약 46%는 유전적 요소 때문인 것을 알 수 있었다. 예컨대 평균적으로 친구가 5명인 학생은 친구가 1명뿐인 학생과 유전자 구성 자체가 아주 달랐다.

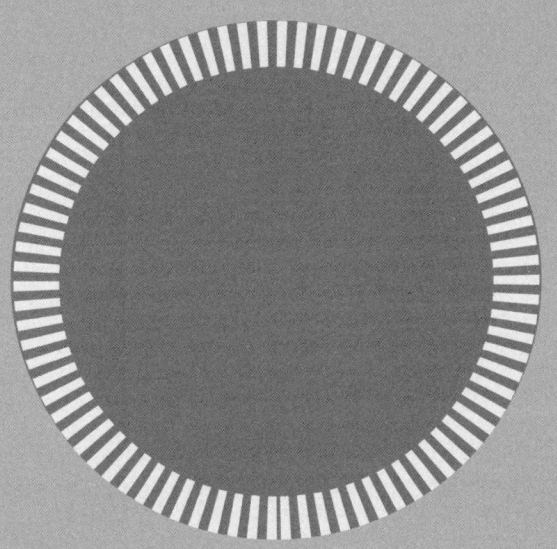

CONNECTED

소셜 네트워크를 이해하기 어려운 이유 중 하나는 마음대로 조작하기가 어렵기 때문이다. 우리는 여러분에게 플라세보placebo(가짜 약)를 주듯이 친구를 줄 수는 없다. 그렇지만 만약 서로 모르는 사람들로 이루어진 집단을 무인도로 보내 무슨 목적으로 어떻게 서로 연결을 만들어가는지 관찰할 수 있다면, 마치 실험을 하는 것처럼 소셜 네트워크를 관찰할 수 있을 것이다. 그렇지만 현실에서 이런 실험을 하는 것은 불가능해 보인다. 그런데 그런 실험을 한 적이 있다. 그것은 호기심 많은 사회과학자들이 한 실험이 아니라, 텔레비전 프로그램 제작자들이 한 실험이었다.

2000년 여름, CBS는 〈서바이버Survivor〉 시리즈를 시작했는데, 이것은 큰 센세이션을 불러일으키면서 리얼리티 쇼 붐을 가져왔다. 그 전제 조건은 아주 단순한 것이었다. 다양한 삶을 살아가는 평균적인 미국인 16명을 선택해 무인도로 데려다놓고는 스스로 알아서 살아가도록 한 것이다. 그리고 3일이 지날 때마다 '생존자'들은 부족 회의를 열어 투표를 통해 한 사람씩 탈락시킨다. 그렇게 해서 마지막까지 남는 한 명이 100만 달러의 상금을 획득한다.

최고의 인기를 끈 〈서바이버〉 시즌은 2001년에 오스트레일리아의 오지를 무대로 펼쳐졌는데, 다른 무엇보다도 사회 역학이 어떻게 전개되는지 보기 위해 매주 약 3000만 명이 이 프로그램을 시청했다. 첫 번째 에피소드에서 참가자들은 현장에 도착할 때까지 침묵을 강요당했고, 서로 경쟁 관계인 쿠차족(쿠차는 오스트레일리아 원주민 말로 '캥거루'란 뜻)과 오가코르족(오가코르는 오스트레일리아 원주민 말로 '악어'란 뜻)의 두 부족으로 나누어졌다. 그들은 필요한 장비를 구하는 데 5분을 쓴 다음, 8km나 떨어진 야영지를 향해 힘겨운 여행에 나섰다. 뉴햄프셔 주의 남자 교도소에서 교도관으로 근무하는 45세의 여성 데브 이튼Debb Eaton이 곧 쿠차족을 통솔하게 되었지만 그녀의 지배적 태도는 몰락의 원인이 되었다. 동료 부족민들은 그녀의 지배적 태도에 반감을 느꼈고, 결국 그녀는 투표를 통해 맨 먼저 탈락한 사람이 되었다.[1]

어떤 생존자들은 금방 친구들을 만든 반면, 어떤 생존자들은 다른 부족민을 내쫓기 위해 음모를 꾸몄다. 예를 들면, 로스앤젤레스에서 온 여배우 제리 맨시Jerri Manthey는 텍사스 주 포트후드에서 온 미 육군 정보부 장교인 켈 글리슨Kel Gleason이 육포를 몰래 가져왔으면서도 함께 나누길 거부했다고 비난했다. 부족민들이 글리슨의 소지품을 조사해본 결과 아무것도 발견되지 않았지만, 그들은 이미 그의 배경과 신뢰성을 의심하는 상태였고, 이는 회복하기 힘든 상처가 되었다. 다음 번 부족 회의 때 글리슨은 만장일치로 추방되었다.

오가코르족과 쿠차족은 3일마다 한 번씩 '면제 시합'을 벌여 패하는 부족은 자기 부족민 중 한 명을 탈락시켜야 했다. 따라서 각 부족에서 가장 강한 사람은 같은 부족민의 탈락을 막아줄 수 있기 때문에 소중하게 여겨졌다. 반면에, 가장 강한 사람은 일찍 탈락시켜야 할 대상이기도 했는데, 부족민의 수가 줄어들어 결국 일 대 일 대결을 벌여야 할 상황이 되면 그를 꺾기가 힘들기 때문이다. 참가자들은 누구와 동맹을 맺을지 계획을 짤 때, 이런 논리를 내세우며 동료 표류자들을 설득하면서 강자와 약자를 제거하려고 했다.

세 번째 주에는 두 부족이 하나로 합쳐졌다. 새로 바뀐 사회적 환경에서는 모든 사람이 면제 시합에서 서로를 상대로 싸워야 했고, 우승자는 다음 번 부족 회의에서 탈락을 면제받는 권리를 얻었다. 그러자 탈락시켜야 할 표적이 분명해졌다. 가장 강한 사람을 탈락시키는 게 최우선이었다. 그렇다면 두 번째로 강한 사람도 자동적으로 표적이 될 것이라고 생각하기 쉽지만, 또 다른 강력한 힘이 작용했다. 3주일 동안 상대 부족과 경쟁하는 동안 각 부족은 서로 뭉쳐 단결했고, 그런 연대 의식은 두 부족이 합친 뒤에도 계속 유지되었다.

사회적 연결의 위력은 통합된 부족이 첫 번째 면제 시합을 벌일 때 가장 뚜렷하게 나타났다. 모든 참가자가 강물 위로 솟아 있는 나무 기둥 위에 서서 끝까지 버티는 사람이 탈락 면제권을 얻는 시합이었다. 시간이 지나자 더 버티기 힘든 사람들이 하나둘 강물로 뛰어들어 강변으로 나왔다. 지쳐서 포기한 사람도 있었지만, 포기하면 땅콩버터를 주겠다는 쇼 진행자 제프 프로브스트Jeff Probst의 제안에 넘어간 사람도 있었다. 9시간이 지나자 단 세 사람만 남았는데, 그때 뉴욕 시에서 온 스포츠 트레이너인 얼리셔 캘러웨이Alicia Callaway가 물속으로 뛰어들었다. 이제 남은 사람은 미시간 주 디트로이트에서 온 요리사 키스 패미Keith Famie와 테네시 주 녹스빌에서 온 간호사 티나 웨슨Tina Wesson뿐이었다. 두 사람은 모두 오가코르족 출신이었는데, 키스는 부족 회의에서 투표를 통해 탈락할 위험이 더 큰 상황에 처해 있었다. 그래서 키스가 티나에게 "난 승리가 필요해."라고 말하자, 티나는 기꺼이 물속으로 뛰어들었다. 이 승리로 키스는 탈락 면제권을 얻었고, 쿠차족 출신들이 투표에서 힘을 합쳐 그를 쫓아내는 걸 막을 수 있었다. 티나는 나중에 이렇게 말했다. "거기서 버티는 것보다는 포기하는 게 더 어려웠어요. 그렇지만 전 우리 팀을 위해서는 키스가 승리해야 한다고 생각했어요."

이 시즌은 41일째에 절정에 이르렀는데, 남은 생존자는 티나와 키스 그리고 텍사스 주에서 온 26세의 콜비 도널드슨Colby Donaldson이었다. 콜비는 바로 직전에 면제권을 얻어 부족 회의에서 나머지 두 사람 중 누구를 탈락시킬지 결정할 수 있었다. 티나는 이미 탈락한 참가자들(마지막까지 남은 두 사람 중 누가 우승자가 될지 결정하게 될 사람들) 사이에서 인기가 높았다. 한편, 키스는 자신의 지도자 자질이 나머지 사람들의 생존에 필요하다고 강하게 주장하면서 여러 사람과 사이가 틀어졌다. 대부분의 시청자는 콜비가 티나를 탈락시키고 키스와 우승을 놓고 경쟁할 것이라고 생각했다. 그러나 콜비는 키스를 탈락시킴으로써 100만 달러를 거의 포기하는 듯한 결정을 내려 시청자들을 깜짝 놀라게 했다.

그 날 밤 투표가 끝난 뒤에 이 에피소드는 콜비와 티나가 아주 굳건한 동맹을 맺음으로써 많은 어려움을 헤쳐낸 장면들을 보여주었는데, 두 사람이 거기까지 올라올 수 있었던 것은 그런 동맹이 큰 도움이 된 게 명백했다. 그래서 콜비는 확실한 승리보다는 우정을 선택했던 것이다. 그리고 로스앤젤레스의 스튜디오에 모인 시청자들 앞에서 생방송으로 진행한 최종 투표 결과 티나 웨슨이 우승자로 결정되었다.

많은 사람들은 콜비의 결정을 이해할 수 없다며 계산을 잘못한 것이라고 주장했다. 그러나 콜비는 우정과 의리를 이기심보다 더 중요하게 여겼다고 보는 게 더 적절한 해석일 것이다. 이것은 대부분의 사람들이 매일 맞닥뜨리는 딜레마이기도 하다. 친구를 위할 것인가, 아니면 나를 위할 것인가? 그 결과는 어떻게 될까? 나 자신의 이익을 포기하고 남을 돕는다면 바보처럼 보이지는 않을까? 반대로 남을 돕지 않는다면 비열하다고 손가락질 받진 않을까? 착하게 살면서도 살아남는 방법이 있을까? 많은 친구가 있고, 동맹과 이해관계가 계속 변하는 상황에서는 그런 결정들을 어떻게 내릴 수 있을까?

〈서바이버〉가 큰 인기를 끈 이유 중 하나는 등장인물들 때문이 아니라, 그들 간에 벌어지는 복잡한 상호 작용 때문이었다. 〈서바이버〉는 서로 얽히고설킨 개인들의 전기(실제로는 소설과 비슷한 사회지학)를 제시한다. 그리고 그 이야기는 러시아 소설처럼 유동적으로 변하는 집단의 도덕뿐만 아니라, 집단에 속한 사람들과 사회의 모든 복잡성 사이에서 계속 변해가는 연결들을 추적한다. 〈서바이버〉 같은 프로그램이 많은 시청자를 사로잡는 이유는 먼 옛날부터 우리의 마음속에서 또는 동료들 사이에서 벌어진 투쟁을 거울처럼 보여주기 때문이다.

우리를 구속하는 먼 옛날의 유대

개미, 벌, 펭귄, 늑대, 돌고래, 침팬지와 마찬가지로 사람도 서로 가까이에서 무리를 지어 살아가는 사회적 동물이다. 실제로 우리의 환경에서 가장 중요한 특징은 같은 종에 속한 다른 구성원들 속에서 함께 살아간다는 것이다. 사람에게 실질적인 위협이 되는 포식자는 없기 때문에, 우리에게 실질적으로 유일한 위협 대상은 다른 사람들이다. 만약 다른 사람들의 존재가 우리에게 그렇게 큰 도움이 되지 않는다면, 우리는 다른 사람들을 피하는 게 합리적일 것이다.

따라서 다른 사람들과의 특별한 관계는 아주 중요하다. 우리는 특정 개인들과 의도적으로 사회적 연결을 맺으려고 선택하며, 상대에 따라 친밀도와 애정의 정도를 달리하고, 연결을 유지하는 기간도 달리한다. 그리고 다른 사회적 동물과는 달리 우리는 다른 사람들이 무엇을 생각하고 느끼는지, 나에 대해 무엇을 생각하고 느끼는지를 상상할 수 있는 특별한 능력이 있다. 우리가 소셜 네트워크에 속해 있다는 것은 우리가 다른 사람들과 협력하고, 그들의 의도를 판단하고, 서로 영향을 주고받는다는 것을 의미한다.

간단히 말해서, 사람들은 그냥 무리를 지어 사는 게 아니라, 네트워크를 형성해 살아간다. 앞 장들에서 우리는 소셜 네트워크가 감정에서부터 건강, 정치에 이르기까지 모든 측면에 어떤 영향을 미치는지 살펴보았다. 그런데 사람은 이러한 네트워크를 처음에 왜 만들었을까 하는 의문이 생긴다. 여러 갈래의 새로운 연구를 통해 우리는 놀라운 답을 발견했다. 우리가 다른 사람들과 연결을 맺으려는 욕구 중 일부는 우리의 유전자에서 나온다.

진화는 우리가 서로 연결하는 방식에 어떤 역할을 한 것으로 보이는데, 연결 행동 자체는 자연 선택의 영향을 받기 때문이다. 1장에서 이야기한 불난 집을 생각해보라. 불을 끄려면 강에서 물을 빨리 길어와야 하는데, 사람들이 우리를 돕기 위해 조직적으로 행동한다. 그 중에서 어떤 네트워크 형태는 다른 것보다 더 효율적이다. 가장 효율이 높은 네트워크를 그 일에 가장 '적합한' 네트워크라 할 수 있다.

이번에는 쿠차족과 오가코르족 같은 서로 다른 집단들이 불을 끄려고 경쟁하는 시합을 벌인다고 상상해보자. 이 시합에서는 두 집에 불을 지르고, 각 팀에게 먼저 불을 끄라고 한다. 한 시합이 끝날 때마다 반응 시간이 느린 팀은 탈락된다. 이렇게 많은 시합을 거치고 나면, 불을 빨리 끄는 팀들이 위로 올라가게 되는데, 어떤 방식으로 조직하고 협력하는 게 효율적인지 터득한 팀들이 올라갈 가능성이 높다. 그냥 단순하게 모든 사람이 강으로 오고가는 팀들은 탈락할 가능성이 높은 반면, 물통 릴레이 소방대 방식으로 조직한 팀들은 올라갈 가능성이 높다. 시기심이 많고 이기적인 팀들 역시 탈락할 확률이 높고, 서로를 도우려고 하고 협력하는 팀들은 올라갈 확률이 높다. 따라서 가장 적합한 소셜 네트워크를 가진 팀들이 승자가 될 것이다. 소셜 네트워크의 구조는 과제를 달성하는 데 필요한 기능적 요구 조건에 맞춰 적응할 것이다. 우리가 한 줄로 늘어서는 것은 물을 흐르게 하는 게 필요하기 때문이다. 실제로 어떤 종들은 그것이 환경에 효율적으로 적응하는 방법이기 때문에 물통 릴레이 소방대와 같은 행동을 보인다. 예컨대 먹이를 차례로 전달하는 개미들이 그렇다.[2]

현대 세계에서 우리는 네트워크 구조에 영향을 미치는 시합들을 흔히 볼 수 있다. 미식축구에서는 공격 측은 플레이를 시작할 때 11명의 선수들 중 7명이 스크리미지 라인(공 바로 뒤에 위치한)에 서 있어야 한다. 그렇지만 나머지 4명은 어떤 위치에 서도 괜찮다. 이러한 자유 때문에 T, I, 에이스, 프로셋, 싱글윙, 더블윙, 샷건, 피스톨, 이스턴 샷건, 위시본, 플렉스본, 윙 T, A-11을 비롯해 아주 다양한 포메이션이 가능하다. 일부 포메이션은 설명이 필요 없는 골라인 대형처럼 특별한 목적을 갖고 있다. 각 포메이션은 어떤 선수들이 상호 작용을 하는 게 필요하고, 목적이 무엇이냐에 따라 나름의 이점이 있다. 예를 들어 샷건 포메이션은 쿼터백을 공에서 뒤로 멀리 떨어져 있게 하는데, 그러면 돌진해오는 수비수들을 피해 리시버에게 정확하게 공을 던질 시간을 더 벌 수 있다.

공격 포메이션이 이토록 다양한 이유 중 하나는 흔히 사용되는 상대편의 수비 전술을 허물어뜨리기 위해 계속 새로운 전술을 시도해야 하기 때문이다. 때로는 그런 혁신이 경기 방식을 완전히 새롭게 바꾸어, 그에 대응해 수비 전술도 바뀌는 일이 일어난다. 텍사스 롱혼스 팀의 공격 라인 코치인 에머리 벨러드 Emory Bellard는 1968년 여름에 위시본 포메이션을 개발했다. 그 당시 팀에는 공을 가지고 잘 달릴 수 있는 쿼터백과 하프백과 풀백이 있었기 때문에, 벨러드는 플레이가 시작된 뒤에 쿼터백에게 세 가지 선택을 할 수 있도록 이 포메이션을 만들었다. 쿼터백은 먼저 자기 바로 뒤에 있는 풀백에게 공을 줄지 말지 판단한다. 만약 쿼터백이 공을 계속 가지고 있다면, 한 방향으로 달리기 시작할 것이다. 달리기 시작한 쿼터백은 안쪽으로 돌진할 수도 있고, 같은 방향으로 함께 달리고 있는 하프백에게 공을 던져줄 수도 있다. 쿼터백 뒤에 하프백 두 명이 있고 옆에 풀백이 있는 이 형태가 위시본 wishbone(조류의 Y자형 가슴뼈인 차골)처럼 생겼기 때문에, 〈휴스턴 크로니클〉의 미키 허스코비츠 Mickey Herskowitz가 그것을 위시본 포메이션이라 이름 붙였고, 그 뒤 모든 사람이 그렇게 부르게 되었다. 남은 한 명의 하프백은 블로커 역할을 하며, 이 포메이션은 대칭적 형태이기 때문에 플레이가 좌우 어느 쪽으로도 전개될 수 있어, 수비 측은 공을 가지고 뛸 수 있는 네 명의 백에 대비해야 한다.

텍사스 롱혼스 팀은 위시본 포메이션을 사용한 첫 번째 경기에서 비겼고, 그 다음 번 경기는 졌다. 그렇지만 그 뒤로는 전국 대회 결승전 두 번을 포함해 30연승을 거두었다. 벨러드는 텍사스 A&M 대학과 미시시피 주립대학으로 옮겨가서도 이 포메이션을 계속 사용했고, 나중에 오클라호마, 네이비, 에어포스를 비롯해 다른 팀들도 이 포메이션을 모방했다. 그렇지만 수비 코치들은 곧 백본 방어 전략처럼 위시본 포메이션에 대응하는 전략을 개발했다. 새로운 대응 전략 때문에 위시본 포메이션이 처음에 누렸던 이점은 상쇄되었고, 벨러드 같은 공격 코치들은 더욱더 좋은 전략을 찾아내기 위해 노력해야 했다.

자연적으로 생겨나는 소셜 네트워크는 미식축구 팀이나 리얼리티 쇼하고는 다르다. 친구를 선택하는 법을 가르쳐주는 코치도 없고, 게임에서 지거나 불을 끄는 데 실패했다고 해서 우리를 탈락시키는 사람도 없다. 그렇지만 인류는 그것과 유사한 조건들에 늘 구속을 받아왔는데, 어떤 종류의 소셜 네트워크 구조가 효율적이고 잘 살아남는지는 그런 구속 조건들에 따라 결정된다. 초기 호미니드의 경우에도 무리가 식량을 얻고 공격자를 물리치는 데 큰 도움을 주는 소셜 네트워크 안에서 살아간 개인들은 생존과 번식 가능성이 더 높았다. 그 결과, 시간이 많이 지나는 동안 본능적으로 네트워크를 만들어 살아가거나 특정 종류의 네트워크를 만드는 성향이 있는 개인들은 자연선택에서 유리한 위치를 차지하여 결국 전체 인구 중 다수를 차지하게 되었을 것이다. 우리가 오늘날 만드는 네트워크들은 각각 다른 도구(휴대전화나 인터넷)를 사용하고, 서로 다른 환경에서 작용하지만, 연결을 맺고자 하는 충동과 친구들의 집단으로 조직하고자 하는 충동은 유전적 진화가 특정 패턴을 다른 패턴보다 더 선호하던 시절에 진화한 것이다.

협력에서 연결이 담당하는 놀라운 역할

자연 선택은 무자비하다. 오직 '적자'만이 살아남아 번식하여 다음 세대에 자신의 유전자를 전해준다. 그런데 이것은 사회적 상호 작용에 대해 생각할 때 한 가지 수수께끼를 제기한다. 여러분이 자신과 아무 혈연관계가 없는 친구들에게 식량을 나누어주는 경향이 있다고 가정해보자. 만약 식량이 부족하다면, 여러분의 관대함은 친구들이 살아남는 데 도움을 줄 것이다. 대신에 그것은 여러분이 살아남는 데 마이너스로 작용할 수 있다. 따라서 식량을 나누어주고 싶은 욕구를 일으키는 유전자는 식량을 혼자 움켜쥐고 있으려는 유전자에 비해 후손에게 전달될 가능성이 더 적다. 그렇다면 식량을 나누고 싶은 마음은 어디서 온 것일까?

이것은 협력과 이타심에 관한 수수께끼이다. 다른 사람을 기꺼이 도우려고 하는 사람은 자신만 챙기려고 하는 사람보다 당연히 생존 확률이 낮을 것이다. 좀 더 공식적으로는, 집단을 돕기 위해 기꺼이 개인적 비용을 치르려고 하는 '협력자 cooperator'는 개인적 비용은 지불하지 않고 집단의 행동에서 얻는 과실만 따먹으려고 하는 '무임 승차자 free rider'보다 생존 확률이 더 낮다. 예를 들면, 수십만 년 전에 사람들이 큰 동물을 사냥하는 방법을 터득했을 때, 그 방법을 아는 집단은 살아남는 데 크게 유리했다. 그렇지만 마스토돈을 사냥하는 일이 아주 위험하다면, 그 일은 다른 사람에게 맡기고 자신은 안전한 곳에 머무는 게 낫지 않겠는가? 만약 여러분이 집단 내에서 가장 이기적인 사람이라면, 다른 사람들보다 살아남을 가능성이 더 높을 것이다.

이언 매큐언Ian McEwan은 현대 소설에 중요한 돌파구를 열어준 작품 중 하나로 꼽히는 《이런 사랑 Enduring Love》에서 협력에 관한 문제를 생생하게 제시했다. 영국의 푸른 들판에 강한 바람이 씽씽 불어대는 가운데 지면 가까이에 헬륨 기구가 떠 있다. 광주리 안에는 겁에 질린 소년이 몸을 움츠리고 있고, 밖에서는 할아버지가 밧줄을 붙잡고 기구가 바람에 날려가지 않게 하려고 필사적으로 애쓰고 있다. 할아버지가 도와달라고 소리를 지르자, 다섯 사람이 달려왔다. 여섯 사람은 모두 밧줄을 잡아당기지만, 어느 누구도 다른 사람의 지시에 따르진 않는다. 여기에는 이들을 지휘하는 지도자가 없다. 갑자기 강한 돌풍이 불면서 기구가 지면에서 3m 정도 솟아올랐고, 밧줄을 붙잡고 있던 사람들이 딸려 올라갔다. 만약 모든 사람이 밧줄을 붙잡고 매달린다면, 그들은 금방 안전하게 지상으로 내려올 수 있다. 그러나 한 사람이 밧줄을 놓아버렸고, 그 바람에 기구는 무게가 약간 줄어들어 좀 더 높이 올라갔다. 그러자 나머지 사람들은 어려운 결정에 맞닥뜨리게 되었다. 또다시 한 사람이, 그리고 또 한 사람이 밧줄을 놓자, 나머지 사람들도 손을 놓아야겠다는 압박을 점점 더 심하게 받게 되었고, 결국에는 한 사람만 남게 되었다. 정말로 훌륭한 그 사람, '이타심의 불꽃이 좀 더 강하게 타올랐던' 사람만이 끝까지 밧줄을 놓지 않았다. 그는 기구에 연 꼬리처럼 매달린 채 날아가다가 결국 지상 약 100m 높이에서 밧줄을 놓고 추락해 죽었다. 매큐언은 지상에서 몇 미터 높이의 기구에 매달렸던 여섯 사람은 "먼 옛날부터 풀리지 않은 도덕적 딜레마, 즉 우리를 선택하느냐 나를 선택하느냐라는 딜

레마를 재현했다."라고 지적했다.[3]

좋은 소식은, 사람들이 자신과 연결된 사람들과 상호 작용을 할 때 종종 자신의 이기적 성향을 무시한다는 점이다. 〈서바이버〉에서 티나는 키스에게 기둥 위에서 계속 버티면서 정정당당하게 승부를 가리자고 할 수도 있었지만, 대신에 키스가 양보를 요구하자 순순히 물속으로 뛰어들었다. 또한 이타심과 협력의 딜레마에 대해 연구한 광범위한 실험에서 전체 사람들 중 약 절반은 다른 사람을 돕는 쪽을 선택했다. 그들이 다시 상호 작용을 할 가능성이 거의 없는 사람일지라도 말이다. 따라서 남을 돕는 게 과연 합리적인가 하는 문제에 진화론을 순진하게 적용하는 것은 잘못이다. 이기심이 항상 유리한 것만은 아니다. 만약 항상 유리하다면, 오늘날 세상에는 이기적인 사람들만 넘쳐나야 할 것이다.

오늘날의 현실 세계는 그 밖에도 고려해야 할 게 아주 많다. 우리는 서로 간의 상호 작용 그물 속에서 살고 있고, 오랜 시간 동안 상호 작용을 반복해오거나 유지해왔기 때문이다. 티나는 다가올 대결에서 키스와 경쟁할 것을 알고 있었고, 그때 그의 도움을 요청하기 위해 포기했을 수도 있다. 진화론자들은 이것을 '직접적 상호성'이라 부른다. 만약 동일한 사람과 협력할 기회가 여러 차례 있다면, 그 사람이 여러분을 돕게 하는 한 가지 방법은 미래의 협력을 약속하는 것이다.

정치학자 로버트 액설로드Robert Axelrod는 상호성에 대해 조사하기 위해 설계된 독창적이고도 유명한 연구를 통해, 항상 협력적 태도를 보이거나 항상 이기적 태도를 보이는 것보다 '맞대응tit for tat' 전략이 더 효율적인 경우가 많음을 보여주었다.[4] 여기서 맞대응 전략은 누구를 처음 만났을 때에는 협력적 태도를 보이고, 그 다음부터는 상대방이 마지막으로 상호 작용했을 때 보인 것과 같은 태도를 보이는 것을 말한다. 이러한 태도는 기본적으로 황금률을 뒤집은 것으로, 남이 내게 해준 대로 나도 남에게 해준다는 것이다. 상대방이 내게 협력하면, 다음번에 그 협력을 되갚아준다. 만약 상대방이 내게 협력하지 않으면, 다음번에 협력을 거부함으로써 되갚아준다. 간단하지만 아주 효율적인 방법이다.

맞대응 전략을 사용하는 사람들이 많은 세상에서는 늘 협력이 일어날 것이다. 그러나 이기적 사람들이 많은 세상에서는 맞대응 전략도 별 효과가 없다. 처음 만난 사람에게 협력적 태도를 보이더라도, 그 사람은 다음에 여러분에게 협력적 태도를 보이지 않을 것이기 때문이다. 여기서 교훈을 얻은 여러분은 다음번에 그에게 협력하지 않겠지만, 이미 상대방은 첫 번째 만남에서 이익을 챙겼기 때문에 그가 살아남을 확률이 조금이라도 더 높다. 만약 여러분이 기꺼이 협력을 제공하려는 다른 사람을 곧 만나지 못한다면, 여러분과 여러분의 유전자는 살아남을 가능성이 크게 줄어들 것이다.

수학자 크리스 하우어트 Chris Hauert와 그 동료들이 2002년에 〈사이언스〉에 발표한 중요한 진화 모형에서 또 다른 가능성을 검토하게 된 계기는 바로 이런 상황 때문이었다.[5] 액설로드의 연구와 이전에 이루어진 대부분의 이론적 모형에서는 개인들이 반드시 상호 작용해야만 했다. 그러나 만약 그들이 상호 작용을 하지 않기로 선택한다면 어떻게 될까? 협력을 시도하다가 상대방에게 이용만 당하는 위험을 감수하느니 차라리 혼자 힘으로 어떻게든 꾸려가려고 할 수도 있다. 다시 말해서, 네트워크 내에서 다른 사람들과의 관계를 단절해버릴 수 있다. 하우어트는 이 전략을 선택하는 사람들을 '독불장군 loner'이라고 불렀다.

하우어트와 그 동료들은 아름다운 수학을 사용해 독불장군이 많은 세상에서는 협력이 진화하기 쉽다는 사실을 보여주었다. 협력이 나타나더라도 그것을 이기적으로 이용하려는 사람이 없기 때문이다. 독불장군은 혼자서 알아서 살아가고, 협력자는 다른 협력자와 네트워크를 형성하게 된다. 그러면 협력자는 독불장군보다 살아남는 데 훨씬 유리하여 얼마 지나지 않아 전체 집단에서 다수를 차지하게 될 것이다. 그러나 일단 세상에 협력자들이 많아지면, 기생충처럼 주는 것 없이 협력의 과실만 챙기는 무임 승차자가 진화하기 쉬워진다. 그러다가 전체 집단이 거의 무임 승차자로 채워지면, 이제 이용할 사람이 없어지면서 다시 독불장군이 늘어나기 시작한다. 기생충 같은 사람들하고는 상호 작용하지 않고 차라리 혼자서 살아가는 게 유리하기 때문이다. 간단히 말해서, 협력이 나타나는 것은 혼자서 따로 살아가는 것보다는 서로 함께 힘을 합치면 살아가기가 훨씬 유리하기 때문이다. 그러나 무임 승차자 문제 때문에 협력적 태도가 반드시 성공한다는 보장은 없다.

무임 승차자 문제를 해결하려면 '응징자 punisher'라는 다른 종류의 사람이 필요하다. 사람들은 사회적 규범이 위반되는 걸 볼 때마다 그것을 강제적으로 지키게 해야 할 필요성을 느낀다. 다른 차량이 끼어들기를 할 때 어떤 사람들은 경적을 울린다. 비록 경적을 울리는 것이 결과를 바꾸지는 못하더라도 말이다. 또 어떤 사람들은 금연 구역에서 담배를 피우는 사람을 보면 용감하게 나서서 이를 지적한다. 그리고 많은 경우, 사건과 직접 관련이 없는 사람들이 어쩌면 보복을 당할 위험이 있는데도 불구하고, 자신이 목격한 범죄를 법정에서 증언하려고 한다. 이들은 모두 협력을 하지 않으려는 사람에게 비용을 치르게 하기 위해 작은 비용을 기꺼이 치르려고 한다. 이것은 다른 종류의 연결이다. 협력자들은 더 많은 것을 만들어내기 위해 다른 사람들과 연결하고, 무임 승차자들은 다른 사람의 노력을 공짜로 이용하기 위해 다른 사람들과 연결하지만, 응징자들은 무임 승차자들을 몰아내기 위해 다른 사람들과 연결한다.

응징에 관한 이론들은 한동안 유행했지만, 그런 행동이 처음에 어떻게 진화할 수 있었을까 하는 문제에 걸려 별 진전이 없었다.[6] 무임 승차자가 다수인 세상에서는 응징자는 항상 모든 위반 행위를 바로 잡으려고 많은 에너지를 써야 하는데, 그러면 살아가기가 무척 피곤하다. 응징자는 힘에 부쳐 도태되기 쉽다. 그러나 서로 연결되지 않은 독불장군들이 많은 세상에서는 응징자는 아무도 응징할 필요가 없다. 이 논리를 바탕으로 우리는 나름의 모형을 만들었는데, 이 모형을 통해 각자 혼자서 살아가는 사람들로만 가득 차기 쉬운 세계에서 상호 연결되어 상호 작용하는 협력자들과 응징자들로 이루어진 작은 집단들이 공진화 coevolve할 수 있으며, 이것은 전체 집단의 협력과 연결 수준을 높인다는 것을 보여주었다.[7]

하우어트와 그 동료들은 그 뒤에 우리의 모형을 확대하여, 일반적인 조건에서 그것은 협력하는 사람들과 무임승차하는 사람들, 그리고 연결된 사람들과 그렇지 않은 사람들이 뒤섞인 집단을 만들어낸다는 사실을 보여주었다.[8] 게다가 그들은 그 집단이 끊임없이 변한다는 것을 입증했는데, 따라서 어느 순간에 존재하는 사람들의 종류와 비율은 시대에 따라 달라진다. 과도한 협력이나 최소한 협력을 예측하는 모형들과는 달리, 이 확대 모형은 무임 승차자를 감시하고 응징하는 것이 가능한 세계와 사람들이 집단에 가담하는 경향이 다양한 세계에서는 협력이 흔히 일어날 수 있다는 것을 보여주었다. 요약하면, 이 모형은 다음 두 가지를 예측했다. 어떤 사람들은 기꺼이 협력하려고 하는 반면, 어떤 사람들은 그렇지 않다. 그리고 어떤 사람들은 소셜 네트워크에 잘 연결되려고 하는 반면, 그렇지 않은 사람들(독불장군들)도 있다.

호모 딕티우스

인간의 행동에 나타나는 이런 종류의 다양성은 전통 경제학자들이 설명하기가 아주 어려웠다. 사람을 경제학적으로 생각하는 표준적인 방법은 모든 사람이 각자 다른 사람의 이해관계를 고려하지 않고 결정을 내린다는 것이다(다른 사람의 이해관계가 자신의 이해관계에 영향을 미치지 않는 한). 이러한 관점에서 보면, 협력이 일어나는 이유는 당사자의 선택이 동기에 부합하기 때문이다. 내가 남의 등을 긁어주는 이유는 그 사람도 내 등을 긁어줄 것이라고 생각하기 때문이다. 만약 상대방이 자기 잇속만 차리고 그냥 내뺄 수 있는 상황이라면, 나는 그 사람을 도와주려 하지 않을 것이다. 여러분과 여러분이 아는 모든 사람 역시 나와 같은 상황에 처했다면 도움을 거부할 것이다. 다시 말해서, 사람들이 남을 도우려고 하는 정도에는 근본적으로 차이가 없다. 그리고 사회적 연결은 아무런 의미가 없다.

실제로 호모 에코노미쿠스 *Homo economicus*(경제인)는 타인의 행복에 대한 관심 따위는 전혀 없는 잔인한 이전투구의 세계에서 살아간다. 호모 에코노미쿠스란 표현은 적어도 100년 전에 처음 사용되었는데, 우리를 최소한의 비용으로 최대한의 개인적 이익을 얻기 위해 이기심에 의존해 살아가는 종으로 묘사하기 위해서였다. 그러나 그보다 앞서 1836년에 철학자 존 스튜어트 밀 John Stuart Mill이 이미 "최소한의 노동과 육체적 절제를 들여 최대한의 필수품과 편의와 사치품을 얻으려고 하는" '경제인 economic man' 모형을 제안했다.[9] 이런 관점 뒤에 숨어 있는 개념은 사람은 게으르고 탐욕스럽지만, 합리적이고 이기적이고 자기중심적이기도 하다는 것이다. 이런 모형에는 이타심이 끼어들 여지가 없다. 더구나 이런 모형은 사람들이 자기가 원하는 것을 처음에 어떻게 원하게 되었는지 전혀 설명할 길이 없다.

그래서 우리는 대안을 제시하려고 한다. 호모 딕티우스 *Homo dictyous*(사람을 뜻하는 라틴 어 homo와 '그물'을 뜻하는 그리스 어 dicty를 결합해 만든 말), 곧 '네트워크인'은 인간의 본성을 적절하게 표현한 개념으로, 이타심과 응징의 기원뿐만 아니라 욕구와 거절의 기원까지 설명할 수 있다. 이 관점은 우리가 완전한 이기심에서 벗어나려는 동기를 허용한다. 우리는 다른 사람들과 연결돼 있기 때문에, 그리고 다른 사람들에게 관심을 가지도록 진화했기 때문에, 우리는 무엇을 할지 선택할 때 다른 사람들의 행복도 고려한다. 게다가 이 관점은 우리가 네트워크에 속해 있다는 것을 강조함으로써 사람들의 욕구를 이해하는 데 중요한 한 가지 원천을 공식적으로 포함시킬 수 있게 해준다. 그 원천이란 바로 우리 주위에 있는 사람들의 욕구이다. 앞에서 보았듯이, 이것은 건강과 관련된 행동에서부터 음악적 취향, 투표 참여 습관에 이르기까지 모든 것에 적용된다. 우리는 자신과 연결된 다른 사람들이 원하는 것을 원한다.

실제로 소셜 네트워크는 무한히 많은 욕구들의 흐름을 포함할 수 있으며, 특이한 불안을 전파하거나 취향을 생겨나게 할 수 있다. 물론 우리는 주변 사람들의 특정 욕구에 그다지 영향을 받지 않는 기본 욕구(예컨대 성에 대한 관심처럼)가 있다. 그렇지만 다른 사람들에게 큰 영향을 받는 변덕스러운 욕구(예컨대 음악이나 옷에 관한 것처럼)도 많다. 다시 말해서, 우리의 취향 중 일부는 다른 사람들이 그것을 원하면 우리도 더 간절히 원하게 되는 종류의 것이다. 어떤 이유에서건 일단 그런 믿음이 생겨나면, 그것은 네트워크를 통해 퍼져나가고 증폭될 수 있다. 그런 믿음이나 욕구나 취향이 무작위적으로 불규칙하게 생겨나건, 더 일관된 근본적인 기원이 있건(예컨대 정치적 이념과 종교적 믿음은 유전자에서 일부 원인을 찾을 수 있다) 간에, 이것들은 네트워크를 통해 증폭되면서 흘러간다.

누가 호모 에코노미쿠스를 죽였는가?

1970년대부터 비전통적 경제학자들은 협력과 취향의 기원에 관한 질문을 던지면서 경제학에 대한 일부 기본 가정을 검증하기 시작했다. 그리고 많은 경제학자들은 그들이 발견한 것에 충격을 받았다. 1982년, 일단의 경제학자들이 '최후 통첩 게임ultimatum game'이란 간단하면서도 기발한 실험을 개발했는데, 이것은 두 사람이 연구자가 준 10달러를 가지고 흥정을 벌이는 게임이다.[10] 첫 번째 사람은 두 번째 사람에게 10달러를 어떻게 나눌지 '제안'을 한다. 그는 상대방에게 10달러를 다 주겠다고 할 수도 있고, 자기가 다 차지하겠다고 할 수도 있고, 반반씩 나누자고 할 수도 있고, 그 밖의 어떤 분할 방식이라도 제안할 수 있다. 두 번째 사람은 그 제안을 받아들일지 거부할지 결정해야 한다. 만약 제안을 받아들이면, 두 사람은 합의된 대로 돈을 나누어 가질 수 있다. 만약 두 번째 사람이 제안을 거부하면, 어느 쪽도 돈을 갖지 못하며, 게임은 끝난다.

그들의 모형에 등장하는 모든 행위자가 이기적인 호모 에코노미쿠스라고 가정한 전통 경제학자라면 다음과 같이 생각할 것이다. 두 번째 사람은 아무것도 갖지 못하는 것보다는 조금이라도 가지는 게 낫다고 생각할 것이다. 설령 1센트라도 무일푼보다는 낫지 않은가? 첫 번째 사람도 두 번째 사람이 0보다 많은 금액이라면 무조건 받아들일 것이라는 사실을 알고 있다. 따라서 경제학자들은 첫 번째 사람이 자신이 9.99달러를 갖고 두 번째 사람에게 1센트를 주겠다고 제안할 것이고, 두 번째 사람은 그것을 받아들일 것이라고 예측했다.

그러나 현실에서는 이런 일은 절대로 일어나지 않았다. 미국 대학생들을 대상으로 한 최초의 실험에서는 적은 금액의 제안을 거부하는 일이 자주 일어났다. 2달러를 제안했을 때 전체 실험 대상자 중 약 절반이 거부했으며, 그보다 더 적은 금액은 훨씬 더 많이 퇴짜를 맞았다. 게다가, 첫 번째 사람의 역할을 하는 사람들도 그런 일이 일어나리란 걸 충분히 예상했는지 아주 불공평한 제안을 하는 사람은 드물었다. 가장 많은 제안은 정확하게 반반씩 나누는 것이었고, 평균적으로는 첫 번째 사람이 두 번째 사람보다 약간 더 많이 차지했을 뿐 그다지 많이 차지하진 못했는데, 두 번째 사람이 제안을 거부하면 둘 다 한 푼도 얻지 못하기 때문이었다. 첫 번째 사람이 두 번째 사람과 상의하지 않고도 어떤 제안이 받아들여질지 혹은 거부될지 미리 아는 것처럼 보인다는 사실을 감안하면, 그의 행동은 완전히 이기적인 사람이 최대한의 이익을 챙기려고 하는 것과 일치한다. 그러나 두 번째 사람의 행동은 도저히 설명이 불가능하다. 이전에 한 번도 만난 적도 없고 앞으로도 마주칠 가능성이 전혀 없는 사람에게서 1달러나 2달러를 받을 수 있는 기회를 왜 포기하는 것일까?

최후 통첩 게임 실험은 제안을 받아들이거나 거부하는 두 번째 사람의 효과를 연구하기 위한 새로운 실험들의 개발을 낳았다. 그 중 독재자 게임dictator game에서는 첫 번째 사람에게 10달러를 주고 그것을 두 번째 사람과 나눌 비율을 자기 마음대로 정하게 한다. 그러므로 이번에는 두 번째 사람은 아무것도 할 수 없다. 첫 번째 사람이 돈을 어떻게 나누든 그것을 무조건 받아들여야 한다. 두 번째 사람은 아무런 힘이 없으므로, 경제학자들은 첫 번째 사람이 돈을 전부 다 차지할 것이라고 예상했고, 실제로 많은 사람들이 그랬다. 그러나 더 많은 사람들은 그러지 않았다. 평균적으로 첫 번째 사람은 두 번째 사람에게 약 2달러를 주었다. 이 단순한 실험 결과는 사람의 행동이 순전히 이기심의 지배를 받아 일어난다고 볼 경우 설명하기 어려웠다. 사람들은 자신의 호주머니에서 돈을 꺼내 전혀 모르는 사람에게 그냥 주는 행동을 보인 것이다.

이 실험은 또 사람에 따라 본질적인 차이가 있으며, 이것이 그 사람의 행동에 영향을 미친다는 것을 보여주었다. 우리는 연구를 통해 독재자 게임에서 상대방에게 돈을 더 많이 주는 사람일수록 투표에 참여하고, 선거 운동에 기부를 하고, 공직에 출마하고, 시위에 참여하고, 허리케인 카트리나 이재민 구호에 동참할 가능성이 더 높다는 것을 알아냈다.[11] 또한 그들은 얼마나 '인도주의적'인지 측정하는 심리 테스트에서도 높은 점수를 받았다. 그리고 하우어트의 진화 모형이 예측하는 것처럼, 우리는 다른 사람들을 돕기 위해 개인적 비용을 기꺼이 감수하려는 정도도 개인에 따라 차이가 있다는 사실을 알아냈다. 어떤 사람들은 오로지 자신만 생각하지만, 대다수 사람들은 다른 사람들의 행복과 이해관계도 생각한다.

이런 실험 상황들이 공상적인 것만은 아니다. 실제로 현실에서도 최후 통첩 게임과 같은 일이 늘 일어나며, 때로는 아주 생생하게 일어난다. 예를 들면, 2006년에 밥 키츠Bob Kitts라는 건축업자는 오하이오 주 이리 호 근처에서 지은 지 83년이 지난 집을 철거하다가 벽 안

쪽에 초록색 금속 상자 2개가 철사에 매달려 있는 것을 발견했다. 상자 안에는 'P. Dunne News Agency'라고 적힌 흰색 봉투들이 들어 있었고, 봉투 안에는 대공황 시대의 지폐 18만 2000달러가 들어 있었다. 키츠는 달리 행동하도록 배우지 않았다면서 집 주인인 아만다 리스 Amanda Reece에게 그 사실을 알려주었다. 리스는 키츠와 고등학교 동창이었는데, 집을 리모델링하려고 키츠를 고용한 것이었다. 그 직후에 그들이 찍은 사진을 보면, 두 사람은 지폐더미가 쌓인 커피 테이블 옆의 마루에 앉아 행복한 표정으로 활짝 웃고 있다.

얼마 후 그 돈을 어떻게 나눌지를 놓고 의논하면서 문제가 시작되었다. 리스는 키츠에게 10%를 제안했고, 키츠는 40%를 원했다. 만약 리스가 최후 통첩 게임의 실험 결과를 알고 있었더라면, 처음에 더 나은 제안을 했을 것이고, 불필요한 분쟁을 피할 수 있었을 것이다. 두 사람이 공정한 분할에 합의하지 못하는 바람에 그 소문이 널리 퍼져나갔고, 지역 신문인 〈클리블랜드 플레인 딜러〉가 2007년 12월에 그 이야기를 기사로 싣자, 21명이나 되는 던의 후손들이 자기 몫을 주장하고 나섰다. 그동안 리스는 하와이 여행을 하는 데 돈 일부를 썼고, 또 벽장의 구두 상자에 넣어둔 6만 달러를 도난당했다고 주장했다. 그러자 리스와 키츠와 던의 후손들에게 돌아갈 돈은 얼마 되지 않았다. 던의 후손들이 고용한 변호사가 이 상황을 명확하게 정리했다. "만약 두 사람이 싸우지 않고 돈을 공평하게 나누어 가졌더라면, 던의 후손들은 그 사실을 전혀 몰랐을 것이다. 그러나 두 사람은 합리적인 방법으로 그것을 나누는 데 합의하지 못했기 때문에, 두 사람다 돈을 잃고 말았다."[12]

세계 각지의 호모 에코노미쿠스를 찾아

지금까지 소개한 경제학 실험은 거의 대부분 미국의 대학들에서 한 것이다. 이런 연구에는 돈이 필요한 대학생들이 많이 참여하게 마련이기 때문에, 어떤 사람들은 이제 우리가 어떤 동물보다도 미국 대학 2학년생에 대해 더 많이 알게 되었다고 이야기한다. 그렇지만 다른 나라의 연구자들이 현지 대학생들을 대상으로 최후 통첩 게임과 독재자 게임 실험을 재현한 연구에서도 대체로 같은 결과가 나왔다. 가장 예외적인 결과는 경제학과 대학생들에게서 나왔다. 그들은 이기적인 선택이 가장 합리적인 선택이라고 배워왔기 때문에, 협력하려는 경향이 가장 낮았다.[13]

인류학자 조지프 헨릭Joseph Henrich은 산업화가 일어나지 않은 지역에 사는 사람들에게도 이 결과를 일반화할 수 있는지 궁금했다. 그래서 페루의 아마존 강 유역에서 살아가는 토착 부족인 마치겡가족을 대상으로 이 게임들을 실험해보기로 했다.[14] 기묘하게도, 이들은 선진국 사람들보다 훨씬 더 '합리적으로' 행동했다. 최후 통첩 게임에서 첫 번째 사람 역을 맡은 사람들은 상대방에게 더 적은 몫을 제안했고, 두 번째 사람 역을 맡은 사람들은 그것을 대체로 받아들이는 경향을 보여, 전통 경제학자들이 예측한 것에 훨씬 가까운 결과가 나왔다.

'마치겡가족 이상값'은 곧 다양한 연구자들의 호기심을 끌었고, 여러 사람은 1997년에 UCLA에서 이 문제를 주제로 열릴 3일간의 회의 때 발표할 헨릭의 연구에 동참하기로 결정했다. 이들 연구자는 세계 각지의 다양한 소규모 사회 주민들을 대상으로 최후 통첩 게임과 독재자 게임 실험을 하는 연구를 계획했다. 연구 대상으로 정한 나라와 종족에는 볼리비아(치마네족), 칠레(마푸체족), 에콰도르(아추아르족, 키추아족), 케냐(오르마족), 탄자니아(하드자족, 상고족), 인도네시아(라말레라족), 몽골(토르구드족, 카작스족), 파푸아뉴기니(아우족, 그나우족), 파라과이(아체족), 페루(마치겡가족), 짐바브웨(쇼나족) 등이 포함되었다. 또 미시간 주 앤아버와 캘리포니아 주 브렌트우드에 사는 이국적인 주민들을 대조군으로 삼아 실험을 했다. 대개의 경우 실험 참여자에게는 꽤 높은 보수를 제안했다. 결정을 진지하게 내릴 수 있도록 하루치 임금 혹은 그 이상의 금액을 제시했다.

실험 결과는 마치겡가족만 그런 행동을 보이는 게 아닌 것으로 드러났다. 사회마다 최초의 제안과 불공정한 제안을 거부하는 경향 모두 다양한 차이를 보였다. 미시간 주 앤아버 주민은 최후 통첩 게임에서 첫 번째 사람이 평균적으로 약 44%를 제안하여 대학생들에게서 얻은 것과 비슷한 결과를 나타냈다. 탄자니아의 하드자족과 에콰도르의 키추아족은 평균적으로 대학생들보다 훨씬 낮은 약 27%를 제안했다. 반면에 인도네시아의 라말레라족과 파라과이의 아체족은 각각 58%와 51%로 훨씬 좋은 제안을 했다.

연구에 참여한 인류학자들은 왜 일부 집단은 다른 집단보다 상대방에게 더 좋은 제안을 하는지 호기심을 느껴, 현지 언어의 성격과 기원, 현지 주민과 물리적 환경의 관계를 비롯해 각 사회의 여러 측면을 조사해보았다. 그 중에는 숲에서 사는 사람들도 있었고, 평원에서 사는 사람들도 있었고, 사막에서 사는 사람들도 있었다. 또한 수렵 채취 생활을 하는 사람들도 있었고, 가축을 치며 사는 사람들도 있었고, 소규모 농사를 짓고 사는 사람들도 있었다. 한 곳에서 정착 생활을 하는 사람들도 있었고, 여기저기 옮겨 다니며 유목 생활을 하는 사람들도 있었다. 각 사회들은 복잡성에서도 다양한 차이를 보였는데, 가족을 기반으로 한 사회가 있는가 하면, 가족이나 부족 혹은 마을 들이 모인 집단을 기반으로 한 사회도 있었다.

그렇지만 집단 행동의 차이에 가장 밀접한 관련이 있어 보이는 변수는 명백히 사회적인 것이었다. 그런 변수 중 하나는 각 집단이 낯선 사람들과 얼마나 자주 상호 작용을 하는지 나타내는 하나의 척도인 '익명성'이었다. 예를 들면, 에콰도르의 아추아르족은 낯선 사람을 만나는 일이 거의 없지만, 짐바브웨의 쇼나족은 항상 낯선 사람을 만난다. 각 집단들은 시장 거래 빈도에서도 차이가 났다. 식량을 찾아 돌아다니는 탄자니아의 하드자족은 거의 완전히 자급자족 생활을 하므로 시장과 상호 작용을 할 일이 별로 없는 반면, 케냐의 오르마족 같은 집단은 가축을 자주 사고팔고, 때때로 임금을 받기 위해 노동도 했다.

연구자들은 낯선 사람과 접촉이 많은 집단일수록 '친사회적 행동'을 하기 쉽다는 사실을 발견했다. 즉, 이런 집단은 최후 통첩 게임에서 상대방에게 좋은 제안을 함으로써 협력적 태도를 보여주지만, 불리한 제안을 거부하는 비율도 높다. 다시 말해서, 집단이 가족 단위를 넘어서서 네트워크를 확대해갈수록 그들은 점점 호모 에코노미쿠스에서 벗어나 호모 딕티우스처럼 행동할 가능성이 높아진다. 따라서 사람들은 상대방에게 아주 적은 몫을 제안할 것이라고 본 경제학자들의 단순한 견해는 사회적 상호 작용이 거의 없이 고립된 개인에게만 적용되는 것처럼 보인다. 그런 상태는 세상에서 가장 외딴 곳에서도 쉽게 발견되지 않으며, 인간의 조건으로는 실제로 구현된 적이 없다.

쌍둥이에게서 얻은 증거

인류가 출현한 후 시간이 흐르자 우리는 점차 씨족과 마을, 읍, 도시를 이루어 함께 모여 살게 되었다. 그리고 갈수록 사람들 사이에는 (심지어 낯선 사람들 사이에도) 점점 더 많은 연결이 생겨났다. 8장에서 보게 되겠지만, 이러한 발전은 현실 세계에서 사이버 공간으로까지 옮겨갔다. 그러나 우리는 언제든지 교환 가능한 기계 부품이 아니다. 남을 배려하는 경향과 서로 연결하는 능력은 사람에 따라 큰 차이가 있다. 살아가면서 겪는 경험이 낯선 사람을 돕거나 친구를 사귀려는 성향에 영향을 미칠 수도 있지만, 그러한 성향의 차이는 아주 오래전 우리 조상이 작은 무리를 지어 함께 사는 방법을 처음 터득하던 무렵부터 우리 몸속 깊숙이 자리 잡은 게 분명하다.

인류학자들은 우리가 약 50만 년 전부터 큰 짐승을 사냥하기 시작했다고 본다. 이것은 아주 혁신적인 사건이었는데, 그 당시에는 큰 짐승들이 풍부했고, 한 마리만 잡아도 전체 무리가 며칠 동안 배불리 먹을 수 있었기 때문이다. 그렇지만 사냥에 성공하려면 협력이 필요했다. 집단 행동은 아주 다양한 전략을 낳는다는 사실을 이미 앞에서 살펴보았다. 혼자서 사냥에 나서는 사람도 있고, 집단 노력에 힘을 보태는 사람도 있다. 다른 사람들의 노력에 무임승차하려는 사람도 있고, 그런 사람을 응징하려는 사람도 있다. 만약 인간의 조건이 수십만 년 동안 이랬다면, 우리의 네트워크 행동은 단순히 시장이나 인구 밀도 증가의 산물이 아니다. 그것은 집단 협력의 위험과 기회에 유전적으로 적응하며 진화한 결과일 수 있다. 만약 그렇다면 협력적 행동과 다른 사람과 연결하려는 성향이 우리의 DNA에 기록돼 있는 증거를 발견할 수 있을 것이다.

이 가설을 검증하기 위해 우리는 선뜻 생각하기 어려운 장소에서 조사를 시작했다. 2006년 여름에 우리는 동료인 크리스 도스 Chris Dawes와 함께 오하이오 주 농촌 지역 한가운데에 있는 트윈스버그 Twinsburg라는 조용한 읍을 찾아갔다. 그곳에서는 연례 축제가 열리고 있었는데, 사람들은 갖가지 카니발 게임, 건초 마차 타기, 케이크 등을 즐기며 흥겨운 시간을 보내고 있었다. 얼핏 보면 여느 시골 축제와 별다를 바가 없어 보이지만, 이 축제는 다른 점이 있다. 이 축제는 1976년에 일부 주민이 미국 독립 200주년 기념 축제 기간 중 하루를 쌍둥이를 기념하는 날로 정함으로써 읍의 이름을 기념하자는 취지에서 시작되었다. 첫해에 열린 그 축제에는 모두 37쌍의 쌍둥이가 참여했는데, 그 후로 이날은 이 읍의 공식 축제일로 자리 잡았다. 1985년에 이르자 트윈스버그의 쌍둥이날 축제에 참여하는 쌍둥이는 1000쌍이 넘었고, 지금도 비슷한 수의 쌍둥이들이 참여하면서 이 축제는 세계 최대 규모의 쌍둥이 모임의 장이 되었다.

매년 축제는 쌍둥이들과 그 가족들을 위한 비엔나 소시지 파티로 시작하여, 일반인도 함께 참가할 수 있는 더블테이크 퍼레이드(쌍둥이들이 두 명씩 짝을 지어 읍 한가운데에서 축제 장소까지 행진하는 것) 같은 행사들이 벌어지고, 그 다음에는 '가장 닮은 쌍둥이'와 '가장 닮지 않은 쌍둥이' 같은 대회가 열린다. 그리고 한쪽 구석에서는 비록 훨씬 조용하게 진행되긴 하지만, 또 다른 구경거리가 벌어진다. 매년 전 세계에서 수십 명의 연구자들이 쌍둥이들의 건강과 행동을 연구하기 위해 이곳으로 온다. 연구자들은 천막 안에서 쌍둥이들에게 어린 시절에 대한 질문을 던지고, 침과 혈액 시료를 채취하고, 시력과 청력 검사를 하고, 치아 검사도 한다. 조사에 응하는 쌍둥이들에게는 축제를 즐기는 데 쓸 만큼 소액의 사례를 한다. 점심 시간 직전에는 배고픈 자원자들이 케이크 살 돈을 얻으려고 천막으로 가득 모여들곤 한다.

연구자들이 이 축제에 모여드는 이유는 쌍둥이가 유전자 연구에 특별한 기회를 제공하기 때문이다. 일란성 쌍둥이는 DNA에 들어 있는 모든 유전자가 정확하게 일치한다. 이란성 쌍둥이는 평균적으로 유전자의 절반만 일치한다. 이러한 유전적 유사성의 차이는 아주 훌륭한 자연 실험 자료를 제공하는데, 어떤 특성에 유전자가 얼마나 많은 영향을 미치는지 조사할 수 있기 때문이다. 예를 들면, 일란성 쌍둥이는 대부분 눈 색깔이 같지만, 이란성 쌍둥이는 서로 다른 경우가 종종 있다. 이것은 유전자가 눈 색깔을 결정하는 데 어떤 역할을 한다는 사실을 말해주며, 실제로 유전학자들은 눈 색깔 결정에 관여하는 특정 유전자를 여러 종류 확인했다. 마찬가지로 과학자들은 일란성 쌍둥이 사이의 유사성을 이란성 쌍둥이 사이의 유사성과 비교함으로써 다른 특성들이 나타나는 데 유전자가 어떤 역할을 하는지 조사할 수 있다. 만약 두 결과에 아무 차이가 없다면, 유전자는 아무런 역할도 하지 않는다는 이야기가 된다. 만약 차이가 있다면, 그 차이의 정도로 유전자가 얼마나 많이 관여하는지 단서를 얻을 수 있다.

쌍둥이 연구 방법에 모두가 찬동하는 것은 아니다. 어떤 사람들은 만약 쌍둥이가 자기들이 똑같이 닮았다고 스스로 인정한다면, 서로 더 비슷해지려고 노력하게 되며, 부모와 친구들도 그들을 닮은꼴로 취급할 것이라고 주장한다. 따라서 쌍둥이는 유전적 이유보다는 사회적 이유 때문에 서로를 더 닮게 될 수 있다. 만약 일란성 쌍둥이가 똑같은 옷을 입고 똑같은 음식을 먹고 똑같은 영화를 즐긴다면, 사회적 환경이 그들에게 똑같이 행동하라고 부추기기 때문일지도 모른다. 이 주장이 과연 타당한지 검증하기 위해 여러 가지 기발한 방법을 사용해 조사가 이루어졌다. 한 쌍의 쌍둥이가 자신들이 일란성 쌍둥이라고 착각하고, 친구와 가족도 모두 그렇게 믿는데, 간단한 유전자 검사를 해보면 그렇지 않은 것으로 드러나는 경우가 가끔 있다. 만약 사회적 환경이 정말로 일란성 쌍둥이를 서로 더 닮도록 만든다면, 자신들을 일란성 쌍둥이로 착각한 이 쌍둥이도 진짜 일란성 쌍둥이처럼 서로 비슷해야 할 것이다. 그러나 과학자들이 지능, 성격, 태도 등 다양한 특성을 검사해 보았더니, 일란성 쌍둥이로 착각한 쌍둥이는 이란성 쌍둥이 정도만큼만 서로 비슷했다. 이것은 유사성을 낳는 것은 일란성 쌍둥이라는 유전적 상태이지, 자신이 일란성 쌍둥이라고 믿는 인식 때문이 아니라는 것을 의미한다.[15]

트윈스버그에서 우리는 쌍둥이 연구 방법을 사용해 '신뢰 게임'이라는 간단한 협력 테스트에서 유전자가 얼마나 큰 역할을 하는지 측정해보았다. 이 실험에서는 각각의 쌍둥이를 모르는 사람과 짝을 지은 뒤, 각자에게 첫 번째 사람과 두 번째 사람의 역할을 맡겼다. 그리고 첫 번째 사람에게 10달러를 주고서 두 번째 사람에게 얼마를 줄지 선택하게 했다. 그리고 두 번째 사람에게 주는 돈은 3배로 늘어날 것이라고 두 사람에게 알려주었다. 예를 들어 만약 첫 번째 사람이 10달러를 전부 다 준다면, 두 번째 사람은 30달러를 받게 된다. 그러고 나서 두 번째 사람에게 첫 번째 사람에게 돈을 얼마나 되돌려줄지 선택하게 했다. 단, 돈을 되돌려줄 때는 3배로 늘어나지 않는다. 만약 두 번째 사람이 30달러를 받고서 그것을 반반으로 나누길 원한다면, 15달러를 첫 번째 사람에게 주고, 15달러는 자신이 챙기면 된다. 그 결과, 첫 번째 사람은 처음에 받은 10달러에 5달러를 덧붙여 얻게 되는 셈이다.

이 게임을 신뢰 게임이라고 이름 붙인 이유는 첫 번째 사람의 결정이 두 번째 사람이 받은 돈 중 일부를 돌려주리라고 얼마나 신뢰하는지 보여주기 때문이다. 첫 번째 사람이 두 번째 사람에게 돈을 많이 줄수록 그만큼 상대방을 더 신뢰한다는 뜻이다. 마찬가지로, 두 번째 사람의 결정은 그가 얼마나 '신의가 있는' 사람인지, 즉 믿을 만한 사람인지 보여준다. 많이 돌려줄수록 그는 첫 번째 사람이 먼저 보인 호의에 대해 후하게 보답을 하는 셈이다. 신뢰와 신의가 높을수록 협력적이고 친사회적인 행동을 더 많이 나타내게 된다.

우리는 트윈스버그에서 두 해 여름을 보내면서 약 800명의 쌍둥이에게 모르는 사람과 함께 이 게임을 하게 했다. 그리고 일란성 쌍둥이의 결과와 이란성 쌍둥이의 결과를 비교해보았다. 그 결과, 신뢰와 신의 행동 모두에 유전자가 상당한 역할을 하는 걸로 나왔다. 그리고 과학에서 종종 일어나는 즐거운 사건이지만, 우리는 우연히 MIT의 경제학자인 데이비드 체사리니David Cesarini와 이메일을 주고받게 되었다. 그는 스웨덴에서 수백 쌍의 쌍둥이를 대상으로 우리와 똑같은 연구를 하고 있었다. 놀랍게도 그 역시 우리와 거의 동일한 결과를 얻었다. 그래서 우리는 힘을 합쳐 두 연구 결과를 나란히 발표했다.[16]

그 후, 데이비드 체사리니와 크리스 도스는 독재자 게임과 최후 통첩 게임에서 사람들의 행동에 유전자가 영향을 미친다는 사실을 발견했다. 이것은 협력과 이타심, 응징, 무임승차 기질이 우리의 유전자에 들어 있다는 걸 의미한다. 우리의 경험이 이런 특성들에 큰 영향을 미친다는 것은 두말할 필요가 없지만, 우리는 이러한 사회적 특성들에 나타나는 다양성이 최소한 부분적으로 유전적 진화의 결과라는 증거를 최초로 발견했다.

네트워크는 우리의 유전자 안에도 있다

우리의 사교성과 소셜 네트워크는 아주 먼 옛날의 유전적 진화에서 그 뿌리를 찾을 수 있다. 유인원도 사회적 유대를 맺고, 무리를 지어 사냥을 하고, 지속적으로 사회적 결속을 유지하며, 그러한 유대에서 장수와 생식의 성공에 도움이 되는 이득을 얻는다. 그러나 사람은 그러한 특성을 새로운 차원으로 발전시켰다. 생식적 연대를 넘어서서 사회적 연대를 맺으려는 경향은 우리 몸속에 생물학적으로 암호화되어 있다. 그래서 단지 짝만 찾는 데 그치지 않고 친구도 찾으려고 한다. 우리는 연구를 통해 유전자는 소셜 네트워크 구조의 더 복잡한 측면들에도 어떤 역할을 한다는 사실을 발견했다. 실제로 유전자는 단지 우리가 사교적이 될 것인가에만 영향을 미치는 게 아니라, 우리를 둘러싼 광대한 소셜 네트워크에서 정확하게 어디에 자리를 잡을 것인가에도 큰 영향을 미친다.

유전자가 소셜 네트워크에서 담당하는 역할을 알아내기 위해 우리는 전국 142개 학교에 다니는 청소년 9만 115명의 자료(이것은 3장에서 청소년의 성 행동을 조사하는 데 사용한 미국 청소년 건강 연구 자료와 동일한 것이다.)에서 추출한 쌍둥이 1110명을 분석해보았다.[17] 이 학생들에게 친구 네트워크에 대해 질문을 하여 각 학교의 전체 친구 네트워크와 그 안에서 학생들의 위치를 파악했다. 우리는 인간 소셜 네트워크의 가장 기본적인 구성 요소부터 조사했는데, 그것은 바로 어떤 사람이 다른 사람들에게서 친구로 거명되는 횟수였다. 우리는 유전적 요소가 아주 중요하다는 사실을 발견했는데, 각 학생의 인기도 차이를 빚어 내는 요인 중 약 46%는 유전적 요소 때문으로 조사되었다. 예컨대 평균적으로 친구가 5명인 학생은 친구가 1명뿐인 학생과 유전자 구성 자체가 아주 달랐다.

이 결과 자체는 그다지 놀라운 것이 아니다. 얼굴의 대칭성은 유전되고, 아름다움과 관련이 있다. 일부 사람들이 자연적으로 친구를 많이 끄는 경향이 있는 것은 이것으로 설명할 수 있다는 사실은 이미 알려져 있다. 그런데 정말로 놀라운 것은 어떤 사람의 네트워크 내 위치가 지닌 더 높은 차원의 구조적 측면들도 유전적 영향을 받는 것처럼 보인다는 사실이었다. 유전자는 여러분이 친구를 얼마나 많이 사귀느냐뿐만 아니라, 네트워크 내에서 중심에 위치하느냐 주변에 위치하느냐에도 영향을 미친다. 평균적으로 중심에 위치한 사람들은 주변에 위치한 사람들과 유전자 구성에서 큰 차이가 난다.

우리는 친구들 사이의 상호 연결에 유전자가 미치는 효과도 조사해보았다. '이행성'은 친구들 중 어떤 두 사람이 서로 간에도 친구일 확률을 나타낸다고 했다. 이행성이 높은 사람들은 모두가 서로를 잘 아는 긴밀한 결속 집단을 이루어 살아간다. 반대로 이행성이 낮은 사람들은 친구들이 서로 다른 집단에 속해 있는 경우가 많다. 그래서 이런 사람들은 종종 아주 다른 집단들을 잇는 연결 고리 역할을 한다. 우리 연구에서는 이행성도 유전성이 아주 높은 것으로 나타났는데, 전체 차이 중 약 47%가 유전자 차이에서 비롯된다고 평가할 수 있었다. 즉, 친구들끼리 서로 잘 아는 친구가 5명인 사람은 친구들끼리 서로 잘 모르는 친구가 5명인 사람과 유전자 구성에 큰 차이가 있다.

이 발견은 기묘한 의미를 한 가지 내포하고 있는데, 이행성에 관여하는 유전자가 어떤 것인지 알아낸다면, 한 사람에게서 얻은 그 정보를 이용해 다른 두 사람이 친구가 될 가능성이 있는지 없는지 예측할 수 있다. 만약 갑과 을과 병이 한 집단에 속해 있다면, 을과 병이 친구가 될지 안 될지에 갑의 유전자가 어느 정도 영향력을 행사한다는 이야기가 된다.

어떻게 이런 일이 일어날 수 있을까? 3장에서 사람들이 다른 사람을 통해 자신의 짝을 만나는 일이 흔하다고 했던 이야기를 떠올려보라. 소개는 우리의 삶에서 중요한 특징 중 하나이다. 그렇지만 모든 사람이 자기 친구들을 서로 만나도록 주선하지는 않는다. 심지어 어떤 사람들은 되도록 연결을 맺는 것을 피하려고 노력한다. 〈세인펠드 Seinfeld〉라는 텔레비전 시리즈 중 한 에피소드에서 조지 코스탄자는 두 부류의 자기 친구들이 서로 만날까봐 염려한 나머지 그렇게 되면 "독립적인 조지를 죽이게 될 것"이라고까지 말한다. 이 에피소드는 시대정신과 맞아떨어졌으며, '두 세계 충돌 이론 Worlds Collide Theory'을 낳았다. 어번 딕셔너리 Urban Dictionary에 설명된 두 세계 충돌 이론에 따르면, "남자는 자신의 개인적 측면(즉, 친구들)을 육체 관계적 측면(즉, 여자 친구)과 분리시켜야 한다. 만약 두 세계가 서로 접촉하면(여자 친구가 자기 친구들과 친구가 됨으로써) 두 세계가 모두 붕괴하고 말 것이다."[18]

우리는 소셜 네트워크 속성의 유전 가능성에 관한 발견을 바탕으로 소셜 네트워크가 어떻게 형성되는지 보여주는 수학적 모형을 개발했다. 이 '매력과 소개' 모형은 간단한 가정 두 가지를 기반으로 하고 있다. 첫째, 어떤 사람은 육체적이건 다른 방식이건 선천적으로 다른 사람들보다 더 매력적이어서 사람들에게 친구로 지명되는 경우가 많다. 둘째, 어떤 사람들은 선천적으로 새 친구를 기존의 친구들에게 소개하거나 친구들 사이에 중매를 서는 경향이 더 강하다. 그래서 이런 사람들은 자신의 이행성을 간접적으로 높인다.

이러한 두 가지 행동의 결과로 우리는 자신이 네트워크에서 얼마나 중심적 위치에 자리 잡느냐에도 영향을 미친다. 의식적이건 아니건 이러한 선택의 다양성은 자신의 소셜 네트워크 내에서 자리 잡을 수 있는 위치를 놀랍도록 다양하게 만드는데, 이것은 우리의 삶에 중요한 의미를 지닌다. 만약 유전자가 소셜 네트워크 내에서 우리의 위치에 영향을 미친다면, 그것은 우리가 어떤 소문을 얼마나 빨리 듣는지(중심부일수록 더 빨리 듣는다) 혹은 전염병에 감염될 확률이 얼마나 높은지(중심부일수록 감염될 확률이 높다)에도 영향을 미칠 수 있다.

상황(정보를 얻거나 질병을 피하는 것)에 따라 어떤 위치가 더 좋거나 나쁜 차이가 나타나는 것은 소셜 네트워크 내에서 왜 모든 위치가 다 똑같은 것이 아닌지 설명하는 데 도움을 준다. 만약 친구의 수나 친구들 사이의 연결의 수를 얼마로 하는 게 항상 유리하다면, 우리의 사회 세계는 소금 결정 속에 갇혀 있는 원자들처럼 따분하고 예측 가능한 격자 같은 게 되고 말 것이다. 그렇게 되면 우리는 모두 다 똑같은 종류의 네트워크를 가지게 될 것이다.

적응력이 높은 특성은 집단 내에서 유전학자들이 '고착'이라 부르는 것에 이르는 경향이 있다. 그래서 결국에는 모두가 똑같아지고 만다. 그러나 상반된 압력들이 존재하면, 집단 내에서 자연 선택의 작용에도 불구하고 다양성을 유지하는 게 가능하다. 모두 다 키가 똑같은 게 우리에게 유리하다면 우리는 모두 키가 똑같아야 할 것이다. 만약 그렇다면 오래 전에 자연 선택은 키가 아주 큰 사람과 아주 작은 사람을 솎아냈을 것이기 때문이다. 마찬가지로 만약 오직 한 종류의 소셜 네트워크와 네트워크 내에서 한 종류의 위치만이 최적의 조건이라면, 우리는 모두 같은 종류의 소셜 네트워크를 가질 것이고, 네트워크 내에서의 위치도 모두 다 똑같아야 할 것이다.

매력이나 자기 친구들을 서로 소개하려는 성향에 유전적 차이가 나는 이유는 여러 가지를 생각할 수 있다. 친구가 많으면 어떤 상황에서는 사회적 지원을 많이 받을 수 있는 반면, 어떤 상황에서는 갈등의 소지가 커질 수 있다. 사회적 연결이 더 긴밀하면, 즉 이행성이 높으면 집단의 연대는 높아지지만, 집단 밖의 사람들로부터 유리한 영향이나 정보를 얻는 데 방해가 될 수 있다. 그렇지만 무엇보다 중요한 것은 소셜 네트워크가 개인들 사이에 감정 상태나 물질 자원, 정보를 전달하는 적응적 기능을 할지도 모른다는 점이다.

우리가 소셜 네트워크를 통해 전파된다는 것을 보여준 일부 특성들(비만, 흡연 습관, 행복감, 정치적 행위)은 유전되는 것처럼 보인다. 이 사실은 이러한 특성들을 완전히 이해하려면, 유전자가 소셜 네트워크 구조에 미치는 영향을 중개하는 요소들뿐만 아니라, 오늘날 우리의 네트워크에서 관찰되는 패턴들이 어떻게 진화했는지도 정확하게 이해하는 게 필요하다는 걸 의미한다.

고독한 수렵채취인

유전자는 우리의 감정 상태를 조절함으로써 우리가 사회적 유대를 맺는 데 영향을 미칠 수 있다. 친밀감, 사랑, 사회적 연결을 간절히 원하는데도 그것이 충족되지 않을 때, 사람들은 흔히 고독감을 느낀다. 그렇지만 고독감을 느끼는 것은 실제로 외로운 것하고는 다르며, 어떤 사람이 느끼는 심리적 단절과 소셜 네트워크 내에서 그 사람의 객관적인 사회적 위치 사이에 괴리가 있는 경우도 종종 있다. 고독감은 사회적 연결에 대한 욕구와 실제 사회적 연결 사이의 불일치 때문에 생겨날 수 있다.

사회적 관계가 도움이 된다는 사실을 발견하면 생존하는 데 도움이 되기 때문에, 그러한 감정적 반응을 보이는 개인이 유전적으로 선택될 확률이 높아진다. 그렇지만 앞에서 설명한 진화적 모형들에서 본 것처럼 독불장군(집단 행동에서 벗어나 홀로 행동하는 사람)도 생존하는 게 가능하다. 심리학자 존 카시오포와 그 동료들은 수십만 년 전 식량을 구하기 힘든 시절에 살아남으려고 애쓰던 수렵채취인이 식량을 가족과 함께 나누지 않으려고 했을지도, 즉 독불장군 전략을 채택했을지도 모른다고 주장하면서 이 수학적 예측을 더 구체적인 것으로 만들었다.[19] 가족이나 친구가 없어도 외로움을 전혀 느끼지 않는 개인은 생존할 가능성이 더 높았겠지만, 반면에 그 자손들은 식량이 부족한 시기에 살아남기가 힘들었을 것이다.

반대로 식량을 다른 사람들과 나누려는 개인들은 비록 자신의 생존 가능성은 낮아지지만, 대신에 자손의 생존 가능성은 높일 수 있었을 것이다. 따라서 어떤 전략이 항상 좋다고 말하기는 어렵다. 그 결과, 연결과 식량을 나누는 것에 대해 다양한 감정이 진화할 수 있었고, 어른이 느끼는 고독감에도 유전적 차이를 낳게 되었다. 실제로 행동유전학 연구에서 이런 결과가 나타났다. 얼마 전에 네덜란드 쌍둥이 등록부에 오른 어른 쌍둥이 8387명을 대상으로 조사한 결과에 따르면, 외로움을 느끼는 것과 느끼지 않는 것의 차이 중 약 절반은 유전자가 좌우하는 것으로 확인되었다.[20]

고독감에 영향을 미치는 유전자가 그 사람의 소셜 네트워크에도 영향을 미치는지는 알 수 없지만, 연구 결과들은 그럴 가능성이 높다는 것을 시사한다. 2장에서 우리는 감정이 사람들 사이에 퍼져갈 수 있다는 것과 외로움을 느끼는 사람은 다른 사람들보다 네트워크에서 단절될 가능성이 더 높다는 것을 보았다. 따라서 유전자는 우리의 기분에 미치는 효과를 통해 우리의 소셜 네트워크 구조를 조절할 수 있다. 집단 내의 모든 사람이 협력을 하거나 무임승차를 하거나 응징을 할 때에는 독불장군으로 살아가는 게 유리하다. 그러면 자연 선택이 그러한 감정을 북돋고 고독감을 전파하는 유전자를 선호할 것이다. 그러나 다른 사람들과 연결을 맺는 것은 분명한 이점이 있기 때문에, 독불장군 전략으로 이득을 볼 수 있는 사람의 수에는 한계가 있다.

밭쥐, 마카크, 소, 상원 의원

사회적 연결은 수백 가지의 유전자를 포함하고, 수많은 유전자-환경의 상호 작용에 영향을 받는 복잡한 현상이다. 그런데 일부 유전자는 아주 놀라운 효과를 나타내는 것처럼 보인다. 과학자들은 최근에 한 가지 변종 유전자 때문에 밭쥐라는 작은 포유류가 짝짓기와 새끼 돌보기에서 독특한 행동을 나타낸다는 사실을 알아냈다.[21] 수컷 프레리 밭쥐는 일부일처제의 모범을 보여주는데, 처음 만난 짝과 평생을 함께 하면서 새끼를 잘 돌본다. 이에 반해 수컷 목초지밭쥐는 이성 관계가 문란한 편이며, 새끼도 잘 돌보지 않는다. 이 두 종의 짝짓기 행동이 이렇게 극명하게 차이가 나는 현실은 진화가 반드시 인간 세계에서 윤리적이라고 생각하는 행동을 낳지는 않는다는 것을 시사한다. 가끔 진화는 호색한과 자식을 돌보지 않는 아비를 선호한다. 그런데 더 중요한 사실이 있는데, 진화는 단 하나의 유전자로도 동물들이 서로 연결을 맺는 방식에 얼마나 큰 차이를 낳을 수 있는지 보여준다. 이것이 계기가 되어 사람을 대상으로 하여 비슷한 연구가 진행되었는데, 특정 변종과 관련된 유전자를 가진 사람은 독재자 게임에서 익명의 상대방에게 돈을 상당히 더 많이 주는 것으로 나타났다. 즉, 그들은 친사회적 성향을 더 강하게 나타냈다.[22]

소셜 네트워크와 협력 행동에서 유전자가 담당하는 역할과 다른 동물들 역시 비슷한 영향을 받는 것처럼 보인다는 사실을 감안하면, 인간의 소셜 네트워크는 그다지 특별한 게 없어 보일 수도 있다. 사람과 다른 사회적 동물들은 공통점이 많다. 예를 들면, 영장류(침팬지, 고릴라, 오랑우탄 등)의 소셜 네트워크는 털 고르기 행동을 기반으로 하고 있다. 이런 밀착 행동은 상대방의 행동, 건강, 폭력성, 상호성 등을 잘 알 수 있게 해준다. 영장류는 또한 동맹을 맺기 위한 목적으로도 털 고르기를 하며, 서로 도우려는 의지도 서로 털 고르기를 하며 보낸 시간에 비례하는 것으로 나타난다.

영장류학자 제시카 플랙 Jessica Flack과 그 동료들은 얼마 전에 '녹아웃knockout' 연구를 통해 돼지꼬리마카크 집단에서 중요한 개체들을 제거하면, 털 고르기와 놀이 네트워크에서 상호 작용의 구조에 큰 변화가 일어난다는 것을 입증했다.[23] 그리고 그러한 네트워크 구조의 변화는 집단 행동에서 협력 감소와 불안정성 증가를 낳았다. 인간 사회에서 비슷한 예를 든다면, 중학교 교실에서 선생님을 빼내거나 심판이 한쪽 축구팀에서 한 명을 퇴장시킬 때 어떤 일이 일어날지 생각해보라. 그 사람과 함께 그와 연결된 모든 유대가 사라지기 때문에, 일이 이전처럼 제대로 돌아가지 않을 것이다.

협력과 네트워크 사이의 연결 관계는 사람에게서만 특별히 볼 수 있는 것이 아닌 것 같다. 사회학자 캐서린 파우스트 Katherine Faust와 존 스크보레츠 John Skvoretz는 침팬지, 마카크 세 종, 파타스원숭이, 버빗원숭이, 소, 하이에나, 하이랜드포니, 붉은사슴, 오스트레일리아동박새, 참새, 박새, 사람을 포함해 15종을 대상으로 추출한 42개의 소셜 네트워크에 대한 연구를 통해 사람의 독특성 문제를 정면으로 다루었다. 사람들 사이에서는 경영자, 수도사, 심지어 미국 상원 의원들의 네트워크를 살펴보았다. 아주 다양한 이 네트워크 구조들 사이에는 중요한 유사성이 일부 있었다. 정확한 예측을 하는 데에는 종의 종류보다는 네트워크 내에서 관계의 종류가 훨씬 더 중요하다는 사실이

드러났다. 예를 들면, 털 고르기 관계는 모든 종들에서 매우 유사한 것처럼 보였다. 실제로 미국 상원 의원들의 네트워크 구조를 가장 잘 예측한 모형은 소들끼리 서로 핥아주는 네트워크 구조였다.[24]

그러나 영장류는 사회적 정보를 이해하는 데 적합한 인지 능력이 있다. 영장류는 각자를 알아볼 수 있고, 친족과 남을 구별할 수 있으며, 남이 제공한 자원과 서비스의 가치를 평가하고 비교할 수 있고, 집단 내의 특정 구성원과 과거에 있었던 상호 작용을 기억하며, 잠재적 경쟁자나 짝, 동맹의 상대적 중요도를 평가할 수 있다. 또한 집단 내의 다른 구성원들 사이의 관계에 대해 '제3자의 지식'도 갖고 있다. 예를 들면, 버빗원숭이를 대상으로 한 실험에서 연구자들이 새끼 원숭이의 비명 소리를 녹음한 것을 틀어주자, 어른 원숭이들은 비명 소리가 나는 쪽을 쳐다본 것이 아니라 그 소리를 지른 새끼의 어미를 쳐다보았다. 비행기에서 아기 울음소리를 들은 사람들이 보이는 반응과 마찬가지로. 무엇보다 중요한 것은, 영장류는 짝을 잃은 것과 같은 사건에 반응해 자신의 소셜 네트워크에 변화를 꾀할 수 있다는 사실이다. 예를 들면, 친족이 죽는 사건을 겪었을 때, 암컷들은 다른 사회적 접촉 대상들과 털 고르기를 하는 데 시간을 더 많이 쓰고, 상호 작용하는 상대의 수를 늘리는 반응을 보였다. 사람들도 비슷한 행동을 보인다. 최근에 가족을 잃은 여성은 새 친구를 사귀거나 새 배우자를 찾으려고 새 집단들을 기웃거리고, 친구들은 그녀가 슬픔에서 빨리 벗어날 수 있도록 돕기 위해 힘을 모으기도 한다.

영장류에게서도 비록 단순하지만 비슷한 행동이 나타나는 걸 볼 때, 인간의 많은 소셜 네트워크 행동이 본능적이라는 것은 놀라운 일이 아니다. 물론 사람은 다른 동물들보다 훨씬 복잡한 방식으로 소셜 네트워크를 조작하고 상호 작용할 수 있고, 그 과정에서 우리의 소셜 네트워크가 변할 수 있다. 역설적으로, 9장에서 보게 되겠지만, 네트워크는 그 구성원들에 의존하고 있는 반면, 기본적으로 안정되어 있으며, 정상적인 과정의 일부로 새로운 구성원들이 들어오고 나갈 수 있고, 그것을 통해 네트워크가 진화하고 생존한다.

소셜 네트워크를 위한 뇌

지금까지 우리는 소셜 네트워크가 우리의 유전적 유산 중 아주 오래된 부분이라는 개념을 뒷받침하기 위해 외딴 인간 사회, 영장류 사촌들, 다른 사회적 동물들, 그리고 심지어 우리의 유전자에서 얻은 증거를 살펴보았다. 그런데 다른 동물들과 달리 사람은 아주 넓고 복잡한 사회들에서 아무 관계가 없는 개인들과 협력한다. 이 복잡한 사회에서 항해하려면 오직 사람만이 가진 특별한 능력이 필요하다. 특히, 우리의 뇌는 소셜 네트워크를 위해 만들어진 것처럼 보인다.

다른 종과 비교할 때 사람은 특이하게 큰 뇌와 언어에서부터 이론 수학에 이르기까지 특별한 인지 능력을 갖고 있다. 진화생물학자들과 체질인류학자들은 사람 뇌의 기원과 기능에 대해 다양한 설명을 내놓았다. '일반 지능 가설general-intelligence hypothesis'은 더 큰 뇌는 사람에게 다른 종에 비해 온갖 종류의 인지 기능(뛰어난 기억력에서부터 빠른 학습에 이르기까지)을 더 잘 할 수 있게 해주었다고 가정한다. '적응 지능 가설adapted-intelligence hypothesis'은 특별한 환경에 반응해 특정 정신적 기능들이 진화했다고 가정한다. 예를 들면, 다양한 장소에 먹이를 저장해두는 새는 기억력이 아주 좋으며, 사회적 곤충들은 복잡한 커뮤니케이션 방법이 발달했다.

최근에 많은 지지를 얻고 있는 또 다른 가설은 '사회적 지능 가설social-intelligence hypothesis'로, 다른 사람들과 가까이 살면서 끊임없는 협력과 경쟁이 요구되는 복잡한 사회적 환경과 맞닥뜨리는 데서 발생하는 특별한 과제들을 강조한다. 요컨대, 이것은 네트워크에 관한 가설이다. 이 가설은 사람은 고도의 사회적 환경에 잘 적응한 언어에서부터 추상적 사고, 공감, 직관에 이르기까지 다양한 재능을 지닌 '초사회적ultrasocial' 존재라고 주장한다. 또한 그러한 재능들은 사회 집단을 형성하고, 사회적 세계를 조작하고, 우리가 속한 소셜 네트워크의 구조를 빚어내기 위해 진화했다고 주장한다. 그러한 집단들은 큰 규모(자체 언어와 인공 유물을 가지고 전체 문화를 이루는)와 작은 규모(예컨대 친족 집단 간의 상호 작용만을 포함하는) 모두에서 구별할 수 있다. 일단 특정 소셜 네트워크 유대를 가진 특정 사회 집단을 만들자, 사람들은 자신들의 지식을 가까이 있는 사람들과 멀리 있는 사람들에게 전달할 수 있게 되었다.

진화의 역사에서 어느 시점에 이르자, 영장류는 처음에는 짝을 찾고 안정된 생식 관계를 유지하기 위해 발달한 재능을 생식과 관계가 없는 데에까지 적용하게 되었다. 영장류학자인 로빈 던바Robin Dunbar

와 수잔 슐츠 Susanne Shultz는 많은 영장류에서 볼 수 있는 일상적인 관계는 다른 종의 경우에는 생식을 목적으로 결합한 쌍 사이에서만 볼 수 있는 애착을 수반한다고 주장한다. 영장류는 동성이나 이성끼리도 공동 이익을 위해 장기적으로 안정적 관계를 맺을 수 있다. 그런데 이러한 각각의 관계는 더 많은 관계를 맺을 수 있는 잠재력을 수반하는데, 각각의 친구가 또다시 나머지 친구들과 연결될 가능성이 있기 때문이다. 두 사람 사이에는 한 가지 관계만 존재할 수 있지만, 세 사람 사이에는 세 가지, 네 사람 사이에는 여섯 가지, 다섯 사람 사이에는 열 가지가 존재할 수 있다. 집단이 커짐에 따라 가능한 관계의 가짓수는 기하급수적으로 증가하기 때문에, 완전한 사회생활의 모든 드라마에 보조를 맞추려면 인지 능력이 크게 발달하지 않으면 안 된다.

사회적 지능 가설을 뒷받침하는 더 직접적인 증거는 기능성 MRI를 사용해 사회적 의사 결정에 관여하는 신경계를 연구하는 데서 나왔다. 신경과학자들은 우리가 사회적 상호 작용을 감시하는 데 뇌에서 '디폴트 상태 네트워크 default-state network'라 부르는 큰 부위를 사용하며, 심지어 오늘날의 정치에서 동맹과 대립에 대해 생각하는 데까지 그 사용 영역을 확대했다는 사실을 발견했다.[25] 또한 생물학자들은 사람 뇌의 전체 능력 중 약 3분의 2를 차지하는 컬러 시각이 피부색 차이를 감지하는 데 아주 적절하게 맞추어져 있다는 사실을 발견했다. 이것은 같은 종에 속한 다른 구성원의 감정 상태를 잘 구별하기 위해 발달한 것으로 보인다. 게다가 흥미롭게도, 이러한 능력을 가진 종은 얼굴에 털이 거의 없는데('벌거벗은 유인원'이라 불리는 사람처럼), 이것은 컬러 시각이 다른 구성원의 얼굴을 보고서 상대방의 기분을 알아채기 위한 필요에서 공진화했을 가능성을 시사한다.[26] 따라서 수백만 년이 지나는 동안 우리의 사회적 생활은 다른 사람들을 감시하고 의사 결정을 내리는 능력에만 영향을 미친 게 아니라, 우리가 세계를 바라보는 방식 자체도 변화시킨 것으로 보인다.

인류학자 마이클 토마셀로Michael Tomasello와 그 동료들은 사회적 지능 가설을 한 단계 더 발전시켜 '문화적 지능 가설cultural-intelligence hypothesis'을 들고 나왔는데, 이 가설은 더 높은 단계의 인지 기능은 전반적인 사회적 능력을 바탕으로 하고 있다고 가정한다. 토마셀로는 "어린이가 문자와 이론 수학, 정규 교육에 큰 영향을 받기 이전에 신체적 인지 능력은 가장 가까운 영장류의 그것과 아주 비슷하지만, 사회-문화적 인지 능력(특히 사회적 학습, 커뮤니케이션, 마음 이론 같은 문화적 창조와 학습에 가장 직접적으로 관련된 것)은 분명히 사람의 것인…… 시기가 있을 것이다."라고 주장했다.[27]

문화적 지능 가설을 뒷받침하는 증거는 침팬지와 오랑우탄, 생후 30개월 된 아기를 대상으로 종합적인 영장류 인지 능력 테스트(일종의 IQ 검사)를 한 실험에서 얻을 수 있다. 이 테스트는 보물이 있는 곳 찾기, 보이지 않게 옮긴 보물찾기, 수량 구별하기, 사물의 모양 변화 이해하기, 도구의 기능적 성질과 비기능적 성질 이해하기 등 다양한 과제를 제시하고 풀게 했다. 사람 아기와 어른 영장류를 직접 비교하는 이 IQ 검사에는 아기에게 특별히 유리한 과제가 두 가지 포함돼 있었는데, 그것은 상대방의 시선이 향하는 방향을 따라가 목표물을 찾는 것과 상대방의 의도를 읽는 것이었다. 이 과제들은 아기의 신체적 인지 능력이 유인원과 거의 비슷할 정도로 어리더라도 사회적 영역에 속하는 과제들을 수행하는 데에는 사람이 훨씬 뛰어나다는 사실을 보여주었다.

요컨대, 사람의 뇌는 소셜 네트워크를 위해 만들어진 것처럼 보인다. 시간이 지나면서 진화의 자연 선택은 더 복잡한 사회 환경의 요구에 부응할 수 있도록 더 큰 뇌와 더 큰 인지 능력을 선호하게 되었다. 소셜 네트워크 내에서 살아가는 개인은 혼자 살아가는 개인이나 단절된 집단에서 살아가는 개인이 마주치지 않는 인지적 도전들에 맞닥뜨리게 된다. 이러한 도전들은 가끔 집단의 이익을 위해 이타적으로 행동해야 할 필요뿐만 아니라, 남을 이해하고 협력해야 할 필요에서 생겨난다. 자기 파괴적 공격성을 피하고, 마스토돈을 사냥하고, 무인도에서 표결을 통해 탈락되는 사태를 피하려면 큰 뇌가 필요하다.

더 높은 차원의 힘과 연결되다

종교와 소셜 네트워크를 만들려는 성향은 둘 다 우리의 생물학적 유산의 일부이며, 이 둘은 서로 연관이 있을지 모른다는 증거가 점점 더 많이 나오고 있다. 종교는 사람들을 같은 공동체로 통합하는 한 가지 수단이다. 신을 믿는 것은 소셜 네트워크와 직접적 관련이 있을 수 있다. 신은 소셜 네트워크의 일부로 간주할 수 있기 때문이다. 그러려면 신의 인격화뿐만 아니라 신을 사회 구조 내에 편입시키는 것까지 필요하다.

소셜 네트워크를 안정하게 만드는 한 가지 방법은 결코 제거할 수 없는 하나의 노드에 모든 사람이 연결되도록 네트워크를 배열하는 것이다. 그러면 모든 사람에게서 뻗어나온 짧은 경로가 이 노드를 통해 나머지 모든 사람에게 연결된다. 그러나 사회에서 가장 인기가 좋은 사람이라 하더라도 이 역할을 100% 수행할 수는 없는데, 현실적으로 한 사람이 나머지 모든 사람과 연결되는 것은 불가능하기 때문이다. 그리고 설령 그럴 수 있는 사람이 있다 하더라도, 사람의 수명은 유한하기 때문에 네트워크에 미치는 효과는 영구적이지 않다.

그러나 신은 이런 제약이 없다. 신을 네트워크의 한 노드로 본다면, 큰 집단들을 공통의 관념뿐만 아니라 나머지 모든 신자들과 연결된 특별한 사회적 관계를 통해서도 하나로 묶을 수 있다. 사람들은 다른 사람들과 연결된 특별한 사회적 유대를 지각할 수 있고, 모든 사람은 나머지 모든 사람에게서 1단계 거리에 위치할 것이다. 신에게 연결을 느끼는 사람들은 다른 사람들에게도 연결된 걸 느낄 수 있는데, 모든 사람은 신을 통해 '친구의 친구'이기 때문이다.

이것은 단순히 추상적인 개념에 불과한 게 아니다. 사람들은 종종 자신의 네트워크를 바로 이런 방식으로 바라본다. 예를 들면, 1980년대 초에 심리학자 캐털린 마말리Catalin Mamali는 사람들이 자신과 다른 사람들의 관계를 어떻게 지각하며, 그러한 관계들에 대한 마음의 지도를 어떻게 만드는지 흥미를 느꼈다. 그래서 사람들에게 자신과 상호 작용하는 사람들을 확인하고, 그 관계들을 일종의 네트워크 그래프로 그리게 함으로써 마음의 지도를 확인하는 방법을 개발했다.[28] 실험 대상자들에게 자신과 '가깝고' '아주 중요한' 사람들을 생각하게 한 뒤에 그들과의 상호 연결 관계를 그리게 했다. 그리고 구체적으로 부모, 형제, 배우자나 애인, 자녀, 가장 친한 친구, 친구, 이웃 등을 그런 사람들의 예로 들었다. 그런데 예기치 않게 상당히 많은 사람들은 이 지시를 따르면서 자신의 네트워크에 신을 하나의 노드로 포함시켰고, 심지어 신을 나머지 모든 사람들과 연결시켰다. 다음

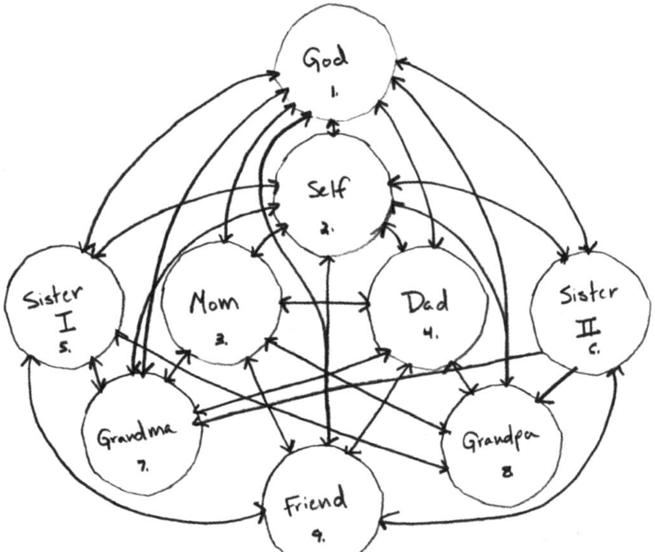

18세의 대학생(1987SA)이 확인한 관계들을 나타낸 '소셜 오토그래프'. 자기 인생에 중요한 사람들과 자신이 어떻게 연결돼 있다고 느끼는지 보여준다.(캐털린 마말리 제공)

그림은 18세의 대학생이 그린 '소셜 오토그래프social autograph'인데, 바로 그런 네트워크를 보여준다.

사랑하는 사람의 죽음을 경험한 뒤에 종교적 신앙심이 더 강해지는 경향이 있다는 사실도 신을 인격화할 수 있고 인간 소셜 네트워크의 일부로 볼 수 있다는 개념을 뒷받침해준다. 사람들과의 연결이 상실되면, 신과의 연결이 강화되는 것처럼 보인다. 사람들은 사후 세계에 대한 믿음을 보장받기 위해 신에게 의지할 수도 있다. 그러한 믿음은 죽은 사람들과 다시 연결될 수 있다는 희망을 유지하게 해주기 때문이다. 그리고 대부분의 신이 인격화된 모습으로 표현되고 있는 것은 신을 소셜 네트워크에 포함시키는 개념과, 많은 사람들이 믿고 종교가 부추기는 "신은 우리 가운데 있다."라는 느낌과 일치한다.

단지 사랑하는 사람을 떠나보낸 개인뿐만 아니라 사회적으로 고립된 사람들은 인어에서부터 바위의 얼굴에 이르기까지 주변 세계를 인격화하는 경향이 있다. 심리학자 존 카시오포와 그 동료들이 한 연구는 실험을 통해 외로움을 느끼게 유도한 사람들이 "도구나 그레이하운드, 신"을 인격화하고 연결을 느끼기 위해 자신의 마음 상태를 변화시킨다는 것을 보여주었다. 카를 마르크스Karl Marx는 종교는 인민의 아편이라는 유명한 말을 남겼지만, 특히 연결이 끊긴 사람들의 아편이라는 것이 드러났다. 카시오포와 그 동료들은 99명(그 중 50명은 신을 믿고, 49명은 믿지 않았다)을 대상으로 성격 검사를 한 뒤, 그들을 무작위로 나누어 실제 검사 결과에 상관없이 두 가지 분석 결과 중 하나를 주었다. 하나는 "당신은 평생 동안 다른 사람들과 서로 유익한 관계를 유지합니다."(즉, 다른 사람들과 잘 연결돼 있다는 뜻)이었고, 다른 하나는 "당신은 말년에 혼자서 쓸쓸히 살아갈 것입니다."(즉, 다른 사람들과 연결이 끊길 것이란 뜻)였다.

그러고 나서 실험 대상자들이 영혼과 천사, 유령, 신 등을 얼마나 믿는지 점수를 매겼다. 당연한 결과지만, 검사를 시작하기 전에 신을 믿는다고 했던 사람들은 초자연적 존재들에 대해서도 강한 믿음을 나타냈다. 그러나 신에 대한 믿음과는 상관없이, 다른 사람들과 연결이 끊길 것이란 분석 결과를 들은 사람들은 모두 초자연적 존재들에 대한 믿음이 더 강해졌다.

이러한 결과들이 신에 대해서만 특별히 나타나는 게 아니라는 걸 입증하기 위해, 연구자들은 실험 대상자들에게 자신이 다른 사람들과 잘 연결돼 있거나 연결돼 있지 않다고 믿게 만든 뒤, 애완동물에 대한 느낌을 물어보았다. 연구자들은 만약 다른 사람들과 잘 연결돼 있지 않다는 믿음 때문에 연결의 느낌을 회복하기 위해 주변 환경에 있는 것들을 찾아 인격화하려고 한다면, 그러한 감성은 애완동물에게도 적용될 것이라고 생각했다. 실제로 실험 결과도 그렇게 나왔다.[29]

물론 그 사람을 연결이 잘 돼 있지 않다고 믿게 만든다고 해서 무신론자가 신앙심이 깊은 사람으로 변하는 것은 아니지만, 신을 믿는 쪽을 향해 약간 자극하는 효과는 있다. "참호 속에는 무신론자가 없다."라는 말이 있는데, 여기에 "참호 속에 혼자 있다면"이라는 한 가지 조건을 덧붙이면 이 말은 더 그럴듯할 것이다.

물론 우리가 신이 정말로 소셜 네트워크의 일부라고 주장하려는 것은 아니다. 다만, 종교를 이해하는 한 가지 방법은 그것이 소셜 네트워크의 기능에 담당하는 역할을 연구하는 것이라고 주장하고 싶은 것뿐이다. 종교적 감성은 부분적으로 우리의 뇌에 깊이 뿌리박혀 있고, 신과 영적으로 연결되고 싶은 욕구뿐만 아니라, 다른 사람들과 사회적 연결을 맺고 싶어 하는 우리의 욕구하고도 연관돼 있다. 다시 말해서, 종교의 주요 기능 중 한 가지는 사회적 연결을 안정적으로 만드는 것이다.

마음이 작용하는 기본 방식을 연구한 결과들도 이 개념을 뒷받침해준다. 예를 들면, 기능성 MRI 연구는 종교적 느낌이 충만한 상태나 의식 변성 상태에서는 시간과 공간에서 자아의 느낌을 조절하는 뇌 부분이 실제로 기능이 정지된다는 것을 보여준다. 이것은 '모든 것이 하나'라는 느낌이 들게 하며, 다른 사람들에 대한 자신의 상대적 위치를 인식할 때 선천적인 경직성을 극복하는 데 도움을 줄지도 모른다.[30] 이 상태에서 뇌는 사실상 사회적 경계가 존재하지 않거나 모든 사람이 서로 연결돼 있다고 믿게 된다. 따라서 친구를 기꺼이 도우려고 하는 사람은 갑자기 더 많은 친구를 사귀게 되고, 그들을 위해 더 적극적으로 나서려고 할 수도 있다. 이런 식으로 종교적 운동은 별개의 집단들을 함께 결집시켜 가난한 사람을 돕는 것에서부터 거대한 건축물을 짓고, 또 안타깝게도 경쟁 집단을 상대로 전쟁을 벌이는 것에 이르기까지 공통의 목표를 추구하게 할 수 있다.

친구를 얼마나 많이 만들 수 있을까?

8장에서 보게 되겠지만, 사람들은 가끔 온라인 소셜 네트워크에서 친구를 수백 명 사귀었다고 말한다. 사람의 뇌는 큰 소셜 네트워크에 대처할 수 있도록 설계돼 있긴 하지만, 우리가 친구를 수용할 수 있는 능력은 무제한이 아니다. 사회적 지능 가설의 주창자인 로빈 던바는 영장류 사이에서 더 큰 사회 집단이 진화하려면 더 큰 신피질(뇌에서 바깥쪽에 위치한, 생각하는 부분)의 진화가 필요했고 거기서 혜택을 얻었으며, 사회의 복잡성을 다루는 데에는 언어의 진화가 필요했고 거기서 혜택을 얻었다고 주장한다. 던바는 30명 이상의 과학자들의 비평과 함께 발표된 1993년의 유명한 논문에서 다양한 영장류의 뇌 크기와 집단 크기 사이의 관계를 검토하고, 그 결과를 사람의 경우에 적용하여 우리의 큰 뇌를 감안할 때 예상되는 인간 사회 집단의 크기를 약 150명으로 추정했다. 이것을 '던바 수 Dunbar's number'라고 부른다.[31] 동물은 뇌의 정보 처리 능력으로 유지할 수 있는 것보다 더 큰 사회 집단의 응집력과 통일성을 유지할 수 없다. 영장류 중에서 가장 큰 집단을 유지하고, 가장 큰 뇌를 가진 종은 바로 사람이다.

그런데 여기서 '집단 group'은 무엇을 의미하는가? 우리는 거리에서 서로 털 고르기를 해주는 사람들을 볼 수 없다. 영장류의 경우에는 누가 집단에 속하고 누가 속하지 않는지 집단의 경계를 정의하기 쉽다. 그러나 사람의 경우에는 부족이나 민족 국가처럼 큰 집단이 있는가 하면, 가족이나 마을처럼 작은 집단도 있다. 던바는 집단이란, 모든 구성원이 나머지 구성원을 모두 다 알고, 그들이 친한지 적대적인지 알고, 그들 사이의 관계를 알 수 있는 최대한의 사람들이라고 주장한다. 이것은 여러분이 상대방이 누군지 알아보고, 안정적이고 일관성 있는 관계를 유지할 수 있는 사람의 수를 말하는데, 던바는 그러한 관계를 "한동안 헤어졌다가 다시 만나도 서로 간의 위치를 다시 확인할 필요 없이 계속 이어갈 수 있는 관계"로 정의한다. 던바는 또 비공식적인 정의로 "술집에서 우연히 만나 합석하더라도 전혀 어색하지 않은 사람의 수"를 사용해도 된다고 말한다.

그렇지만 이 예측을 검증하기 위한 인간의 자연적 조건이 어떤 것인지 어떻게 결정할 수 있는가? 여기서 던바는 다양한 출처에서 얻은 자료를 창조적으로 사용했다. 예를 들면, 수렵채취인에 대한 인구조사 기록을 살펴보는 문화기술지(文化記述誌, ethnography; 인간 사회와 문화의 다양한 현상을 정성적, 정량적 조사 기법을 사용한 현장 조사를 통해 기술하여 연구하는 학문 분야. 일본 및 중국에서는 '민족지 民族誌'라는 용어를 흔히 쓰지만, 우리나라에서는 종족지학, 민족기술지, 민속기술지, 문화기술지, 기술민족학 등으로 학문 분야에 따라 다양하게 부른다.) 문헌 조사를 통해 사회적 집단을 '야영지', '무리 또는 마을', '부족'의 세 종류로 나눌 수 있었다. 이들 집단의 평균 크기는 각각 38명, 148명, 1155명이었다. 놀랍게도 무리 또는 마을의 크기는 던바 수와 일치했다. 던바는 기원전 6500년부터 기원전 5500년 사이에 메소포타미아 지역에 들어선 신석기 시대 마을들의 크기도 150~200명이라는 사실을 지적했다. 한편, 부족과 야영지의 크기는 범위가 넓은 반면, 무리나 마을의 크기는 대체로 일관된 크기를 보여주는데, 이것은 무리나 마을이 더 기본적인 집단임을 시사한다.

던바는 미국의 사우스다코타 주, 노스다코타 주, 미네소타 주, 캐나다의 매니토바 주에서 공동체를 형성해 농사를 지으며 살아가는 기독교 근본주의 교파 집단인 슈미들로이트 후터파 Schmiedeleut Hutterite의 사례도 조사했다. 후터파는 공동체의 상한선을 명시적으로 150명으로 정하고, 그만한 크기에 이르면 공동체를 둘로 쪼갠다. 그들은 이것이 동료들의 압력만으로 유지 가능한 최대한의 집단 크기이며, 그것보다 큰 집단을 유지하려면 경찰력과 위계질서 구조가 필요하다고 말한다.

군대에서 전투 부대의 기본 단위도 수천 년 동안 약 150명으로 유지되었다. 로마군의 기본 보병 부대 단위인 마니플레maniple는 120명으로 이루어졌으며, 오늘날의 군대에서 이에 해당하는 중대는 약 180명으로 이루어진다. 이 숫자들은 구성원들이 동료들의 강점과 약점, 신뢰성을 서로 잘 알고, 한 팀이 되어 함께 일할 수 있는 집단의 크기에 상한선이 있음을 시사한다. 심지어 전쟁은 진화에 특별한 종류의 선택압력을 작용하며, 오랜 세월이 지나는 동안 어떤 크기의 집단이 생존에 가장 유리한지 경험적 관찰을 통해 군대가 적절한 크기에 이르게 되었다고 상상할 수 있다.

흥미롭게도, 현대의 텔레커뮤니케이션이 더 큰 집단의 통합 조정을 가능케 하는 것처럼 보이는데도 불구하고, 현대 군대의 기본 집단 크기는 변하지 않았다. 이것은 커뮤니케이션이 중요한 요소가 아님을 시사한다. 그것보다 더 중요한 것은 사회적 관계를 추적하고, 누가 누구인지 확인하는 마음의 명부를 작성하고, 누가 누구와 연결돼 있으며 그 관계들은 강한지 약하지 혹은 협력적인지 공격적인지 등을 마음의 네트워크 지도로 만드는 우리 마음의 능력이다.

친구들의 털을 골라주느냐, 아니면 그냥 말로 하느냐?

뇌 크기와 집단 크기 사이의 관계에 대한 던바의 평가에는 새로운 주장이 몇 가지 딸려 있다. 던바는 영장류가 더 커진 뇌 때문에 가능해진 더 큰 집단의 응집력을 유지하기 위해 서로 털 고르기를 하느라 보내는 시간이 얼마가 될지 예측했다. 150명 규모의 현대인 집단이라면, 우리는 전체 시간 중 42%를 서로 털 고르기를 하며 보내야 한다! 그리고 던바는 사람에게 언어가 발달한 것은 털 고르기를 대체하기 위한 목적도 일부 있다고 주장했다. 언어는 동료들을 알아가는 데에 털 고르기보다 덜 불쾌하면서 더 효율적인 방법이다. 말은 동시에 여러 친구에게 할 수 있지만, 털 고르기는 한 번에 한 명에게만 할 수 있기 때문이다. 실제로 작은 집단과 대화를 나눌 때, 우리는 여러 개인의 행동과 건강, 공격성, 이타성 등을 동시에 간파할 수 있다. 게다가 우리는 냉장고에서 음식을 찾는 등의 딴 짓을 하면서도 누군가에게 말을 할 수 있다.

이것은 사실 상당히 과격한 개념이다. 얼마 전까지만 해도 언어는 정보(예컨대 포식자나 먹이의 위치) 교환을 촉진하기 위해 발달했거나 도구 발달의 부차적 결과로 발달했다고 보는 것이 일반적이었다. 그러나 사회적 관점에서 바라본 견해에 따르면, 언어는 집단의 응집력을 유지하기 위한 수단으로 발달했을 가능성이 있다. 감정과 마찬가지로 언어는 같은 종의 다른 구성원에 대한 사회적 정보를 얻고 다루는 데 핵심 역할을 한다. 이 사실을 강하게 뒷받침하는 한 가지 증거는 대부분의 대화가 지적인 면에서 아주 가벼우며, 우리 주변의 환경이나 문화나 경제에 관한 복잡한 개념에 초점을 맞춘 게 아니라는 점이다. 사실, 우리가 입자물리학이나 호메로스는 말할 것도 없고, 포식자나 항해에 대해 이야기하는 게(우리가 열 살짜리 소년이 아니라면) 얼마나 되는가?

던바는 사람에게서 볼 수 있는 집단의 크기를 유지하려면 언어가 털 고르기보다 2.8배나 효율적이어야 한다고 평가한다. 따라서 대화를 나누는 사람 집단의 크기는 약 4명(말하는 사람 1명과 듣는 사람 2.8명)이 될 거라고 예측한다. 그런데 대화를 위해 사람들이 형성하는 집단의 크기를 빨리 파악하려면 어떻게 해야 할까? 한 가지 방법은 식당 예약에 관한 자료를 수집해 분석하는 것이다. 예를 들면, 1968년 매사추세츠 주 브루클라인에 있는 노박스 레스토랑은 98일 동안 접수된 예약 건수가 모두 3070건이었다. 물론 2명 혹은 4명이 함께 온 경우가 가장 많았지만, 한 팀의 평균 크기는 3.8명이었다. 우리가 일상적으로 경험하는 만찬회도 이 결과를 뒷받침해준다. 큰 만찬회에서는 서로 대화를 나누는 무리가 대개 4명으로 이루어진다. 또 다른 모험적인 연구자는 해변에서 수영복을 입은 무리의 크기를 관찰하여(특별히 다른 동기는 없었던 것으로 보인다) 비슷한 결과를 얻었다.

마지막으로, 던바는 언어의 발생은 의도하지 않았던 또 다른 결과를 가져왔다고 지적한다. 언어가 작은 규모의 사회적 상호 작용을 다룰 수 있을 만큼 발달하자, 우리는 시를 쓰는 것과 같은 일을 자유롭게 할 수 있게 되었다(선사 시대의 파충류에게 몸을 보온하기 위해 발달한 깃털이 결국에는 하늘을 나는 기능으로 사용된 것처럼). 게다가 더 중요한 것은, 언어가 아주 큰 규모의 사회적 상호 작용을 다루는 데에도 사용되면서 우리는 부족이나 민족 같은 큰 집단으로도 상호 작용할 수 있게 된 점이다.

언어는 최소한 두 가지 방법으로 우리를 대규모 상호 작용으로 이끈다. 첫째, 언어는 사람들을 유형별로 분류할 수 있게 해주고, 상대를 개인이 아닌 어떤 유형으로 대하며 상호 작용할 수 있게 해준다. 예를 들면, 우리는 모든 경찰관을 개인적으로 알고 지내는(그리고 털 고르기를 해주는) 대신에, 정형화된 방식의 언어를 사용해("무슨 문제라도 있나요, 경관님?") 상호 작용할 수 있다. 둘째, 언어는 어떤 종류의 개인들에게는 어떻게 행동해야 하는지 다른 사람을 가르칠 수 있게 해준다.("선생님이 교실에 들어오면, 학생 여러분은 일어서서 차려 자세를 해야 한다.") 따라서 우리는 다른 사람과 처음 상호 작용할 때 그 사람에 대한 사전 지식이 없더라도 어떻게 대해야 하는지 알 수 있다.

소셜 네트워크 내에서 유대를 맺고 살아가는 경향은 우리가 종으로 발달하는 데 중요한 영향을 미쳤다. 소셜 네트워크는 뇌가 아주 빠른 속도로 커지도록 자극했고, 우리에게 언어를 습득하게 했으며, 지구를 지배하는 종이 되게 했다. 그와 동시에 이러한 생물학적 변화는 우리에게 낯선 사람들하고도 큰 집단을 이루어 협력할 수 있게 해줌으로써 거대하고 복잡한 사회를 만들게 했다. 유전자의 작용으로도 생겨나지만, 문화와 환경에도 큰 영향을 받는 우리의 연결은 매일 만들어지고 또 만들어진다. 우리가 친구를 선택하고, 사회 질서에 대한 문화적 규범을 발전시키고, 어떤 사람과 연애나 결혼을 할 수 있는지 규칙을 만들고 지키며, 상호성에 관한 개념을 다른 사람들에게 받아들이게 하고, 주변 사람들에게 영향을 미치는 사건에 반응을 할 수 있는 것은 우리에게 공감할 수 있는 능력이 있기 때문이다. 다음 장에서 보게 되겠지만, 네트워크를 조작하고 네트워크에 참여할 수 있는 우리의 능력은 오늘날 초연결의 세계에서 우리 앞에 던져진 새로운 기회와 도전에 대응하는 데 아주 적절한 것이다. 우리는 현실 세계의 네트워크를 온라인으로 옮겨가면서 자연 선택이 만들어낸 도구들도 함께 가져가, 자연에서 일찍이 본 적이 없는 새로운 세계를 만들어내고 있다.

CONNECTED

CHAPTER 8

초연결

HYPERCONNECTED

휴대전화와 인터넷, 소셜 네트워크 사이트의 사용이 급증하면서 사람들이 서로 간에 접촉할 수 있는 능력이 과열 상태에 이르러 우리를 초연결 상태로 만들고 있다. 이 새로운 기술은 우리가 실시간으로 얼마나 많이 연결돼 있는지 파악할 수 있게 해준다. 언어가 털 고르기보다 한 단계 더 발전한 형태인 것처럼, 네트워크 기술은 우리에게 언어의 효율성을 높이는 데 어떤 도움을 줄까? 기술은 소셜 네트워크를 어떤 방식으로 변화시킬까?

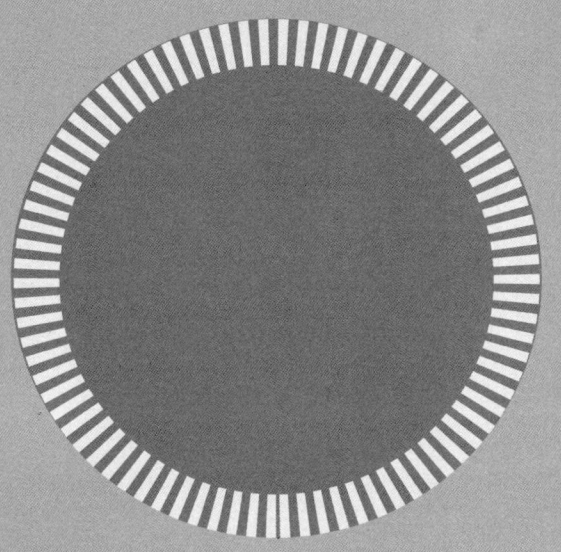

CONNECTED

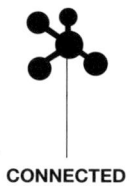

매달 전 세계에서 약 1100만 명이 '월드 오브 워크래프트 World of Warcraft'라는 인터넷 게임을 한다. 이것은 엄청나게 많은 사람이 참여하는 게임이어서, 만약 이 게임 세계 자체를 하나의 나라라고 한다면, 그것보다 적은 인구를 가진 나라는 그리스와 벨기에, 스웨덴을 포함해 약 150개국이나 된다. 이 게임에 참여하는 사람은 아바타 avatar라는 온라인상의 가상 인물이 되어 가상 세계에서 살아가면서 게임에서 다른 참여자들과 상호 작용한다. 이 아바타는 생생한 3차원 모습을 갖고 있으며 그 모습은 원하는 대로 만들 수 있다. 몇 달이 걸리기도 하는 게임 도중에 재산과 권력, 심지어 애완동물도 얻을 수 있다. 이 게임에서 사람들은 친구를 사귀고, 집단을 이루어 상호 작용을 계속 유지해나가며, 채팅을 통해 대화를 나누고, 공통 목표를 달성하기 위해 협력하며, 경제적 거래에도 참여하고, 복잡한 전투에서 서로 싸우기도 한다. 아바타는 가상 세계의 다른 영역에서 살아가는데, 전투나 어떤 활동을 하다가 '죽으면', 아바타의 주인은 자동적으로 집으로 돌아와 현실에서 즐겁게 살아가다가 다시 게임을 시작한다.

그런데 가끔 일이 잘못될 때가 있다. 2005년 9월 13일, 게임 개발자들은 고수들을 위해 새로운 지역을 만들었는데, 이곳에는 거대하고 강력한 힘을 지닌 날개 달린 뱀 하카르Hakkar가 살고 있다. 하카르는 많은 무기와 능력을 갖추고 있는데, 그 중에는 적에게 퍼뜨릴 수 있는 '오염된 피'라는 전염병도 있다. 적 중 하나가 이 병에 감염되면 근처에 있는 적들도 감염된다. 하카르와 맞서 싸우기 위해 뭉친 강한 플레이어들에게는 이 전염병은 전투를 좀 더 흥미진진하게 만드는 사소한 장애물에 지나지 않았다. 하카르가 죽고 나면, 플레이어들은 그 지역을 떠나고, 전염병은 사라지게 되어 있었다.

월드 오브 워크래프트 프로그래머들은 이것을 플레이어들을 괴롭힐 수 있는 가벼운 장애물 정도로 생각했다. 그런데 플레이어들은 전염병에 대해 예상 밖의 반응을 보였다. 일부 플레이어는 오염된 피 때문에 죽을 때까지 하카르와 맞서 싸우는 대신에 순간 이동 능력을 이용해 다른 장소로 이동해버렸다. 그러자 전염병이 하카르와 맞서 싸우는 플레이어들뿐만 아니라 가상 세계 전체로 널리 퍼져갔다. 국지적 장소에서 강한 플레이어들을 약간 괴롭힐 의도로 만들었던 것이 의도치 않게 세계적인 유행병으로 퍼져나가면서 하위 클래스의 플레이어 수십만 명이 죽었다.

오염된 피에 감염돼 가상의 집으로 돌아온 플레이어들은 인구 밀도가 높은 대도시를 포함해 모든 곳에 병을 퍼뜨렸다. 게다가 프로그래밍 과정에서의 작은 실수 때문에 그 전염병은 가상 애완동물에게도 옮았다. 애완동물은 면역력이 있어 죽진 않았지만, 주인이 다시 살아 돌아오거나 병을 치료하고 나서 돌아오면 병균을 옮겨 또다시 전염병에 걸리게 했다.

세계적인 유행병이 번지자 프로그래머들은 도대체 무슨 일이 일어났는지 파악하려고 애썼다. 처음에는 왜 엄청나게 많은 플레이어들이 갑자기 죽는지 그 이유를 전혀 몰랐다. 프로그래머들은 할 수 없이 감염된 사람들을 비감염 지역에 격리하는 조처를 취했다. 그러나 플레이어들이 격리되기를 거부했기 때문에 이 방법은 소용이 없었으며, 설령 플레이어들이 순순히 따랐다 하더라도 그들의 움직임을 필요한 범위까지 제약하는 게 불가능했기 때문에 효과가 없었을 것이다. 결국 프로그래머들은 실제 세계의 유행병에 대처하는 의사들이나 보건 당국은 절대로 할 수 없는 극단적 방법을 선택했다. 전체 가상 세계의 플러그를 뽑아버린 것이다. 피를 오염시키던 전염병이 전 세계로 퍼지며 기승을 부린 지 일주일 뒤, 그들은 서버를 재부팅했고, 그제야 전염병은 순식간에 싹 사라졌다.

가상 세계와 실제 행동

이 흥미로운 사건에 영향을 받은 플레이어는 수백만 명이나 되었지만, 이 사건은 학계의 호기심과 상상력도 자극했다. 미생물학자, 수학자, 심리학자, 역학자 등은 하카르가 퍼뜨린 전염병에 큰 흥미를 느꼈다. 병균과 희생자는 가상 세계에서 발생한 것이지만, 아바타들의 행동은 현실 세계와 완전히 동일했다. 그래서 학자들은 현실 세계에서 생물 테러 공격이나 인플루엔자 같은 세계적인 유행병이 실제로 발생할 때 사람들이 어떤 반응을 보일지 알기 위해 아바타들의 행동을 연구했다.

게임에 등장하는 일부 인물들은 치유 능력이 있었는데, 오염된 피에 감염된 사람들을 치료하려고 시도했다. 그들은 종종 도움을 주기 위해 전염병이 발생한 중심지로 달려가는 이타적 행동을 보였지만 대개는 그 때문에 죽어갔다. 불행하게도, 자신을 돌보지 않는 그러한 행동은 두 가지 방법으로 전염병의 확산을 더 악화시켰다. 치유자들이 가끔 병균 매개자가 되는 경우도 있었고, 그들이 '치유한' 환자들은 보균자로 남아 더 많은 사람들을 감염시켰기 때문이다(차라리 죽었더라면 더 이상 병을 옮기진 않았을 텐데). 치유자와 같은 이타심이나 의무감이 없는 다른 인물들은 겁에 질려 자기만 살아남겠다고 병이 퍼진 도시를 떠났지만, 결국은 병을 더 널리 확산시키고 말았다. 또 어떤 인물들은 호기심이나 모험심에 사로잡혀 어떤 일이 일어나고 있는지 혹은 환자들의 상태가 어떤지 보기 위해 전염병이 발생한 장소를 찾아갔다. 그 중에는 일부러 병에 감염된 뒤에 적이 사는 땅이나 심지어는 자신의 고향으로 빨리 돌아가 많은 사람들을 죽게 만드는 반사회적 행동을 한 사람들도 있었다.

놀랍게도 생물학과 현실 세계의 병원균을 다루는 의학 전문 학술지인 〈랜싯 전염병Lancet Infectious Diseases〉에도 오염된 피 전염병 확산에 관한 자세한 연구가 발표되었다.[1] 이 연구를 하게 된 주요 동기는 전염병 발생으로 인한 현실 세계의 반응을 모형으로 만들 때 가상 세계를 이용할 수 있는지 알아보는 데 있었다. 저자들은 만약 미래의 가상 전염병을 설계하여 자연스럽게 온라인 게임에 집어넣는다면, 가상 세계에서 현실 세계의 반응과 비슷한 반응이 나타나는 것을 연구하고 심지어 반응을 조절할 수 있을 것이라고 지적했다.

수천 년 동안 사회적 상호 작용은 직접 얼굴을 맞대고 하는 커뮤니케이션에 의존해 일어났다. 그러나 기술은 정보를 전달하는 방법(교회의 종, 봉화, 책, 확성기, 라디오, 텔레비전)과 멀리 떨어진 사람들끼리 의사소통을 하는 방법(편지, 전보, 전화)을 발명함으로써 커뮤니케이션에 큰 변화를 가져왔다. 오늘날 우리는 가상 온라인 세계에서 살아가는 놀라운 가능성에 더해, 상당히 놀라운 것인데도 이미 평범한 것으로 자리 잡은 다른 형태의 커뮤니케이션과 상호 작용을 사용하고 있다. 즉, 우리는 불과 몇 년 전만 해도 존재하지 않던 기술로 탄생한 문자 메시지, 트위터, 이메일, 블로그, 채팅, 구글, 유튜브, 페이스북 등을 습관적으로 사용하고 있다. 그렇지만 기술 발전으로도 바뀌지 않는 것이 몇 가지 있다.

새로운 커뮤니케이션 방법이 발명될 때마다 그것은 기술이 공동체에 어떤 영향을 미치는가 하는, 수백 년 동안 이어져온 논쟁을 다시 불붙게 했다. 비관론자들은 새로운 커뮤니케이션 방법이 다른 사람과의 직접적인 상호 작용에서 벗어나게 함으로써 전통적인 관계 맺기 방식을 약화시킬지도 모른다는 우려를 표시한다. 낙관론자들은 그런 기술들은 단지 연결을 맺는 전통적인 방식을 강화하고 확대하고 보충하는 데 그칠 것이라고 주장한다.

특히 인터넷의 경우에 옹호론자들은 온라인에서 생겨난 관계는 지리적 제약이 없으며, 심지어 수줍음이나 차별 같은 거북한 제약 요소에도 영향을 받지 않는다고 주장한다. 인터넷 옹호론자들은 현실 세계에서는 실현되기 힘든, 익명의 대규모 상호 작용에 나름의 장점이 있다고 말한다. 인터넷에서는 소수의 사람들과 개인적 유대를 맺는 대신에 수백 명 혹은 수천 명과 약한 유대를 맺는다. 그리고 우리의 친구가 누구인지, 그리고 친구의 친구가 누구인지 아는 데 그치지 않고, 우리의 사회적 지평선을 넘어선 영역까지 바라볼 수 있고, 심지어는 광대한 세계적 소셜 네트워크 안에서 우리의 위치가 어디인지 그림으로 보듯이 알 수 있다.

그렇지만 월드 오브 워크래프트나 세컨드 라이프 Second Life 같은 대규모 멀티플레이어 온라인 게임이건, 페이스북이나 마이스페이스 같은 소셜 네트워크 웹사이트이건, 유튜브나 위키피디아나 이베이 같은 집단 정보 사이트이건, Match.com이나 eHarmony 같은 온라인 데이트 사이트이건 간에, 새로운 기술들은 비록 대화가 공기를 통해 전달되는 대신에 전자들이 사이버 공간을 흘러 다니는 것이긴 하지만, 다른 사람들과 연결하고 싶어 하는 우리의 오랜 욕구를 실현시켜준다. 온라인에서 생겨난 소셜 네트워크가 추상적이고 거대하고 복잡하고 초현대적이긴 하지만, 아프리카 사바나에서 모닥불 주위에 둘러앉아 서로 이야기를 주고받던 먼 선사 시대에 생겨난 우리의 보편적이고 기본적인 성향을 반영하고 있다. 인쇄기, 전화, 인터넷을 비롯해 커뮤니케이션 기술의 놀라운 발전들도 우리를 그러한 과거에서 떼어내진 못한다. 오히려 우리를 거기에 더 가까이 다가가게 할 뿐이다.

너무나도 생생하고 충격적인

온라인 활동이 실제로 얼마나 현실적인 것이 될 수 있는지, 그리고 그것이 어떻게 신선한 동시에 진부한 것이 있는지 이해하려면, 50년 전에 이루어진 획기적인 실험을 살펴볼 필요가 있다. 그것은 다소 극단적인 형태의 인간 행동에 관한 실험이었다. 1장에서 소개한 6단계 분리 연구와 보행자 연구로 유명한 스탠리 밀그램은 그것보다 더 유명한 연구를 했다. 예루살렘에서 나치 전범 아돌프 아이히만 Adolf Eichmann의 재판이 시작되고, 또 제2차 세계 대전 후 어떻게 다른 사람에게 잔학 행위를 하라는 '명령을 따르도록' 사람들을 유도할 수 있는지에 대해 관심이 커지자, 그는 1961년에 예일 대학에서 복종을 평가하는 실험을 시작했다. 그는 평범한 사람들이 어떻게 권위에 순순히 복종하며, 얼마나 쉽게 설득에 넘어가 기꺼이 다른 사람들에게 고통을(심지어 치명적인 것도) 가할 수 있는지 보여주려고 했다.

밀그램의 실험에서는 '선생' 역할을 맡은 실험 대상자들이 '학생'을 대상으로 단어를 외우는 문제를 내는데, 옆에 앉은 '실험자'는 '선생'에게 '학생'이 답을 틀리게 말할 때마다 전기 충격을 주고, 그 강도를 점점 높이라고 지시했다. 선생들과 학생들은 추첨으로 정했다. 그런데 그 추첨은 속임수였고, 학생으로 뽑힌 47세의 아일랜드계 미국인 회계사는 사실은 이 실험을 위해 특별한 훈련을 받은 공모자였다. 연구원 차림의 실험자 역시 공모자였다. 학생은 칸막이 방 안에 들어가고, 선생(이 실험의 공모에서 유일하게 제외된)은 밖에 앉아 벽을 통해 학생의 소리를 들었다. 각본대로 학생은 단어 기억 시험에서 답을 제대로 맞히지 못했다. 이 실험의 초점은 과연 선생이 실험자의 설득에 넘어가 학생에게 고통을 가하느냐 하는 것이었다.

아주 높은 비율(한 실험에서는 65%나)의 선생들이 오답이 나올 때마다 실험자의 지시에 따라 '전기 충격'을 높여가 최대 수준인 치명적 단계에 이를 때까지 계속했다. 그들은 학생이 비명을 지르고 심지어 벽을 두드리는데도 아랑곳하지 않고 지시대로 따랐다. 비록 거의 모든 선생들이 자신의 행동에 대해 고통스러워하는 표정을 지었고, 심지어 많은 선생들은 학생에 대한 염려를 나타냈으나, 옆에 앉은 실험자가 냉정하게 "실험을 마치려면 계속해야 합니다."와 같은 말을 하면 전기 충격을 계속 가했다.[2]

밀그램은 이 실험을 다양하게 변형시켜가며 수 차례 반복해보았다. 예를 들면, 밀그램은 실험 대상자의 행동에 동기를 부여하는 순응과 권위의 정도를 측정해보았다. 어떤 실험에서는 밀그램의 공모자인 다른 '선생' 두 명과 함께 실험 대상자가 같은 방에서 실험에 참여하게 했다. 밀그램의 공모자인 두 선생이 실험자의 지시를 거부하는 경우에는 실험 대상자 중 10%만 전기 충격을 최대까지 올렸다.

지시를 거부하는 사람들이 있으면 자신도 지시를 따르길 거부하는 데 도움이 되는 게 분명했다. 그러나 1999년에 이런 종류의 많은 실험을 체계적으로 검토한 결과에 따르면, 전체적으로 61~66%가 다양한 환경에서 치명적인 전기 충격을 가함으로써 상당히 높은 수준의 복종 비율을 보였다.[3]

밀그램은 실험에서 관찰된 복종에 대해 두 가지 설명을 제시했다. 첫째, 사람들은 실제로 지시에 순응하는 반응을 보인다. 사람들은 집단의 의사 결정과 위계질서 앞에서 자신의 의사를 포기하는 경향이 있는데, 압력을 받을 때에는 특히 그렇다. 둘째, 사람들은 자신을 자신의 행동에서 분리하여 다른 사람의 의지에 따르는 도구로 간주할 수 있다. 그래서 자신의 행동에 대해 책임질 필요가 없다고 생각한다.

밀그램의 실험은 발표하는 순간부터 비윤리적이라는 비판을 많이 받았다. 그 실험은 심한 속임수를 포함하고 있을 뿐만 아니라(실험 대상자는 자신이 맡은 역할이 순전히 우연으로 정해졌고, 학생이 실제로 고통을 받는다고 속아 넘어갔다.), 실험 대상자에게 큰 고통을 주었다.(자신이 다른 사람을 죽였다고 생각한 사람도 있었다.) 그래서 밀그램의 실험이 있고 나서 몇 년 후에는 비슷한 실험을 하는 것이 불가능해졌다.

이런 상황에서 온라인 세계가 등장했다. 2006년, 컴퓨터과학자, 심리학자, 신경과학자가 진짜 선생들과 가상 학생들을 대상으로 밀그램의 실험을 반복해보았다. 이들은 34명의 실험 대상자에게 학생은 실제 인간이 아니라 컴퓨터 애니메이션이라고 알려주고, 몰입형 환경을 만들었다. 선생들은 가상현실 헤드셋을 쓰고, 단어 기억 시험에서 학생이 제대로 답을 하지 못하면 전기 충격의 강도를 점점 높이라는 지시를 받았다. 연구자들은 34명의 실험 대상자를 두 집단으로 나누었다. 23명은 '고통'을 '가할' 때 가상 학생을 보고 들을 수 있었던 반면, 11명은 문자 인터페이스를 통해서만 학생과 의사소통을 할 수 있었다.

모든 실험 대상자는 학생이나 전기 충격은 실제로 존재하는 게 아니란 사실을 알고 있었음에도 불구하고, 학생의 반응을 보고 들으면 학생이 현실에 존재하는 것처럼 반응했다. 가상 학생이 질문을 좀 더 큰 소리로 말해달라고 하면, 실험 대상자는 질문을 크게 읽어주었다. 학생이 고통을 호소하면, 많은 실험 대상자는 옆에 앉아 있는 연구자를 쳐다보면서 어떻게 해야 하느냐고 물었다. 그러면 연구자는 "원하면 언제든지 멈춰도 되지만, 실험을 위해서는 계속하는 게 좋아요."라고 대답했다. 가상 학생을 보고 들을 수 있었던 23명의 실험 대상자 중 12명은 실험이 다 끝나기 전에 멈춘 반면, 문자로만 의사소통을 한 11명 중에서는 단 1명만 멈췄다.[4]

이런 종류의 실험들은 현실 세계에서 비슷한 실험을 할 때 발생하는 윤리적 문제에서 벗어날 수 있는 방법을 제공한다(속임수나 실제 고통이 포함되지 않으니까). 사회과학자들은 가상 개구리를 해부하는 것처럼 가상 세계에서 사회적 행동을 해부할 수 있다. 그렇지만 우리의 목적에 더 중요한 사실은 이 실험들은 온라인의 삶이 사람들의 실제 상호 작용을 그대로 모방하고 확대할 수 있음을 입증해준다는 점이다. 사람들은 이렇게 특이한 환경에서도 자기 속에 깊이 뿌리박혀 있는 상호 작용의 규칙을 그대로 따른다. 가상 세계에서 가상 사람들과 상호 작용할 때 많은 사람들이 경험하는 믿기 힘들 정도로 생생한 현실성을 '프레즌스 presence'라고 한다.

오, 정말 멋진 아바타로군요!

가상 세계와 현실 세계의 중요한 차이점 하나는 자신의 모습을 변화시킬 수 있는 능력이다. 현실 세계에서 옷이나 화장품, 문신, 성형 수술 등을 통해 자신의 몸을 꾸미는 것은 보편적인 문화이다. 그렇게 하는 이유 중 하나는 겉모습에 따라 사람들이 우리를 대하는 태도가 달라지기 때문이다. 예를 들면, 키가 크거나 잘생긴 사람은 친구가 더 많고, 같은 일을 해도 보수를 더 많이 받으며, 의료 담당자들에게 종종 더 나은 치료와 대우를 받는다.[5] 그런데 우리의 외모는 자신을 어떻게 생각하느냐에도 영향을 미치며, 그 결과 자신의 행동에도 영향을 미친다.

불행하게도 이 문제에 관심을 가진 과학자들은 사람의 외모를 일시적으로 대폭 바꿀 수 있는 방법이 없어 연구에 제약을 받아왔다. 여기서도 아바타가 대안을 제시한다. 원칙적으로 아바타는 어떤 모습이라도 취할 수 있으며, 온라인 게임이 제공하는 선택의 범위는 엄청나다. 예를 들면, 세컨드 라이프의 가상 세계에서 플레이어는 150가지 변수를 조작하면서 눈 색깔에서부터 발 크기에 이르기까지 온갖 모양을 다양하게 변화시킬 수 있다.

온라인 외모를 이렇게 임의로 조작하면 온라인의 상호 작용에도 영향을 미치는 것으로 밝혀졌다. 한 연구에서는 자원자들에게 (현실 세계에서 자원자들의 실제 모습과는 상관없이) 평범한 것에서부터 매력적인 것에 이르기까지 다양한 아바타를 배정했다.

매력적인 아바타를 배정받은 자원자들은 평범한 아바타를 배정받은 자원자들보다 다른 사람과의 거리를 훨씬 가깝게 유지했다. 매력적인 아바타는 다른 사람과의 가상 거리가 세 걸음 이내였지만, 평범한 아바타는 여섯 걸음 이내였다. 매력적인 아바타를 가진 사람들은 자신에 대한 이야기를 스스럼없이 하는 등 더 자신 있게 행동했다. 다시 말해서, 자원자들은 현실 세계에서 자신의 실제 매력이 어느 정도인지에 상관없이, 자신의 아바타가 얼마나 매력적인가에 따라 그에 어울리는 자신감을 내비친 것이다. 연구자들은 자신의 외모에 대한 인식이 행동에 미치는 영향을 그리스 신화에서 마음대로 모습을 바꿀 수 있는 신인 프로테우스의 이름을 따 '프로테우스 효과 Proteus effect'라 불렀다.[6]

또 다른 실험에서는 실험 대상자들에게 키가 각각 다른 아바타를 배정했다. 그런 다음, 아바타들은 앉아서 7장에 나온 최후 통첩 게임을 했다. 키가 큰 아바타를 배정받은 사람들은 게임을 하는 동안 더 많은 돈을 요구했다. 100달러를 다른 사람과 나누어 가지라고 했을 때, 그들은 평균적으로 자기가 61달러를 갖고 상대방에게 39달러를 주겠다고 제안했다. 반면에 키가 작은 아바타를 배정받은 사람들은 평균적으로 자기가 52달러를 갖고 상대방에게 48달러를 주겠다고 제안했다. 반대로 제안을 받는 입장이 되어 75달러 대 25달러로 분할하는 제안('불공평한' 제안)을 받았을 때, 키가 큰 아바타를 배정받은 사람들은 38%만이 이 제안을 수락한 반면, 키가 작은 아바타를 배정받은 사람들은 72%가 이 제안을 받아들였다.[7]

더 놀라운 사실은, 가상 세계의 상호 작용이 현실 세계로 연장될 수 있다는 점이다. 아바타를 무작위로 배정한 게임이 끝난 뒤에 매력적인 아바타를 배정받은 사람들은 현실 세계에서도 더 자신감을 보였다. 한 실험에서는 그들에게 온라인 데이트 사이트에 올라온 사진들을 보여주었다. 그랬더니 매력적인 아바타를 배정받았던 사람들은 매력적인 상대가 자신과의 데이트에 관심을 보일 거라고 생각하는 비율이 높았다.[8] 이러한 종류의 효과는 심지어 치료에 활용할 수 있는 가능성을 시사한다. 예를 들면, 가상 환경에서 아바타에게 어떤 역할(신체장애자 같은)을 하도록 함으로써 다른 신체장애자에 대한 공감을 키울 수 있다. 혹은 자존감이 낮거나 왜곡된 신체 이미지를 가진 사람에게 매력적인 아바타를 배정하여 세상을 다른 방식으로 경험하게 할 수도 있다.

또한 이런 실험을 이용해, 외모가 자신을 바라보는 방식뿐만 아니라, 사람들이 자신을 대하는 방식에도 영향을 준다는 전통적인 문제를 좀 더 자세히 살펴보는 것도 가능하다. 예를 들면, 사람들은 온라인에서 선호하는 인종이 있는 것처럼 보인다. 가상 세계 There.com에서 다른 인종의 아바타가 간단한 부탁을 했을 때 도움을 주는 비율을 조사했더니, 어두운 피부색의 아바타가 도움을 덜 받는 것으로 나타났다.[9] 그리고 아바타들은 현실 세계와 일치하는 성 규범을 따른다. 예를 들면, 한 쌍의 남성 아바타는 여성 아바타들보다 가상 세계에서 공간적 거리를 더 넓게 두며, 남성 아바타들은 여성 아바타들보다 눈을 덜 맞춘다.[10]

따라서 비록 우리가 경계를 넘어 디지털 세계로 진출했다곤 하지만, 광범위한 종류의 온라인 상호 작용에서 우리는 여전히 아주 인간적인 방식으로 행동한다. 대서양을 건너간 에르난 코르테스Hernán Cortés와 에스파냐 인들과 마찬가지로, 우리도 디지털 세계의 경계를 넘어갈 때 이기심과 탐욕, 편견, 이타심, 애정을 남겨두고 가진 않았다.

이동성의 증가

온라인 세계의 도래는 사람의 상호 작용에 영향을 미쳐온 기술적, 사회경제적 변화의 긴 역사에서 가장 최근에 일어난 사건에 지나지 않는다. 전 세계적인 인구 증가와 도시화는 운송과 커뮤니케이션 분야의 급격한 발전과 결합해 우리가 만나거나, 함께 경제 활동을 하거나, 함께 학교를 다니거나, 사랑에 빠지는 사람들에게 큰 효과를 미쳤다.

지난 200년 동안 세계 인구는 10억 명 미만에서 약 70억 명으로 증가했고, 증가분 중 절반 이상은 1960년 이후에 일어났다. 그와 함께 전 세계에서 진행된 도시화로 인해 도시 지역의 인구 밀도는 더 빠른 속도로 증가했다. 이러한 인구 밀도 증가는 사람들을 더 비좁은 공간에서 부대끼며 살아가게 하여 사람들 간에 일어나는 상호 작용의 성격을 변화시켰다. 그렇지만 더욱 놀라운 것은 운송 기술의 발전으로 이동성의 패턴에 일어난 변화였다. 지난 200년 동안 인구는 7배 늘어난 반면, 이동성은 1000배 이상 증가하여 사람들끼리 서로 부딪치는 일이 더 늘어났다.

19세기 후반에는 증기선이 대양을 항해하면서 범선을 밀어냈다. 특히 1860년대부터 선체와 스크루, 기관의 설계에 획기적인 발전이 일어나면서 멀리 떨어진 항구들 사이의 여행 시간이 크게 단축되었다. 예를 들면, 1787년에 퍼스트 플리트First Fleet(영국에서 죄수를 싣고 오스트레일리아에 온 최초의 호송 선단)가 영국에서 출발해 오스트레일리아까지 약 1만 9000km를 항해하는 데에는 8개월이 걸렸지만, 100년 뒤에는 같은 항해를 하는 데 50일밖에 걸리지 않았다. 그로부터 얼마 지나지 않은 1925년에는 국제 항공 여행이 가능해졌고, 1928년에는 오스트레일리아의 대담무쌍한 비행사 버트 힝클러Bert Hinkler가 16일 만에 영국에서 오스트레일리아까지 단독 비행에 성공했다. 비행 시간 역시 지나간 해상 여행 시대와 마찬가지로 점점 단축되었다. 영국과 오스트레일리아 사이의 항공 여행 시간은 기하급수적으로 단축되어 1955년에는 약 이틀로 줄어들었고, 지금은 하루가 채 걸리지 않는다.[11]

운송 기술이 개인의 이동성에 미친 영향은 지난 200년간의 프랑스 자료에서도 분명히 드러난다. 이 기간에 프랑스 사람들이 날로 새로워지는 운송 수단(말에서 시작해 거룻배, 철도, 자동차, 초고속 열차, 비행기 등으로)을 이용해 하루 동안 여행한 평균 거리는 0.1km 미만에서 약 100km로 1000배 이상 증가했다.[12] 이것은 같은 기간에 프랑스의 인구가 약 3000만 명에서 5800만 명으로 늘어난 것과 결합해 사람들을 서로 뒤섞이게 하는 데 크게 기여했다.

사람들의 이동성에 일어난 변화는 역학자 데이비드 브래들리David Bradley가 자신의 계보를 조사하면서 실시한 연구가 아주 생생하게 보여준다. 브래들리는 20세기 초에서 1990년대에 이르기까지 증조할아버지, 할아버지, 아버지, 자신의 여행 패턴을 자세하게 추적해보았다.[13] 증조할아버지는 영국 중부의 노샘프턴셔 주에 있는 마을에 갇혀 살았으며, 지표면 위에서 가로 세로 40km에 이르는 사각형 범위 밖으로 벗어난 적이 한 번도 없었다. 할아버지는 런던으로 여행한 것을 비롯해 여러 곳을 여행했지만, 영국 남부 지역에서 가로 세로 400km의 사각형 안에서 살아갔다. 아버지는 유럽 전역을 여행하면서 한 변이 4000km에 이르는 사각형 안의 여러 지역을 돌아다녔고, 브래들리 자신은 원주가 4만 km에 이르는 지표면 위의 곳곳을 밟으며 온 세계를 돌아다녔다. 대략적으로 말하면, 브래들리의 가계는 한 세대가 지날 때마다 여행 범위가 10배씩(면적으로는 100배씩) 증가했다. 이런 추세를 계속 잇는다면, 브래들리의 아들은 우주로 나가게 될 것이다.

이상적인 세계에서 우리의 이동성을 제대로 이해하려면 사람들에게 마이크로칩을 집어넣고 계속 추적하면 될 것이다. 과학자들은 이 아이디어를 현실성이 없는 공상으로 여겼지만, 어느 날 갑자기 과학자들은 사람들이 이미 그러한 장비를 갖추고 있다는 사실을 알게 되었다. 휴대전화는 전원을 켜기만 하면 항상 부근의 기지국들과 연결되는데, 약간 복잡한 기하학을 사용하면 사용자의 위치를 추적할 수 있다. 이것은 WheresGeorge.com에서 달러화의 교환을 추적하는 것보다 훨씬 정확하게 사람의 움직임을 파악할 수 있는 방법이다.

루마니아 출신의 헝가리 물리학자 알베르트-라슬로 바라바시 Albert-László Barabási와 그 동료들은 여기에 착안해 한 나라에서 익명으로 표시된 휴대전화 사용자 600만 명 이상의 기록을 얻었다.[14] 이 자료에서 10만 명의 개인을 선택해 작업한 끝에 6개월간의 휴대전화 기록을 분석할 수 있었다. 그 결과, 전화를 걸거나 받은 순간 각 개인의 위치를 파악할 수 있었고, 모두 1626만 4308회의 위치 변화가 일어났다는 것을 알아냈다. 바라바시는 인간 이동성의 전체적인 패턴은 여러 가지 요소가 결합돼 나타난다는 사실을 발견했다. 첫째, 사람들은 5장에서 다룬 '레비 비행' 패턴과 일치하는 방식으로 움직인다(어느 정도까지는). 둘째, 이동 거리는 천차만별인데, 어떤 것은 다른 것보다 훨씬 길다. 이렇게 복잡한 그림이 나타나는 이유 중 하나는 우리가 집이나 직장, 좋아하는 식당, 가게처럼 같은 장소를 반복해서 찾아가기 때문이다. 게다가, 우리의 '비행'은 시간상으로 볼 때 무작위적으로 일어나지 않는다. 우리는 밤이 되면 대개 같은 집에서 자니까.

이렇게 활발한 우리의 움직임과 지리적 공간의 점진적 붕괴는 병균에서부터 상품, 정보, 사상에 이르기까지 모든 것의 전파 형태에 혁명적 변화를 가져왔다. 오늘날 우리는 호미니드 조상들이 그랬던 것보다 훨씬 더 넓은 범위에서 연결을 맺을 수 있으며, 훨씬 다양한 목적을 위해 연결을 선택할 수 있는 개인들도 아주 다양하다.

장거리 대화

지난 200년 동안 운송 기술 분야에만 큰 발전이 일어난 게 아니라, 커뮤니케이션 기술에도 엄청난 발전이 일어났다. 저널리스트인 톰 스탠데이지Tom Standage는 《빅토리아 시대의 인터넷The Victorian Internet》이란 책에서 전신의 발명과 확산이 19세기의 사회생활에 어떤 방식으로 영향을 미쳤는지 기술했다.[15] 전신이 발명되기 전에는 사람들은 걷거나 말을 타거나 배를 타거나 간에, 메시지를 가지고 여행하는 사람의 속도 정도로만 먼 거리에 소식을 전할 수 있었다. 그런데 전신은 시간과 거리의 장벽을 모두 허물어뜨리는 형태의 커뮤니케이션을 가능하게 했다. 전신 기술은 곧 사업과 사랑을 위해 활용되기 시작했고, 언론에서부터 전쟁에 이르기까지 온갖 곳에 새로운 종류의 상호 작용을 만들어냈으며, 새로운 관습과 어휘의 탄생을 촉진했다.

전화의 발명은 이 과정을 한 단계 더 발전시켰다. 19세기 후반과 20세기 초반에 미국에서 전화가 확산돼가는 현실을 보고 많은 사람들은 짜릿한 전율을 느꼈으며, 전화가 계급 장벽을 허물어뜨리고 사회를 더 민주화하는 데 기여하리라고 기대했다.[16] 또 전화가 외로움을 감소시키고(특히 농촌 사회에서), 사회적 상호 작용을 증대시키리라

생각했다.[17]

그러나 오늘날 인터넷에 대해 우려를 제기하는 사람들처럼 전화에 대해 비관적인 전망을 한 사람들도 있었다. 시도 때도 없이 걸려오는 외부의 전화는 가정생활을 방해해 가정의 신성함과 평온을 깨뜨릴 것이라고 염려했다. 시끄럽고 몰래 엿듣는 교환수 때문에 사생활이 침해될 거라는 염려도 있었다. 급하게 되는대로 쏟아내는 전화 대화가 사회적으로 위험할 것이라고 생각한 사람들도 있었는데, "전화로 대화하는 사람들은 글로 쓸 때처럼 논의할 내용을 잘 준비하거나 깊이 생각하지 못하기 때문"이라는 이유에서였다.[18] 전화는 또한 많은 전통적 사회 관습(사전 연락 없이 불쑥 친구 집을 방문하는 것과 같은)을 위협했으며, 어떤 사람들은 전화가 연애 관행을 변화시켜 부적절한 성 관계를 낳을 것이라고 염려했다.

물론 이러한 우려는 대부분 인터넷에 대해 제기되는 우려와 비슷하다. 즉, 전화나 인터넷은 사람 간의 상호 작용을 빨리 일어나게 하고, 사생활 침해의 위험이 높으며, 도덕적 타락을 부추긴다. 그렇지만 이런 것보다도 더 큰 우려는 공동체 내의 친구들과 가깝게 지내는 대신에 멀리 있는 친구들과 얕은 관계를 맺게 되지 않을까 하는 것이었다. 사회학자 찰스 호턴 쿨리Charles Horton Cooley는 1912년에 전화와 그 밖의 기술 때문에 "우리 자신의 삶에서, 더 넓은 접촉들로 이루어진 복잡한 그물이 성장하면서 이웃 사이의 친밀감은 붕괴하고 말았고, 우리는 같은 집에 사는 사람들하고도 낯선 관계가 되고 말았다. 이것은 이웃들 사이의 경제적, 정신적 공동체를 축소시킨다."라고 지

적했다.[19]

실제로 전화는 국지적 유대를 약화시키기보다는 오히려 확대시키고 강화했다. 국지적 상호 작용이 더 활발해졌고, 전화 통화도 각자의 집에서 8km 이내에 있는 사람과 주고받는 게 대부분이었다.[20] 대부분의 사람들은 전화를 통한 관계(멀리 있는 사람이건 가까이 있는 사람이건)가 얕은 것이라는 데 동의하지 않는다. 1911년 초기의 긍정적인 한 비평가는 그것을 아주 생생하게 표현했는데, 다음과 같은 말로 전화의 발전을 예고했다. "전화는 우리를 더 사회적이고 협력적으로 만들었다. 전화는 서로 분리된 가정의 고립 상태를 사실상 철폐했다. 전화는 사회라는 몸에서 진정한 하나의 기관으로 자리 잡아, 이제 우리는 전화로 계약을 하고, 증거를 제시하고, 소송을 제기하고, 연설을 하고, 프러포즈를 하고, 학위를 주고, 유권자에게 호소하는 등 말과 관련된 일이면 거의 모든 일을 다 할 수 있다."[21] 전화는 사회적 상호 작용을 대체하는 게 아니라 보완해준다.

작은 마을 네트빌

마치 전화에 대한 논쟁이 다시 반복되는 것처럼, 인터넷에 관한 논쟁들은 개인이 먼 나라에 있거나 익명으로만 아는 사이인 사람들과 상호 작용을 하는 방식에 초점을 맞추었다. 인터넷이 이전에는 가능하지 않았던 새로운 연결을 가능케 한다는 것은 의심의 여지가 없다. 그런데 이 기술은 국지적 공동체와 국지적 상호 작용을 변화시킬 수 있는 기회도 제공한다.

대표적인 사례는 사회학자 키스 햄프턴Keith Hampton과 배리 웰먼Barry Wellman이 한 일련의 관찰에서 볼 수 있다. 1990년대 후반에 두 사람은 자신들이 '네트빌 Netville'이라 이름 붙인 토론토 교외 지역을 조사했는데, 이곳은 새로운 초고속 인터넷 접속망을 주민에게 무료로 제공했다. 그 인근에 새로 지은 109채의 단독 주택 중 하나를 구입하는 사람에게는 누구에게나 초고속 인터넷 접속과 비디오폰, 그리고 주크박스에서부터 의료 서비스와 지역 토론 광장에 이르기까지 다양한 온라인 서비스를 제공했다. 주민의 선호도와는 상관없는 여러 가지 이유로 60%는 이 다양한 서비스를 받아들인 반면 40%는 받아들이지 않았는데, 그 덕분에 일종의 자연적인 실험에서 서로 비교할 수 있는 두 집단이 생겼다. 햄프턴 자신도 1997년부터 1999년까지 네트빌에 살면서 이 기술이 공동체의 상호 작용에 미치는 효과를 조사했다.

새로운 서비스에 접속한 주민들은 다른 주민들과 더 깊고 폭넓게 연결을 맺었으며, 이웃과의 유대도 더 많이 생겼다. 인터넷 접속 주민과 비접속 주민을 비교했더니, 접속 주민이 비접속 주민에 비해 훨씬 많은 주민의 이름을 알고 있었고(25명 대 8명), 일상적으로 대화를 나누는 이웃 주민의 수도 2배나 되었고(6명 대 3명), 6개월 동안 이웃집을 방문한 횟수도 더 많았으며(5회 대 3회), 1개월 동안 이웃 주민에게 전화를 건 횟수도 더 많았다(22회 대 6회). 새로운 전자 커뮤니케이션은 미국인이 흔히 이웃과 맺어온 종류의 사회적 유대인 직접적 유대를 대체하기보다는 오히려 크게 증대시켰다.

새로운 기술은 네트빌 주민들과 네트빌에서 멀리 떨어진 곳으로 이사 간 이전의 친구들 사이에 유대와 상호 작용을 유지하는 데에도 도움을 주었다. 예를 들면, 인터넷 비접속 주민에 비해 접속 주민은 자신의 소셜 네트워크에 속한 사람들 중 50km 이상 떨어진 곳에 사는 사람들과 접촉하는 횟수가 약간 더 증가했는데, 그래서 사회적 유대를 유지하는 데 이사가 미치는 부정적 영향을 어느 정도 상쇄하는 효과가 있었다.

한편, 이러한 사회적 유대는 공동체의 활동과 행사를 위해 주민을 집단적으로 동원하는 데에도 사용되었다. 약간 역설적이긴 하지만, 이러한 동원에 주민들을 모이게 한 동기 중 하나는 이 새로운 기술을 도입한 네트빌 개발업자였다. 주민들은 온라인과 오프라인의 연결을 통해 주택의 하자와 결함에 대해 항의하고 개발업자에게 수리를 요구하기 위해 힘을 모았다. 주민들이 너무나도 신속하게 공동 목표를 위해 뭉치는 것을 본 개발업자는 깜짝 놀라 주민의 관심 사항에 대해 '자신의 예상보다 더 많은 자원과 더 빠른 속도로' 대책을 세우지 않을 수 없었다.[22] 마을 주민들은 또 힘을 합쳐 그 개발업자에게 2차 주택 개발 사업에 허가를 내주지 말라고 관계 당국에 청원을 했다. 햄프턴은 네트빌에서 일어난 이 일에 대해 약간 비꼬는 투로 "네트빌에서 겪은 경험으로 그 개발업자는 다시는 이웃끼리 초고속 인터넷망으로 연결된 주택 단지를 짓지 않겠다고 마음먹었다."라고 결론을 맺었다.[23]

식스디그리즈에서 페이스북까지

지난 몇 년 동안 큰 인기를 끈 온라인 소셜 네트워크 사이트는 사용자에게 제한된 접속 환경에서 공개적 또는 반공개적 개인 프로필을 만들고, 연결을 공유한 다른 사용자들의 명단을 볼 수 있으며, 자신이 연결된 시스템 내에 있는 다른 사람들의 연결을 보고 탐색할 수 있게 해주는 서비스이다.[24] 이러한 사이트에서는 새로운 친구와 연결을 만드는 것이 가능하지만, 그것이 주목적은 아니다. Friendster.com처럼 기존의 친구들을 지원해주는 사이트도 있고, MySDScience.com에서 제공하는 과학자들과 교사들의 네트워크처럼 특정 인종, 정치, 종교, 전문 집단의 필요를 충족시켜주는 사이트도 있다. 사생활 보호 규칙, 가입 조건, 게시할 수 있는 내용, 네트워크 연결을 다른 사람들이 보거나 지나다니는 방법 등은 사이트마다 제각각 다르다. 소셜 네트워크 사이트의 주요 특징은 우리가 연결된 웹을 사용자와 다른 사람들에게 보여준다는 것이다. 게다가 위키나 리스트서브 같은 다른 종류의 온라인 그룹이나 커뮤니티와는 달리 소셜 네트워크 사이트는 주제가 아니라 사람을 중심으로 조직된다.

소셜 네트워크 사이트의 사용은 수억 명이나 되는 사람들에게 일상생활의 일부로 자리 잡았다. 그들은 매일 친구들의 지위를 업데이트하고, 새로운 연결을 만들고, 게임을 하고, 좋아하는 링크를 게시한다. 그러나 소셜 네트워크 사이트는 근본적으로 오프라인의 상호작용을 반영한 것이다. 비록 소셜 네트워크 사이트가 아주 약한 유대관계로 남아 있었을 사람들(이전의 룸메이트나 고등학교 동창, 파티에서 잠깐 만난 사람 등)과 접촉을 유지할 수 있게 해주지만, 모르는 사람을 새로 만나는 방식으로 조직되진 않는다.

최초의 온라인 소셜 네트워크 웹사이트로 평가받는 SixDegrees.com은 1997년에 출범했다.[25] 이 사이트는 많은 사용자를 끌어들였지만, 사업상으로는 실패했다(2000년). 실패한 이유는 사람들이 새로운 개념을 받아들일 만큼 아직 시장이 충분히 무르익지 않았기 때문일 것이다. 전화나 팩스와 마찬가지로 온라인 소셜 네트워크는 많은 사람들이 이를 사용하기 전에는 그다지 유용하지 않다는 현실도 하나의 이유였다.

2002년에 프렌드스터Friendster가 출범하여 Match.com과 경쟁하기 시작했다. 프렌드스터는 낯선 사람을 소개하는 데 중점을 둔 Match.com이나 그와 비슷한 데이트 사이트와는 달리 친구의 친구들이야말로 연애 상대를 찾기에 더 좋은 대안이 될 수 있다는 개념을 바탕으로 했다. 프렌드스터는 본질적으로 소셜 네트워크에서 짝을 찾는 현실 세계의 과정(3장에서 소개한)을 컴퓨터 기술을 이용해 더 촉진한 것이었다. 프렌드스터는 급속도로 성장하여 2003년에는 사용자가 30만 명이나 되었다. 그러나 언론의 관심을 받기 시작하자, 이 사이트에 대한 관심 폭증과 함께 기술적 문제와 사회적 문제가 나타났다. 기술적으로는 그 복잡성이 기하급수적으로 증가하는 네트워크의 필요를 충족시키기에는 프렌드스터의 서버와 데이터베이스의 성능과 용량이 부족했다. 사회적으로는 많은 사람들이 사이트에 몰려들면서 그 문화가 변질되는 문제가 생겼다. 여름이 되자 조용한 그리스 섬에 시끌벅적하고 술에 취한 대학생들이 몰려드는 상황과 비슷하게, 기존 사용자들 사이에 유지되던 전통적 규범과 응집력이 허물어졌다.

예를 들면, 초기에 프렌드스터는 한 개인이 볼 수 있는 프로필을 4단계(친구의 친구의 친구의 친구)까지로 제한했다. 흥미롭게도 이것은 정상적으로 미치는 영향의 범위(3단계 영향 법칙을 생각해보라)와 현실 세계에서 한 개인이 접근할 수 있는 소개의 범위(3장에서 본 것처럼)에서 겨우 1단계만 벗어난 것이다. 즉, 프렌드스터의 설계는 컴퓨터 기술을 이용해 우리의 사회적 지평선을 1단계 더 확장할 수 있도록 만들어져 있었다. 그런데 새로운 사용자들은 편법을 사용해 네트워크 내에서 자신의 지평선을 더 확장하려고 시도했다. 그들이 쓴 편법은 4단계 거리에 있는 낯선 사람 몇 명을 친구로 사귐으로써 이전에는 볼 수 없었던 사회적 지평선 너머를 엿보는 방법이었다. 그러나 자연스럽게 형성되는 사회적 지평선의 그 너머를 볼 수 있는 능력이 생기면, 그 사이트에서 알게 된 친구들 중 상당수는 현실 세계의 연결을 바탕으로 사귄 친구가 아니게 된다. 이것이 하나의 이유가 되어 프렌드스터는 미국에서 인기가 시들해졌다.

마이스페이스는 2003년에 출범했는데, 이전의 프렌드스터 사용자들이 느낀 불만을 이용하는 전략을 택했다. 마이스페이스는 처음부터 인디 록 밴드의 팬들을 끌어들이는 데 중점을 두었으며, 사용자들에게 인디 록 밴드와 다른 팬들과의 연결을 발전시킬 수 있도록 허용했다. 또한 사용자들에게 아주 개인적인 프로필을 만들고, 다른 곳에서 가져온 자료들을 자신의 프로필에 첨부할 수 있도록 했다. 그러나 일반적인 소셜 네트워크 사이트로서의 마이스페이스는 얼마 후 등장한 경쟁자에게 밀려나게 되었다.

온라인 소셜 네트워크인 페이스북은 2004년에 하버드 대학에서 시작되었지만, 그 탄생 배경은 실제로는 현실 세계에서 일어난 현상에 뿌리를 두고 있다. 페이스북이란 이름은 하버드 대학에서 인터넷 시대 이전부터 오랫동안 유지돼 오던 관습에서 나온 것이다. 매년 하버드 대학은 모든 동기생의 사진과 캠퍼스에서 사는 곳을 책으로 만들어 배포했다. 이 책은 사진이 붙어 있는 전화번호부 같은 형태였고, 학생들은 이를 사교 생활에 적극 활용했다. 출판 과정의 문제로 페이스북의 출간이 지연된 어느 해에는 한 기숙사에서 네 학생이 단식 투쟁에 돌입하기까지 했다.[26]

일부 학생들은 훗날의 온라인 버전을 예고하는 행동을 보였는데, 페이스북을 이용해 데이트 상대를 물색했을 뿐만 아니라, 몇몇 야심찬 학생들은 페이스북에 실린 모든 사람의 이름과 얼굴을 외우려고 시도했다. 페이스북에 대한 최초의 언급은 1979년에 수잔 팔루디 Susan Faludi(훗날 해설 언론 부문 퓰리처상을 수상함)라는 젊은 여학생이 하버드 대학 신문인 〈하버드 크림슨 Harvard Crimson〉에 쓴 글에서 찾아볼 수 있다. 팔루디는 그 당시 페이스북은 신입생들을 위한 잠재적 멘토들을 평가하는 데 쓰이고 있다고 보고했다. "우리는 페이스북을 사람들의 성향을 파악하는 데 사용했어요. 때로는 사진만 보고서도 알 수 있지요."[27]

25년 뒤, 하버드 대학 2학년생이던 마크 주커버그 Mark Zuckerberg는 페이스북을 온라인으로 옮겼는데, 그것이 큰 인기를 얻으면서 금방 다른 대학들로 퍼져갔다. 초기에 사용자는 해당 대학교 학생이나 교직원이어야 했고, 사용자 간의 친교와 사생활 보호를 장려했다.(프라이버시를 보호하는 오프라인 세계를 온라인에서 구현한 것과 같았다.) 같은 공동체에 속한 회원끼리는 서로의 프로필을 볼 수 있었지만(캠퍼스에서 서로 우연히 마주치는 것처럼), 그 당시에는 익명으로만 서로를 알 수 있었다. 게다가, 이 점이 중요한데, 생성할 수 있는 온라인 링크들도 서로 볼 수 있었다. 1년이 지나기 전에 고등학교들에도 회원 가입을 개방했고, 특정 지역 내의 공동체들과 기업 네트워크에도 개방했다.

2008년 6월, 페이스북은 전 세계 사용자 수에서 마이스페이스를 제치고 세계 최대의 온라인 소셜 네트워크로 올라섰고, 2009년 초 1억 7500만 명 이상이 가입해 적극적으로 이 사이트를 활용하고 있다.[28] 프렌드스터가 실패한 곳에서 페이스북이 성공을 거둔 이유 중 하나는 사용자가 네트워크에서 볼 수 있는 정보를 제한한 데 있다. 4단계 거리에 있는 사람들까지 볼 수 있도록 허용한 프렌드스터와는 달리, 페이스북은 직접적인 친구(1단계)와 가끔은 친구의 친구(2단계, '알 수도 있는 사람'을 통해)만 볼 수 있도록 허용했다. 이것은 낯선 사람들 사이의 연결을 줄이고, 사람들에게 자신의 온라인 생활이 현실 세계의 소셜 네트워크와 비슷하다는 느낌을 준다.

소셜 네트워크 사이트가 계속 살아남을지, 그리고 어떤 형태로 살아남을지는 불확실하지만, 10여 년간의 혁신을 거친 지금 그런 사이트들이 최소한 일부 형태로 살아남아 있다. 소셜 네트워크 사이트는 현재 채팅이나 이메일 같은 실시간 커뮤니케이션 기능을 추가하고 있다. 그와 동시에 사용자가 콘텐츠를 만들어 올리는 사이트들(사진을 주로 올리는 Flickr.com이나 음악을 주로 올리는 iLike.com 같은)도 소셜 네트워크 기능을 추가하고 있다. 심지어 나이 많은 어른들도 Eons, ReZoom, Multiply 같은 온라인 소셜 네트워크에 가입하고 있다. 느리긴 하지만 분명히 우리는 온라인에서도 실제 삶을 영위해가고 있다.

막대한 수동적 자료

세컨드 라이프, 월드 오브 워크래프트, 페이스북, 마이스페이스는 완전히 별개의 사이트들이다. 네 사이트에 모두 가입하려면 각 사이트마다 프로필과 아이디ID를 따로 유지해야 한다. 그렇지만 하나의 프로필에서 관리하는 하나의 아이디로 많은 가상 세계와 소셜 네트워크를 돌아다니는 게 곧 가능해질 것으로 보인다. 그것은 이메일에서 일어난 일과 비슷하다. 이메일 프로그램들이 처음 나왔을 때에는 같은 프로그램을 가진 사람들 사이에서만 이메일을 주고받을 수 있었다. 그렇지만 사람들이 한 번의 접속으로 모든 이메일 네트워크에 접속할 수 있도록 해달라는 요구가 빗발치자, 그러한 제약은 곧 철폐되고, 상호 운용성이 업계의 표준으로 자리 잡게 되었다. 실제로 우리는 오로지 소셜 네트워킹만을 위해 설계된 사이트들을 떠날지도 모른다. 분명히 이 정원들의 벽은 점점 허물어질 것이고, 여러 소셜 네트워크 사이트에서 사람들과 커뮤니케이션을 하거나, 친구 목록을 한 사이트에서 다른 사이트로 옮기거나, 콘텐츠를 다른 사이트에서 열어볼 수 있는 기능이 증가할 것이다. 그러나 여기에서 더 나아가 오래 사용한 다른 자료원들이 온라인에서 소셜 네트워크를 구축하는 기반이 될지도 모른다.

사람들의 이메일 리스트는 이미 가치 있는 소셜 네트워크 정보를 많이 얻고 있으며, 많은 면에서 소셜 네트워크 사이트보다도 더 효율적으로 정보를 얻는다. 주소록과 일정표도 소중한 정보를 제공한다. 이메일의 받은 편지함과 보낸 편지함은 그 사람이 누구와 언제 그리고 얼마나 자주 접촉했는지 보여준다. 이런 자료를 활용해 네트워크를 그리고, 사람들을 접촉 빈도와 시간적 순서로 배열할 수 있다. 이메일은 심지어 유대의 방향성도 등급을 매기게 해준다. 예를 들어 여러분은 톰과 해리에게서 이메일을 많이 받지만, 답장은 톰에게만 할 수 있다. 따라서 이메일 시스템은 원래 그런 목적으로 설계된 것은 아니지만, 소셜 네트워킹의 하부 구조를 제공한다.

온라인 소셜 네트워크는 현재 우리와 다른 사람들의 관계에 대해, 그리고 우리의 일상 활동에 대해 명시적인 정보를 제공할 것을 요구하지만, 곧 그런 네트워크들은 좀 더 은밀한 형태로 바뀔 것이다. 온라인에서 수동적으로 수집한 방대한 양의 자료를 자동적으로 생성하고, 친구들을 자동적으로 추적할 수 있게 해주는 새로운 시스템들이 발전하고 있다. iLike를 사용하면 자신의 컴퓨터나 아이폰에서 듣고 있는 노래가 무엇인지 친구에게 보여줄 수 있다. 또한 구글에서 자신의 일정표를 자동적으로 발표할 수 있으며, 트윙클 Twinkle 같은 애플리케이션이 깔린 휴대전화를 통해 자신의 GPS 위치를 계속 보낼 수도 있다. 이러한 애플리케이션들은 조만간 수동적 자료를 사용해 친구들의 삶을 추측하는 알고리듬으로 작동하면서 그들에 관한 더 자세한 정보에 접근할 수 있게 해줄 것이다. 친구가 새로운 사람에게 이메일을 자주 보낸다면, 새 친구를 사귀었음을 시사한다. 그리고 친구가 새로운 웹사이트를 반복적으로 방문한다면, 친구에게 새로운 취미가 생겼음을 짐작할 수 있다. 실제로 기업들은 이미 이 새로운 기술들을 이용해 돈을 버는 데 뛰어들고 있다. 새로운 기술들은 광고를 집중하고, 어떤 사람이 어떤 제품과 서비스를 구입할지 예측하는 데 도움을 줄 수 있기 때문이다. 만약 내가 여러분 친구가 무엇을 하는지 안다면, 여러분이 곧 무엇을 하게 될지 추측하기 쉽기 때문이다.

최근에 휴대전화와 인터넷, 소셜 네트워크 사이트의 사용이 급증하면서 사람들이 서로 간에 접촉할 수 있는 능력이 과열 상태에 이르러 우리를 초연결 상태로 만들고 있다. 이 새로운 기술은 우리가 실시간으로 얼마나 많이 연결돼 있는지 혹은 그렇지 않은지 파악할 수 있게 해준다. 언어가 털 고르기보다 한 단계 더 발전한 형태로 나타난 것처럼, 이 기술은 우리에게 언어의 효율성을 높이는 데 도움을 줄 수 있을까? 기술은 소셜 네트워크를 어떤 방식으로 변화시킬까?

인터넷은 새로운 사회적 형태들을 가능케 하는데, 이것들은 기존의 소셜 네트워크 상호 작용이 다음과 같은 네 가지 측면에서 급진적으로 변화시킨다.

1. **대규모성**: 우리 네트워크의 규모와 거기에 가입하도록 접촉할 수 있는 사람 수의 엄청난 증가
2. **공유성**: 정보를 공유하고 공동 노력에 기여할 수 있는 규모의 확대
3. **특수성**: 우리가 맺을 수 있는 유대의 독자성을 인상적으로 증가시킴
4. **가상성**: 가상 신분을 취할 수 있는 능력

너무 많은 친구?

소셜 네트워크 사이트의 사용자 중 많은 사람들은 수백 명 혹은 수천 명을 친구로 등록하고 있지만, 페이스북에서 평균적인 사용자가 등록한 친구 수는 약 110명이다.[29] 이들 중 소수만이 가까운 친구라는 것은 명백하다. 누가 가까운 친구이고 누가 그렇지 않은지 알아내기 위해 우리는 사람들이 자신의 페이스북 페이지에 게시하는 사진들을 단서로 삼는 '사진 친구' 방법을 개발했다. 두 사람이 서로 상대방의 사진을 게시하고 '태그 tag'를 단다면 그러지 않은 두 사람 사이보다 더 가까운 사이일 가능성이 훨씬 높다. 우리는 한 대학의 모든 페이스북 페이지를 조사하여 학생들의 사진 친구 수를 세어본 결과, 가까운 친구의 수는 평균 6.6명이었다.

놀랍게도 이 결과는 온라인 소셜 네트워크가 오프라인 네트워크와 얼마나 닮았는지 보여준다. 사람들이 온라인에서 알고 지내는 전체 친구 수는 평균적으로 던바 수(7장에서 소개한)인 150명에 가깝다. 그

리고 가까운 친구의 수는 핵심 네트워크 크기인 4명(1장에서 소개한)에 가깝다. 따라서 온라인 네트워크는 우리가 정말로 가깝다고 생각하는 사람의 수를 늘리지도 않고, 핵심 집단 내에서 우리의 관계를 반드시 향상시키지는 않는 것처럼 보인다. 우리는 여전히 영장류의 성향과 능력에 구속을 받고 있다.

그렇지만 소셜 네트워크 사이트는 새로운 기회를 제공한다. 페이스북의 '친구' 집단은 구석기 시대의 마을 사람들 집단하고는 아주 다르다. 그것은 우리가 어떤 사람인가 하는 데에서 차이가 나는 것이 아니라, 긴밀한 사회적 작용이나 정상적인 사회적 작용이 어떤 종류의 것인가 하는 데에서 차이가 난다. 소셜 네트워크 사이트는 확대된 집단 내에서 유대의 유지를 촉진하는 동시에 친구로 간주할 수 있는 사람의 범위를 확대하고 재정의할 수 있다. 물론 소셜 네트워크 사이트는 진짜 친구와 친척의 동향을 파악하는 데에도 사용되지만, 전화번호를 모르는 사람이나 거리에서 만나도 알아볼 수 없는 사람, 혹은 커피숍에서 편안하게 대화를 나눌 수 없는 사람처럼 그다지 친하지 않은 사람들과 연결하는 경우가 많다.

온라인 소셜 네트워크에서 사귄 친구가 오프라인 연결과 다른 점은 또 있다. 그런 친구들은 계속 누적되는 경향이 있고(사람들은 온라인 연결을 계속 추가하는 반면, 잘 삭제하지 않는 경향이 있다.), 상호 작용의 성격은 매개 수단에 큰 영향을 받는다(예를 들면, 지속적인 대화를 하기보다는 잠깐 동안 폭발적으로 활동하는 식으로). 게다가 온라인 네트워크에서는 우리는 단지 모든 사람들과 우리의 직접적 관계만 유지하는 게 아니다. 우리는 모든 사람들 사이의 관계도 오프라인 세계에서보다 훨씬 더 심도 있게 관찰한다. 친구들 사이의 관계가 깨질 때마다 그 정보는 친구의 이름 옆에 작은 빨간색 하트가 깨진 표시와 함께 보고된다. 고등학생들과 대학생들의 온라인 네트워크의 경우, 평균적인 뉴스거리에는 대개 위로가 필요한 사람이 수십 명이나 포함돼 있다. 우리는 직접 얼굴을 보면서 연결을 유지하는 소셜 네트워크에서라면 잊어버렸거나 연락이 끊겼을 사람들의 일상생활을 훨씬 자세하게 알게 되었다.

온라인 유대들의 연관성은 그림을 통해 볼 수 있다. 별지 〈그림 8〉은 우리의 페이스북 연구에 포함된 대학생 140명에 대한 현실 세계의 네트워크와 온라인 네트워크 사이의 연결성 차이를 보여준다. 먼저 우리는 사진 친구 알고리듬을 바탕으로 가까운 친구들의 거미줄을 보여주었다. 그 다음에는 같은 클럽 소속을 바탕으로 한 유대(오른쪽 위)와 룸메이트 관계(왼쪽 아래)를 추가했다. 마지막으로, 오른쪽 아래에는 페이스북 친구 관계를 추가했다. 처음에는 섬세한 거미줄이었던 것이 아주 복잡하게 얽힌 실뭉치처럼 변했다. 그리고 이것은 전체 네트워크의 일부에 지나지 않는다. 이 대학의 같은 학년 학생 1700명을 전부 다 포함시킨다면, 페이스북으로 표현된 상호 연결은 그 속을 들여다볼 수 없을 만큼 촘촘할 것이다.

리얼리티와 위키얼리티

온라인 상호 작용의 거대한 규모 덕분에 이전에 존재한 적이 없는 교제 네트워크들이 다양하게 나타나게 되었다. 그 결과, 정보 공유가 크게 증가했다. 다른 여행자를 위해 목적지의 사진들을 올리고, 온라인의 지리 데이터베이스 정보를 바르게 고치려고 함께 노력하는 온라인 휴가 계획 사이트도 있다. 도로를 달리다가 지도에 표시되지 않은 막다른 길에 이른 사람들은 지도 제공자에게 전자적 방식으로 수정 사항을 통보한다. 심지어 CouchSurfing.com 같은 사이트는 회원들이 신청만 하면, 많은 도시에서 여행 도중에 머물 곳이 필요할 경우 낯선 사람의 집 소파에서 잠잘 수 있게 편의를 제공한다. SourceForge.net 같은 오픈 소스 소프트웨어 사이트는 사람들에게 컴퓨터 프로그램을 개선하는 코드code를 제공하게 함으로써 파이어폭스Firefox 같은 웹 브라우저나, 마이크로소프트 사 또는 애플 사의 제품과 정면 경쟁할 수 있는 리눅스Linux 같은 운영 체제의 발달을 촉진한다.

그러나 이 새로운 형태의 사회적 상호 작용이 가장 광범위하게 나타난 사례는 바로 위키wiki이다. '빠르다'라는 뜻의 하와이 말에서 유래한 위키는 접속하는 사람은 누구나 그 콘텐츠를 수정할 수 있도록 설계돼 있다. 이것은 같은 정보에 관심을 가진 사람들에게 서로의 자원을 공유하고 협력할 수 있게 해준다. 위키는 연결하는 데 거의 비용이 들지 않게 함으로써 수백만의 작은 친절이 모여 새롭고 강력한 무언가를 만들어내는 데 성공했다. 위키의 산물 중 가장 유명한 것은 200여 가지 언어로 기록된 1200만 개 이상의 항목을 포함하고 있는 온라인 백과사전인 위키피디아Wikipedia(위키백과)이다. 위키피디아에는 강한 권위를 가진 중심이 없다. 다른 위키와 마찬가지로 위키피디아 역시 서로 협력을 통해 어떻게 상호 작용을 해야 할지 자체 규칙을 만드는 자원자들에 의해 유지된다.

코미디 센트럴(코미디 프로그램을 방영하는 미국 방송국)의 스티븐 콜버트Stephen Colbert는 '콜버트 보고서The Colbert Report'라는 자신의 쇼에서 이 새로운 형태의 온라인 협력을 조롱했다. 콜버트는 인물 중심의 뉴스쇼 진행자인 빌 오라일리Bill O'Reilly와 러시 림보Rush Limbaugh 같은 사람을 패러디하여, 영향력 있는 진행자는 청중에게 무엇이라도 믿게 하는 능력이 있다는 개념을 활용해 코미디 쇼를 이끌어갔다. 그는 만약 이 사람들을 온라인에서 상호 작용하게 한다면, 현실 세계에 아무런 기반이 없는, 자기들만의 리얼리티를 만들어낼 것이라고 말했다. 콜버트는 이 '위키얼리티wikiality'라는 개념을 "충분히 많은 사람이 어떤 개념에 동의한다면 그것이 진리가 되는 리얼리티"로 정의했다.[30] 콜버트는 위키얼리티에 미치는 자신의 영향력을 보여주기 위해 한번은 '콜버트 보고서'에서 전 세계에 살고 있는 코끼리 수는 지난 10년 동안 3배나 늘어났기 때문에 더 이상 코끼리를 보호할 필요가 없다는 농담을 했다. 그러자 몇 분이 지나기 전에 위키피디아의 코끼리 항목은 콜버트가 발언한 '사실'을 강조하는 쪽으로 수정되었다.[31] 그러나 얼마 후 정기적으로 위키피디아에 기고하는 자원자들이 그 항목의 내용을 다시 바로잡았다. 양측 사이의 싸움이 한동안 이어졌으나, 결국 장난을 치는 사람들이 물러섰다. 정확한 정보를 지키려는 신념을 가진 사람들이 승리를 거두었고, 그 항목은 원래의 상태로 돌아갔다.

농담으로 야기된 이 소동을 싸움이라고 생각한다면, 세라 페일린 Sarah Palin이 공화당 부통령 후보로 지명되었을 때 그녀에 관한 항목에 일어난 일을 생각해보라. 현대 미국 정치에서 가장 편향적인 후보 중 하나로 꼽히는 페일린은 선거 유세 기간에 위키피디아에서 자신에 관련된 항목이 수백 번이나 수정되는 '편집 전쟁'을 유발했다. 지지자들은 페일린이 '불필요한 다리 Bridge to Nowhere(굳이 건설할 필요도 없는 다리를 위해 3억 9800만 달러의 연방 예산을 타내려 한 계획. 이 계획에 대해서는 알래스카 주 밖의 많은 사람들이 혈세 낭비일 뿐만 아니라, 카트리나 참사 구제비용으로 들어가야 할 돈이 빠져나간다며 맹비난했다. 다리로 연결되는 그라비나 섬에는 작은 공항이 있었고, 섬 주민은 50여 명에 불과했으며, 30분에 한 번씩 여객선도 운행되고 있었다. 당시 주지사 선거 중이었던 페일린은 이 계획을 적극적으로 지지하다가, 전국적인 비난에 직면하자 주지사에 당선된 뒤에 곧 취소해버렸다. 그러나 페일린은 이 계획 때문에 이미 연방 정부에서 받은 자금을 돌려주지 않고 다른 용도로 사용했다.)'를 지지했다고 언급한 항목들이 쓸데없는 정보라며 삭제했고, 헐뜯는 자들은 페일린이 16세인 딸의 임신을 숨기려고 자신이 임신한 것처럼 가장했다는 소문을 추가했다. 그러나 양측의 극단주의자들이 이처럼 진실을 왜곡하는 편집을 시도했지만 페일린에 관한 전체적인 정보는 대체로 편향되는 일 없이 공정성을 유지했다. 스스로 만든 POV point of view(시각 또는 관점이란 뜻이지만, 위키피디아에서는 '중립적 시각'이란 뜻으로 쓰인다). 규칙을 철저히 지키려고 노력하는 위키피디언(위키피디아 사용자)은 모든 수정 사항을 꼼꼼히 감시하면서, 그 내용이 적절한지 그리고 공개된 자료가 정당한 출처에 기반을 두었는지 확인했다. 지나친 편견이 개입된 수정 사항은 즉각 삭제되었다. 그리고 편견과 사실 사이의 회색 지대에 위치한 수많은 편집 사항들은 페일린 관련 '사용자 토론' 페이지에서 그것이 사실에 부합하는 정보인지 아닌지 판단하려고 노력하는 기고자들 사이에서 열띤 토론을 거쳤다.

위키피디아 같은 사이트의 성공은 직관에 반하는 것이다. 위키 전문가인 아냐 에버스바흐Anja Ebersbach는 그것을 이렇게 표현했다. "위키의 개념에 대해 처음 들은 사람들은 대부분 아무나 편집할 수 있는 그런 웹사이트는 해로운 정보들 때문에 금방 쓸모없게 되리라고 생각한다. 그것은 회색 콘크리트 벽 앞에 마음대로 쓰라고 스프레이 캔들을 놓아둔 것과 비슷해 보인다. 가장 가능성이 높은 결과는 지저분한 그라피티와 단순한 낙서로 가득 차는 것이고, 많은 예술적 작품은 살아남지 못할 것이다. 그럼에도 불구하고, 위키는 아주 잘 굴러가는 것처럼 보인다."[32] 실제로 과학 전문 잡지 〈네이처〉에 발표된 한 연구 논문은 위키피디아에 실린 전형적인 항목은 《브리태니커 백과사전》에 실린 전형적인 항목에 못지않게 정확하다고 밝혔다.[33]

위키는 선거나 시장, 폭동과 비슷한 점이 많지만, 투표나 거래, 감정 대신에 지식에 관심을 둔다. 소의 무게를 추측하는 것처럼 개인들은 독자적으로 활동하지만, 서로 협력을 통해 개인이 소유하지도 않고, 어떤 한 개인이 좌지우지하지도 않는 어떤 것을 만들어낸다. 다양한 출처에서 나온 정보를 평균하고 합쳐서 위키는 어디로 날아가야 할지 자연적으로 선택하는 새 떼와 비슷하게 지식에 이르는 길을 만들어낸다.

위키피디아가 놀랍도록 잘 굴러가는 이유는 각 주제마다 그 주위에 소셜 네트워크가 생겨나기 때문이다. 그러한 네트워크에는 '협력자'(편향되지 않은 새로운 정보를 올리는 사람)와 '무임 승차자'(다른 사람들이 확립한 정보의 신뢰성을 자기 목적을 위해 이용하길 원하는 사람들)가 포함돼 있다. 만약 이 두 부류의 사람들만 존재한다면, 누구나 위키피디아의 미래는 싹수가 노랗다고 생각할 것이다. 그렇지만 '응징자'라는 세 번째 부류의 사람들이 있다. 수천 명의 자경단원이 위키피디아를 순찰하면서 악의적인 편집을 원래 상태로 되돌리고, 그 짓을 저지른 사람의 사용자 토론 페이지에 개인적 메모를 남긴다. 심지어 서로 힘을 합쳐 일부 사용자가 추가로 내용을 변경하지 못하게 막기도 한다. 그래서 7장에서 소개한 인류 문명의 여명기에 일어났을지도 모르는 일이 놀랍게도 지금 온라인에서 일어나고 있다. 우리는 국가나 중앙 집권적인 권위가 강요해서 서로 협력하는 게 아니다. 대신에 우리가 서로 협력하면서 살아가는 능력은 서로 연결된 운명과 공통 목적을 가진 집단을 형성하는 사람들의 분권화된 행동에서 자연 발생적으로 나타난다.

풀밭에서 바늘 찾기

3장에서 보았듯이, 오늘날에는 수많은 사람들이 연애 상대를 찾아

연결하려고 인터넷을 활용하고 있다. 진정한 사랑을 찾는 일이 새삼스러운 것은 아니지만, 인터넷은 훨씬 쉽게 여러 명의 잠재적인 짝을 찾고 상호 작용할 수 있도록 도와준다. 그런데 이제 우리 삶의 다른 영역들에서 다른 종류의 사람들을 찾는 것도 훨씬 쉬워졌다.

2005년 가을, 15세 소녀이던 앨리슨 폴록Allison Pollock은 후두와 식도 사이가 갈라져 통로가 생기는 후두열이란 특이한 증상으로 고통받고 있었다. 그 결과 음식물이 종종 폐로 흘러들어가는 바람에 폐렴에 자주 걸렸다. 오랜 치료 과정 끝에 앨리슨은 보스턴에 있는 아동병원에서 특별한 수술을 받고 완치되었다. 그 병원의 온라인 잡지에 앨리슨에 관한 기사가 실렸는데, 같은 증상을 겪고 있던 샘 케이스Sam Kase라는 소년이 그것을 읽고는 앨리슨에게 연락을 취해보기로 했다. 케이스는 그때의 상황을 이렇게 설명했다. "앨리슨은 2005년에 나와 비슷한 나이인 열다섯 살 때 수술을 받았어요. 그렇다면 지금쯤 앨리슨은 고등학교 졸업반이거나 대학교 신입생일 거라고 추측했어요. 페이스북에 프로필이 있을 가능성이 아주 높았지요. 만약 그녀를 찾는다면, 수술과 회복 과정에 대해 몇 가지 물어보려고 했어요." 앨리슨은 기꺼이 이 접촉에 이타적인 반응을 보였고, 샘이 수술을 하기 전과 하고 난 후에 많은 이메일을 주고받았으며, 결국 두 사람은 부모와 함께 직접 만나기까지 했다.[34]

그런 목적을 공식적으로 내건 웹사이트들도 있다. 예를 들면, 온라인암자료협회Association of Cancer Online Resources, ACOR 웹사이트의 환영 인사에는 이렇게 적혀 있다. "여러분은 혼자가 아닙니다. ACOR의 메일

링 리스트를 사용하면 여러분과 같은 사람들과 온라인으로 연결해 지원과 정보를 함께 나눌 수 있습니다. ACOR은 최초의 소셜 네트워크 중 하나입니다. 1995년 9월부터 특정 암(종종 희귀한 형태의)에 관심을 가진 ACOR 사용자들은 수백 명의 환자들과 돌보는 사람들의 집단 지성에서 많은 도움을 받아왔습니다."[35] 2008년에 이 웹사이트에서 1주일에 전 세계로 발송되는 이메일은 150만 통을 넘어섰다.

이 모든 연결성은 마냥 좋은 것처럼 보일 수도 있다. 사실, 자기가 원하는 사람을 정확하게 찾을 수 있다면, 이를 마다할 사람이 누가 있겠는가? 그러나 연결에는 대가가 따른다. 연결이 많다는 것은 우리가 더 많은 사람을 찾을 수 있다는 뜻이지만, 반대로 더 많은 사람이 우리를 찾을 수 있다는 뜻도 된다. 그 사람들이 모두 좋은 의도만 갖고 있는 것은 아니며, 모든 연결이 반드시 긍정적인 것만도 아니다.

예를 들면, 어떤 사람들은 주로 섹스를 할 수 있는 사람의 수를 늘리려는 목적으로 인터넷을 이용한다. 이것은 성병의 위험을 증가시킬 수 있으며, 실제로 인터넷 때문에 성병이 널리 확산된 사례가 다수 있었다. 샌프란시스코의 공중 보건 전문의들은 '사이버 공간을 통한 매독 발생 추적'이란 논문에서 온라인에서 만난 상대와 섹스를 할 경우 전통적 방식으로 만난 상대에 비해 성병에 걸릴 확률이 세 배나 높다고 보고했다.[36]

안타깝게도 온라인 소셜 네트워크의 어두운 면에 가장 취약한 사람들은 청소년인데, 인터넷은 십대들의 새로운 은신처가 되었다. 미국의 십대 청소년 중 80% 이상이 인터넷을 사용하며, 약 절반은 매일 사용한다.[37] 그리고 75% 이상은 이메일, 채팅, 그 밖의 온라인 커뮤니케이션 기술을 사용한다. 50% 이상은 이메일 주소나 대화명을 여러 개 가지고 있으며, 그것을 통해 채팅 룸이나 온라인 포럼, 그 밖의 장소들에서 다른 사람들과 익명으로 상호 작용할 수 있다.[38] 온라인 상호 작용은 잠재적 고립 가능성이 있는 청소년에게 소중한 사회적 지원을 제공하지만, 거식증이나 야만 행위, 자살 같은 위험한 행동을 일상화하거나 부추길 수 있다.

게다가 문자 메시지에서부터 소셜 네트워크 사이트에 이르기까지 모든 곳에서 나타나는 온라인 소셜 네트워크 문화의 특수성과 범위, 즉각성은 그러한 행동의 확산을 훨씬 용이하게 한다. 잠깐 동안 생겨나는 괴상하거나 부정적인 생각과 자극은 그런 커뮤니케이션 기술이 없었던 이전 세대라면 금방 저절로 사라지고 말았을 테지만, 온라인은 그런 것에 즉각적인 피드백과 보강된 정보를 제공할 수 있다. 물론 십대 청소년은 항상 서로 영향을 주고받아 왔지만, 과거에는 그러한 종류의 보강된 정보를 얻으려면 상당히 많은 노력이 필요했다. 지금은 그저 버튼만 누르면 된다.

예를 들어 한 조사에 따르면, 인터넷에서 'cutting(절단)'[39]에 관한 메시지 보드는 400개 이상이나 된다. 절단은 '차세대 십대 장애next teen disorder'로 불려왔는데, 다양한 자해 행동을 가리킨다. 그 발생 빈도는 십대 청소년 사이에서 4%를 넘는 것으로 추정된다. 이 행동은 근래에 와서 크게 증가했으며, 많은 임상의학자는 사회적 전염을 그 원인으로 의심하는데, 절단이 예컨대 학교 같은 조직에서 대량으로 발생하는 등 전염병과 같은 유형의 패턴을 나타내기 때문이다.[40] 절단을 행동에 옮긴 십대 청소년은 복잡한 생리적, 심리적 이유로 '고통을 덜기 위해' 그렇게 했다고 보고한다.

이 행동에 대한 메시지 보드 게시물을 광범위하게 연구한 결과에 따르면, 가장 일반적인 종류의 게시물(전체 메시지 중 28%)은 "이곳에 온 것을 환영합니다."라거나 "마음을 편하게 가지고, 숨을 깊게 그리고 천천히 내쉬세요."처럼 다른 사람들에게 지원을 제공하는 종류로 드러났다.[41] 그러나 9%는 절단의 중독성에 관한 것("나는 시도했다가 중단할 수도 있지만, 설령 성공한다 하더라도 항상 면도날과 피를 꿈꾼다.")이고, 6%는 절단 방법에 관한 것이다.

온라인에서 모인 또 다른 부류의 집단은 편집망상증 환자들이다. 예를 들면, '은밀한 괴롭힘과 감시로부터의 자유'라는 단체가 있는데, 수백 명의 정회원들은 자신들이 감시받고 있다는 생각에 대해 이야기를 나눈다. 이 단체의 회장을 맡고 있는 신시내티의 데릭 로빈슨Derrick Robinson은 "그 공동체를 발견해 얼마나 위안이 되는지 몰라요."라고 말한다. "아마도 다른 단체들도 있을 거라고 생각했지만, 이 공동체를 발견할 때까지는 확신하지 못했어요." 또 다른 단체는 누구든지 '표적이 된 개인의 삶을 모든 측면에서 파괴하려는 조직적 형태의 통제' 대상이 될 수 있다는 '집단 스토킹'을 주제로 삼고 있다. 그들은 "표적이 된 사람은 하루 24시간, 1주일 내내 민간인 스파이나 밀고자들이 계속 따라다니면서 감시한다."고 믿는다.[42]

이 사이트들은 망상에 사로잡힌 개인들에게 마음을 안심시키고 진정시키는 효과가 있는 경험을 제공한다. 그것은 바로 우리 모두가 간절히 바라는 경험, 바로 다른 사람들이 나를 이해해주는 경험이다. 여기서 이 사람들은 자신이 미치지 않았다고 확신을 주는 사람들을 많이 발견할 수 있다. 따라서 온라인으로 다른 사람들과 연결하는 능력은 다른 방법으로는 불가능한 지원과 대인 접촉을 일상생활에서 규칙적으로 제공함으로써 사회적으로 도움을 줄 수 있다. 그러나 그러한 지원이 그 사람을 심리적으로 악화시킬 수도 있다. 예일 대학의 정신의학과 교수인 랠프 호프먼Ralph Hoffman은 "이러한 신념 체계들의 사고방식은 계속 먹이를 주어야 하는 상어와 같다. 망상에 계속 먹이를 공급하지 않으면, 조만간 그것은 저절로 죽거나 위축될 것이다. 요점은 반복적으로 보강된 정보를 줄 필요가 있다는 것이다."[43]라고 말한다. 이 경우에 인터넷은 바로 그런 기회를 제공한다.

완전히 새로운 또 하나의 나

어떤 사람들은 자신의 망상을 온라인으로 가져가는 반면, 어떤 사람들은 현실 세계의 경험에서 벗어나는 데 인터넷을 사용한다. 가상 세계에서는 '제2의 삶'을 살면서 현실 세계의 구속에 얽매이지 않고 상호 작용하는 게 가능하다. 장애가 있는 사람도 정상적인 몸을 가진 아바타로 변신할 수 있고, 남자가 여자인 척할 수도 있으며, 인터넷 이전 시대에는 불가능했던 사회적 역할을 시도해볼 수도 있다. 이런 것들은 실제로 새로운 사회적 형태이며, 이전에 존재하던 종류의 소셜 네트워크 상호 작용을 단순히 수정한 것이 아니다.

이 새로운 사회적 형태들은 현실 세계와 가상 세계의 경계를 불분명하게 만들 수 있다. 한 온라인 게임에서는 43세의 일본인 여자가 개인적으로 알지 못하는 33세의 사무직 남자와 결혼했다. 그 게임은 정상적으로 진행되고 있었는데, 어느 날 갑자기 아무런 경고도 없이 남자가 여자와 이혼했다. 비록 그 결혼은 가상 세계에서 일어난 상상의 산물에 지나지 않았지만, 너무나도 화가 난 여자는 남자에 대해 알고 있는 정보를 이용해 그의 아바타를 죽여버렸다. 여자는 현실 세계에서는 어떤 복수도 계획하지 않았지만, 현실 세계의 경찰은 여자를 체포했다. 여자는 나중에 온라인에서 파괴적 행동을 한 혐의로 최대 5년 징역형과 5000달러의 벌금형을 받는 처지에 놓였다.[44]

다음 사건들은 더욱 기묘하다. 2003년, 당시 23세이던 에이미 테일러Amy Taylor는 35세이던 데이비드 폴러드David Pollard를 인터넷의 한 채팅 룸에서 만났다. 두 사람은 2005년에 현실 세계에서 결혼했는데, 가상현실 사이트인 Second Life에서 아주 호화로운 결혼식도 올렸다. 결혼 뒤에 테일러는 남편 아바타가 매춘부 역할을 하는 다른 여자 아바타와 가상 섹스를 하는 현장을 목격했다. 남편을 의심한 테일러는 가상 탐정을 고용하여 남편의 온라인 활동을 조사하게 했다. 테일러는 "남편은 현실 세계에서는 아무 짓도 하지 않았지만, Second Life에서 하는 일에 대해 의심을 품었어요."라고 말했다. (현실 세계의) 이혼 청구서에서 테일러는 남편의 행동을 '간통'이라고 묘사했다. 폴러드는 온라인에서 관계를 맺은 것은 인정했지만, (현실 세계에서는)

아무 잘못도 저지르지 않았다고 주장했다. 한편, 테일러는 얼마 후에 월드 오브 워크래프트 게임 도중에 만난 남자와 새로운 관계를 맺었다고 한다.[45]

폴러드의 행동은 포르노를 보는 것과 어떤 차이가 있을까? 그 차이는 바로 연결에 있을 것이다. 폴러드는 단지 컴퓨터 화면에서 알몸인 여자를 보거나 알몸의 아바타를 보는 데 그친 게 아니라, 연결을 맺었다고 할 수 있다. 어쨌든 테일러에게는 그렇게 보였고, 그것이야말로 무엇보다도 중요한 사실이었다.

그렇지만 만약 사람들이 온라인에서 자신을 다르게 보는 게(매력적인 아바타를 가진 사람은 더 사교적으로 행동하거나 더 친절하게 행동하는 게) 사실이라면, 온라인 공동체는 현실 세계의 공동체에서 볼 수 없는 특징들, 우리가 경험하거나 상상하지 못한 특징들을 갖게 될 것이다. 가상 세계는 현실 세계보다 더 좋은 것으로 보일 수도 있다. 그것은 단순히 프로그래머가 그렇게 보이도록 만든 요소들 때문이 아니라, 우리 인간이 새로운 환경에서 자연스럽게 행동하는 방식 때문에 그렇다.

같으면서도 다른

우리는 오프라인 세계에서 이미 알고 있는 사람을 찾아 인터넷을 이용해 그 관계를 온라인으로 옮길 수도 있다. 또한 현실 세계에서 연결을 맺을 목적으로 인터넷을 이용해 온라인에서 새로운 사람들을 만날 수도 있다. 혹은 온라인 세계와 오프라인 세계에서 연결들이 각각 따로 시작하고 유지될 수 있다. 온라인 연결은 오프라인 연결과 닮은 점이 많지만, 온라인 연결이 완전히 새로운 상호 작용 방식과 패턴을 보여주는 점도 있다. 온라인 세계가 가능케 해준 초연결성은 예전의 생물학적 기구를 새로운 방식으로 활용하지만, 여전히 예전과 같은 목적을 위해 쓰인다.

온라인 네트워크는 영향력과 사회적 전염의 전파에 새로운 길을 열어준다. 앞서 살펴보았던 것처럼, 네트빌에서 온라인 상호 작용이 촉진시킨 조직의 급성장, 인종 차별주의와 이타심처럼 다양한 자극이 온라인에서 표출되는 방식, 오바마의 선거 운동과 콜롬비아의 운동가들이 지지자들을 모으기 위해 인터넷을 이용한 방식은 모두 사회적 영향이 현실 세계의 소셜 네트워크와 마찬가지로 인터넷을 통해 퍼져갈 수 있음을 보여준다.

그런데 어떤 것들은 다른 것들보다 더 쉽게 퍼져나간다. 2장에서 보았듯이, 감정의 전파는 직접 대면을 통한 상호 작용이 필요한 것처럼 보인다. 따라서 온라인 연결은 접촉 빈도를 증가시키지만, 이것이 상대방을 직접 만나는 것과 같은 효과가 있는지는 확실치 않다. 이와는 대조적으로, 4장에서 우리는 접촉 빈도가 사회적 규범의 확산에는 별로 중요하지 않다는 것을 보여주었다. 수백 킬로미터 밖에 사는 친구들이 먹고 마시고 담배 피우는 습관은 이웃집에 사는 친구들의 습관만큼이나 큰 영향을 미치는 것으로 보인다. 이것은 직접적인 대인 접촉이 많지 않더라도 행동에 관한 생각이 퍼져갈 수 있다는 것을 의미한다. 그렇지만 이러한 생각의 전파는 깊은 사회적 연결에 의존하는 것으로 보인다. 따라서 추가적인 온라인상의 약한 접촉은 우리가 규범을 바꿀 가능성에 거의 아무런 효과도 미치지 않을지 모른다. 전체적으로 현실 세계 네트워크에서 얻은 증거들에 따르면, 온라인 네트워크는 현실 세계의 친구들과 가족들 사이에 흐르는 것을 인터넷을 사용함으로써 더 활발하게 흐르게 하는 경향이 있음을 시사하지만, 인터넷이 사회적 전염의 속도와 범위를 전반적으로 증가시키는지는 아직 알 수 없다.

새로운 기술들의 도움으로 더 활발해지긴 하지만, 그런 기술이 없다고 하더라도 얼마든지 존재하는 우리의 상호 작용은 개인적 경험을 풍요롭게 하고 확대함으로써 그것을 뛰어넘을 수 있게 해주는 새로운 사회 현상을 만들어내는데, 이것은 집단의 이익을 위해 중요한 의미를 지닌다. 네트워크는 전체 인류를 각 부분들의 합보다 더 큰 것으로 만드는 데 도움을 주며, 새로운 연결 방법의 발명은 자연이 미리 정해준 것을 우리가 달성하는 능력을 높이는 데 기여할 것으로 기대된다.

CONNECTED

CHAPTER 9

전체의 힘

THE WHOLE IS GREAT

범죄를 줄이려면, 잠재적 범죄자가 가진 연결의 종류를 개선해야 한다. 금연이나 다이어트를 효율적으로 하려면, 가족과 친구, 심지어 친구의 친구까지 그 노력에 동참하게 해야 한다. 가난을 줄이려면, 가난한 사람들이 사회의 다른 구성원들과 새로운 관계를 맺도록 도와주어야 한다. 네트워크의 주변부에 있는 사람들에게 초점을 맞추어 다시 연결을 하도록 돕는 것은 주변부에 있는 불우한 개인을 돕는 데 그치는 게 아니라, 사회 전체 구조를 돕는 것이다.

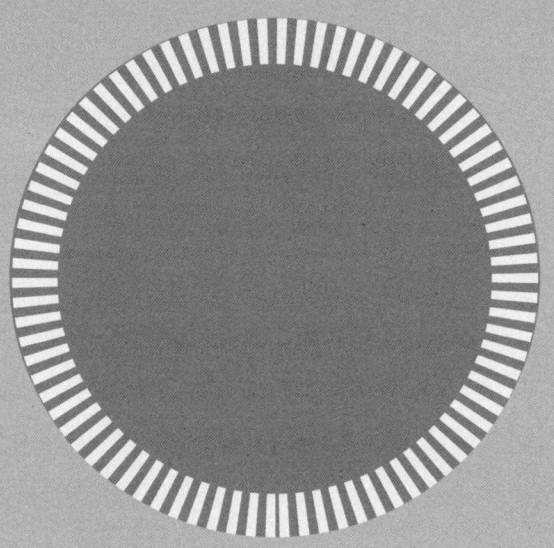

CONNECTED

전설의 대홍수 뒤에 최초로 건설된 도시인 바빌론은 〈창세기〉에 따르면 인류가 모두 하나로 합쳐져 있던 곳이었다. “주님께서 …… 말씀하셨다. ‘보라, 저들은 한 겨레이고 모두 같은 말을 쓰고 있다. 이것은 그들이 하려는 일의 시작일 뿐, 이제 그들이 하고자 하면 무엇이든 못 할 일이 없을 것이다.’”[1](〈창세기〉 11장 6절) 아무런 구속이 없었던 바빌론 사람들이 맨 처음 하려고 했던 일은 하늘에 닿을 만큼 높은 탑을 건설하는 것이었다. 〈창세기〉에는 이에 하느님이 사람들에게 벌을 내려 바벨탑을 파괴하고, 사람들이 쓰는 말을 여러 종류로 갈라지게 하고, 사람들을 온 땅으로 흩어지게 했다고 나온다. 이 이야기는 신에 대한 도전이 얼마나 어리석은 짓인지 교훈을 주는 것이지만, 우리는 대개 이 이야기에서 언어가 갈라지게 된 결과에 주목한다. 그런데 흔히 간과하고 넘어가는 사실이 하나 있는데, 바빌론 사람들은 언어가 갈라져서 받은 타격보다는 연결이 끊어져서 받은 타격이 더 컸다는 점이다.

바빌론 주민들은 서로 함께 뭉침으로써 혼자서는 할 수 없는 일들을 어떤 것이든지(바벨탑을 쌓는 것까지도) 할 수 있었다. 성경에는 연결의 힘을 암시하면서도 바벨탑 이야기와는 달리 연결된 사람들이 할 수 있는 일을 좀 더 긍정적으로 평가한 이야기들도 있다. 여호수아와 이스라엘 민족이 예리코 성문 앞에 도착해보니, 성벽이 너무 높고 가팔라 기어 올라가거나 파괴하기가 불가능해 보였다. 그런데 하느님은 그들에게 성읍 주위를 하루에 한 바퀴씩 엿새 동안 돌라고 했다. 그리고 7일째 되는 날에는 사제들이 뿔 나팔을 부는 가운데 성읍을 일곱 바퀴 돌다가 어느 순간 신호와 함께 "일제히 큰 함성을" 지르라고 했다. 그러자 성벽이 와르르 무너져 내렸다.

연결과 그 의미에 대한 언급은 오랜 옛날부터 찾아볼 수 있는데, 옛날의 신학자와 철학자도 오늘날의 생물학자와 사회과학자와 마찬가지로 사회적 연결이 우리의 인간성에서 핵심 요소임을 인식했기 때문이다. 연결은 종종 우리를 동물이나 문명화되지 않은 상태와 구별하는 요소로 간주된다.

1651년 영국 철학자 토머스 홉스 Thomas Hobbes는 사고 실험을 하면서 인간 존재의 원형적 조건을 묘사했다. 그는 유명한 저서 《리바이어던 Leviathan》에서 자연의 상태는 "벨룸 옴니움 콘트라 옴네스 bellum omnium contra omnes", 즉 "만인의 만인에 대한 투쟁"이라고 주장했다. 그것은 무정부 상태이다. "인간의 삶은 고독하고, 궁핍하고, 더럽고, 야만적이고, 짧다."라고 한 사람도 바로 홉스이다.[2] 여기서 홉스가 '고독하다 solitary'란 단어를 사용한 것은 연결이 끊어진 삶은 고통이 많다는 걸 시사한다.

이 암울한 상황에서 사람들은 안전을 위해 자유를 일부 희생하면서 '사회 계약'을 맺기로 선택했을 것이라고 홉스는 가정했다. 그리고 문명 사회의 중심부에서 사람들은 서로 연결을 맺을 것이라고 주장했다. 이 연결들은 폭력을 억제하는 데 도움을 주고, 위안과 평화와 질서의 원천이 된다. 그래서 사람들은 홀로 살아가는 삶을 그만두고 서로 협력하게 된다. 1세기 뒤에 프랑스 철학자 장-자크 루소 Jean Jacques Rousseau도 비슷한 주장을 펼쳤는데, 《사회 계약론 Du contrat social ou Principes du droit politique》에서 자연 상태는 실제로 도덕이나 법이 없고, 경쟁과 공격이 들끓는 야만적 상태라고 주장했다. 다른 사람들의 위협에 대해 안전을 확보하려는 갈망이 사람들에게 뭉쳐서 집단을 이루도록 자극했다.

인간이 그러한 무정부 상태에서 벗어나 점점 더 크고 질서 있는 집단(무리, 마을, 도시, 국가)을 이루어간 과정은 사실 소셜 네트워크의 크기와 복잡성이 점점 증가해간 것으로 이해할 수 있다. 그리고 오늘날 이 과정은 우리가 초연결되는 상태로 계속 발전하고 있다.

인간 초생물체

우리가 만들어낸 네트워크는 자체 생명력을 지니고 있다. 네트워크는 성장하고, 변하고, 번식하고, 살아남고, 죽는다. 그 안에서는 많은 것이 흘러다니고 움직인다. 소셜 네트워크는 나름의 해부학 구조와 생리적 기능을 지닌 일종의 인간 초생물체이다. 물통 릴레이 소방대에서부터 블로고스피어에 이르기까지 인간 초생물체는 어떤 사람도 혼자서는 할 수 없는 일을 해낸다. 우리가 소셜 네트워크에 국지적으로 기여하면, 그것은 세계적으로 파급 효과를 발휘해 매일 수천 명의 삶에 영향을 미치고, 탑을 건설하거나 성벽을 무너뜨리는 것보다 훨씬 대단한 일을 해내는 데 도움을 준다.

개미 군집은 전형적인 초생물체인데, 각각의 개미에게서는 볼 수 없지만, 개미들의 상호 작용과 협력을 통해 나타나는 성질들이 있다.[3] 개미들은 함께 힘을 합침으로써 개체를 초월하는 일을 해낸다. 복잡한 개미탑들이 마치 소형 바벨탑처럼 솟아오르면서 심술궂은 어린이에게 그것을 부수도록 부추긴다. 개미집에서 멀리 떨어진 설탕 그릇에 이르는 길을 개미 한 마리가 발견해내는 모습은 우주 비행사가 달에 발을 내딛는 일과 비슷하다. 이 두 가지는 모두 수많은 개체들의 협동 노력과 커뮤니케이션이 있어야만 이룰 수 있다. 그렇지만 이 고독한 개체들(초생물체의 일부인 개미와 우주 비행사)은 숨어 있는 틈을 찾기 위해 내뻗는 문어의 촉수와 다르지 않다.

실제로 다세포 생물을 이루는 세포들도 같은 방식으로 이해할 수 있다. 세포들은 서로 협력함으로써 단일 세포의 내부 작용과는 완전히 다른 더 높은 차원의 생물체를 만든다. 예를 들면, 우리의 소화 과정은 어떤 하나의 세포나 심지어 한 종류의 세포들만의 작용으로 일어나지 않는다. 마찬가지로 우리의 생각도 특정 뉴런에서가 아니라 뉴런들 사이의 연결 패턴에서 생겨난다. 세포가 되었건, 개미가 되었건, 사람이 되었건 간에, 어떤 집단의 새로운 성질들은 개체들의 상호 작용에서 생겨난다. 그리고 협력적 상호 작용은 생명이 처음 나타난 이래 일어난 대부분의 주요 진화적 도약에서 나타난 특징이다. 미토콘드리아가 진핵 세포에 합쳐지고, 단세포 생물이 합쳐져 다세포 생물이 되고, 개체들이 모여 초생물체가 된 것을 생각해보라.[4]

소셜 네트워크는 개인의 지능을 증대시키거나 보완하는 일종의 지능을 나타낼 수 있다. 그것은 마치 각각의 개미는 지능이 없지만 개미 군집은 '지능'이 있는 것처럼 행동하거나, 새 떼는 각각의 새가 원하는 바를 합쳐서 어디로 날아갈지 결정하는 방식과 비슷하다.[5] 소셜 네트워크는 사람들과 시간을 건너뛰면서 전달되는 정보(신뢰에 관한 규범, 상호성의 전통, 구전된 이야기, 온라인 위키처럼)를 포착하고 저장할 수 있으며, 수백만 가지의 결정(어떤 상품의 시장 가격을 결정하거나 선거에서 최선의 후보를 선택하는 경우와 같은)을 모아서 통합하는 계산을 할 수 있다. 그리고 소셜 네트워크는 개개 구성원의 지능과는 상관없이 이러한 효과를 발휘한다. 예를 들어 20세기에 영국 전역에 철도망이 뻗어간 방식은 균류(초생물체를 형성하는 또 다른 종)가 자원을 이용하고 운송하기 위해 관들로 이루어진 네트워크를 만듦으로써 숲에서 땅을 집단적으로 탐사하는 것과 비슷하다.[6] 균류는 심지어 인간 실험자들이 설치한 미로 속에서 최선의 길을 찾기 위해 서로 '협력'도 한다.[7]

소셜 네트워크는 자신의 구조와 기능에 대한 기억도 갖고 있어, 사람들이 오고 가고 하더라도 형태와 문화를 그대로 유지한다. 예를 들면, 만약 여러분이 신뢰할 수 있는 네트워크에 합류했다면, 그러한 신뢰에서 혜택을 얻고, 또 그러한 신뢰에 영향을 받아 변하게 된다. 많은 경우, 단지 여러분의 네트워크에 있는 사람들이 더 신뢰할 만한 사람들이거나 그들의 신뢰성 있는 행동이 여러분에게 신뢰를 낳아서 그런 게 아니다. 그보다는 네트워크 자체가 그러한 신뢰를 부추기고, 개인의 행동 방식을 변화시킨다.

네트워크는 살아 있는 생물처럼 자기 복제 능력이 있다. 그래서 시간과 공간에 걸쳐 스스로를 복제한다. 그런데 육체가 있는 생물과 달리 네트워크는 분리되었을 때, 먼 거리에서도 서로 다시 합칠 수 있다. 만약 모든 사람이 자신이 누구와 연결되었는지 기억하고 있다면, 그 연결들을 모두 끊고 모든 사람을 한 장소에서 다른 장소로 옮길 경우, 그 네트워크가 다시 나타난다. 자신의 사회적 유대에 대한 지식을 갖고 있으면, 네트워크 내의 모든 사람이 어떻게 연결돼 있는지 아무도 모른다 하더라도, 얼마든지 그 네트워크가 다시 나타날 수 있다.

네트워크는 구성원보다 더 오래 존속한다는 점에서도 자기 복제 능력이 있다고 할 수 있다. 설령 구성원들이 변한다 하더라도 네트워크는 계속 존속할 수 있다. 마치 우리 피부 세포들이 계속 교체되거나, 서버 팜server farm에 속한 컴퓨터들이 수시로 교체되거나, 수백 년 동안 같은 장소에 있는 시장에 새로운 구매자와 판매자가 들어오고 나가는 것과 같다. 전화 통화로 연결된 400만 명의 네트워크를 조사한 연구자들은 상호 연결된 사람 15명 이상으로 이루어진 집단 중에서는 교체가 가장 많이 일어나는 집단이 가장 오래 지속된다는 역설적인 결과를 얻었다.[8] 우리 몸이 살아남기 위해 세포 재생이 필요한 것처럼 큰 소셜 네트워크는 살아남기 위해 실제로 그러한 교체가 필요할지 모른다.

소셜 네트워크는 생물과 비슷한 또 다른 성질이 있는데, 그것은 소셜 네트워크가 종종 자기 단련 과정을 겪는다는 사실이다. 상처 가장자리들이 합쳐져 봉합되는 것처럼 네트워크는 네트워크에 생긴 틈을 메운다. 물통 릴레이 소방대에서 한 사람이 빠져나가면, 그 사람과 연결된 두 사람이 간격을 좁혀 새로운 연결을 만들어내 틈을 메운다. 그 결과, 물통은 문제 없이 계속 전달된다. 더 복잡한 현실 세계의 네트워크에서 잉여 네트워크 유대와 이행성이 존재하는 목적은 이러한 종류의 상실에도 거뜬히 버텨내도록 함으로써 소셜 네트워크를 지속시키기 위한 것처럼 보인다.

우리의 네트워크는 전 세계적인 신경계처럼 지구상에 존재하는 거의 모든 사람과 메시지를 주고받을 수 있게 해준다. 초연결이 더 촘촘해질수록 정보가 더 효율적으로 흐르며, 우리는 더 쉽게 상호 작용하고, 매일 더 많고 다양한 종류의 사회적 연결을 처리할 수 있다. 이 모든 변화는 호모 딕티우스인 우리를 공통의 목적을 가지고 행동하는 초생물체에 더 가깝게 만든다. 우리의 집단 목표를 만들어내고 유지하는 네트워크의 능력은 갈수록 점점 더 강화된다. 그리고 현재 사람들 사이에서 퍼져나가는 모든 것은 곧 점점 더 멀리 퍼져나가면서 상호 작용의 정도가 증가함에 따라 새로운 특징들이 나타나도록 자극할 것이다.

네 것도 내 것도 아닌

우리가 만들어내는 소셜 네트워크는 소중한 공동 자원이다. 소셜 네트워크는 혜택을 제공한다. 그렇지만 모든 사람이 그러한 혜택을 누리기에 좋은 위치에 있지는 않은데, 이는 정의와 공공 정책에 대해 근본적인 의문을 제기한다.

사회과학자들은 그러한 공동 자원을 '공공재'라 부른다. 반면에 '사유재'는 다른 사람을 배제하고 혼자서 쓸 수 있고, 한번 소비하고 나면 다시 소비할 수 없는 자원을 말한다. 만약 내가 케이크를 가지고 있다면, 다른 사람이 그것을 먹지 못하게 할 수 있고, 일단 내가 그걸 먹고 나면 다른 사람이 먹을 게 전혀 없다. 이와는 대조적으로, 공공재는 다른 사람의 이익을 해치지 않고, 다른 사람이 그것을 사용하는 능력에도 지장을 주지 않으면서 소비할 수 있다. 등대를 생각해보라. 그 불빛을 이용해 암초와 충돌을 피한 배는 다른 배가 똑같은 혜택을 얻는 걸 전혀 방해하지 않는다. 공공 라디오 방송이나 독립기념일 축하 불꽃놀이, 충치 예방을 위한 수돗물 불소화 등도 공공재의 예이다. 물론 모든 공공재를 다 사람이 만든 것은 아니다. 공기가 대표적인 예이다. 한 사람이 공기를 아무리 많이 들이마신다고 해도 다른 사람이 들이마시는 공기의 양이 적어지지는 않으며, 다른 사람의 호흡을 방해하지도 않는다.

공기나 빛보다도 형체가 분명하게 드러나지 않는 공공재도 있다. 시민의 의무를 생각해보라. 19세기 초에 알렉시 드 토크빌이 주장한 것처럼, 만약 모든 사람이 문명 사회를 유지하고, 신뢰가 가는 방식으로 행동하고, 침략을 받았을 때 나라를 위해 싸우겠다는 의무를 느낀다면, 그러한 전통과 규범에서 모든 시민이 혜택을 얻을 수 있다. 어떤 한 사람에게 그런 혜택을 준다고 해서 다른 사람들에게 돌아가는 혜택이 줄어들지도 않는다.

그렇지만 공공재는 만들어내고 유지하기가 어렵다. 오염된 도시에서 깨끗하지 않은 공기를 그냥 마시고 살아가듯이, 사람들은 그런 문제에 신경을 써야 할 동기를 전혀 느끼지 못하는 것처럼 보이기도 한다. 그래서 공공재는 자기 이익을 추구하는 개인의 행동에서 부산물로 생겨나는 경우가 많다. 선박 회사나 항만 당국은 자기 배의 안전을 위해 등대를 짓지만, 결국 등대는 모든 배의 안전을 보장해준다.

일부 공공재는 더 많이 생산될수록 그 가치가 더 높아진다. 특별한 종류의 네트워크 공공재 중에서 고전적인 예는 전화나 팩스이다. 팩스를 맨 처음 구입한 사람은 팩스를 보낼 데가 없었으므로 무용지물이나 마찬가지다. 그렇지만 점점 더 많은 사람들이 팩스를 사면, 팩스의 가치는 그만큼 더 높아진다. 이와 비슷한(좀 더 추상적이긴 하지만) 네트워크 공공재의 예는 신뢰이다. 7장에서 이야기했듯이, 신뢰란 다른 사람에게도 신뢰성이 있을 때 더 가치가 있다. 무임 승차자가 많은 세상에서는 혼자만 신뢰를 지키면 손해를 보기 십상이다. 그런데 그 밖에 우리의 많은 행동과 믿음도 이런 방식으로 가치가 높아진다. 예를 들면, 신앙이 행복에 미치는 긍정적 효과는 국민의 평균적 신앙심이 더 높은 나라일수록 더 크다.[9] 팩스와 마찬가지로 종교는 다른 사람들도 함께 믿을 때 가치가 더 높아지는데, 종교가 사회적 유대를 촉진함으로써 행복을 증진시키는 기능에서 일부 이유를 찾을 수 있다.

사람들이 만들어내는 소셜 네트워크는 그 자체가 공공재이다. 사람들은 모두 자신의 친구를 선택하지만, 그 과정에서 끝없이 복잡한 소셜 네트워크가 만들어지며, 그 네트워크는 어느 누구도 통제하지 못하지만 모두가 혜택을 받는 자원이 될 수 있다. 네트워크에 속한 각 개인의 관점에서 보면, 비록 우리가 그 네트워크를 만드는데 도움을 주긴 했지만, 우리가 살고 있는 세계가 정확하게 어떤 종류인지 알 수 있는 방법이 없다. 우리는 친구와 가족, 이웃, 직장 동료를 볼 수 있고, 그들이 서로 어떻게 연결돼 있는지 조금은 알 수 있지만, 우리의 사회적 지평선 너머에 있는 네트워크에 우리가 어떻게 연결돼 있는지는 대개 수수께끼로 남아 있다. 그렇지만 우리가 여러 차례 보았듯이, 우리 주변 네트워크의 정확한 구조와 그 사이에서 흘러다니는 것들의 정확한 성격은 우리 모두에게 영향을 미친다. 우리는 혼잡한 댄스 플로어에 서 있는 사람들과 같다. 우리는 우리와 밀착해 있는 사람이 10명이라는 것은 알지만, 자신이 방에서 가운데에 있는지 가장자리에 있는지 혹은 우리를 향해 황홀의 물결이 밀려오는지 두려움의 물결이 밀려오는지 알지 못한다.

물론 모든 네트워크가 유익하고 가치 있고 함께 나눌 수 있는 것만 만들어내는 것은 아니다. 네트워크는 병균이나 공포의 통로가 될 수도 있다. 실제로 소셜 네트워크는 나쁜 목적으로 이용할 수도 있다. 1장에서 보았듯이, 폭력도 네트워크를 통해 전파되며, 자살과 분노, 사기,

파시즘, 심지어 마녀 사냥도 마찬가지다.

범죄 행동의 전파는 네트워크의 나쁜 산물을 보여주는 대표적인 예이다. 범죄에 관해 사라지지 않는 한 가지 수수께끼는 시간(해에 따라 들쭉날쭉 변동하는)과 공간(인접 지역인데도 관할 구역에 따라 발생률에 차이가 나는)에 따른 변화이다. 예를 들면, 뉴저지 주 리지우드빌리지는 강력 범죄 발생 건수가 인구 1인당 0.008명꼴인 반면, 가까이에 위치한 어틀랜틱시티는 0.384명으로 약 50배에 이른다. 이러한 차이는 범죄의 비용과 편익 차이나, 관찰 가능한 환경이나 주민의 특징(방과후 프로그램의 이용 가능성이나 학력 같은)으로 설명하기에는 너무 크다. 그렇다면 무엇으로 그러한 차이를 설명할 수 있을까? 많은 증거는 사회적 상호 작용의 반향이 부분적 이유임을 시사한다. 범죄자가 특정 시간과 장소에서 범죄를 저지르면, 근처에 있는 다른 사람들이 범죄를 저지를 가능성을 높여 그렇지 않은 경우의 예상치보다 더 많은 범죄가 발생하게 된다.[10] 그리고 이러한 효과가 뻗어나가는 집단은 수백 개나 될 수 있다.

경제학자 에드 글레이저Ed Glaeser와 그 동료들이 이 효과를 자세히 연구한 바에 따르면, 어떤 범죄는 다른 범죄보다 더 쉽게 퍼져나가는데, 이것은 국지적인 사회경제적 조건보다 사회적 영향이 훨씬 큰 힘을 발휘할 경우에 예상되는 결과와 같다. 다른 사람이 범죄를 모방하고 따라할 가능성은 단순 절도가 강도보다 훨씬 높고, 강간이나 방화 같은 범죄는 영향력이 훨씬 약하다. 범죄의 위험성이 크거나 중대한 것일수록 다른 사람이 그것을 따라할 가능성이 낮다(르완다 학살 사건처럼 광란적인 살인이 벌어질 수 있긴 하지만). 게다가 모든 범죄자 중 약 3분의 2는 다른 사람과 함께 범죄를 저지른다는 사실은 범죄의 사회적 성격을 추가로 뒷받침해준다.[11]

사회적 전염을 이용해 범죄를 조장하려는 실험적 시도가 있었는지는 우리로서는 알 수 없으나, 그다지 심하지 않은 비윤리적 행동을 연구하려는 실험들은 있었다. 카네기멜런 대학에서 한 집단의 학생들에게 어려운 수학 시험을 치르게 했다. 그런데 연구자들은 방 한가운데에 공모자를 한 명 앉혀놓았는데, 그는 시험 도중에 눈에 띄게 부정 행위를 했다. 학생들은 그 사람의 부정 행위를 보고는 자신들도 따라서 부정 행위를 하기 시작했다.[12] 그렇지만 다른 학생들이 부정 행위를 한 사람과 유대를 느낄 때에만 부정 행위가 증가했다. 부정 행위자가 피츠버그 대학(그 지역에서 카네기멜런 대학과 경쟁 관계에 있는)의 티셔츠를 입고 있을 때보다는 평범한 티셔츠를 입고 있을 때 학생들의 부정 행위가 더 늘어났다.

선의의 확산

이러한 부정적 효과가 나타날 잠재성이 있음에도 불구하고, 우리는 한 가지 이유 때문에 모두 연결돼 있다. 그것이 기쁨이건, 포식 동물에 대한 경고이건, 연애 상대의 소개이건 간에, 소셜 네트워크의 목적은 긍정적이고 바람직한 결과를 전파시키는 데 있다. 나쁜 행동이나 그 밖의 해로운 현상(병균 같은)은 네트워크의 혜택을 누리기 위해 우리가 어느 정도 감수해야 하는 부작용에 불과하다. 진화론적으로 이야기한다면, 그것들은 다른 이로운 목적을 위해 만들어진 어떤 장치에 접목된 것이다.

물론 인류가 역사나 진화를 통해 무정부 상태에서 국가로, 그리고 유토피아를 향해 직선적으로 나아가고 있다고 주장하는 것은 아니다. 그렇지만 우리는 항상 우리와 함께 존재해온 네트워크를 형성하려는 유토피아적 충동이 있다고 믿는다. 우리는 소셜 네트워크 내에서 함께 살면 잃는 것보다 얻는 것이 더 많으며, 이것은 우리 자신을 다른 사람의 삶과 더 얽히도록 자극한다. 연결된 삶이 제공하는 자연적 이점은 왜 소셜 네트워크가 지속돼왔으며, 왜 우리가 인간 초생물체를 형성하게 되었는지 설명해준다.

사회적 연결의 뿌리를 이루는 중요한 특징과 행동의 기반은 유전자에 있다. 예를 들어 이타심은 소셜 네트워크의 생성과 작동에서 핵심 요소를 이룬다. 만약 사람들이 절대로 이타적 행동을 하지 않고, 친절 행위를 서로 주고받지 않는다면, 혹은 항상 폭력적이라면, 사회적 유대는 끊어지고 우리 주변의 네트워크도 해체될 것이다. 따라서 어느 정도의 이타심과 상호성, 그리고 어느 정도의 긍정적 감정(사랑과 행복 같은)은 소셜 네트워크의 출현과 지속을 위해 꼭 필요하다. 더구나 일단 네트워크가 만들어지면, 이타적 행동(임의적인 친절 행위에서부터 연쇄 장기 기증에 이르기까지)이 네트워크를 통해 확산될 수 있다.

자선은 네트워크를 통해 흘러다니는 선의의 한 예에 지나지 않는다. 전체 미국인 가구 중 약 89%는 매년 자선 단체에 기부를 하며

(2001년의 연간 평균 기부 금액은 1620달러였다), 모금 활동들은 종종 사회적 영향과 공동체 의식을 이용하는 방식으로 설계된 것처럼 보인다. 기부 요청은 보통 낯선 사람보다는 대학교 동창이나 암에 걸린 친구의 친척처럼(물론 이런 자원자를 쓰는 게 비용도 훨씬 덜 든다) 여러분이 연결을 느낄 수 있는 사람들이 기부를 요구하는 방식으로 조직돼 있다. 자전거 마라톤이나 걷기대회는 참가자들과 그것을 후원하는 친구들과 이웃들 사이에 공동체 의식을 불어넣는 방식으로 조직된다. 그리고 병원에서부터 보이스카우트, 작은 마을에 이르기까지 여러 조직은 자신들을 위해 기부한 내역을 공개적으로 보여주고 추적하는 일종의 온도계를 사용한다. 그러니까 "이걸 보세요! 이런 사람들이 기부를 했는데, 당신은 어쩌시겠어요?"라고 말하는 것과 같다. 실제로 다양한 단체에 기부를 한 사람들을 조사한 결과에 따르면, 약 80%는 자기가 잘 아는 사람의 요청을 받은 후 기부한 것으로 드러났다.[13]

경제학자 케이티 카먼Katie Carman은 친사회적 규범의 확산을 입증하기 위해, 2000년과 2001년에 20개 주에서 영업하는 미국 은행 직원 7만 5000명을 대상으로 유나이티드 웨이UWA(미국의 자선 단체)에 지불된 급여 공제액을 기준으로 기부 행위를 조사했다. 그랬더니 관대한 동료 곁에서 일하는 사람들이 기부를 더 많이 했다는 결과가 나왔다. 카먼은 직원들의 업무상 연결 관계와 은행에서의 근무 위치에 대해 자세한 정보를 얻었다. 상상 가능한 것 중 가장 일상적인 정보(은행 건물들 내의 다른 지역으로 편지와 소포를 보내는 데 사용된 우편 번호)를 활용하여 카먼은 그 크기가 1명에서 537명(중앙값은 19명)에 이르는 집단들을 확인할 수 있었다. 카먼은 은행의 한 장소에서 다른 장소로 옮겨가게 되었을 때, 직원들의 기부 행위에 어떤 일이 일어났는지 조사했다. 그 결과, 다른 사람들이 기부를 많이 하지 않는 장소에서 기부를 많이 하는 장소로 옮겨가면, 주변 동료 직원들의 기부액이 1달러 증가할 때마다 그 자신의 기부액은 0.53달러가 증가한다는 사실을 발견했다.[14] 물론 이런 효과가 나타난 데에는 그 밖에도 여러 가지 가능성을 생각할 수 있다. 어떤 사람이 기부 방법에 대한 정보를 제공할 수도 있고, 기부를 하라고 압력을 가할 수도 있고, 단순히 기부의 역할 모델을 보여줄 수도 있다.

카먼의 연구는 이타적 규범이 개인과 개인 사이에서 전파된다는 것을 시사한 반면, 우리 자신의 실험들은 이타심이 지닌 놀라운 성격인 '다른 사람에게 베풀기'를 잘 보여준다. 만약 제이가 할라에게 친절을 베풀면, 할라 역시 제이에게 친절을 베풀려고 할 것이다. 그런데 제이가 할라에게 친절을 베풀면, 할라는 루카스에게 친절을 베풀까? 우리는 이타심이 한 사람에게서 다른 사람에게로 계속 전파된다는 개념이 맞는지 확인하기 위한 실험을 고안했다. 120명의 학생을 모은 뒤, 모두 5라운드로 이루어진 일련의 협력 게임을 하게 했다. 각 라운드마다 학생들을 4명씩의 팀으로 배정했는데, 어떤 두 학생도 같은 팀에 다시 배정되는 일이 없도록 했다. 학생들에게 돈을 얼마간 주고 각자에게 그 팀을 위해 얼마를 내놓을지 결정하게 했다. 그리고 각 라운드가 끝난 뒤에 다른 사람들이 돈을 얼마나 기부했는지 알려주었다.

학생들의 행동을 분석한 결과, 이타심은 전파되는 경향이 있으며, 혜택도 증가하는 경향이 있었다. 1라운드에서 한 사람이 1달러를 더 기부할 경우, 2라운드에서는 같은 팀에 속했던 사람들은 각자 약 20센트를 더 기부하는 경향을 보였다. 이번 팀은 이전 팀과는 완전히 다른 팀인데도 말이다! 다른 사람에게서 친절을 경험한 사람은 나중에 다른 사람에게도 친절을 베푼다. 더 놀라운 것은, 2라운드의 팀들에서 새로 만난 사람들도 모두 이에 영향을 받아, 3라운드에 가서는 1라운드에서 관대한 사람이 내놓은 1달러에 대해 약 5센트에 해당하는 돈을 내놓았다는 사실이다. 각각의 팀에는 매 단계마다 세 사람이 새로 들어오므로, 1라운드에서 1달러를 기부하면, 2라운드에서는 모두 60센트가, 3라운드에서는 45센트가 기부액으로 추가되는 결과를 초래한다. 다시 말해서, 이 소셜 네트워크는 매칭 그랜트matching grant(임직원이 내는 기부금만큼 회사도 후원금을 내는 제도, 혹은 고객이 내는 기부금만큼 회사가 후원금을 내는 제도)와 비슷한 방식으로 작용해, 최초에 한 사람이 1달러를 내기로 했을 때 결국 다른 사람들이 추가로 내는 돈은 모두 1.05달러에 이르렀다.

사람들의 이타적 행동 여부에도 소셜 네트워크가 결정적 영향을 미친다. 캘리포니아 주 패서디나의 한 여학교에서 이루어진 실험은 '베풂의 법칙'을 잘 보여주었다.[15] 연구자들은 5학년생과 6학년생 76명에게 친구를 최대 5명까지 말해달라고 했다. 그것을 바탕으로 연구자들은 여학생들의 소셜 네트워크를 그리고, 어떤 학생이 각 학생의 친구인지, 친구의 친구인지, 친구의 친구의 친구인지를 확인했다. 그리고 학생들에게 7장에서 소개한 독재자 게임을 하게 했는데, 10

명의 다른 학생 명단을 보여주면서 6달러의 금액을 그 10명의 각 학생에게 얼마씩을 나누어주겠느냐고 물었다. 평균적으로 학생들은 친구에게는 6달러의 52%를, 친구의 친구에게는 36%를, 친구의 친구의 친구에게는 16%를 주었다. 주는 액수를 가장 잘 예측해준 요소는 주는 사람이나 받는 사람의 눈에 보이는 어떤 특징(키가 크거나 작거나, 형제가 많거나 적거나, 안경이나 팔찌를 착용했다든지 하는)이 아니었다. 핵심 요소는 주는 사람과 받는 사람 사이의 분리도였다.

이것은 인기가 도움이 되는 한 가지 이유이다. 소셜 네트워크의 중심에 위치한 사람은 주변에 위치한 사람에 비해 자신에게서 1단계나 2단계 혹은 3단계 거리에 있는 사람들이 더 많을 것이다. 따라서 만약 네트워크를 통해 좋은 것(돈이나 존경 같은)이 흐르고 있다면, 중심적 위치가 주는 혜택을 많이 누릴 수 있다. 네트워크에서 주변에 위치한 사람보다는 중심에 위치한 사람에게 이타적 행동을 보이는 사람이 더 많을 것이다. 여학생들을 대상으로 한 게임이 모두 끝났을 때, 가장 인기 있는 여학생들은 가장 인기 없는 여학생들보다 4배나 많은 돈을 얻었다. 소셜 네트워크는 뿌려진 씨가 어떤 것이건 그것을 확대하는 능력이 있지만, 그 혜택을 누리는 정도는 사람에 따라 차이가 난다.

대학생들을 대상으로 한두 실험도 이러한 결과를 뒷받침해주었다.[16] 한 실험은 2003년에 큰 대학 기숙사 두 곳에 거주하는 대학생 569명을 대상으로 가까운 친구들에 대한 정보를 얻어냈다. 또 다른 실험은 2004년에 페이스북을 이용해 2360명의 학생을 대상으로 같은 정보를 얻었다. 학생들은 네트워크 내에서 더 멀리 있는 사람일수록 친절함을 덜 보였고, 3단계 너머에 있는 사람들에게는 전혀 모르는 사람과 아무 차이가 없는 태도를 보였다. 대학생들은 또 자신과 공통 친구가 많은 사회적 접촉 대상에게는 이타적 행동을 하거나 관대하게 무엇을 주는 경향이 더 높았다. 예컨대, 카트리나와 데이브의 공통 친구가 로난 1명뿐인 경우보다 로난과 매덕스 2명인 경우에 카트리나가 데이브에게 이타적 행동을 보일 가능성이 더 높다.

게다가, 장차 상호 작용이 더 일어날 수도 있는 낯선 사람에게 무엇을 주려는 동기보다는 두 번 다시 상호 작용이 없을지도 모르는 친구에게 무엇을 주려는 동기가 2배나 강했다. 바꿔 말하면, 우리는 그것을 되갚을 가능성이 높은 낯선 사람보다는, 그것을 되갚을 가능성이 없는 친구에게 호의를 베풀려고 한다. 그 이유는 우리가 친구에게 호의를 베푸는 것은 네트워크를 유지하기 위한 것이고, 우리가 소중하게 여기는 것은 네트워크 자체이기 때문이다. 우리의 사회적 유대는 우리의 호의를 되갚아준다. 관대함은 네트워크를 결속시키지만, 네트워크는 관대함을 촉진하고 결정하는 기능을 한다.

대학생들을 대상으로 한 이 연구는 최종적인 중요한 사실을 확인해주었다. 현실 세계의 상호 작용에서는 7장에서 소개한 이론적 모형들의 예측처럼 협력자는 협력자끼리 어울리는 경향이 있고, 이타적 성향이 있는 사람도 같은 부류의 사람들과 어울리는 경향이 있다. 이타적인 대학생이나 이기적인 대학생이나 평균적으로 친구의 수는 거의 같았다. 그러나 이타적인 사람들은 이타적인 사람들끼리 같은 네트워크에 속해 있었다.

가진 자와 못 가진 자: 소셜 네트워크의 불평등

오늘날 우리는 사회에서 발생하는 인종, 소득, 성별, 지역에 따른 불평등 문제에 큰 관심을 보인다. 우리는 교육 수준이 높은 사람들이 일반적으로 건강이나 경제적 측면에서 더 유리한 기회를 얻고, 백인이 소수 민족보다 더 많은 이득을 누리고, 그 사람이 사는 장소에 따라 기대 수명이 달라진다는 사실에 주목한다. 정치인, 운동가, 자선사업가, 비평가는 사회적 재화에 접근할 수 있는 기회가 모든 사람에게 균등하지 않으며, 그 접근 형태는 불공정한 경우가 많다는 인식을 갖고 있다. 간단히 말해서, 우리는 계층적 사회에 살고 있으며, 우리의 사회인구학적 특징은 우리를 계층화시키고 분리시킨다.

그러나 사람들이 자신들의 연결에 대해 어떤 위치에 있는지를 바탕으로 한 계층화와 서열을 다르게 이해하는 방법도 있다. '위치적 불평등'은 우리가 어떤 사람이냐에 따라서가 아니라, 우리가 어떤 사람들과 연결돼 있느냐에 따라 나타난다. 그러한 연결들은 우리가 소셜 네트워크에서 어떤 위치에 자리 잡는지에 영향을 미치며, 그것은 인종이나 계급, 성별, 교육 수준보다 중요할 때가 많다. 사람에 따라 연결이 많은 사람도 있고, 적은 사람도 있다. 또한 중심부에 위치한 사람도 있고, 주변부에 위치한 사람도 있다. 어떤 사람은 촘촘하게 상호 연결된 사회적 유대를 갖고 있고, 모든 친구들이 서로를 잘 알지만, 어떤 사람은 친구들끼리 서로 잘 모르는 세계에서 살아간다. 이런 차이는 꼭 그 사람 때문에 나타나는 것은 아니다. 네트워크 내에서 우리의 위치는 주위에 있는 다른 사람들의 선택에도 영향을 받기 때문이다.

소셜 네트워크가 촉진하고 만들어내는 공공재를 모든 사람이 다 똑같이 이용할 수 있는 것은 아니다. 심장마비로 죽을 확률은 그 사람이 백인이냐 흑인이냐 하는 문제보다는 친구가 많고 적음에 더 크게 좌우될 수 있다. 새 일자리를 얻을 가능성도 그 사람의 능력이나 재주보다는 친구의 친구들에 좌우되는 경우가 많다. 그리고 여러분이 친절한 대우나 이타적 대우를 받을 가능성은 주변 사람들과 얼마나 잘 연결돼 있느냐에 달려 있다.

사회과학자들과 정책 입안자들은 이런 종류의 불평등을 무시해왔는데, 그 이유 중 하나는 그것을 측정하기가 아주 어렵기 때문이라고 말한다. 개인이나 집단을 연구하는 것만으로는 위치적 불평등을 제대로 이해할 수 없다. 우리는 어떤 사람에게 돈을 얼마나 많이 버느냐는 질문을 하는 것처럼 쉽게 소셜 네트워크 내에서 그 사람의 위치가 어디인지 물어볼 수가 없다. 대신에 전체 소셜 네트워크를 먼저 파악하고 나서야 그 사람의 위치가 그 안에서 어디인지 이해할 수 있다. 이것은 사소한 문제가 아니다. 8장에서 이야기했듯이, 다행히도 디지털 커뮤니케이션(이메일, 휴대전화, 소셜 네트워크 웹사이트 등) 시대의 도래 덕분에 반드시 큰 수고를 들여가며 개인들을 일일이 조사할 필요 없이 그러한 네트워크를 큰 규모로 쉽게 볼 수 있게 되었다. 네트워크 내에서 어떤 사람의 중심성과 사망 위험의 상관관계, 이행성과 대출 상환 전망의 상관관계, 네트워크 내에서의 위치와 범죄 성향 혹은 금연 성향 사이의 상관관계는 정책 개입의 새 방향을 제시한다.

그러나 상호 연결이 점점 늘어나는 세계에서 유대가 많은 사람들은 연결이 점점 더 좋아지는 반면, 유대가 적은 사람들은 점점 주변으로 밀려날 수 있다. 그 결과, 소셜 네트워크에서 특정 장소에 있는 사람들에게 혜택이 더 많이 몰릴 수 있다. 이것이야말로 진짜 디지털 격차이다. 네트워크 불평등은 기회 불균등을 초래하고 강화한다. 실제로 연결이 많은 사람들끼리 연결되는 경향은 소셜 네트워크가 신경 네트워크나 대사 네트워크, 기계적 네트워크, 그 밖의 비인간적 네트워크와 구별되는 특징이다. 그리고 그 반대도 성립한다. 연결이 적은 사람들은 더 큰 네트워크와 단절된 친구나 가족하고만 연결되는 경우가 많다.

따라서 사회의 불균형을 해소하려면, 우리의 연결이 피부색이나 지갑 두께보다 훨씬 중요하다는 사실을 인식할 필요가 있다. 교육, 건강, 소득 격차를 해소하려면, 돕고자 하는 사람들의 개인적 연결 문제도 해결하도록 노력해야 한다. 범죄를 줄이려면, 잠재적 범죄자가 가진 연결의 종류를 개선할 필요가 있다.(이것은 때로는 범죄자를 감금해야 할 필요가 있기 때문에 참 어려운 문제이다.) 금연이나 다이어트를 더 효율적으로 하려면, 가족과 친구, 심지어 친구의 친구까지 그 노력에 동참하게 할 필요가 있다. 가난을 줄이려면, 단지 자본 투입이나 기술 훈련에만 초점을 맞추어서는 안 된다. 가난한 사람들이 사회의 다른 구성원들과 새로운 관계를 맺도록 도와주어야 한다. 네트워크의 주변부에 있는 사람들에게 초점을 맞추어 다시 연결을 하도록 돕는 것은 단지 주변부에 있는 불우한 개인들을 돕는 데 그치는 게 아니라, 사회의 전체 구조를 돕는 것이다.

일인은 만인을 위하여, 만인은 일인을 위하여

사람의 행동을 이해하려고 시도했던 낡은 방법들은 그다지 큰 성과를 얻지 못했다. 인간의 집단 행동을 이해하기 위해 사용된 몇몇 고전적인 방법은 개인들의 선택과 행동만을 살펴보았다. 예를 들면, 시장이나 선거, 폭동을 단순히 상품을 사고팔거나 투표를 하거나 분노를 표출하는 개인들의 결정에서 파생된 부산물로 본다. 이런 접근 방법의 고전적 사례는 '방법론적 개인주의methodological individualism'로 알려진 것으로, 애덤 스미스가 시장을 재화의 공급과 수요에 대한 개인들의 결정들이 합쳐진 산물로 본 개념이다.

인간의 집단 행동을 이해하기 위해 사용된 또 다른 고전적인 방법은 개인을 싹 무시하고 계급이나 인종 같은 집단(거기에 속한 사람들에게 일치된 행동을 하게끔 만드는 집단의 정체성을 가진)에만 초점을 맞춘다. 이 학파에 속한 학자들 중 카를 마르크스 같은 일부 학자들은 집단은 나름의 '의식'을 갖고 있어서, 그 구성원들의 행동으로 추론하거나 이해할 수 없는 독립적인 개성을 지닌다고 믿는다. 다른 사람들은 집단 문화의 탁월성을 강조했다. 예를 들면, 사회학자 에밀 뒤르켐Émile Durkheim은 여러 시대를 통해 많은 종교 집단 구성원들의 자살률이 비교적 일정하게 나타난 것은 개인들의 행동으로는 도저히 설명할 수 없다고 주장했다. 종교 집단들은 구성원들의 삶보다 훨씬 더 오래 지속되는 영속적인 실체를 갖고 있기 때문이라는 것이다. 사람들은 태어나고 죽어갔는데 프랑스 개신교도의 자살률이 똑같이 유지된 이유는 무엇일까 하고 뒤르켐은 의문을 품었다. '방법론적 전체주의

methodological holism'로 알려진 이 접근 방법은 사회 현상이 개인과는 무관하고, 따라서 단순히 개인들을 연구해서는 이해할 수 없는 전체성을 지니고 있다고 본다.

개인주의와 전체주의는 인간의 조건에 빛을 던져주지만, 본질적인 것을 놓친 부분이 있다. 소셜 네트워크 과학은 이 두 가지 전통적 연구 방식과는 대조적으로, 인간 사회의 이해에 완전히 새로운 방법을 제공한다. 왜냐하면, 이것은 개인과 집단에 관한 연구이고, 개인이 어떻게 집단이 되는지에 관한 연구이기 때문이다. 사람들 사이의 상호 연결은 개인들에게는 존재하지 않는 현상, 즉 개인의 독자적인 욕구나 행동으로 환원할 수 없는 현상을 낳는다. 실제로 문화 자체도 그런 현상 중 하나이다. 우리는 연결을 잃는 순간, 모든 것을 잃는다.

사실, 소셜 네트워크의 연구는 현대 과학에서 더 광범위한 조립 계획의 일부이다. 지난 400년 동안 과학자들은 환원주의의 열풍과 성공에 휩쓸려 전체를 이해하기 위해 자연에서 점점 더 작은 부분을 자세히 들여다보려고 노력해왔다. 우리는 생명체를 기관들로 나누고, 세포들로 나누고, 분자들로 나누고, 유전자들로 나누었다. 우리는 물질을 원자들로 나누고, 원자핵들로 나누고, 아원자 입자들로 나누었다. 이를 위해 우리는 현미경에서부터 초거대 충돌 장치에 이르기까지 온갖 도구를 발명했다. 그러나 지금에 와서는 많은 분야에서 과학자들은 부분들을 다시 전체로 합치려고 노력하고 있다. 그런 노력들은 거대 분자들을 세포로, 신경들을 뇌로, 종들을 생태계로, 영양 물질을 음식물로, 사람들을 네트워크로 합치려는 시도에서 볼 수 있다.

또한 과학자들 사이에서는 지진이나 산불, 멸종, 기후 변화, 심박동, 혁명, 시장 붕괴 같은 사건들을 더 큰 계에서 일어난 돌발적 활동(같은 현상에 대한 많은 사례들 속에서 연구해야만 겨우 알아챌 수 있는)으로 보는 경향이 커져가고 있다. 그들은 부분들이 어떻게 그리고 왜 서로 들어맞는가 하는 것에, 또 상호 연결과 응집성을 지배하는 규칙에 관심을 더 기울이고 있다. 소셜 네트워크의 구조와 기능에 대한 이해와 창발 현상(즉, 부분들에서가 아니라 전체가 지닌 집단적 성질의 기원)에 대한 이해는 이 거대한 과학 운동을 이루는 주요 요소이다.

소셜 네트워크를 잘 이해하는 것은 세상의 새로운 위협에 대처하는 데에도 필수적이다. 금융 시장에서 종종 발생하는 혼란은 경제 활동이 갈수록 세계화되고 상호 연결되고 있다는 사실을 상기시켜준다. 내성균처럼 보건 분야에서 새로 나타나는 문제들과 위험한 행동의 전염은 개인 간의 전파를 통해 더욱 악화된다. 선거 운동은 새로운 네트워킹 기술을 적극적으로 활용하고 있고, 우리의 정치 생활 중 초연결된 세계에서 일어나는 게 점점 더 많아지고 있다. 그런데 우리를 서로 잘 연결시켜주는 세계를 망치려고 하는 과격파도 같은 기술을 활용한다.

이 모든 도전들은 인간은 비록 개인적으로도 강하지만, 혼자 힘으로 이룰 수 없는 것을 이루려면 서로 힘을 합쳐야 한다는 사실을 일깨워준다. 우리는 이미 이전에 그렇게 한 경험이 있다. 우리는 서로 힘을 합쳐 거대한 강들을 길들였고, 거대한 도시들을 건설했으며, 지식의 도서관들을 만들었고, 우주로 나아갔다. 그런 일들을 위해 함께 일한 다른 사람들을 우리는 알지도 못한 채 그런 일들을 해냈다. 현대 세계에서 소셜 네트워크가 발휘하는 기적은 우리를 다른 사람들과 합치게 하고, 우리가 먼 과거에 경험했던 것보다 훨씬 큰 규모로 협력하는 능력을 주는 것이다.

그렇지만 좀 더 인간적 차원에서 소셜 네트워크는 우리 삶의 모든 측면에 영향을 미친다. 멀리 떨어진 사람들에게 일어난 사건들이 우리 삶의 형태와 우리의 생각, 우리의 바람뿐만 아니라 우리가 병에 걸릴지 혹은 죽을지를 결정한다. 사회적 연쇄 반응을 통해 우리는 먼 곳에서 일어난 사건들에 반응하는데, 그것을 제대로 의식하지도 못한 채 그렇게 하는 경우가 많다.

소셜 네트워크에 속한 채 우리와 연결된 다른 사람들에게 영향을 받는 우리는 자신의 개성을 어느 정도 잃게 된다. 네트워크 연결에 중점을 두다 보면, 집단의 행동을 이해하는 데에서 개인의 중요성이 감소하게 된다. 게다가 네트워크는 도덕적 의미를 지닌 많은 행동과 결과에 영향을 미친다. 만약 친절한 행동이나 마약 복용이 전염성이 있다면, 이것은 우리의 소셜 네트워크를 호의적이고 절제하는 행동을 선호하는 방향으로 바꾸어야 한다는 것을 의미할까? 만약 우리가 우리와 연결된 사람들의 선한 행동을 무의식적으로 따라한다면, 그러한 행동에 대해 우리가 찬사를 받을 자격이 있을까? 그리고 만약 우리가 긴밀하게 혹은 느슨하게 연결된 사람들의 나쁜 습관이나 생각을 받아들인다면, 그것 때문에 우리는 비난을 받아야 할까? 아니면 그들을 비난해야 할까? 만약 소셜 네트워크가 우리가 가질 수 있는 정보나 견해를 제약한다면, 우리는 얼마나 자유롭게 선택을 할 수 있는가?

이러한 주체성 상실을 깨달으면 큰 충격을 받을 수 있다. 그렇지만 소셜 네트워크의 놀라운 힘은 다른 사람들이 우리에게 미치는 영향으로만 나타나지 않는다. 우리 역시 다른 사람들에게 영향을 미친다. 꼭 슈퍼스타여야만 그런 힘이 있는 건 아니다. 그저 네트워크에 연결만 되어 있으면 충분하다. 사람들 사이의 연결이 도처로 뻗어 있다는 사실은 우리 각자가 보이지 않는 많은 사람들에게 큰 영향을 미친다는 것을 뜻한다. 그래서 우리가 자신을 잘 돌볼 때, 다른 사람들도 스스로를 잘 돌보게 된다. 우리가 가끔 친절을 베풀면, 그것은 수십 명 혹은 수백 명의 다른 사람들에게 전파될 수 있다. 그리고 선행을 한 가지 행할 때마다 우리를 유지시키는 바로 그 네트워크를 유지하는 데 도움을 준다.

인류 전체가 어떻게 각 부분들의 합보다 더 큰지 이해하기 위한 21세기의 웅장한 계획은 이제 막 시작되었다. 자각하기 시작하는 어린이처럼 인간 초생물체는 자신을 인식하기 시작했으며, 이것은 우리의 목표를 달성하는 데 도움을 줄 것이다. 그러나 이러한 자각이 주는 최대의 선물은 우리 자기 자신을 제대로 알려면 먼저 우리 모두가 서로 어떻게 그리고 왜 연결돼 있는지 이해하는 게 필요하다는 자기 발견과 깨달음의 즐거움일 것이다.

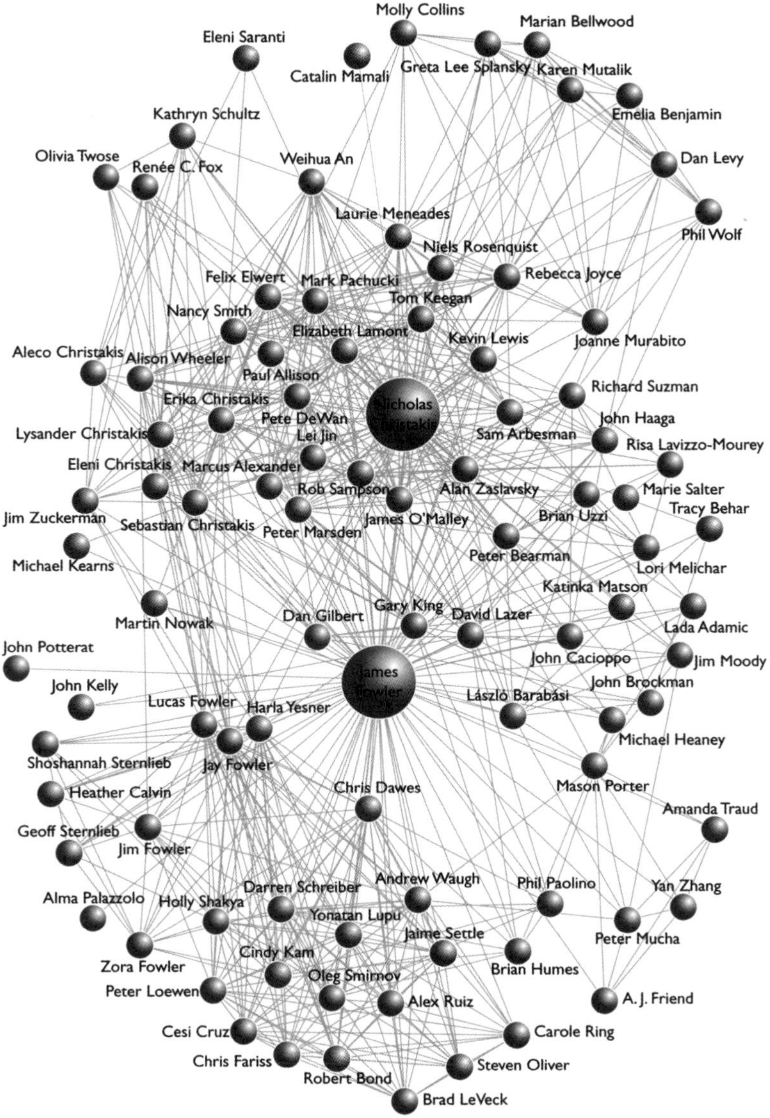
Molly Collins
Marian Bellwood
Eleni Saranti
Catalin Mamali
Greta Lee Splansky
Karen Mutalik
Emelia Benjamin
Kathryn Schultz
Olivia Twose
Renée C. Fox
Weihua An
Dan Levy
Phil Wolf
Laurie Meneades
Niels Rosenquist
Felix Elwert
Mark Pachucki
Rebecca Joyce
Tom Keegan
Nancy Smith
Elizabeth Lamont
Kevin Lewis
Joanne Murabito
Aleco Christakis
Alison Wheeler
Paul Allison
Richard Suzman
Erika Christakis
Nicholas Christakis
Pete DeWan
John Haaga
Sam Arbesman
Lysander Christakis
Lei Jin
Risa Lavizzo-Mourey
Eleni Christakis
Marcus Alexander
Rob Sampson
Alan Zaslavsky
Marie Salter
Tracy Behar
Jim Zuckerman
Sebastian Christakis
Peter Marsden
James O'Malley
Brian Uzzi
Michael Kearns
Peter Bearman
Lori Melichar
Katinka Matson
Martin Nowak
Dan Gilbert
Gary King
David Lazer
Lada Adamic
John Potterat
John Cacioppo
Jim Moody
James Fowler
John Brockman
John Kelly
László Barabási
Lucas Fowler
Harla Yesner
Michael Heaney
Shoshannah Sternlieb
Jay Fowler
Mason Porter
Heather Calvin
Chris Dawes
Amanda Traud
Geoff Sternlieb
Jim Fowler
Andrew Waugh
Darren Schreiber
Phil Paolino
Yan Zhang
Alma Palazzolo
Holly Shakya
Yonatan Lupu
Jaime Settle
Peter Mucha
Cindy Kam
Brian Humes
Zora Fowler
Oleg Smirnov
Peter Loewen
Alex Ruiz
A. J. Friend
Cesi Cruz
Carole Ring
Chris Fariss
Steven Oliver
Robert Bond
Brad LeVeck

CHAPTER 1: IN THE THICK OF IT

1. R. V. Gould, "Revenge as Sanction and Solidarity Display: An Analysis of Vendettas in Nineteenth-Century Corsica," *American Sociological Review* 65(2000): 682–704.
2. B. A. Jacobs, "A Typology of Street Criminal Retaliation," *Journal of Research in Crime and Delinquency* 41 (2004): 295–323.
3. A. V. Papachristos, "Murder by Structure: Dominance Relations and the Social Structure of Gang Homicide in Chicago," December 2007, http://ssrn.com/abstract=855304.
4. M. Planty, *Third Party Involvement in Violent Crime, 1993–1999* (Washington, DC: Bureau of Justice Statistics Special Report, 2002).
5. www.livingdonorsonline.com (accessed October 3, 2008).
6. "Walk Strikes Close to Home for Organ Donor's Family," *The Mississauga News* , April 28, 2008.
7. M. A. Rees and others, "A Nonsimultaneous, Extended, Altruistic-Donor Chain," *New England Journal of Medicine* 360 (2009): 1096–1101.
8. "'Moon Tracking' Station Readied at Canoga Park," *Los Angeles Times*, November 25, 1957.
9. P. Marsden, "Core Discussion Networks of Americans," *American Sociological Review* 52 (1987): 122–31; see also: M. McPherson and others, "Social Isolation in America: Changes in Core Discussion Networks Over Two Decades," *American Sociological Review* 71 (2006): 353–75.
10. I. de Sola Pool and M. Kochen, "Contacts and Infl uence," *Social Networks* 1(1978/1979): 5–51.

11. P. Kristensen and T. Bjerkedal, "Explaining the Relation Between Birth Order and Intelligence," *Science* 316 (2007): 1717.
12. S. Milgram, L. Bickman, and L. Berkowitz, "Note on the Drawing Power of Crowds of Different Size," *Journal of Personality and Social Psychology* 13 (1969): 79–82.
13. I. Farkas and others, "Mexican Waves in an Excitable Medium," *Nature* 419(2002): 131–32.
14. I. D. Couzin and others, "Effective Leadership and Decision-Making in Animal Groups on the Move," *Nature* 433 (2005): 513–16.
15. J. Travers and S. Milgram, "An Experimental Study in the Small World Problem," *Sociometry* 35, no. 4 (1969): 425–43.
16. P. S. Dodds and others, "An Experimental Study of Search in Global Social Networks," *Science* 301 (2003): 827–29.

CHAPTER 2: WHEN YOU SMILE, THE WORLD SMILES WITH YOU

1. A. M. Rankin and P. J. Philip, "An Epidemic of Laughing in the Bukoba District of Tanganyika," *Central African Journal of Medicine* 9 (1963): 167–70.
2. A. Hatfi eld and others, "Emotional Contagion," *Current Directions in Psychological Science* 2 (1993): 96–99.
3. C. N. Scollon and others, "Experience Sampling: Promise and Pitfalls, Strengths and Weaknesses," *Journal of Happiness Studies* 4 (2003): 5–34; J. P. Laurenceau and N. Bolger, "Using Diary Methods to Study Marital and Family Processes," *Journal of Family Psychology* 19 (2005): 86–97; R. Larson and M. H. Richards, *Divergent Realities: The Emotional Lives of Mothers, Fathers, and Adolescents*(New York: Basic Books, 1994).
4. M. J. Howes and others, "Induction of Depressive Affect After Prolonged Exposure to a Mildly Depressed Individual," *Journal of Personality and Social Psychology* 49 (1985): 1110–13.
5. S. D. Pugh, "Service with a Smile: Emotional Contagion in the Service Encounter," *Academy of Management Journal* 44 (2001): 1018–27; W. C.

Tsai and Y.M. Huang, "Mechanisms Linking Employee Affective Delivery and Customer Behavioral Intentions," *Journal of Applied Psychology* 87 (2002):1001–8.

6. J. B. Silk, "Social Components of Fitness in Primate Groups." *Science* 317(2007): 1347–51.
7. J. M. Susskind and others, "Expressing Fear Enhances Sensory Acquisition," *Nature Neuroscience* 11 (2008): 843–50.
8. Cited in Hatfi eld, "Emotional Contagion," 97.
9. M. Iacoboni, *Mirroring People: The New Science of How We Connect with Others* (New York: Farrar, Straus, and Giroux, 2008).
10. J. E. Warren and others, "Positive Emotions Preferentially Engage an Auditory-Motor 'Mirror' System," *Journal of Neuroscience* 26 (2006): 13067–75.
11. J. F. C. Hecker, The Epidemics of the Middle Ages, trans. by B. G. Babington(London: Sydenham Society, 1844), 87–88.
12. T. F. Jones and others, "Mass Psychogenic Illness Attributed to Toxic Exposure at a High School," *New England Journal of Medicine* 342 (2000): 96–100.
13. "Mass Hysteria Can Make Many Sick-Tennessee Case Shows How Anxiety Spreads," *Florida Times-Union*, May 7, 2000.
14. Jones, "Mass Psychogenic Illness," 100.
15. L. P. Boss, "Epidemic Hysteria: A Review of the Published Literature," *Epidemiological Reviews* 19 (1997): 233–43.
16. D. M. Johnson, "The 'Phantom Anesthetist' of Mattoon: A Field Study of Mass Hysteria,' in *Readings in Social Psychology* (New York: Henry Holt and Co.,1952), 210.
17. E. T. Rolls, "The Functions of the Orbitofrontal Cortex," *Brain and Cognition* 55 (2004): 11–29.
18. J. Willander and M. Larsson, "Olfaction and Emotion: The Case of Autobiographical Memory," *Memory and Cognition* 35 (2007): 1659–63.
19. R. S. Herz and others, "Neuroimaging Evidence for the Emotional Potency of Odor-Evoked Memory," *Neuropsychologia* 42 (2004): 371–78;

D. H. Zald and J. V. Pardo, "Emotion, Olfaction, and the Human Amygdala: Amygdala Activation During Aversive Olfactory Stimulation," *Proceedings of the National Academy of Sciences* 94 (1997): 4119–24.

20. Boss, "Epidemic Hysteria," 238.
21. M. Talbot, "Hysteria Hysteria," *New York Times*, June 2, 2002.
22. N. A. Christakis, "This Allergies Hysteria Is Just Nuts," *British Medical Journal* 337 (2008): a2880.
23. M. Csikszentmihalyi and R. Larson, "Validity and Reliability of the Experience-Sampling Method," *Journal of Nervous and Mental Diseases* 175 (1987):527; M. Csikszentmihalyi and others, "The Ecology of Adolescent Activity and Experience," *Journal of Youth and Adolescence* 6 (1977): 281–94.
24. R. W. Larson and M. H. Richards, "Family Emotions: Do Young Adolescents and Their Parents Experience the Same States?" *Journal of Research on Adolescence* 4 (1994): 567–83.
25. P. Totterdell, "Catching Moods and Hitting Runs: Mood Linkage and Subjective Performance in Professional Sports Teams," *Journal of Applied Psychology* 85 (2000): 848–59.
26. J. H. Fowler and N. A. Christakis, "Dynamic Spread of Happiness in a Large Social Network: Longitudinal Analysis Over 20 Years in the Framingham Heart Study," *British Medical Journal* 337 (2008): a2338.
27. R. A. Easterlin, "Explaining Happiness," *Proceedings of the National Academy of Sciences* 100 (2003): 11176–83.
28. J. Knight and R. Gunatilaka, "Is Happiness Infections?" (unpublished paper, Oxford University, 2009).
29. E. Diener, R. E. Lucas, and C. N. Scollon, "Beyond the Hedonic Treadmill: Revising the Adaptation Theory of Well-Being," *American Psychologist* 61 (2006): 305–14.
30. D. Gilbert, *Stumbling on Happiness* (New York: Vintage, 2005).
31. S. Lyubormirsky and others, "Pursuing Happiness: The Architecture of Sustainable Change," *Review of General Psychology* 9 (2005): 111–31.
32. J. M. Ernst and J. T. Cacioppo, "Lonely Hearts: Psychological

Perspectives on Loneliness," *Applied and Preventive Psychology* 8, no. 1 (1999): 1–22.

33. J. T. Cacioppo, J. H. Fowler, and N. A. Christakis, "Alone in the Crowd: The Structure and Spread of Loneliness in a Large Social Network," *Journal of Personality and Social Psychology* (forthcoming).
34. H. Fisher, *Why We Love: The Nature and Chemistry of Romantic Love* (New York: Henry Holt and Co., 2004).

CHAPTER 3: LOVE THE ONE YOU'RE WITH

1. http://www.city-data.com/forum/relationships/331411-how-i-met-myspouse-3.html (accessed March 3, 2009). Reprinted by permission of the author.
2. E. O. Laumann and others, *The Social Organization of Sexuality: Sexual Practices in the United States* (Chicago: University of Chicago Press, 1994).
3. M. Bozon and F. Héran, "Finding a Spouse: A Survey of How French Couples Meet," *Population* 44, no. 1 (1989): 91–121.
4. Laumann, *Social Organization of Sexuality.*
5. Bozon, "Finding a Spouse."
6. M. Madden and A. Lenhart, "Online Dating," Pew Internet and American Life Project, http://www.pewinternet.org /pdfs/PIP_Online_Dating.pdf, ii (accessed February 28, 2009).
7. Ibid.
8. Ibid., iii.
9. X. Xiaohe and M. K. Whyte, "Love Matches and Arranged Marriage: A Chinese Replication," *Journal of Marriage and Family* 52 (1990): 709–22; see also N. P. Medora, "Mate Selection in Contemporary India: Love Marriages Versus Arranged Marriages," in *Mate Selection Across Cultures* , ed. H. R. Hamon and B. B. Ingoldsby (Thousand Oaks, CA: Sage Publications, 2003): 209–30.
10. Laumann, *Social Organization of Sexuality*, 255.

11. J. K. Galbraith, *The Affluent Society* (Boston, MA: Houghton Miffl in, 1958).
12. A. Tverksy and D. Griffin, *Strategy and Choice* (Cambridge, MA: Harvard University Press, 1991).
13. S. J. Solnick and D. Hemenway, "Is More Always Better? A Survey on Positional Concerns," *Journal of Economic Behavior and Organization* 37 (1998): 373–83.
14. L. Jin and others, "Reduction in Long-Term Survival in Men Given High Operational Sex Ratio at Sexual Maturity," *Demography* (forthcoming).
15. R. K. Merton, *Social Theory and Social Structure* (New York: Free Press of Glencoe, 1957); R. K. Merton and A. S. Kitt, "Contributions to the Theory of Reference Group Behavior," in *Continuities in Social Research: Studies in the Scope and Method of "The American Soldier,"* ed. R. K. Merton and P. F. Lazarsfeld (Glencoe, IL: Free Press, 1950), 40–105; A. Bandura, *Social Learning Theory* (New York: General Learning Press, 1971); L. Festinger, "A Theory of Social Comparison Processes," *Human Relations* 7 (1954): 117–40.
16. B. C. Jones and others, "Social Transmission of Face Preferences Among Humans," *Proceedings of the Royal Society* B 274 (2007): 899–903.
17. K. Eva and T. Wood, "Are All The Taken Men Good? An Indirect Examination of Mate-Choice Copying in Humans," *Canadian Medical Association Journal* 175 (2006): 1573–74.
18. D. Waynforth, "Mate Choice Copying in Humans," *Human Nature* 18 (2007):264–71.
19. P. Bressan and D. Stranieri, "The Best Men Are (Not Always) Already Taken: Female Preference for Single Versus Attached Males Depends on Conception Risk," *Pyschological Science* 19 (2008): 145–51.
20. D. T. Gilbert and others, "The Surprising Power of Neighborly Advice," *Science* 323 (2009): 1617–19.
21. S. E. Hill and D. M. Buss, "The Mere Presence of Opposite-Sex Others on Judgments of Sexual and Romantic Desirability: Opposite Effects for Men and Women," *Personality and Social Psychology Bulletin* 34 (2008): 635–47.

22. M. D. Regnerus and L. B. Luchies, "The Parent-Child Relationship and Opportunities for Adolescents' First Sex," *Journal of Family Issues* 27 (2006): 159–83.
23. S. E. Cavanagh, "The Sexual Debut of Girls in Early Adolescence: The Intersection of Race, Pubertal Timing, and Friendship Group Characteristics," *Journal of Research on Adolescence* 14 (2004): 285–312.
24. A. Adamczyk and J. Felson, "Friends' Religiosity and First Sex," *Social Science Research* 35 (2006): 924–47.
25. P. S. Bearman and H. Br-ckner, "Promising the Future: Abstinence Pledges and the Transition to First Intercourse," *American Journal of Sociology* 106 (2001): 859–912.
26. W. Manning, M. A. Longmore, and P. C. Giordano, "Adolescents' Involvement in Non-Romantic Sexual Activity," *Social Science Research* 34 (2005): 384–407.
27. M. J. Prinstein, C. S. Meade, and G. L. Cohen, "Adolescent Oral Sex, Peer Popularity, and Perceptions of Best Friend's Sexual Behavior," *Journal of Pediatric Psychology* 28 (2003): 243–49.
28. Laumann, *Social Organization of Sexuality*.
29. I. Kuziemko, "Is Having Babies Contagious? Estimating Fertility Peer Effects Between Siblings," http://www.princeton.edu /~Ekuziemko/fertility_11_29_06. pdf (accessed March 1, 2009).
30. D. E. Bloom and others, "Social Interactions and Fertility in Developing Countries," PGDA *Working Paper* 34 (2008).
31. W. Farr, "Infl uence of Marriage on the Mortality of the French People," in *Transactions of the National Association for the Promotion of Social Science*, ed. G. W. Hastings (London: John W. Park & Son, 1858), 504–13.
32. D. Lubach, quoted in F. Van Poppel and I. Joung, "Long Term Trends in Marital Status Differences in the Netherlands 1850–1970," *Journal of Biosocial Science* 33 (2001): 279–303.
33. B. Turksma, quoted in Van Poppel and I. Joung, "Long Term Trends in Marital Status Differences in the Netherlands 1850–1970," *Journal of*

Biosocial Science 33 (2001): 279–303.

34. M. Young, B. Benjamin, and C. Wallis, "The Mortality of Widowers," *Lancet* 2, no. 7305 (1963): 454–56.
35. F. Elwert and N. A. Christakis, "Variation in the Effect of Widowhood on Mortality by the Causes of Death of Both Spouses," *American Journal of Public Health* 98 (2008): 2092–98.
36. L. J. Waite, "Does Marriage Matter?" *Demography* 32 (1995): 483–508.
37. L. A. Lillard and L. J. Waite, " 'Til Death Do Us Part?Marital Disruption and Mortality," *American Journal of Sociology* 100 (1995): 1131–56; L. A. Lillard and C. A. W. Panis, "Marital Status and Mortality: The Role of Health," *Demography* 33 (1996): 313–27.
38. See, for example: K. Allen, J. Blascovich, W. B. Mendes, "Cardiovascular Reactivity and the Presence of Pets, Friends, and Spouses: The Truth about Cats and Dogs," *Psychosomatic Medicine* 64 (2002): 727–39; J. K. Kiecolt-Glaser and others, "Marital Quality, Marital Disruption, and Immune Function," Psychosomatic Medicine 49 (1987): 13–34.
39. T. J. Iwashyna and N. A. Christakis, "Marriage, Widowhood, and Health Care Use," S*ocial Science and Medicine* 57 (2003): 2137–47; L. Jin and N. A. Christakis, "Investigating the Mechanism of Marital Mortality Reduction: The Transition to Widowhood and Quality of Health Care," *Demography* (forthcoming).
40. D. Umberson, "Family Status and Health Behaviors: Social Control as a Dimension of Social Integration," *Journal of Health and Social Behavior* 28(1987): 306–19; D. Umberson, "Gender, Marital Status and the Social Control of Health Behavior," *Social Science and Medicine* 34 (1992): 907–17.
41. F. Elwert and N. A. Christakis, "Widowhood and Race," *American Sociological Review* 71 (2006): 16–41.
42. See, for example, ibid.
43. Y. Hu and N. Goldman, "Mortality Differentials by Marital Status: An International Comparison," *Demography* 27 (1990): 233–50.
44. Elwert, "Widowhood and Race."

45. D. Umberson and others, "You Make Me Sick: Marital Quality and Health Over the Life Course," *Journal of Health and Social Behavior* 47 (2006): 1–16; see also D. Carr, "Gender, Pre-loss Marital Dependence, and Older Adults' Adjustment to Widowhood," *Journal of Marriage and Family* 66 (2004): 220–35.
46. G. Clark, *Too Brief a Treat–Letters of Truman Capote* (New York: Random House, 2004).

CHAPTER 4: THIS HURTS ME AS MUCH AS IT HURTS YOU

1. http://www.rockdalecounty.org/main.cfm?id=2130 (accessed March 1, 2009).
2. M. A. J. McKenna, "Teen Sex Tales Turn National Focus to Rockdale," *Atlanta Journal-Constitution* , October 19, 1999; see also R. B. Rothenberg and others, "Using Social Network and Ethnographic Tools to Evaluate Syphilis Transmission," *Sexually Transmitted Diseases* 25 (1998): 154–60.
3. McKenna, "Teen Sex Tales."
4. C. Russell, "Venereal Disease Rampant Among America's Teenagers; Health Offi cials Call for Prevention and Study," *Washington Post*, November 26, 1996.
5. McKenna, "Teen Sex Tales."
6. Rothenberg, "Using Social Network and Ethnographic Tools."
7. P. S. Bearman, J. Moody, and K. Stovel, "Chains of Affection," *American Journal of Sociology* 110 (2004): 44–91.
8. J. J. Potterat and others, "Sexual Network Structure as an Indicator of Epidemic Phase," *Sexually Transmitted Infections* 78 (2002): 152–58.
9. E. O. Laumann and Y. Youm, "Racial/Ethnic Group Differences in the Prevalence of Sexually Transmitted Diseases in the United States: A Network Explanation," *Sexually Transmitted Diseases* 26 (1999): 250–61.
10. F. Liljeros and others, "The Web of Human Sexual Contacts," *Nature* 411(2001): 908–9.

11. S. Helleringer and H. P. Kohler, "Sexual Network Structure and the Spread of HIV in Africa: Evidence from Likoma Island, Malawi," *AIDS* 21 (2007): 2323–32.
12. H Epstein, *The Invisible Cure: Africa, the West, and the Fight Against AIDS*(New York: Farrar, Straus, and Giroux, 2007).
13. B. Wansink, *Mindless Eating: Why We Eat More Than We Think* (New York: Bantam, 2006); V. I. Clendenen, C. P. Herman, and J. Polivy, "Social Facilitation of Eating among Friends and Strangers," *Appetite* 23 (1994): 1–13.
14. N. A. Christakis and J. H. Fowler, "The Spread of Obesity in a Large Social Network Over 32 Years," *New England Journal of Medicine* 357 (2007): 370–79.
15. J. H. Fowler and N. A. Christakis, "Estimating Peer Effects on Health in Social Networks," *Journal of Health Economics* 27(2008): 1386–91.
16. P. R. Provine, "Contagious Yawning and Laughing: Everyday Imitation and Mirror-Like Behavior," *Behavioral and Brain Sciences* 28 (2005): 142.
17. D. G. Blanchfl ower, A. J. Oswald, and B. Landeghem, "Imitative Obesity and Relative Utility," NBER Working Paper W14377 (2008).
18. E. Goodman, "Obesity 'Contagion,'" *Boston Globe*, August 3, 2007.
19. N. A. Christakis and J. H. Fowler, "The Collective Dynamics of Smoking in a Large Social Network," *New England Journal of Medicine* 358 (2008): 2249–58.
20. A. M. Brandt, *The Cigarette Century* (New York: Basic Books, 2007).
21. P. Ormerod and G. Wiltshire, " 'Binge' Drinking in the UK: A Social Network Phenomenon," http://arxiv.org/abs/0806.3176 (accessed March 1, 2009).
22. N. Rao, M. M. Mobius, and T. Rosenblat, "Social Networks and Vaccination Decisions," Federal Reserve Bank of Boston working paper #07-12 (2007).
23. H. Raspe, A. Hueppe, and H. Neuhauser, "Back Pain: A Communicable Disease?" *International Journal of Epidemiology* 37 (2008): 69–74.

24. B. F. Walker, "The Prevalence of Low Back Pain: A Systematic Review of the Literature from 1966 to 1998," *Journal of Spinal Disorders* 13 (2000): 205–17.
25. A. R. Lucas and others, "50-Year Trends in the Incidence of Anorexia Nervosa in Rochester, Minn.: A Population-Based Study," *American Journal of Psychiatry* 148 (1991): 917–22; American Psychiatric Association Work Group on Eating Disorders, "Practice Guideline for the Treatment of Patients with Eating Disorders," *American Journal of Psychiatry* 157 (2000): 1–39.
26. C. S. Crandall, "Social Contagion of Binge Eating," *Journal of Personality and Social Psychology* 55 (1988): 588–98.
27. M. S. Gould, S. Wallenstein, and M. Kleinman, "Time-Space Clustering of Teenage Suicide," *American Journal of Epidemiology* 131 (1990): 71–78.
28. D. P. Phillips, "The Infl uence of Suggestion on Suicide: Substantive and Theoretical Implications of the Werther Effect," *American Sociological Review* 39(1974): 340–54.
29. Centers for Disease Control, "Suicide Contagion and the Reporting of Suicide: Recommendations from a National Workshop," *Morbidity and Mortality Weekly Review* 43, no. RR-6 (1994): 9–18.
30. E. Etzerdsorfer and G. Sonneck, "Preventing Suicide by Infl uencing Mass-Media Reporting: The Viennese Experience, 1980–1996," *Archives of Suicide Research* 4 (1998): 67–74.
31. M. S. Gould and others, "Suicide Cluster: An Examination of Age-Specifi c Effects," *American Journal of Public Health* 80 (1990): 211–12.
32. C. Wilkie, S. Macdonald, and K. Hildahl, "Community Case Study: Suicide Cluster in a Small Manitoba Community," *Canadian Journal of Psychiatry* 43(1998): 823–28. Reprinted with permission.
33. D. A. Brent and others, "An Outbreak of Suicide and Suicidal Behavior in a High School," *Journal of the American Academy of Child and Adolescent Psychiatry* 28 (1989): 918–24.
34. See, for example: UPI , "Japanese Internet Suicide Clubs Targeted by Police," October 7, 2005; BBC News, "Nine Die in Japan Suicide Pacts,"

October 12, 2004; and S. Rajagopal, "Suicide Pacts and the Internet," *British Medical Journal* 329 (2004): 1298–99.

35. P. S. Bearman and J. Moody, "Suicide and Friendships Among American Adolescents," *American Journal of Public Health* 94 (2004): 89–95.
36. P. Hedstrom, K. Y. Liu, and M. K. Nordvik, "Interaction Domains and Suicides: A Population-Based Panel Study of Suicides in Stockholm, 1991–1999," *Social Forces* 87 (2008): 713–40.
37. M. D. Resnick and others, "Protecting Adolescents from Harm: Findings from the National Longitudinal Study of Adolescent Health," *Journal of the American Medical Association* 278 (1997): 823–32.
38. Centers for Disease Control, "Suicide Contagion."
39. M. Gould, P. Jamieson, and D. Romer, "Media Contagion and Suicide Among the Young," *American Behavioral Scientist* 46 (2003): 1269–84.
40. R. R. Wing and R. W. Jeffery, "Benefi ts of Recruiting Participants with Friends and Increasing Social Support for Weight Loss and Maintenance," *Journal of Consulting and Clinical Psychology* 67 (1999): 132–38.
41. A. A. Gorin and others, "Weight Loss Treatment Infl uences Untreated Spouses and the Home Environment: Evidence of a Ripple Effect," *International Journal of Obesity* 32 (2008): 1678–84; see also A. L. Shattuck, E. White, A. R. Kristal, "How Women's Adopted Low-Fat Diets Affect Their Husbands," *American Journal of Public Health* 82 (1992): 1244–50; R. S. Zimmerman and others, "The Effects of a Worksite Health Promotion Program on the Wives of Firefi ghters," *Social Science and Medicine* 26(1988): 537–43.
42. T. W. Valente and P. Pumpuang, "Identifying Opinion Leaders to Promote Behavior Change," *Health Education and Behavior* 34 (2007): 881–96.
43. D. B. Buller and others, "Randomized Trial Testing the Effect of Peer Education in Increasing Fruit and Vegetable Intake," *Journal of the National Cancer Institute* 91(1999):1491–1500; K. J. Sikkema and others, "Outcomes of a Randomized Community-Level HIV Prevention

Intervention for Women Living in 18 Low-Income Housing Developments," *American Journal of Public Health* 90 (2000): 57–63.

44. D. J. Watts and P. S. Dodds, "Infl uentials, Networks, and Public Opinion Formation," *Journal of Consumer Research* 34 (2007): 441–58.
45. D. Bahr and others, "Exploiting Social Networks to Mitigate the Obesity Epidemic," *Obesity* 17 (2009): 723–28.
46. R. Cohen, S. Havlin, and D. Aen-Avraham, "Effi cient Immunization Strategies for Computer Networks and Populations," *Physical Review Letters* 91 (2003): 247901.
47. J. Leskovec and others, "Cost-Effective Outbreak Detection in Networks," in *Proceedings of the 13th* ACM SIGKDD *International Conference on Knowledge Discovery and Data Mining* (New York: Association for Computing Machinery, 2007), 420–29.

CHAPTER 5: THE BUCK STARTS HERE

1. P. Trowbridge and S. Thompson, "Northern Rock Experiences Second Day of Withdrawals," *Bloomberg*, September 15, 2007.
2. Ibid.
3. "Panic Grips Northern Rock Savers for Second Straight Day," *AFP* , September 13, 2007.
4. B. Livesey and J. Menon, "Northern Rock Stock Tumbles Further Amid Run on Bank," *Bloomberg*, September 17, 2007.
5 "The Great Northern Run," *Economist*, September 20, 2007.
6. M. Oliver, "Customers Rush to Withdraw Money," *Guardian*, September 14, 2007.
7. J. Werdigier, "A Rush to Cash out of Northern Rock," *International Herald Tribune*, September 17, 2007.
8. D. Segal, "In Letter, Buffet Accepts Blame and Faults Others," *New York Times*, March 1, 2009.
9. M. Kelly and C. O'Grada, "Market Contagion: Evidence from the Panics of 1854 and 1857," *American Economic Review* 90(2000): 1110–24.

10. M. Grabell, "Dallas: Venue Closing for 5 Months After Prostitution Arrests," *Dallas Morning News*, February 6, 2007.
11. S. Scott and C. Duncan, Biology of Plagues: *Evidence from Historical Populations*(Cambridge: Cambridge University Press, 2001).
12. "Web Game Provides Breakthrough in Predicting Spread of Epidemics," http://www.scienceblog.com /cms/web_game_provides_breakthrough_in_predicting_spread_of_epidemics_9874(accessed March 1, 2009).
13. D. Brockmann, L. Hufnagel, and T. Geisel, "The Scaling Laws of Human Travel," *Nature* 439 (2006): 462–65.
14. R. Shiller, *Irrational Exuberance* (Princeton, NJ: Princeton University Press, 2005).
15. F. Galton, "Vox Populi," *Nature* 75 (1907): 450–51.
16. J. H. Fowler, "Elections and Markets: The Effect of Partisan Orientation, Policy Risk, and Mandates on the Economy," *Journal of Politics* 68 (2006): 89–103; J. H. Fowler and O. Smirnov, *Mandates, Parties, and Voters: How Elections Shape the Future* (Philadelphia: Temple University Press, 2007).
17. K. J. Arrow and others, "The Promise of Prediction Markets," *Science* 320(2008): 877–78.
18. M. J. Salganik, P. S. Dodds, and D. J. Watts, "Experimental Study of Inequality and Unpredictability in an Artifi cial Cultural Market," *Science* 311 (2006): 854–56.
19. E. M. Rogers, *Diffusion of Innovations*, 5th ed. (New York: Free Press, 2003).
20. J. J. Brown and P. H. Reingen, "Social Ties and Word of Mouth Referral Behavior," *Journal of Consumer Research* 14 (1987): 350–62.
21. A. B. Jaffe and M. Trajtenberg, *Patents, Citations and Innovations: A Window on the Knowledge Economy* (Cambridge, MA: MIT Press, 2002); E. Duguet and M. MacGarvie, "How Well Do Patent Citations Measure Knowledge Spillovers? Evidence from French Innovative Surveys," *Economics of Innovation and New Technology* 14 (2005): 375–93.
22. J. Singh, "Collaborative Networks as Determinants of Knowledge

Diffusion Patterns," *Management Science* 51 (2005): 756–70.
23. M. Granovetter, "The Strength of Weak Ties," *American Journal of Sociology* 78 (1973): 1360–80.
24. J. F. Padgett and C. K. Ansell, "Robust Action and the Rise of the Medici, 1400–1434," *American Journal of Sociology* 98 (1993): 1259–1319.
25. A. J. Hillman, "Politicians on the Board of Directors: Do Connections Affect the Bottom Line?" *Journal of Management* 31 (2005): 464–81.
26. P. Mariolis, "Interlocking Directorates and the Control of Corporations," *Social Science Quarterly* 56 (1975): 425–39.
27. V. Burris, "Interlocking Directorates and Political Cohesion among Corporate Elites," *American Journal of Sociology* 111 (2005): 249–83.
28. B. Uzzi, "The Sources and Consequences of Embeddedness for the Economic Performance of Organizations: The Network Effect," *American Sociological Review* 61 (1996): 674–98.
29. B. Uzzi and J. Spiro, "Collaboration and Creativity: The Small World Problem," *American Journal of Sociology* 111 (2005): 447–504.
30. D. J. Watts, S. H. Strogatz, "Collective Dynamics of 'Small-World' Networks," *Nature* 393 (1998): 409–10.
31. M. Kearns, S. Suri, and N. Montfort, "An Experimental Study of the Coloring Problem on Human Subject Networks," *Science* 313 (2006): 824–27.
32. M. Kearns and others, "Behavioral Experiments on Biased Voting in Networks," *Proceedings of the National Academy of Sciences* 106 (2009): 1347–52.
33. M. Yunus, *Banker to the Poor: Micro-Lending and the Battle Against World Poverty* (New York: Public Affairs, 2003), 62.
34. C. Geertz, "The Rotating Credit Association: A 'Middle Rung' in Development," *Economic Development and Cultural Change* 10 (1962): 241–63.
35. T. Besley, S. Coate, and G. Loury, "The Economics of Rotating Savings and Credit Associations," *American Economic Review* 83 (1993): 792–810; S. Ardner, "The Comparative Study of Rotating Credit Associations,"

Journal of the Royal Anthropological Institute 94 (1964): 202–29.

CHAPTER 6: POLITICALLY CONNECTED

1. A. Smith and L. Raine, "The Internet and the 2008 Election," June 15, 2008, http://www.pewinternet.org /~/media//Files/Reports/2008/PIP_2008_election.pdf (accessed April 4, 2009).
2. A. Downs, *An Economic Theory of Democracy* (New York: Harper, 1957).
3. W. Riker and P. Ordeshook, "A Theory of the Calculus of Voting," *American Political Science Review* 62 (1968): 25–42.
4. A. J. Fischer, "The Probability of Being Decisive," Public Choice 101 (1999): 267–83; I. J. Good and L. S. Mayer, "Estimating the Effi cacy of a Vote," *Behavioral Science* 20 (1975): 25–33; G. Tullock, *Towards a Mathematics of Politics*(Ann Arbor, MI: University of Michigan, 1967).
5. C. B. Mulligan and C. G. Hunter, "The Empirical Frequency of a Pivotal Vote," *Public Choice* 116 (2003): 31–54.
6. A. Gelman, G. King, and J. Boscardin, "Estimating the Probability of Events That Have Never Occurred: When Is Your Vote Decisive?" *Journal of the American Statistical Association* 93 (1998): 1–9.
7. A. Blais and R. Young, "Why Do People Vote? An Experiment in Rationality," *Public Choice* 99 (1999): 1–2, 39–55.
8. T. Carpenter, "Professor Registers to Vote," *Lawrence Journal-World*, November 12, 1996.
9. M. Fiorina, "Information and Rationality in Elections," in *Information and Democratic Processes*, ed. J. Ferejohn and J. Kuklinski (Urbana, IL: University of Illinois Press, 1990): 329–42.
10. A. Campbell, G. Gurin, and W. E. Miller, The Voter Decides (Evanston, IL: Row, Peterson and Company, 1954); W. A. Glaser, "The Family and Voting Turnout," *Public Opinion Quarterly* 23 (1959): 563–70; B. C. Straits, "The Social Context of Voter Turnout," *Public Opinion Quarterly* 54 (1990): 64–73; S. Knack, "Civic Norms, Social Sanctions, and Voter

Turnout," *Rationality and Society* 4 (1992): 133–56; C. B. Kenny, "Political Participation and Effects from the Social Environment," *American Journal of Political Science* 36 (1992): 259–67; C. B. Kenny, "The Microenvironment of Political Participation," *American Politics Quarterly* 21 (1993): 223–38; P. A. Beck and others, "The Social Calculus of Voting: Interpersonal, Media, and Organizational Infl uences on Presidential Choices," *American Political Science Review* 96 (2002): 57–74.

11. P. F. Lazarsfeld, B. Berelson, and H. Gaudet, *The People's Choice* (New York: Columbia University, 1944); B. Berelson, P. F. Lazarsfeld, and W. N. McPhee, *Voting* (Chicago: University of Chicago Press, 1954).
12. R. Huckfeldt and J. Sprague, *Citizens, Parties, and Social Communication* (New York: Cambridge University Press, 1995).
13. R. Huckfeldt, "Political Loyalties and Social Class Ties: The Mechanisms of Contextual Infl uence," *American Journal of Political Science* 28 (1984): 414.
14. R. Huckfeldt, P. E. Johnson, and J. D. Sprague, *Political Disagreement: The Survival of Diverse Opinions within Communication Networks* (New York: Cambridge University Press, 2004).
15. J. H. Fowler, "Turnout in a Small World," in *The Social Logic of Politics: Personal Networks as Contexts for Political Behavior*, ed. A. Zuckerman (Philadelphia: Temple University Press, 2005): 269–87.
16. R. Putnam, *Bowling Alone* (New York: Simon and Schuster, 2001).
17. D. W. Nickerson, "Is Voting Contagious? Evidence from Two Field Experiemtns," *American Political Science Review* 102 (2008): 49–57.
18. A. de Tocqueville, *Democracy in America*, trans. and ed. H. C. Mansfi eld and D. Winthrop (Chicago: University of Chicago Press, 2000).
19. B. C. Burden, "Voter Turnout and the National Election Studies," *Political Analysis* 8 (2000): 389–98.
20. K. T. Poole and H. Rosenthal, *Congress: A Political-Economic History of Roll Call Voting* (New York: Oxford University Press, 1997).
21. *Congressional Record* (Senate), September 11, 2006, S9297.

22. J. H. Fowler, "Legislative Cosponsorship Networks in the U.S. House and Senate," *Social Networks* 28 (2006): 454–65; J. H. Fowler, "Connecting the Congress: A Study of Cosponsorship Networks," *Political Analysis* 14 (2006): 456–87.
23. "Brazen Conspiracy," *Washington Post*, November 29, 2005.
24. Y. Zhang and others, "Community Structure in Congressional Networks," *Physica A* 387 (2008): 1705–12.
25. M. McGrory, "McCain, Gramm a Strange Pairing," *Omaha World Herald, November* 18, 1995.
26. J. Zengerle, "Clubbed," *New Republic*, May 7, 2001.
27. R. L. Hall, "Measuring Legislative Infl uence," *Legislative Studies Quarterly* 17(1992): 205–31; B. Sinclair, *The Transformation of the U.S. Senate* (Baltimore, MD: Johns Hopkins University, 1989); S. Smith, *Call to Order* (Washington, DC: Brookings Institution, 1989); B. Weingast, "Fighting Fire with Fire: Amending Activity and Institutional Change in the Postreform Congress," in *The Post-Reform Congress*, ed. R. Davidson (New York: St. Martin's Press, 1991).
28. D. P. Carpenter, K. M. Esterling, and D. M. J. Lazer, "Friends, Brokers, and Transitivity: Who Informs Whom in Washington Politics?" *Journal of Politics* 66 (2004): 224–46; D. P. Carpenter, K. M. Esterling, and D. M. J. Lazer, "The Strength of Weak Ties in Lobbying Networks–Evidence from Health-Care Politics in the United States," *Journal of Theoretical Politics* 10 (1998): 417–44.
29. A. Hoffman, *Steal This Book* (New York: Grove Press, 1971).
30. M. T. Heaney and F. Rojas, "Partisans, Nonpartisans, and the Antiwar Movement in the United States," A*merican Politics Research* 35 (2007): 431–64.
31. Smith and Raine, "The Internet and the 2008 Election."
32. See, for example: L. A. Henao, "Columbians Tell FARC: 'Enough's enough'–In a March Organized on Facebook, Hundreds of Thousands Protested Against the Leftist Rebel Group Monday," *Christian Science Monitor*, February 6, 2008.

33. L. A. Adamic and N. Glance, "The Political Blogosphere and the 2004 U.S. Election: Divided They Blog," *Proceedings of the 3rd International Workshop on Link Discovery* (New York: Association for Computing Machinery, 2005), 36–43.
34. J. Kelly and B. Etling, "Mapping Iran's Online Public: Politics and Culture in the Persian Blogosphere," *Berkman Center Research Publication* 2008-01 (2008): 1–36.
35. Kelly and Etling, "Mapping," 6.

CHAPTER 7: IT'S IN OUR NATURE

1. "Survivor Recaps," http://www.cbs.com /primetime/survivor/recaps/?season=2(accessed March 5, 2009).
2. B. Holldobler and E. O. Wilson, *The Superorganism: The Beauty, Elegance, and Strangeness of Insect Societies* (New York: W. W. Norton, 2009).
3. I. McEwan, *Enduring Love* (New York: Anchor Books, 1998).
4. R. Axelrod, *The Evolution Corporation* (New York: Basic Books, 1984).
5. C. Hauert and others, "Volunteering as Red Queen Mechanism for Cooperation in Public Goods Games," *Science* 296 (2002): 1129–32.
6. R. Boyd and P. J. Richardson, "Punishment Allows the Evolution of Cooperation (or Anything Else) in Sizable Groups," *Ethology and Sociobiology* 13(1992): 171–95.
7. J. H. Fowler, "Altruistic Punishment and the Origin of Cooperation," *Proceedings of the National Academy of Sciences* 102 (2005): 7047–49.
8. C. Hauert and others, "Via Freedom to Coercion: The Emergence of Costly Punishment," *Science* 316 (2007): 1905–7.
9. J. S. Mill, *Essays on Some Unsettled Questions of Political Economy* (London: Longmans, Green, Reader, and Dyer, 1874): V.46.
10. W. Güth, R. Schmittberger, and B. Schwarze, "An Experimental Analysis of Ultimatum Bargaining," *Journal of Economic Behavior and Organization* 3(1982): 367–88.

11. J. H. Fowler, "Altruism and Turnout," *Journal of Politics* 68 (2006): 674–83; J. H. Fowler and C. D. Kam, "Beyond the Self: Altruism, Social Identity, and Political Participation," *Journal of Politics* 69 (2007): 813–27; C. D. Kam, S. Cranmer, and J. H. Fowler, "When It's Not All About Me: Altruism, Participation, and Political Context" (unpublished paper); C. T. Dawes, P. J. Loewen, and J. H. Fowler, "Social Preferences and Political Participation" (unpublished paper).
12. "Cash Found in House's Walls Becomes Nightmare," Associated Press, November 8, 2008.
13. R. Frank, T. Gilovich, and D. Regan, "Does Studying Economics Inhibit Cooperation?" *Journal of Economic Perspectives* 7 (1993): 159–71.
14. J. Henrich, "Does Culture Matter in Economic Behavior? Ultimatum Game Bargaining Among the Machiguenga," *American Economic Review* 90 (2000): 973–79.
15. H. Xian and others, "Self-Reported Zygosity and the Equal-Environments Assumption for Psychiatric Disorders in the Vietnam Era Twin Registry," *Behavior Genetics* 30 (2000): 303–10; K. S. Kendler and others, "A Test of the Equal-Environment Assumption in Twin Studies of Psychiatric Illness," *Behavior Genetics* 23 (1993): 21–27; S. Scarr and L. Carter-Saltzman, "Twin Method: Defense of a Critical Assumption," *Behavior Genetics* 9 (1979): 527–42.
16. D. Cesarini and others, "Heritability of Cooperative Behavior in the Trust Game," *Proceedings of the National Academy of Sciences* 105 (2008): 3721–26.
17. J. H. Fowler, C. T. Dawes, and N. A. Christakis, "Model of Genetic Variation in Human Social Networks," PNAS: Proceedings of the National Academy of Sciences 106 (2009): 1720–24.
18. Worlds Collide Theory, http://www.urbandictionary.com /define.php?term=Worlds+Collide+Theory (accessed March 4, 2009).
19. D. I. Boomsma and others, "Genetic and Environmental Contributions to Loneliness in Adults: The Netherlands Twin Register Study," *Behavior Genetics* 35 (2005): 745–52.

20. Ibid.
21. M. M. Lim and others, "Enhanced Partner Preference in a Promiscuous Species by Manipulating the Expression of a Single Gene," *Nature* 429 (2004): 754–57.
22. A. Knafo and others, "Individual Differences in Allocation of Funds in the Dictator Game Associated with Length of the Arginine Vasopressin 1a Receptor Rs3 Promoter Region and Correlation Between Rs3 Length and Hippocampal m RNA ," *Genes, Brain and Behavior* 7 (2008): 266–75.
23. J. C. Flack and others, "Policing Stabilizes Construction of Social Niches in Primates," *Nature* 439 (2006): 426–29.
24. K. Faust and J. Skvoretz, "Comparing Networks Across Space and Time, Size, and Species," *Sociological Methodology* 32 (2002): 267–99.
25. J. H. Fowler and D. Schreiber, "Biology, Politics, and the Emerging Science of Human Nature," *Science* 322 (2008): 912–14.
26. M. A. Changizi, Q. Zhang, and S. Shimojo, "Bare Skin, Blood and the Evolution of Primate Colour Vision," *Biology Letters* 2 (2006): 217–21.
27. E. Herrmann and others, "Humans Have Evolved Specialized Skills of Social Cognition: The Cultural Intelligence Hypothesis," *Science* 317 (2007): 1360–66.
28. C. Mamali, "Participative Pictorial Representations of Self-Other Relationships: Social-Autograph Method," paper presented at the General Meeting of the European Association of Experimental Social Pyschology, Croatia, June 1–14, 2008.
29. N. Epley and others, "Creating Social Connection Through Inferential Reproduction: Loneliness and Perceived Agency in Gadgets, Gods, and Greyhounds," *Psychological Science* 19 (2008): 114–20.
30. A. B. Newberg and others, "The Measurement of Regional Cerebral Blood Flow During the Complex Cognitive Task of Meditation: A Preliminary SPECT Study," *Psychiatry Research: Neuroimaging* 106 (2001): 113–22; A. B. Newberg and others, "Cerebral Blood Flow During Meditative Prayer: Preliminary Findings and Methodological Issues," *Perceptual and Motor Skills* 97 (2003): 625–30.

31. R. Dunbar, "Coevolution of Neocortex Size, Group Size, and Language in Humans," *Behavioral and Brain Sciences* 16 (1993): 681–735.

CHAPTER 8: HYPERCONNECTED

1. E. T. Lofgren and N. H. Fefferman, "The Untapped Potential of Virtual Game Worlds to Shed Light on Real World Epidemics," *Lancet Infectious Diseases* 7(2007): 625–29.
2. S. Milgram, "Behavioral Study of Obedience," *Journal of Abnormal and Social Psychology* 67 (1963): 371–78; S. Milgram, *Obedience to Authority: An Experimental View* (New York: Harper Collins, 1974).
3. T. Blass, "The Milgram Paradigm After 35 years: Some Things We Now Know about Obedience to Authority," *Journal of Applied Social Psychology* 29 (1999): 955–78.
4. M. Slater and others, "A Virtual Reprise of the Stanley Milgram Obedience Experiments," *PLoS ONE* 1, no. 1 (2006): e39. doi:10.1371/journal.pone.0000039.
5. See, for example: A. Case, C. Paxson, and M. Islam, "Making Sense of the Labor Market Height Premium: Evidence from the British Household Panel Survey," NBER Working Paper 14007, May 2008; D. Hamermesh and J. Biddle, "Beauty and the Labor Market," *American Economic Review* 84 (1994): 1174–94; B. Harper, "Beauty, Stature and the Labour Market: A British Cohort Study," *Oxford Bulletin of Economics and Statistics* 62 (2008): 771–800; E. Loh, "The Economic Effects of Physical Appearance," *Social Science Quarterly* 74 (1993): 420–37.
6. N. Yee and J. Bailenson, "The Proteus Effect: The Effect of Transformed Self-Representation on Behavior," *Human Communication Research* 33 (2007): 271–90.
7. Ibid.
8. N. Yee, J. Bailenson, and N. Ducheneaut, "The Proteus Effect: Implications of Transformed Digital Self-Representation on Online and Offl ine Behavior," *Human Communication Research* 36 (2009):

285?312.

9. P. W. Eastwick and W. L. Garnder, “Is It a Game? Evidence for Social Infl uence in the Virtual World,” *Social Influence* 1 (2008): 1?15.

10. N. Yee and others, “The Unbearable Likeness of Being Digital: The Persistence of Nonverbal Social Norms in Online Virtual Environments,” *CyberPyschology and Behavior* 10 (2007): 115–21.

11. A. Cliff and P. Haggett, “Time, Travel, and Infection,” *British Medical Bulletin* 69 (2004): 87–99.

12. Ibid.

13. D. J. Bradley, “The Scope of Travel Medicine” in *Travel Medicine: Proceedings of the First Conference on International Travel Medicine*, ed. R. Steffen (Berlin: Springer-Verlag, 1989): 1–9.

14. M. C. Gonzalez, C. A. Hidalgo, and A. L. Barab–si, “Understanding Individual Human Mobility Patterns,” *Nature* 453 (2008): 779–82.

15. T. Standage, *The Victorian Internet* (New York: Walker and Company, 1998).

16. I. de Sola Pool, *Forecasting the Telephone: A Retrospective Technology Assessment of the Telephone* (Norwood, NJ: Ablex Publishing, 1983): 86.

17. Ibid., 49.

18. C. S. Fischer, *America Calling: A Social History of the Telephone to 1940* (Berkeley, CA: University of California Press, 1992): 26.

19. C. H. Cooley, quoted in R. McKenzie, “The Neighborhood,” reprinted in Rodrick D. McKenzie on Human Ecology , ed. A. Hawley (Chicago: University of Chicago Press, 1921 [1968]): 51-93.

20. *Fischer, America Calling*; M. Mayer, “The Telephone and the Uses of Time,” in *The Social Impact of the Telephone*, ed. I. de Sola Pool (Cambridge, MA: MIT Press, 1977), 225–45; N. S. Baron, *Always On: Language in an Online and Mobile World* (New York: Oxford University Press, 2008).

21. H. N. Casson, “The Social Value of the Telephone,” *The Independent* 71 (1911): 899.

22. K. Hampton, “Netville: Community On and Offl ine in a Wired Suburb,”

in *The Cybercities Reader*, ed. S. Graham (London: Routledge, 2004): 260.

23. Hampton, "Netville," 260.
24. D. M. Boyd and N. B. Ellison, "Social Network Sites: Defi nition, History, and Scholarship," *Journal of Computer-Mediated Communication* 13 (2007): 210–30.
25. Ibid.
26. "Eliot Students Petition for Tape; Kirklanders Fast for Facebook," *Harvard Crimson, December* 1, 1984.
27. S. C. Faludi, "Help Wanted: Brass Tacks," *Harvard Crimson*, September 28, 1979.
28. "Facebook Statistics," http://www.facebook.com /press/info.php?statistics (accessed March 7, 2009)
29. K. Lewis and others, "Tastes, Ties, and Time: A New (Cultural, Multiplex, and Longitudinal) Social Network Dataset Using Facebook.com," *Social Networks* 30 (2008): 330–42.
30. The Colbert Report , July 31, 2006.
31. J. H. Fowler, "The Colbert Bump in Campaign Donations: More Truthful than Truthy," PS: *Political Science & Politics* 41 (2008): 533–39.
32. A. Ebersbach and others, *Wiki: Web Collaboration* (New York: Springer-Verlag, 2008).
33. J. Giles, "Internet Encyclopaedias Go Head to Head," Nature 438 (2005): 900–1.
34. "When Sam Met Allison," *Children's News*, September 2008.
35. "ACOR Acorlists," http://www.acor.org /about/about.html (accessed March 7, 2009).
36. J. D. Klausner and others, "Tracing a Syphilis Outbreak Through Cyberspace," *Journal of the American Medical Association* 284 (2000): 447–49.
37. A. Lenhart, L. Rainie, and O. Lewis, *Teenage Life Online: The Rise of the Instant-Message Generation and the Internet's Impact on Friendship and Family Relationships* (Washington, DC: Pew Internet and American Life

Project, 2001).
38. A. Lenhart, M. Madden, and P. Hitlin, *Teens and Technology* (Washington, DC: Pew Internet and American Life Project, 2005).
39. J. L. Whitlock, J. L. Powers, and J. Eckenrode, "The Virtual Cutting Edge: The Internet and Adolescent Self-Injury," *Developmental Psychology* 42, no. 3 (2006): 1–11.
40. Ibid.
41. Ibid., 7.
42. http://gangstalkingworld.com (accessed November 6, 2008).
43. S. Kershaw, "Sharing Their Demons on the Web," *New York Times*, November 12, 2008; see also V. Bell, A. Munoz-Solomando, and V. Reddy, " 'Mind Control' Experiences on the Internet: Implications for Psychiatric Diagnosis or Delusions," *Psychopathology* 39 (2006): 87–91.
44. "Woman Arrested for Killing Virtual Reality Husband," *CNN*, October 23, 2008.
45. "Virtual World Affair Ends with Real-Life Divorce," *Western Morning News*, November 14, 2008.

CHAPTER 9: THE WHOLE IS GREAT

1. Genesis, 11: 6 (King James Version).
2. T. Hobbes, *The Leviathan*, ed. M. Oakshott (Oxford: Oxford University Press, 1962): 100.
3. B. Holldobler and E. O. Wilson, *The Superorganism: The Beauty, Elegance, and Strangeness of Insect Societies* (New York: W. W. Norton, 2009).
4. M. Nowak, "Five Rules for the Evolution of Cooperation," *Science* 314 (2006): 1560–63.
5. I. D. Couzin and others, "Effective Leadership and Decision-Making in Animal Groups on the Move," *Nature* 433 (2005): 513–16; I. D. Couzin and others, "Collective Memory and Spatial Sorting in Animal Groups," *Journal of Theoretical Biology* 218 (2002): 1–11.

6. D. P. Bebber and others, "Biological Solutions to Transport Network Design," *Proceedings of the Royal Society* B 274 (2007): 2307–15; "Transport Effi ciency and Resilience in Mycelial Networks," remarks by Mark Fricker at the Meeting of the German Physical Society, Dresden, March 27, 2009.
7. T. Nakagaki, H. Yamada, and A. Toth, "Maze-solving by an Amoeboid Organism," *Nature* 407 (2000): 470.
8. G. Palla, A. L. Barab–si, and T. Vicsek, "Quantifying Social Group Evolution," *Nature* 446 (2007): 664–67.
9. S. Crabtree and B. Pelham, "Religion Provides Emotional Boost to World's Poor," March 6, 2009, http://www.gallup.com /poll/116449/Religion - Provides-Emotional-Boost-World-Poor.aspx.
10. E. L. Glaeser, B. Sacerdote, J. A. Scheinkman, "Crime and Social Interactions," *Quarterly Journal of Economics* 11 (1996): 507–48.
11. A. J. Reiss, "Understanding Changes in Crime Rates," in *Indicators of Crime and Criminal Justice: Quantitative Studies*, ed. S. Feinberg and A. J. Reiss(Washington, DC: Bureau of Justice Statistics, 1980).
12. F. Gino, S. Ayal, and D. Ariely, "Contagion and Differentiation in Unethical Behavior: The Effect of One Bad Apple on the Barrel," *Psychological Science* 20 (2009): 393–98.
13. Independent Sector, "Giving and Volunteering in the United States–2001," www.independentsector.org
14. K. G. Carman, "Social Infl uences and the Private Provision of Public Goods:Evidence from Charitable Contributions in the Workplace," Stanford Institute for Economic Policy Research Discussion Paper 02-13, January 2003.
15. J. K. Goeree and others, "The 1/d Law of Giving," http://www.hss.caltech.edu/~lyariv/Papers/Westridge.pdf (accessed March 4, 2009).
16. S. Leider and others, "Directed Altruism and Enforced Reciprocity in Social Networks: How Much Is a Friend Worth?" (May 2007), NBER Working Paper No. W13135, http://ssrn.com/abstract=989946.

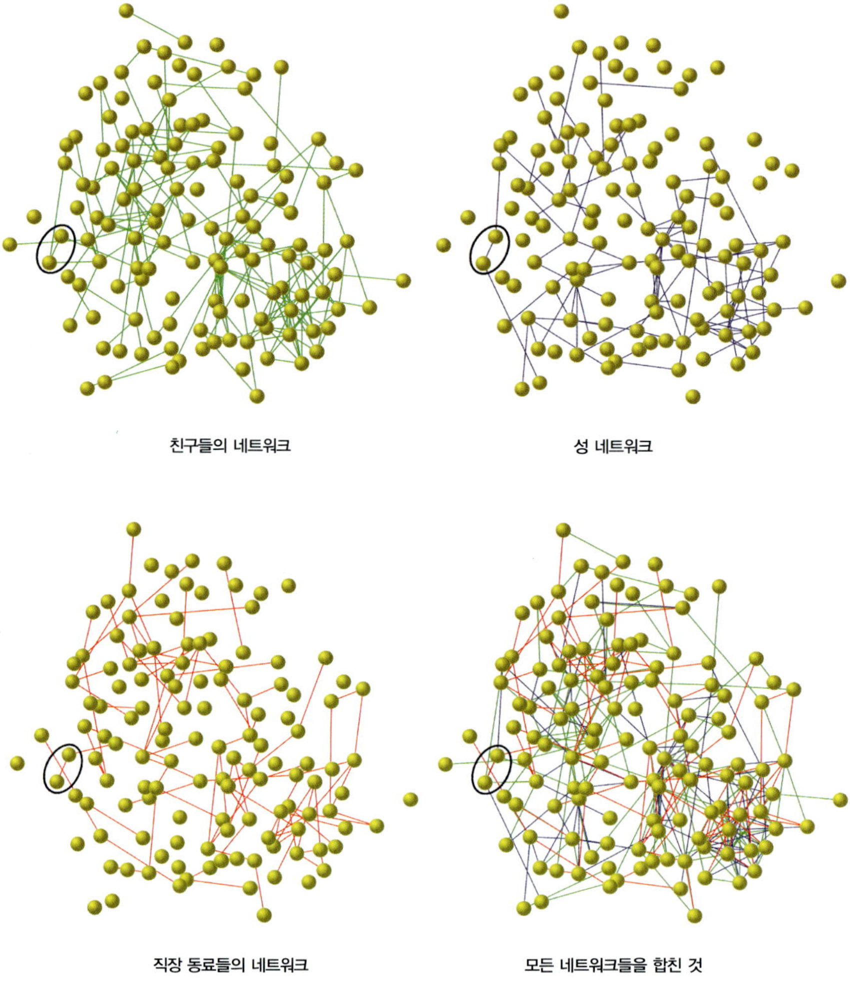

〈그림2〉 130명으로 이루어진 이 가상 네트워크에서처럼 종류가 서로 다른 네트워크들이 중첩될 수 있다. 친구들의 네트워크(위 왼쪽)는 성 네트워크(위 오른쪽)에 있는 잠재적 파트너들의 주요 공급원이기도 하다. 직장 동료들의 네트워크(아래 왼쪽)처럼 다른 네트워크 역시 친구들과 잠재적 섹스 파트너의 공급원이 될 수 있다. 아래 오른쪽 네트워크는 여러 종류의 관계들이 결합하여 전체 소셜 네트워크를 만드는 데 기여하는 멀티플렉스(multiplex : 다중적 네트워크)이다. 어떤 사람들은 서로간에 다중적 관계를 맺기도 한다.(예를 들어 친구이자 직장 동료이자 섹스 파트너이기도 한 두 사람 관계가 그림에서 원으로 표시돼 있다.)

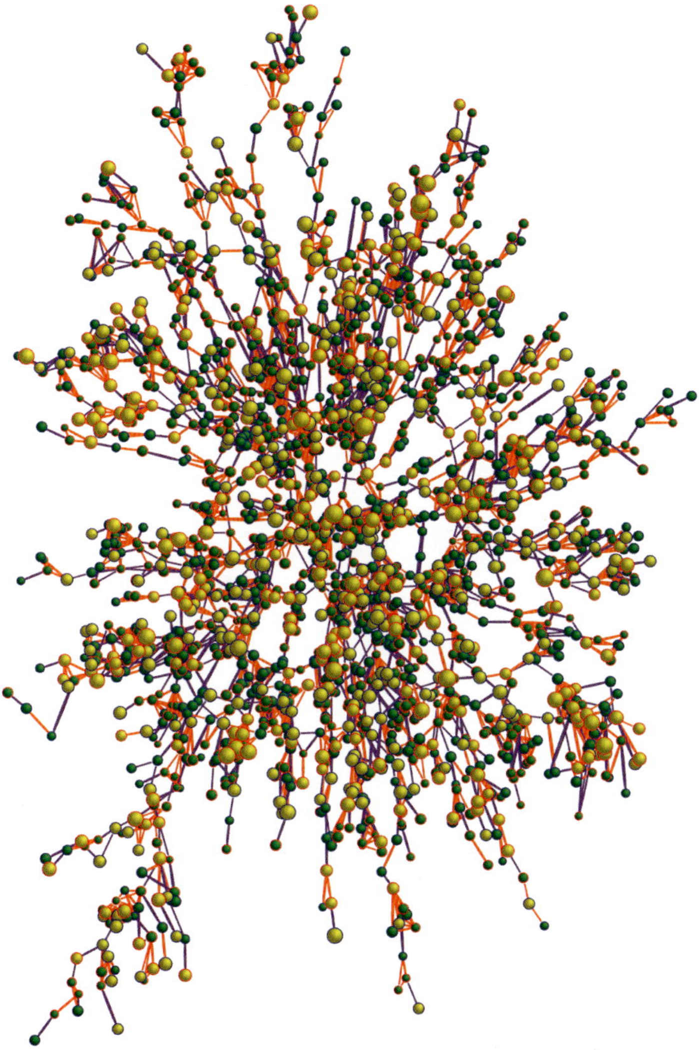

〈그림3〉 2000년에 프레이밍엄 심장 연구에 참여한 사람 2200명의 네트워크. 노드의 윤곽선은 성별을 나타내고(빨간색은 여성, 파란색은 남성), 색은 비만 정도를 나타내며(노란색은 체질량 지수가 30 이상, 초록색은 30 미만). 크기는 체질량 지수에 비례한다. 유대의 색은 관계의 종류(자주색은 친구나 배우자, 주황색은 가족)를 나타낸다. 네트워크 내의 특정 위치들에서 비만인 사람들과 비만이 아닌 사람들이 무리를 짓고 있는 것을 볼 수 있다.

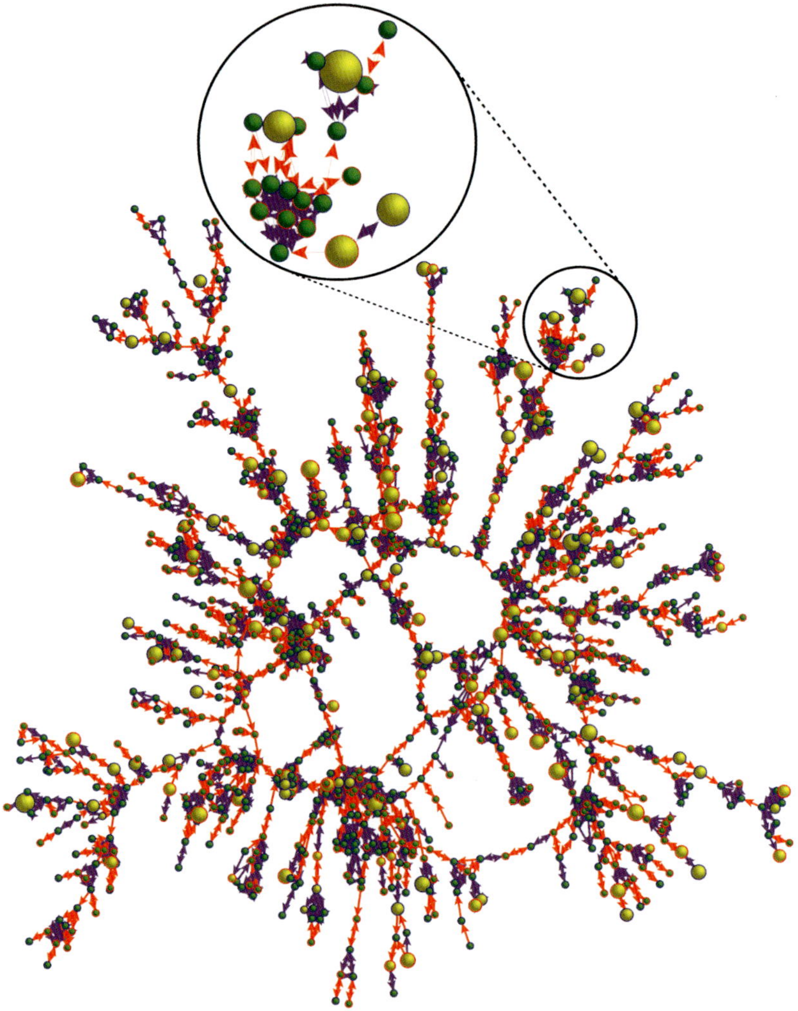

〈그림4〉 2001년에 프레이밍엄 심장 연구에 참여한 사람들의 소셜 네트워크 중 1000명을 무작위로 추출한 표본. 노드의 윤곽선은 성별을 나타내고(빨간색은 여성, 파란색은 남성), 색은 흡연 여부를 나타내며(노란색은 최소한 하루에 담배를 1개비 이상 피우는 사람, 초록색은 비흡연자). 크기는 피우는 담배 개비 수에 비례한다. 화살표의 색은 관계의 종류(주황색은 친구나 배우자, 자주색은 가족)를 나타낸다. 확대한 그림은 흡연자가 네트워크의 주변에 위치할 가능성이 높다는 것을 보여준다.

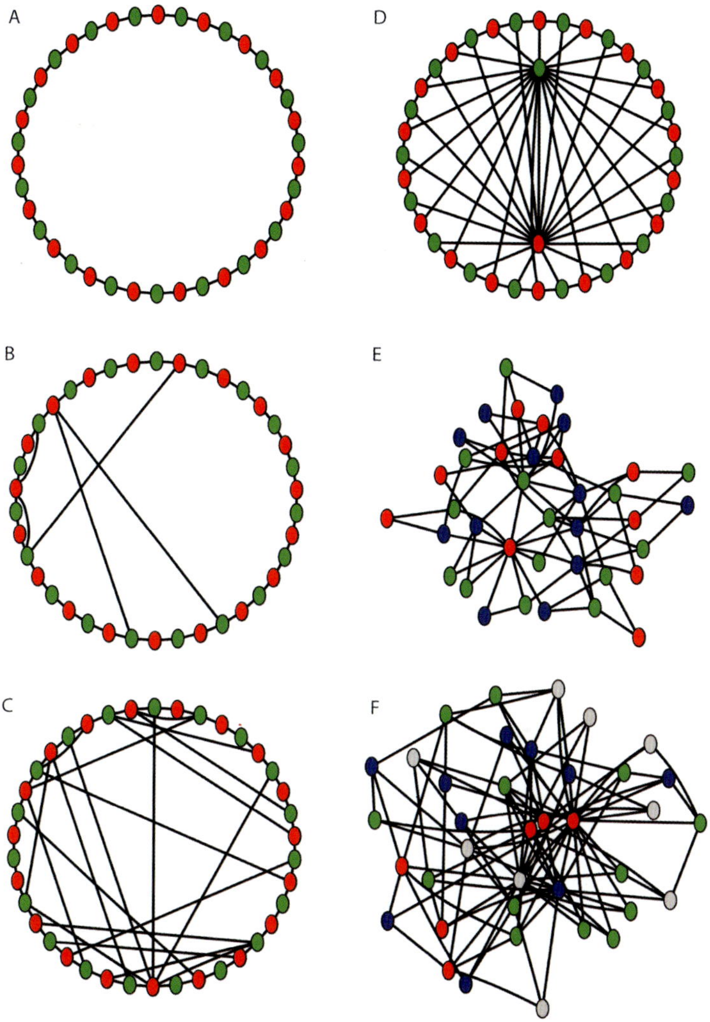

〈그림5〉 색깔 조정 실험에 사용된 네트워크들의 예. 각각의 참여자에게는 이 여섯 가지 네트워크(모두 정확하게 38개의 위치를 가진) 중 하나 안에서 특정 위치를 부여한다. 참여자들은 자신의 색깔과 직접 연결된 이웃의 색깔만 볼 수 있다. 참여자들은 주어진 색상 메뉴에서 원하는 색깔을 마음대로 선택할 수 있고, 또 얼마든지 색깔을 바꿀 수 있다. 주어진 시간 안에 서로 연결돼 있는 두 사람이 똑같은 색깔을 선택한 상태에서 벗어나야만 상금을 받을 수 있다. 여기서는 각각의 네트워크에 대해 이 '색칠하기' 문제를 해결할 수 있는 한 가지 방법을 제시했다. 네트워크의 구조(A~F) 차이는 각 집단이 해결책을 통합 조정하는 능력에 큰 영향을 미친다.

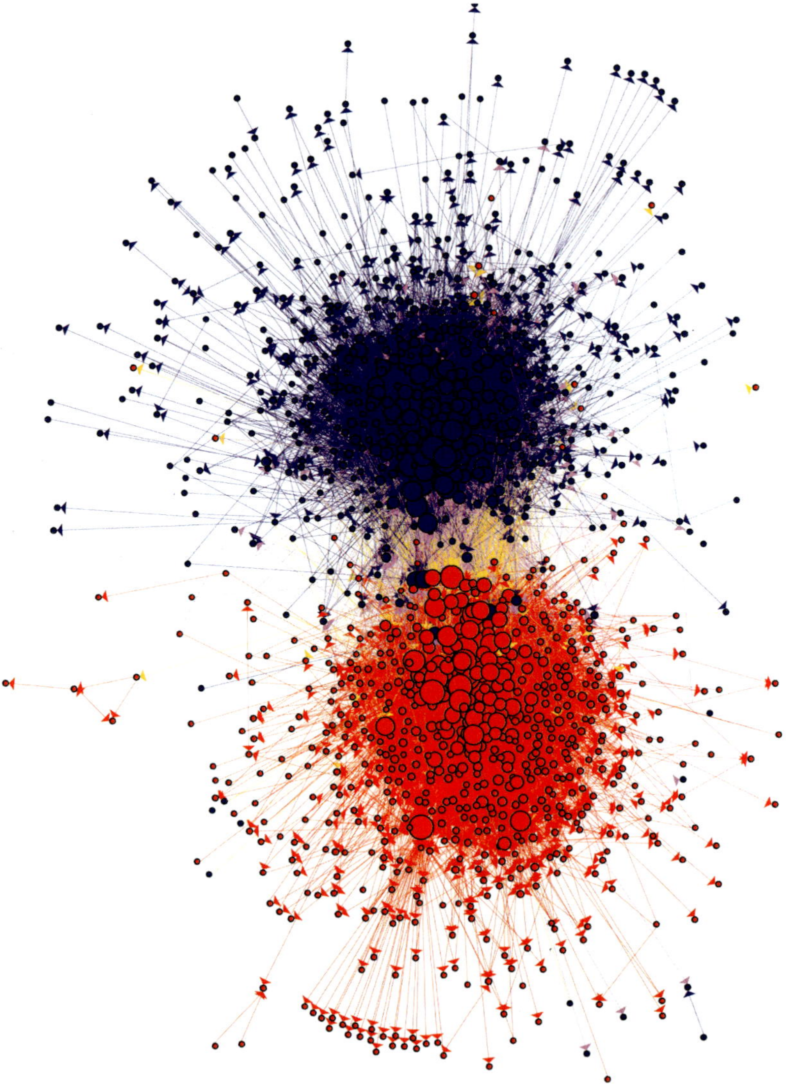

〈그림6〉 진보적인 블로그(파란색)와 보수적인 블로그(빨간색)를 그들 사이의 웹 연결과 함께 나타낸 미국의 정치적 블로고스피어. 유대의 색은 연결의 종류를 나타낸다(진보적인 두 블로그 사이에서는 파란색, 보수적인 두 블로그 사이에서는 빨간색, 진보적인 블로그에서 보수적인 블로그로 연결된 것은 주황색, 보수적인 블로그에서 진보적인 블로그로 연결된 것은 자주색). 노드의 크기는 거기에 연결된 다른 블로그들의 수를 나타낸다. 이 네트워크 지도는 정치적 블로고스피어의 양극화가 아주 심하다는 것을 보여준다.

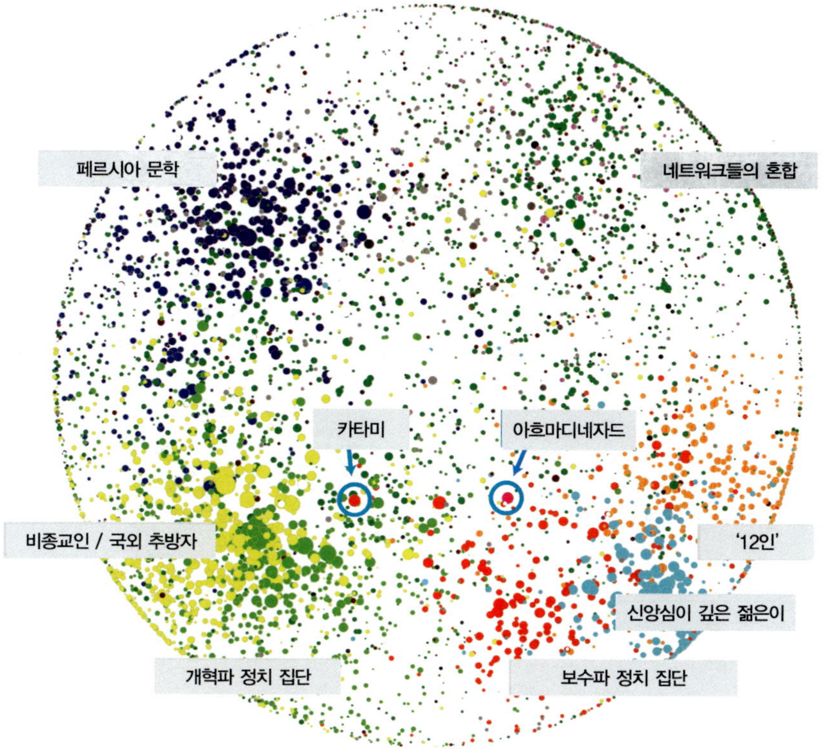

〈그림7〉 이란의 정치 블로고스피어. 선명히 구별되는 색들은 블로고스피어의 나머지들보다 서로 간에 더 많이 연결된 블로그 공동체들을 나타낸다.(박스 안에 적힌 이름은 연구자들이 각 공동체에 붙인 이름이다.) 원으로 표시된 두 노드는 중요한 두 정치 지도자인 모함마드 카타미(Mohammad Khatami) 전 대통령과 마흐무드 아흐마디네자드(Mahmoud Ahmadinejad) 대통령의 블로그이다.(Morningside Analytics 제공)

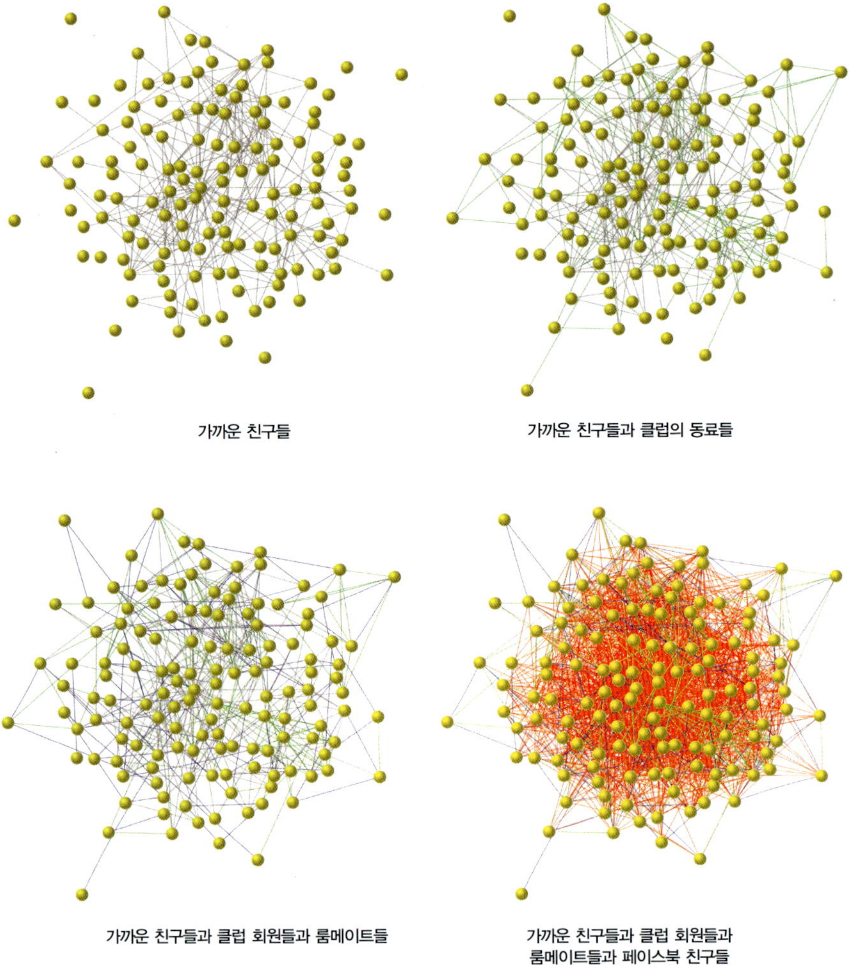

〈그림8〉 대학생 140명에 대한 현실 세계의 네트워크와 온라인 네트워크 사이의 연결성 차이를 보여주는 그림. 왼쪽 위의 네트워크는 현실 세계의 가까운 친구 관계를 회색으로 보여준다. 오른쪽 위의 네트워크는 거기다가 같은 클럽에 속한 사람들 사이의 유대를 나타낸 네트워크를 초록색으로 추가한 것이다. 왼쪽 아래의 네트워크는 다시 룸메이트들의 네트워크를 파란색으로 추가한 것이다. 마지막으로, 오른쪽 아래의 네트워크는 이 모든 관계에다가 온라인 페이스북의 수많은 친구 관계를 주황색으로 추가한 것이다. 온라인 유대는 분명히 직접적 인간 관계의 연결보다 압도적으로 많으며, 현실 세계의 관계를 가릴 수 있다. 이 그림들은 또한 일부 개인 쌍들은 친구이자 클럽 동료이자 룸메이트이기도 하고, 일부는 그렇지 않다는(사실, 두 룸메이트가 친구가 아닐 경우에는 문제가 된다) 점에서 관계의 다중성을 잘 보여준다.